企业生存：
可持续风险管理

Corporate Survival:
The Critical Importance of
Sustainability Risk Management

Dan R. Anderson
[美] 丹·安德森 著

郑伟 姚奕 乔元华 蔡钡 译
孙祁祥 郑伟 审校

经济科学出版社
Economic Science Press

中文版前言

现存的绝大多数企业都是从一个原材料充足、能源价格低廉的时代发展起来的，很少考虑废弃物处理的问题。然而，现如今有毒化学物质的累积、水资源的枯竭、渔场的退化、森林的砍伐、全球气候的变化、生物多样性的丧失以及人口的日益膨胀，所有这些都表明我们正走在一条不可持续的发展道路上。同时，员工待遇、贫困、贫富差距日益扩大等问题又从社会公正的角度说明了这条发展道路是不可持续的。以上这些情形引发了传统上企业及风险管理和保险行业所未曾遭遇过的新的风险。

在本书中，我将这些风险称为可持续风险并把它们分为两大类：环境风险和社会公正风险。我认为，它们将成为21世纪至关重要的风险领域。在本书中，我提出了如下观点，即企业应通过采取可持续风险管理战略来提高环境质量并履行社会责任，这样可以产生显著的经济效益。环境和社会公正风险成本因此而降低，财务绩效相应地获得改善。企业的声誉得以提升，比较优势得以显现。相反，如果忽视这些风险成本，将会带来利润的下降、声誉的破坏以及比较优势的丧失。

中国令人难以置信的经济增长一直以来都为国际社会所艳羡。经济的增长提供了机遇，同时也带来了挑战。其中一个关键的挑战就是如何应对新的可持续风险。随着中国政府和企业开始为日益凸显的可持续风险问题寻求应对措施，巨大的商机也将随之显现。这些机会将属于那些致力于开发可持续风险管理战略的风险经理、保险公司和经纪人。在本书中，我将论述保险公司和经纪人从可持续风险的评估、控制和融资中所能获取的巨大的商业利益。

我希望本书中所列举的战略能够向企业界展示强化环境和社会责任

所能带来的巨大利益。通过证明良好的可持续风险管理实践同样有利可图，我希望能够帮助减轻环境和社会的压力。

多年来，我在我的课上教过许多出色的中国学生。我始终惊讶于他们使用两种完全不同且同样艰深的语言的能力。翻译书籍更是将这一困难提升到了新的高度。当我的好朋友孙祁祥教授和郑伟教授（后者曾是威斯康星大学的优秀学生），跟我联络将本书翻译成中文的事情时，我受宠若惊。本书由郑伟教授以及北京大学经济学院的三位硕士研究生姚奕、乔元华、蔡钡负责翻译。孙教授和郑教授主持了译稿的审校工作。我对他们所付出的巨大努力表示万分的感谢。我同样要感谢所有这些优秀人才所在的北京大学经济学院。最后，我要感谢经济科学出版社和责任编辑齐伟娜女士所付出的巨大努力。

我希望上述这些组织和个人翻译本书的杰出工作能够对中国企业界和中国人民有所帮助。中国和世界其他地区一样，都在进入一个新的时代。如我们所知，不可持续的商业世界将不得不做出改变。企业生存和繁荣的关键就是通过采用可持续风险管理战略来驾驭这些变化。衷心希望本书的中文版能够在这一方面做出贡献。

丹·安德森
2007年9月

Author's Foreword for Chinese Version

Most existing corporations evolved in an era of abundant raw materials, cheap energy, and little thought given to waste disposal. Today, the accumulation of toxic chemicals, water shortages, depleted fisheries, deforestation, global climate change, loss of biodiversity and increasing population indicate that we are currently on an unsustainable path. Issues, such as treatment of workers, poverty, and the rising gap between the rich and the poor, create a social dimension to this unsustainable path. These situations are resulting in the emergence of new risks, traditionally not faced by corporations and the risk management and insurance industry.

In my book, I refer to these risks as sustainability risks and divide them into two main categories, environmental risks and social justice risks. I feel that they will constitute one of the critical risk areas of the 21st century. I argue in my book that a strong business case can be made for a firm employing sustainability risk management strategies to improve their environmental quality and corporate social responsibility programs. Environmental and social justice risk costs are reduced with the result being an improved financial performance. Reputation is improved and competitive advantages are gained. Ignoring these risk costs results in lower profits, damaged reputation and loss of competitive advantages.

China's economic growth is incredible and has been the envy of the world's business community. This economic growth produces both opportunities and challenges. One of the critical challenges involves managing new sustainability risks. As Chinese corporations and governments deal with rising sustainability risks, tremendous business opportunities will become apparent. These opportunities will exist for risk managers, insurers and brokers in developing sustainability risk management strategies. In my book, I describe the considerable benefits of sustainability risk assessment, control and finance provided by insurers and brokers.

I anticipate the strategies set forth in the book will help to demonstrate, to the business world, the considerable advantages of enhancing their environmental and social programs. By demonstrating that sound sustainability risk management practices are also good business, I hope to help mitigate environmental pressures and social stresses.

Over the years I have had a number of wonderful Chinese students in my classes. I am constantly amazed at their ability to use two very different and difficult languages. Translating a book raises the difficulty to a higher level. When my good friends, Professor Qixiang Sun and Professor Wei Zheng, who is one of those wonderful students who studied at Wisconsin, contacted me about translating my book into Chinese, I was thrilled. The book was translated by Professor Zheng and three masters students at the School of Economics at Peking University, Yi Yao, Yuanhua Qiao, and Bei Cai. The work was reviewed by Professors Sun and Zheng. I cannot thank them enough for their Herculean efforts. I also want to thank the School of Economics at Peking University, where all these fine individuals reside. Finally, I want to thank the publisher, Economic Science Press, and the chief editor, Ms. Weina Qi for their considerable efforts.

It is my hope that the outstanding work of the individuals and organizations above, in translating my book, will be useful to the Chinese business community and people. Both China and the rest of the world are entering a new era. The unsustainable business world as we know it will have to change. The key for corporate survival and prosperity is to navigate the changes, by employing sustainability risk management strategies. Hopefully the Chinese version of my book will contribute to this important endeavor.

Dan R. Anderson
September, 2007

译者前言

有关环境保护、企业社会责任和可持续发展的话题，最近炙手可热。2007年4月博鳌亚洲论坛就"企业社会责任和可持续发展"的议题安排了专项讨论。2007年9月26日，国务院常务会议讨论并原则通过《国家环境保护"十一五"规划》，认为当前我国经济社会发展与资源环境约束的矛盾日益突出，环境保护面临严峻的挑战。2007年10月12日，诺贝尔和平奖授予美国前副总统戈尔和联合国政府间气候变化专业委员会，以表彰他们在改善气候变化问题上做出的贡献。2007年10月15日，中共十七大提出要"建设生态文明，基本形成节约能源资源和保护生态环境的产业结构、增长方式、消费模式"。2007年10月25日，联合国环境规划署公布了题为《全球环境展望：环境与发展》的全球环境综合评估报告，认为尽管国际社会已经采取了一系列措施，但环境问题仍继续对人类生存构成严重威胁。类似新闻，不胜枚举。

在这样一个恰当的时候，我们十分高兴能够翻译出版美国威斯康星大学丹·安德森教授所著的《企业生存：可持续风险管理》一书。作为译者和最早的读者，我们从本书中获益匪浅，因此也非常希望能从我们的视角向读者朋友们推荐这本书。本书具有以下几个突出特点。

第一，围绕三条底线。自从1997年《餐叉食人族》一书的作者约翰·埃尔金顿引入三条底线的概念之后，"三条底线"已经成为企业可持续风险管理领域的一个经典分析框架。这三条底线是指企业的财务表现、环保表现和社会公正表现。本书的精彩论述正是围绕这三条底线展开的。在这样的框架下，本书通过大量环境破坏、血汗工厂等突破"环保表现"底线和"社会公正表现"底线的事例雄辩地说明，如果企业仅关注"财务表现"，而不关注"环保表现"和"社会公正表现"

的话，那么就如三角凳的两条腿缺失将使凳子侧翻一样，将招致风险，危及企业的财务表现，甚至威胁企业生存。

第二，选择经济视角。可持续风险管理当然可以找到很强的"道德理由"，但本书强调的是也许更有说服力的"经济视角"。最近，国家环保总局负责人在《瞭望新闻周刊》上发表了一篇题为《环境经济政策当先行》的文章，在许多方面与本书是"英雄所见略同"。该文提出在环境保护方面，要推行环境经济政策，并预期四年内初步形成中国环境经济政策体系。该体系具体包括七项政策：一是实行绿色税收，二是加强环境收费力度，三是建立绿色资本市场，四是建立生态补偿试点，五是建立排污权交易市场，六是完善绿色贸易，七是建立绿色保险。与传统的行政手段"外部约束"相比，环境经济政策是一种"内在约束"力量，具有促进环保技术创新、增强市场竞争力、降低环境治理与行政监控成本等优点。这种以"内化环境成本"为原则的视角与本书的视角不谋而合。安德森教授在书中指出，可持续风险管理可以降低企业总成本、增加利润、产生竞争优势、提升股价，并为企业及其股东赢取更大的财务收益；如果忽视可持续风险，则会产生相反的结果，在最坏的情况下甚至会危及企业的生存。

第三，提供权威资料。本书的资料不仅十分丰富，而且非常权威。说它权威，主要基于两个原因。其一，作者安德森教授在整个职业生涯都一直致力于可持续风险管理的研究，积累了各个时期的大量重要研究资料而且本书中的重要资料都经过认真考证，都标有详细的出处。其二，过去几十年间，几乎所有重要的可持续风险（从石棉风险到气候变化和转基因风险）、重要的环保和社会公正领域的事件（从壳牌、耐克、星巴克和花旗集团到安达信和美林事件）、重要的国际组织（从绿色和平组织到联合国政府间气候变化专业委员会）、重要的法规文件（从《萨班斯—奥克斯利法案》到《京都议定书》），都能在本书中找到恰如其分的引用和表述。此外，安德森教授对极其丰富的资料作了很好的浓缩和提炼，正如他在书中所言：本书每一章、甚至每章中的某一部分，都可以写成一本书或系列丛书；我的目的是给读者提供一个有关所讨论问题的总体概貌，并提供相关的参考文献、补充信息、资料和网站等，如果读者对某个问题想深入了解，也可以按图索骥；我估计很多读者都非常繁忙，他们没有时间去详细考察我在研究和写作这本书的过程中积累的成百上千的文献资料。

第四，驾驭生动语言。虽然本书讨论的是一个严肃的关于企业生存和可持续风险管理的话题，但是作者还是非常巧妙地运用了大量生动的语言，深入浅出地探讨问题。比如，在阐述企业可持续风险管理"不仅为了生存"时，他借用了一个2003年他自己漂流穿越大峡谷的例子。他说，"在旅行中保证人身安全固然重要，但旅行的主要目的是为了体验身临大峡谷的美妙经历、乘筏漂流的惊险刺激以及家人朋友的欢聚共享。企业经营类似于峡谷旅行。企业生存固然重要，但企业经营的主要目的是为了提供高质量的产品和服务、提供就业、获取利润以及贡献社会。采纳可持续风险管理的理念，不仅将有利于企业生存，而且有利于企业持续健康地发展"。再如，在阐述应当立即行动进行可持续风险管理时，他借用法国总督马歇尔与园丁就是否种植某树种进行辩论的故事："它好几十年内都不会开花的。"园丁争论道。"那么，"马歇尔说，"今天下午就把它种上吧。"至此，全书戛然而止，令人掩卷深思，回味无穷。

作者安德森教授虽然身在美国，但对中国的可持续发展问题也有很好的把握。一是因为他来过中国，对中国有亲身的体验；二是因为他有不少中国的学生和朋友，经常可以传递一些有关中国可持续发展的最新信息。安德森教授在本书中提到，在汉语中，"危机"是由两个字组成的，分别代表了"危险"和"机遇"。我们希望能够借这种"说文解字"，化"危险"为"机遇"，不仅让企业的经济表现更好，而且让企业的环保表现和社会公正表现也更加出色，为建设中国人民的富裕家园、美丽家园、和谐家园而不懈努力！

郑 伟

2007年10月

目　　录

前言与致谢 ………………………………………………………（1）

导论 ………………………………………………………………（1）

第 1 章　可持续风险评估 ……………………………………（15）
　　1.1　生态系统服务 ………………………………………（17）
　　1.2　海洋和渔业资源 ……………………………………（22）
　　1.3　水资源 ………………………………………………（26）
　　1.4　森林滥伐 ……………………………………………（30）
　　1.5　荒漠化 ………………………………………………（33）
　　1.6　生物多样性 …………………………………………（33）
　　1.7　人造化学物质 ………………………………………（36）
　　1.8　社会公正风险 ………………………………………（42）
　　1.9　转变的价值观 ………………………………………（46）
　　1.10　行动时机已经成熟 …………………………………（47）

第 2 章　不断扩展的可持续风险责任 ………………………（54）
　　2.1　环境责任的传统基础 ………………………………（55）
　　2.2　过失责任 ……………………………………………（55）
　　2.3　不断提高的过失责任标准 …………………………（56）
　　2.4　扩展的损害概念 ……………………………………（59）
　　2.5　不断扩展的近因关联 ………………………………（61）

2.6 严格责任 …………………………………… (63)
2.7 最新的责任理论 …………………………… (64)
2.8 责任风险的积聚 …………………………… (67)
2.9 律师团需要新的诉讼业务 ………………… (68)
2.10 催化事件 …………………………………… (69)
2.11 查阅文件权利 ……………………………… (70)
2.12 提高透明度 ………………………………… (72)
2.13 律师——当事人豁免权的打破 …………… (74)
2.14 政府监管 …………………………………… (75)
2.15 不断增多的全球诉讼 ……………………… (77)
2.16 不可避免的责任扩展 ……………………… (78)

第3章　声誉损失与公众抵制的可持续风险 …………… (83)
3.1 壳牌石油公司——布兰特斯巴石油平台事件 …… (85)
3.2 波依斯卡斯卡得公司——古树案例 ……… (87)
3.3 耐克——血汗工厂 ………………………… (89)
3.4 星巴克——公平交易咖啡 ………………… (92)
3.5 花旗集团——卡米希亚雨林工程融资事件 …… (94)
3.6 安达信公司——审计风波 ………………… (96)
3.7 美林公司——投资风波 …………………… (98)
3.8 环保标识 …………………………………… (100)
3.9 不断蔓延的公众抵制运动 ………………… (102)
3.10 越早行动越好 ……………………………… (104)

第4章　投资者与股东行动引发的可持续风险 ………… (108)
4.1 环境事故和社会公正事件 ………………… (109)
4.2 社会责任投资 ……………………………… (109)
4.3 社会责任投资股票的财务表现 …………… (118)
4.4 股东决议 …………………………………… (122)
4.5 其他类型的股东和投资者行动 …………… (124)
4.6 公司治理 …………………………………… (127)

4.7　全面加强三条底线 ································· (128)

第5章　责任止于此：董事和高管责任 ················· (132)
　　5.1　受托人职责 ····································· (133)
　　5.2　风险 ··· (134)
　　5.3　新的风险——私营公司 ··························· (136)
　　5.4　类似的风险——上市公司 ························· (137)
　　5.5　社会公正风险 ··································· (138)
　　5.6　《萨班斯—奥克斯利法案》 ······················· (141)
　　5.7　环境责任披露 ··································· (142)
　　5.8　需要做出惩罚 ··································· (144)
　　5.9　刑事责任 ······································· (146)
　　5.10　小结 ·· (156)

第6章　传统的可持续风险：石棉和超级基金 ··········· (161)
　　6.1　石棉 ··· (162)
　　6.2　超级基金 ······································· (167)
　　6.3　保险业的参与 ··································· (173)
　　6.4　对于保险业的财务影响 ··························· (174)
　　6.5　保险保障范围诉讼 ······························· (175)
　　6.6　保险保障诉讼的结果 ····························· (181)
　　6.7　石棉和超级基金责任的最终财务影响 ··············· (183)
　　6.8　分布的不均衡阻碍了联邦解决方案的产生 ········· (189)
　　6.9　从石棉和超级基金诉讼中得到的教训 ············· (190)

第7章　新型可持续风险：全球变暖和气候变化 ········· (199)
　　7.1　人类活动导致全球变暖 ··························· (200)
　　7.2　全球变暖与气候变化的益处 ······················· (202)
　　7.3　全球变暖与气候变化的风险 ······················· (203)
　　7.4　《京都议定书》及政策风险 ······················· (209)
　　7.5　对风险管理和保险的启示 ························· (212)

7.6 保险业的反应 …………………………………… (214)
7.7 瑞士再保险公司 ………………………………… (215)
7.8 稳定温室气体排放量并不能阻止全球变暖 …… (217)
7.9 急剧的气候变化 ………………………………… (219)
7.10 缓解的措施 …………………………………… (222)
7.11 商业机遇 ……………………………………… (225)
7.12 结论 …………………………………………… (227)

第8章 新型可持续风险：转基因作物 …………… (237)

8.1 转基因的基础知识 ……………………………… (238)
8.2 转基因作物的收益 ……………………………… (240)
8.3 转基因作物的风险 ……………………………… (241)
8.4 风险管理和保险策略 …………………………… (251)
8.5 对未来的展望 …………………………………… (256)

第9章 可持续风险管理 ……………………………… (265)

9.1 可持续风险管理过程 …………………………… (266)
9.2 可持续风险评估 ………………………………… (268)
9.3 可持续风险控制 ………………………………… (271)
9.4 企业对可持续问题的态度 ……………………… (273)
9.5 供应链管理 ……………………………………… (274)
9.6 减少危险废弃物 ………………………………… (276)
9.7 废弃物管理 ……………………………………… (277)
9.8 伟大发现变成罪魁祸首 ………………………… (279)
9.9 重新设计以消除有害混合物 …………………… (281)
9.10 生命周期评估与环保设计 …………………… (282)
9.11 服务导向而非产品导向 ……………………… (284)
9.12 自然之步 ……………………………………… (286)
9.13 回收法 ………………………………………… (289)
9.14 检测化学品的健康和环境风险 ……………… (295)
9.15 合作 …………………………………………… (298)

9.16 认证和标准项目 ………………………………………… (304)
9.17 商业协会 ………………………………………………… (306)
9.18 联合国项目 ……………………………………………… (308)
9.19 声誉风险管理 …………………………………………… (311)
9.20 小结 ……………………………………………………… (313)

第 10 章 可持续风险融资 ………………………………………… (321)

10.1 一般责任险保单的限制和除外条款 ………………… (322)
10.2 环境风险融资市场的发展 …………………………… (325)
10.3 环境风险融资市场现状 ……………………………… (326)
10.4 环境保险保单类型 …………………………………… (327)
10.5 环境保险保单的共同特征 …………………………… (333)
10.6 限制责任的损失组合转移 …………………………… (335)
10.7 董事高管责任险保单的保障限制 …………………… (336)
10.8 保险人的风险控制服务 ……………………………… (338)
10.9 理赔管理 ……………………………………………… (339)
10.10 欧洲环境保险市场 …………………………………… (340)
10.11 《欧盟环境责任法令》 ……………………………… (346)
10.12 社会公正风险 ………………………………………… (347)
10.13 需要加强可持续风险融资 …………………………… (349)

第 11 章 希望与机遇 ……………………………………………… (356)

11.1 商业机遇 ……………………………………………… (357)
11.2 生存和繁荣 …………………………………………… (367)
11.3 终极风险管理目标 …………………………………… (369)

附录 A 环境和社会公正领域的非政府组织及其他机构 ……… (373)
附录 B 社会责任投资领域的机构 ……………………………… (385)

索引 …………………………………………………………………… (387)

译后记 ………………………………………………………………… (409)

前言与致谢

　　自1970年起，我就一直在威斯康星—麦迪逊大学商学院的精算科学、风险管理与保险学系从事教学和科研工作，同时我也是环境研究所的兼职教授。我在以博士论文为基础发表了第一篇文章《关于损失准备金评估》之后，又在1972年3月的《CPCU年刊》上发表了一篇题为《在应对污染中保险业将扮演何种角色》的文章。从那以后，我的大部分研究和著述都与环境风险管理有关。我的研究领域包括自然灾害的保险与补偿体系、核电站风险的保险与责任体系、石棉与超级基金保险诉讼、环境保险市场与产品以及如何将环境风险管理纳入企业战略规划。自从我在威斯康星大学任教至今，几乎每年我都开设责任风险管理课程。2003年，我在教学计划中引入了一门新课，即环境风险管理，后来，随着对社会公正风险的重要性的认识，我将课程变更为可持续风险管理。此外，我还是威斯康星大学商学院的一个教师小组的负责人，这个小组负责在环境战略、可持续与企业社会责任领域开发新课程。

　　介绍这些是为了说明几乎在整个职业生涯中，我都在观察和思考可持续风险管理的问题。我相信我拥有一个广阔的视角，由此可以分析可持续风险管理的重要性以及该领域的发展方向。显然，可持续风险将日益影响企业和相关组织。那些未能积极管理可持续风险的企业是在冒险，而那些积极进行可持续风险管理的企业则会增强声誉、赢取竞争优势，同时降低风险成本并增加利润。这些是本书的中心思想。

　　在本书中，我尽力将我的思考和主张建立在可持续风险管理的基础上，以便各个领域的人都能理解与应用。我希望风险经理、保险高管、企业高管、教授、工程师、科学家、政治家、律师、环境与社会公正组织成员、甚至社会大众都能阅读这本书，并在各自的工作和生活中发现这本书的用处。对于那些对本书某个主题想深入探究的读者，我提供了

企业生存
可持续风险管理

大量的文献资料以备索引之用。

我想感谢在本书形成的不同阶段给予我帮助的许多人。商学院内外的一些同事阅读了本书的部分章节。他们包括我在风险管理与保险领域的同事 Joan Schmit、Erhard Joeres、Patrick Eagan、Jon Foley 和 David Dybdahl，还要特别感谢 Tom Eggert，他除了阅读了本书的部分章节外，还教授了上文提及的环境战略、可持续发展和企业责任等课程。在本书规划和撰写过程中，我的好友、管理咨询师 Pat Alea 和 BBF 的核磁共振系统工程师 Bruce Collick 提供了许多有益的建议。另一位好友、组织发展咨询师 Judy Schector 介绍我认识了 Tom Eggert 和自然之步组织（The Natural Step），他们对我的生活产生了重要的影响。在过去的几年间，我参加了由 Bill Cronon 组织的环境早餐讨论会，讨论会总是很引人入胜，通过在会上获取的知识和讨论，我感觉本书的内容得到了提升。我的一位始自 20 世纪 60 年代的研究生时代的好友 Fritz Hasler 和他的同事，拍摄了本书封面的美妙绝伦的卫星图片。我还要特别感谢我的冠名教授的资助人、USLICO 公司的前董事长兼首席执行官 Leslie P. Schultz 及他的公司。

在过去多年间，我有许多研究助理协助我的研究工作，我感觉至少他们的部分努力体现在这本书中了，对此我深表感谢。他们包括：Tom Wander、Joan Schmit、Patricia（Hammes）Heim、John Schaefer、Anne DiBella、Joann（Danz）Paiva、Lisa（Helsing）Bastian、Jaewook Chung、Nilüfer Durak、Zhao Ye、Wenli Wang 和 Jianwei Xie。我还要感谢选修我的可持续风险管理课程的学生，他们充满热情和探索精神，他们的论文和课堂讨论帮助我完善了本书有关章节的思考。

我是威斯康星大学商学院的两个有关可持续问题的学生社团的指导教师。我们的会议以及会议嘉宾演讲为本书讨论的许多问题提供了富有见地的观点。这两个社团都是近些年由学生发起设立的，我特别感谢企业可持续行动协会的创始人和会长，他们是 Bryant Moroder、Kurt Baehmann、Danielle（Davis）Ewalt、Mark Thomsen、Elizabeth Keller、Rebecca Petzel 和 Grant Wheeler，我还要感谢网络影响协会的 John Ikeda、Matt Messinger、Sam Adams、Michael Crow、Eric Jordan、Felix Wolfinger 和 Andrew Freedman。

如果没有家人的支持与帮助，本书不可能顺利完成。我的父母

前言与致谢

Phyllis Anderson 和 Milt Anderson，他们的养育和爱有力地支持了我的人生发展。我的妻子 Joan Nugent，不仅给予我爱、支持与耐心，而且还阅读了本书的全部书稿，提出了许多建议，令本书的行文和阅读更加流畅。我的女儿 Kristin 在西雅图的 Norton Arnold 环境咨询公司工作，她为本书贡献了许多观察与思考。我的另一个女儿 Robin，以她的创造天赋与高昂热情，在本书整个写作过程中始终鼓励我前行。

我要感谢 iUniverse 出版社对本书出版的大力支持，我要特别感谢 Michael Fiedler、Rachel Krupicka 和其他相关人员的严谨而高效的工作。我还要感谢和赞扬 Brenda Jansen 在书稿协调与准备过程中提供的十分专业的帮助。当然，尽管许多人提供了帮助，但本书的文责仍然自负，所述观点并不代表上述诸位和威斯康星大学。

导　　论

积极参与自身生存管理
　　　　　　　　——汤姆·沃尔夫，漂流指导

　　首先请允许我解释一下这本书和这个导论的题目。2003 年春，我和我的女儿以及几个朋友经历了一次终身难忘的旅行。我们冒险乘筏顺着科罗拉多河穿越大峡谷，汤姆·沃尔夫是我们这个旅行队的领队。因为风险管理是我在威斯康星—麦迪逊大学的专业研究领域，所以我对汤姆在带领我们安全穿越大峡谷过程中所采用的、不影响我们旅行兴致的稳妥的风险管理措施，印象尤为深刻。比如，卫生和饮食安排小心谨慎，没有人在途中生病。峡谷的有些地段走起来相当困难，甚至令人畏惧，但最终我们都安全完成了。当然，我们用过的露营地都保持得非常干净，仅仅留下足迹。旅行中存在很多风险，但我感觉它们都被掌控得很好。

　　在旅行中，最引起我注意的是汤姆的一些话，因为它们提供了很好的风险管理建议。比如"切忌匆忙以免伤害"，还有"漂流中始终穿上救生衣"。但我最喜欢的一句话是"积极参与自身生存管理"，这句话明智地指出你必须关照你自己，因为你对自身安全负有主要责任。

当我结束旅行回家之后，在一个公司主办的可持续会议上，我偶然听到了联合利华属下的禽眼食品公司市场营销部的克里斯·潘弗雷特的一番讲话。她发言的主题是"可持续如何事关我们供应链的长期安全"。在发言结束时，她强调，"可持续不是为了短期销售，而是为了企业生存"。

我立即想到汤姆的忠告，"积极参与自身生存管理"。这一忠告当然适用于大峡谷的漂流，而当我听到公司高管在谈论公司的可持续战略也使用生存这个词时，感到有些惊奇。但是，当我仔细思考她的讲话时，我感觉这个词的使用恰如其分，尤其当讨论可持续问题时。确实，可持续最终关乎个人、企业、社会和全人类的生存。如果我们不能使我们的自然系统可持续的话，那么我们的生存就面临威胁了，正如同联合利华的企业生存问题一样。

可持续风险管理

本书的主题是可持续风险管理。如果我们不能保持可持续的水系统，那么个人、农户、牲畜和野生动物就都将面临缺水的风险。如果我们向大气过度排放污染物和温室气体，那么就将损害我们的健康并引致破坏性的气候变化。对于因水资源损耗或大气污染导致的损害，企业可能要承担责任。如果政府的政策和监管——或者政策和监管的缺失——放任这一损害发生的话，那么政府可能也负有责任。

对于联合利华，可持续的海洋和水是至关重要的，因为它是世界最大的鱼类采购商。20世纪90年代中期，联合利华和环保主义者面临一个共同问题——海洋鱼类被严重过量捕捞。刚开始双方的关系比较紧张，绿色和平组织发起一个反对联合利华的运动，他们指责联合利华为产品生产而过量采购鱼类。后来，作为回应，联合利华与世界自然基金会合作成立了海洋管理委员会，该委员会将成为渔业认证领域的一家领先的独立认证机构。为获得海洋管理委员会的认证标志，渔产品必须来自那些保护生态系统且管理良好的渔业企业。联合利华计划在2005年之前使其渔产品的75%来自可持续的海域。欧洲大型零售商、联合利华的供货对象森斯伯瑞公司计划在2010年之前只销售海洋管理委员会认证的渔产品。①

联合利华的行动是可持续风险管理的一个绝佳事例。联合利华避免了进一步的负面影响和来自绿色和平组织的压力。它与一个环境非政府组织合作建立了一套认证体系，该体系保证了渔业资源的可持续，而这也是其产品生产所依赖的基础。由此，联合利华的财务状况得到了保障，而且环境状况也得到了改善。所有这一切都是自愿达成的，政府没有采取任何新的监管措施。

艾琳·布劳克维奇案例说明了如果未采取可持续风险管理措施将如何引致重大责任。太平洋电气公司因污染加州小镇辛克里的水体而支付了创记录的3亿3千3百万美元。对当地居民的损害包括癌症、肾病、肝病、严重的呼吸道疾病以及诸如克隆氏之类的结肠病。导致损害的致癌化学物质铬6是从贝迪化学工厂购入用作太平洋电气公司的天然气的冷却剂的。太平洋电气公司污染了地下水，导致了大量人员伤亡，对此负有责任。后来这一事件被改编为一部流行影片，由奥斯卡得主朱莉亚·罗伯茨领衔主演，太平洋电气公司由此遭受了重大声誉损失和负面公众影响。

自然系统的损耗、退化或损害产生了大量的风险，这将对个人、企业和政府造成负面影响。从长期看，有效管理自然资源损耗风险的唯一途径是发展可持续系统。可持续风险管理将会运用保险和其他风险融资工具去帮助保护企业和其他潜在责任方，但欲使可持续风险管理获得成功，企业还必须通过创新去改变或调整风险控制系统，只有这样才能产生可持续的自然系统。借用汤姆·沃尔夫的话，那就是"积极参与自身生存管理。"

可持续风险管理是整个可持续发展概念的一部分。可持续发展已经讨论二十多年了，它的最清晰的早期阐释出现在1987年出版的名为《我们共同的未来》的"布伦特兰报告"中。这份由挪威首相格罗·哈莱姆·布伦特兰主持撰写并由世界环境与发展委员会出版的报告将可持续发展定义为"满足当代人的需要而不牺牲后代人满足他们自身需要的能力。"

可持续风险管理也与社会公正问题相关。我们不能再像剥削自然环境那样去剥削工人或其他国家。1997年，《餐叉食人族》的作者、英国

企业生存
可持续风险管理

知名可持续咨询公司主席约翰·埃尔金顿引入了三条底线的概念。三条底线包括企业的财务绩效、环保记录以及公正对待工人、公众和社区的社会努力。可持续发展要求关注三条底线的所有三条腿。正如两条腿的缺失将使凳子侧翻一样，如果企业仅关注财务底线的话，也将招致风险。

如果我们不发展可持续系统，那么作为一个社会，我们将无法生存。但是假设一个更加乐观的未来——我们学着发展可持续系统——当然这一过程不会在所有企业中同时发生，那些走在前面的企业通过改变经营方式将赢取优势并规避或减少风险成本，那些落后的企业将遭遇劣势并可能遭受风险成本的打击。我希望这本书能帮助企业和它们的风险管理系统走在前面，并且向落后者揭示维持现状的巨大风险成本。

20世纪90年代，随着企业风险管理和整体风险管理的发展，风险管理策略已经得到了扩展。传统上由风险经理处理的风险，如法律和运营风险，正与财务风险（如货币汇率、利率、信用风险）、业务风险和政治风险一起构成企业的风险全貌。据我观察，在风险管理领域，可持续风险至今仅被少量涉及。通过这本书，我希望扩展企业风险管理的概念，以更全面地涵盖可持续风险管理的内容。

可持续思想的障碍

可持续风险管理思想的一大障碍是在环境监管早期形成的企业的消极态度。在几十年的忽略之后，社会开始需要一些环境监管法律以拯救和保护环境，20世纪70年代早期的《清洁空气和水法案》就是这方面的一个例子。显然，企业不会自愿采取行动去清洁空气和水，它们通常认为环境监管是不必要且过度的，它们往往抵制这些监管，认为监管只是给企业增加成本，而不能带来任何收益。

1980年《综合环境应对、赔偿和责任法案》建立的超级基金制度，连同其强大的责任规则如回溯责任、严格责任和连带责任等，强调"污染者付费"，令企业非常沮丧。超级基金制度在风险管理与保险领域也引起了负面影响，因为许多超级基金责任都通过传统的一般责任险保单传递给保险业了。

渐进启蒙

多年以来，环境风险管理都包括合规项目，以便符合监管要求和减少超级基金成本。企业的首席执行官和董事会对环境风险管理通常没有兴趣，因为他们看到的是项目的成本和负面效应。在过去的二十年间，一种全新的处理环境问题的思路在逐渐形成。在这一思路下，环境风险管理被视为整个企业战略管理的有机组成部分，它强调可持续发展，强调开发环境友好型的系统和产品，它是主动而非被动的，它的取向是积极而非消极的。在这一思路下，人们认为环境风险管理系统为产品和服务增加了价值，创造了竞争优势，提升了社区形象和员工士气，降低了成本，并且提高了底线。

随着越来越多的富有启迪的环境风险管理系统的发展，显然，企业仅拥有良好的环境管理系统是不足以保持长期可持续的，还必须关注许多社会公正问题，包括安全的工作条件、公平工资、平等、多元和人权，还必须考虑许多利益相关者的诉求。企业战略必须包含社会责任和道德行为。正如凯瑟琳·埃里森在《美国大自然保护协会会刊》中描写埃尔金顿和其他可持续领域的领导者一样，"企业的道德行为事关企业生存。"[②]因此，可持续风险管理必须包含三条底线的所有三个组成部分——经济、环境和社会公正。

这一可持续风险管理的新标准仍处于初级发展阶段。对于那些开明的企业，仍有许多事情要做；而对其他许多企业，在从被动合规与减少责任的态度转向更加开明的可持续风险管理的态度的过程中，它们还是做得太少了。此处要说的是，尽管取得了一些进步，但是未来发展和伴随发展的商业机会还是存在巨大的空间。

英特菲斯公司的首席执行官雷·安德森是倡导可持续发展的企业高管的一个很好例子。在一次公司演说中，当有人问及他有关环境问题的看法时，他偶然想到保罗·霍肯的《商业生态学》，那次安德森有了一个真正的参悟，从此彻底改变了英特菲斯的运营方式。他承诺，到2020年之前，英特菲斯将成为一家完全可持续的公司，不产生危险废弃物，不发生有害排放，不使用汽油。至今，该公司的废弃物减少了80%，水的使用减少了78%，温室气体排放减少了46%，能源消费减少了31%，石油材料使用减少了28%。英特菲斯不仅大大降低了可持续风险，而且它在这一过程中节省了2亿3千1百万美元。③

本书的一个主要观点是，采取更加明智的可持续风险管理战略是不可避免的。尽管许多企业可能并没有认识到，但是企业面临的可持续风险还是增长迅速。企业高管可以选择像雷·安德森一样采取主动措施，从现在就开始开发或改善企业的可持续风险管理系统，也可以选择被动等待，直至发生责任诉讼、抵制、竞争压力、顾客流失、股东行动、声誉损害、监管和风险成本上升时才采取行动。被动等待产生的问题是企业可能无法经受这一拖延，在今天这一快速变化的经济世界中，未能恰当认知并管理风险可能会在财务、责任、声誉、监管和刑事等方面产生破坏性的影响。看看安达信公司，曾经的会计界的旗舰，在安然公司垮台之后基本也随之瓦解了。虽然安达信的崩溃没有直接涉及环境与社会公正领域的责任的惩罚，但我还是感觉到在可持续领域风险状况是相似的，它们可能造成同样致命的结果。

对于企业而言，在可持续领域避免像安达信一样的灾难显然是重要的。但是即使没有出现这样严重的风险状况，企业加强其可持续风险管理系统的行动仍将在长期为企业节约资金并提升其财务绩效。我认为开发这样的可持续风险管理系统对企业一定是一个双赢的决策，而未能开发这样的系统则注定是双输的。

通过采取可持续风险管理措施，企业声誉与品牌价值也将得到提升。一项由安沃瑞克咨询公司所做的研究发现，在美国、加拿大和西欧的25 000名消费者的调查中，有2/3的人表示"对企业的印象部分来自企业伦理、环境影响和社会责任。"④

开发可持续风险管理战略的最终影响是帮助形成可持续的环境与社会系统。此外，它将不仅使企业和经济系统得以持续，而且将造就更加良好的系统。

导　论

共同基础

传统上，环保主义者和社会公正活动者一直被视为是反企业和属于另一阵营的。你一定经常听说要在环境与就业之间做出选择的说法吧？虽然这一不相容性逐渐有所减轻，但它仍然说明了今天依然存在的矛盾状况。我想说的是，环保主义者、社会活动者和企业可以真正走到一起，尽管各自的理念可能存在差异。

环保主义者和社会活动者的理念通常基于道德和实际的考虑。我们保护环境和维护社会价值，是因为这样做是正确的。更重要的是，我们的生存都依赖环境生态系统。我们的资源是有限的，自然系统吸纳污染物和废弃物的能力也是有限的，破坏生态环境和生物系统是错误的，它将威胁我们的生存。同样，在种族、地区和国家之间维持不一样的公平标准也是错误的。宁可因过分谨慎而有所失误，也不应等到危机发生才采取行动。必须在不可逆转和不可控制的结果出现之前采取行动，以便减轻环境和社会系统的压力。我们降低环境与社会公正风险，不仅仅是为了帮助企业，而且是为了拯救我们的环境和社会系统。

虽然有些企业领导会基于环保道德与可持续价值进行决策，但是大多数情况下还是经由商业原则来决定的。显然，企业必须遵守法律并符合监管要求。除此之外，只有当通过销售与利润增加以及风险成本降低获得的收益超过采取行动的成本时，企业才会采取积极的环保与社会公正行动。

积极行动的成本是显而易见且易于衡量的。比如，这些成本包括安装回收装置的成本、机器防护装置的成本、降低有害污染物排放的成本以及为消除可能的危险原材料投入而改造生产系统的成本，并且，这些成本都是当期发生的成本。而收益的衡量则不那么直接，许多收益需要估计或者其价值是隐性的，只有在将来才能逐渐显现。更重要的是，企业往往低估降低未来可持续风险成本的收益，这种低估使企业在采取可持续风险管理战略时行动迟缓。

很容易解释为何在传统上企业对可持续风险管理系统不重视——因为人们通常感知不到收益的价值。风险不显著、无知或冷漠使个人和企业认为不存在明显的收益，但是今天情况已经发生了变化，收益变得显著，尽管对收益的低估仍时有发生。我将说明，不仅今天企业的收益很大，而且在未来将继续增长，尤其在降低由责任诉讼、消费者抵制、股东行动、声誉损害和监管引起的风险成本方面将更加显著。一个关键的收益是降低环境损害和使社会系统更加公平。因此，尽管环保主义者、社会活动者和企业高管可能运用不同的决策机制和价值观，它们仍有可能达成一致的结果，即降低环境损害、保存自然资本以及推进社会公正。

认识到这一共同基础，将引致企业与非政府组织的合作。家得宝公司与森林管理委员会的合作就是一个好例子。20世纪90年代后期，环保团体组织抗议，抗议家得宝公司未能保证所购木材不是来自濒危森林，这给波依斯·卡斯卡得公司之类为家得宝供应木材的企业带来了压力，迫使它们改变使用原始森林木材的做法（参见第3章）。家得宝公司现已成为注册森林产品委员会的成员，该委员会是一家设在美国、与森林管理委员会有合作关系的认证机构，同时家得宝公司也是全球森林与贸易网络的成员。⑤在第9章，我们还将讨论另外一些有关合作的例子。

谁需要读这本书

本书首先针对风险管理与保险领域的专业人士。由于风险经理的工作往往不与环境、健康和安全直接相关，所以他们可能未对可持续风险给予足够的关注。但是在我看来，风险经理的一项根本职责是识别将给企业带来负面影响的所有风险，而非仅仅识别那些目前认为的主要风险。

类似地，保险公司也可能未对环境与社会公正风险给予足够的重视，因为保险公司通常在标准责任险保单中将污染和雇佣行为风险剔除了。他们可能认为风险是有限的。但是正如超级基金与石棉风险所揭示的，风险可能比原来预想的要大得多，而且，随着保险公司越来越多地将环境与雇佣行为责任险保单作为单独保单签发，他们的风险也会相应增加。

导 论

　　与风险经理一样，保险经纪人和风险顾问负责识别企业的所有风险，包括可持续风险。保险经纪人需要避免仅关注那些存在大量保险保障的风险领域，这样的策略会限制他们所识别的风险的范围。风险管理顾问也未对可持续风险给予足够重视。我曾经见过一份详细的、由风险顾问提供的企业风险管理表格，表中列举了88项不同的风险，但是没有一项提到环境风险、社会风险或可持续风险。

　　我希望本书阐述的观点能够引发高等院校风险管理与保险领域学术同行的一些讨论，我欢迎他们的观点和评论。我也希望本书所讨论的一些概念和战略能够对他们的教学和研究有所帮助。风险管理与保险专业的学生也需要学习可持续风险管理，这是一个充满生机的研究领域。

　　本书的主要目的是通过大量文献说明为何我认为可持续风险正在成为一个重要的风险领域，此外，本书还提供大量的准则、事例与资料，以说明这些风险如何能被有效地管理。我想，把这些丰富的信息集合在一本书中，将使风险管理与保险领域的专业人士更容易、更便捷地理解和应对这一重要的风险领域。在提炼和归纳许多不同主题的同时，书中还列出了大量的参考文献，以供那些想了解更多细节资料的读者使用。

　　本书的基调是积极的，它不是哀叹世界末日，也不是消极地历数那些环境与社会问题，虽然这些问题在书中都有讨论。本书表明，为了能从经济、环境和社会方面有利于企业发展，应当如何管理环境与社会公正风险。当然，管理风险需要成本，但我将说明降低与管理可持续风险的收益将大大超过这些成本。风险管理专业人士通过有效管理可持续风险将对他们的企业做出巨大贡献，另一方面，如果他们拥有足够的信息和数据而仍然忽视这些风险，那么他们将面临失去工作甚至招致职业责任的风险。

　　公司的首席执行官和董事关注本书也将获益。企业高管对企业的财务底线负有责任。本书不是告诉首席执行官和董事如何经营他们的核心业务，而是关于如何管理环境与社会公正风险。可持续风险管理应当成为整个企业战略管理的组成部分。可持续风险可能会给企业带来严重的财务损失，除了利润损失和股价下跌之外，董事和高管还对他们所做的环境与社会公正方面的决策负有潜在的个人责任。稍后将会表明，恰当管理可持续风险对于提升企业的财务底线将带来诸多优势，包括成本净减少、利润增加和股价上升。如果从战略上可以达成这一目标，正如许多公司和组织正在采取可持续风险管理措施一样，未采取相应行动的董事和高管将极有可能需要对违背受托职责而负责。

可持续风险管理战略的一个根本信条是，它不仅有利于企业，而且有利于环境和社会。在大多数情况下，它将带来双赢的结果。环保主义者、社会公正团体和非政府组织可能会在减轻对环境、工人和社会的损害和压力的努力中发现本书所讨论的概念和观点是有用的，比如考虑与企业高管建立行之有效的合作关系（参见第9章）。

本书可能激发有关诉讼的一些想法。我预期那些在可持续风险管理中积极应变的企业将明显减少可能遭遇的诉讼，而对于那些继续忽视可持续风险的企业，尤其当本书和其他资料提供的选择和方法可行的情况下，我认为它们将成为诉讼行动的目标。虽然我并不鼓励不合理的诉讼，但是对于那些忽视可持续风险的企业，当诉讼问题升级时，它们会发现自己很少能获得同情。

政策制定者和监管者可能会发现本书讨论的一些理念值得遵循。本书理念的整体框架是以市场为基础的，它是一种自愿或自我监管的系统，而不是基于政府的指令和控制。实施可持续风险管理战略将降低风险成本，由此产生强大的财务激励，并提升企业绩效，改善环境与社会状况。

11 从经济视角看待可持续问题

在本书中，我是从经济视角来讨论可持续风险管理问题的。可持续风险管理可以降低总成本、增加利润、产生竞争优势、提升股价，并为企业及其股东赢取更大的财务收益。如果忽视可持续风险，则会产生相反的结果，在最坏的情况下，甚至会危及企业的生存。

管理可持续风险当然可以找到很强的道德伦理方面的理由，但我在此强调的是可持续风险管理的经济视角。虽然企业可以运用道德伦理原则去支持它们的决策，但是大量证据表明，经济考虑是更为主要的。

上文提到了三条底线——企业需要在经济、环境和社会三个方面获得成功。如果仅仅强调企业的经济绩效，那么环境和社会公正领域不断上升的风险成本最终将使企业的财务状况恶化。但是，如果运用可持续风险管理战略去降低这些风险成本，那么企业的财务状况将得以提升，企业发展将获得成功。

从经济视角来讨论风险管理问题，将对风险经理、保险公司、企业的首席执行官和董事恰当管理可持续风险提供强大的财务激励。而且，如果选择经济视角，那么股东、环保主义者、社会活动者、非政府组织、律师和监管者也将获得强大的武器，以对那些拒绝管理可持续风险的企业采取行动。

商业机遇

在《哈佛商业评论》中的一篇文章——"超越绿化：可持续发展战略"中，康奈尔大学可持续全球企业领域的 S. C. 约翰逊冠名教授斯图尔特·哈特谈到，"可持续发展将在商业史上创造一次最大的机遇。"⑥这其中，创新是关键，新技术、新的设计方法、甚至新的产业都将随着创建可持续发展的需要而发展。商业机会几乎是不可限量的。为了在可持续约束下保持企业发展，就需要对我们的企业系统进行根本的改造，而风险管理行业可以在这方面提供创新解决方案，拥有许多机会。当然，企业界也有责任通过创新来解决这些问题和挑战。正如保罗·霍肯在他的《商业生态学》一书中谈到的：

"企业，因为它们是地球上居支配地位的机构，所以必须正视这些困扰人类的社会和环境问题。"⑦

本书结构

第1章讨论可持续风险的各种事例，重点讨论自然生态系统如水、海洋和森林面临的日益严峻的压力，也讨论社会公正风险、化学风险、生物多样性风险等问题。这些风险将越来越难以被忽视，可以预见，个人、非政府组织、政府和法院将越来越多地寻找那些责任团体，要求它们为对自然生态系统和个人造成的损害提供赔偿。

第2章考察使企业更易遭受可持续风险的扩展责任影响的多种发展趋势。科学发现、政府监管新政策、新的责任理论、文件查阅程序、责任风险累积、透明度增加和来自律师的压力，都将使企业面临更多的环境与社会公正责任。

第3章讨论壳牌石油、波依斯·卡斯卡得公司、耐克、星巴克和花旗集团等因环境与社会公正表现不佳而遭遇的各种抵制，以及企业对这些抵制的反应，讨论安达信和美林事件的教训，还讨论抵制工具的扩展、生态标签的使用以及企业声誉损害风险增加等问题。

第4章考察投资者和股东行动。在所有资金中，依据社会责任投资（SRI）准则投资的资金比例已经超过10%并在继续增加。社会责任投资基金的绩效通常高于非社会责任投资基金。如果未被包含在社会责任投资基金中，则可能会损害企业声誉并减少对该企业股票的需求；如果被包含在社会责任投资基金中，则可赢得竞争优势。此外，股东决议及其他投资者行动也可能会给董事带来压力和挑战。

第5章讨论董事和高管的问题，他们面临环境与社会公正的最大潜在风险。新法律如《萨班斯—奥克斯利法案》与新的司法判例结合在一起，将扩大董事和高管在环境与社会公正领域面临的风险。公众对企业丑闻的义愤和检举控告增加了刑事判罪的风险，并可能波及可持续风险。

第6章考察两大传统可持续风险管理问题，即石棉问题和超级基金问题，详细讨论它们在过去和现在对企业和保险业的影响。尽管这些状况不能改变，但还是可以获得一些有关未来可持续风险的教训。

第7章分析一种最重要的新型可持续风险，即全球变暖和气候变化风险。该章讨论全球变暖和气候变化形势，考察预期风险以及风险管理与保险行业对此的反应，讨论京都议定书、欧盟内部的发展以及排放交易等问题。因为这些风险仍在逐渐形成的过程中，所以我们仍有时间来采取合适的风险管理行动。未能采取行动的企业将可能因抵制、声誉损害、责任诉讼和股东行动而遭遇巨大损失。

第8章讨论一个最吸引人的新型可持续风险，即转基因作物问题。该章讨论转基因作物的概况及其利弊，考察重要的监管政策的发展，分析应对新型转基因风险的风险管理与保险策略。

第9章讨论可持续风险管理策略与方法，以及企业采用这些策略与方法的许多事例。大量环境与社会公正风险正处于初期发展阶段，企业有时间运用风险控制方法和其他风险管理策略以降低风险。所讨论的策略主要包括供应链管理、废弃物减少、服务定位、生命周期评估与环境设计、设计管理、与非政府组织合作、商业协会和联合国项目。此外，该章还讨论由欧盟监管、《废旧电器法令》、《电器及电子设备有害物质限制法令》和《关于化学品注册、评估、许可和限制制度》所带来的压力，以及相伴随的机遇和风险。

第10章讨论可持续风险融资问题，包括环境保险及其他风险融资方法。风险经理可以使用几种新的融资产品，我们将讨论这些产品并讨论主要的保险提供商。对于本书讨论的环境与社会公正风险，企业大多没有保险。该章还考察现有保单中主要的责任免除和责任限制条款，以及如何增强可持续风险融资等问题。

第11章讨论未来的商业机会、总结评论以及一些最后的思考。

以上每一章、甚至每章中的某一部分，都可以写成一本书或系列丛书。我的目的是给读者提供一个有关所讨论问题的总体概貌，并提供相关的参考文献、补充信息、资料和网站等，如果读者对某个问题想深入了解，也可以按图索骥。我估计读者中的风险经理、保险高管或企业高管都非常繁忙，他们没有时间去详细考察我在研究和写作这本书的过程中积累的成百上千的文献资料。

不仅为了生存

在导论开篇，我介绍了我们沿着科罗拉多河乘筏漂流穿越大峡谷的旅行。在旅行中保证人身安全固然重要，但旅行的主要目的是为了体验身临大峡谷的美妙经历、乘筏漂流的惊险刺激以及家人朋友的欢聚共享。企业经营类似于峡谷旅行。企业生存固然重要，但企业经营的主要目的是为了提供高质量的产品和服务、提供就业、获取利润以及贡献社会。采纳可持续风险管理的理念，不仅将有利于企业生存，而且有利于企业持续健康地发展。

本章附注

① James Allen and James Root, "The New Brand Tax," *Wall Street Journal*, September 7, 2004.

② Katherine Ellison, "the bottom line redefined," *Nature Conservancy*, Winter 2002.

③ Michelle Conlin, "From Plunder to Protector," *Business Week*, July 19, 2004.

④ James Allen and James Root, "The New Brand Tax," *Wall Street Journal*, September 7, 2004.

⑤ www.rainforests.net; Jim Carlton, "Once Targeted by Protesters, Home Depot Plays Green Role," *Wall Street Journal*, August 6, 2004.

⑥ Stuart Hart, "Beyond Greening: Strategies for a Sustainable World," *Harvard Business Review*, January – February, 1997.

⑦ Paul Hawken, *The Ecology of Commerce – A Declaration of Sustainability*, HarperBusiness, New York, 1993.

第1章
可持续风险评估

> 这种污染已成为一种空前的试验：全人类都笼罩在化学物质的影响下，而这些化学物质早已在动物实验中证明了其巨大的毒性，甚至在很多情况下它们具有长期的累积效应。我们从一出生，甚至还没出生的时候就陷入其中，并将一生如此——除非我们能改变我们的生活方式。没有人知道最终后果将会如何，因为根本不存在任何可以参考的经验。
>
> ——雷切尔·卡森（《寂静的春天》作者）
>
> 在非洲有数以百万计的儿童死去了。我们虽然有充分的能力去拯救他们，却依然让他们就这么离开了。我们没能将资源用于实施已知的解决方案，或是寻找更好的解决方案，这真是我们这个时代的最大的丑闻。
>
> ——比尔·盖茨（微软首席执行官）

对风险进行评估是风险管理过程中的第一步。它最基本的概念就是要帮助一个组织来识别和评估它所面临的各种风险的严重程度。在数据可获得的情况下，我们需要分析评估该组织以往所遭受损失的频率和严重程度，并据此来预测企业未来将会面临怎样的风险。为了能够最有效地利用风险管理基金，我们要对风险进行排序，以使得注意力和资金能够最先导向对企业生存威胁最严重的风险点。

风险评估对于制定风险管理策略是至关重要的。如果一种风险本身没有被识别和评估出来，那么我们就不可能对它采取任何行动，风险控制和融资工具的选择也就无从谈起，这一风险就可能会对完全没有准备的企业造成严重的影响。

评估企业所面临风险的一个重要信息来源就是分析此前这个企业所遭受的损失，或是分析该行业中其他相关企业的损失记录。在风险评估里有句老话是这么说的：你总是希望那些没有被预测到的风险先降临到你的竞争对手头上。

在环境领域，以往发生过的重大灾难事件包括1989年埃克森公司瓦尔迪兹号油轮在阿拉斯加的威廉王子湾发生的泄漏事件，还有2002年11月在西班牙外海沉没的油轮泄油事件。其他骇人听闻的例子还包括像1984年在印度博帕尔的联合碳化公司发生的甲基异氰酸酯毒气泄漏事件，它导致了数以千计的当地人死亡，还有成千上万的人受到不同程度的伤害，1976年意大利萨浮索的化工厂爆炸事故也属于这一类的化学灾难。20世纪70年代后期的美国"拉夫运河事件"触发了《超级基金法案》的制定和实施，从而导致美国的企业及保险公司为清理废弃污染物场地付出了数十亿美元的土地污染防治费用。另外，一些已导致数十万受害工人和消费者起诉的、会给人类带来伤害的商品，如石棉和烟草，也属于环境风险领域所要讨论的话题。

当这种大规模的损失发生的时候，企业和政府通常都会采取行动来试图减少日后类似损失的发生频率和严重程度。风险经理和监管者从以往损失事件中所搜集的信息，在他们的风险评估和管理策略中被证明是最有用的。

在风险形势已经发生变化但尚未酿成实际损失的情况下，风险评估会变得更加复杂。如果没有实际损失发生，那么风险经理恐怕不会对这些风险进行评估，或者他们可能会迫于公司管理层的压力，不愿意把有限的风险管理预算破费在从未造成任何损失的风险点上。相似地，在没有出现实际损失的时候，监管者会觉得实施新的监管是不必要的，或者他们也很容易招致来自利益集团的压力。

当风险形势已经非常严峻的时候，虽然可能没有发生实际损失，也没有新的监管政策出现，但风险经理可能还是会把这些风险列入评估范围。因为如果不这样做的话，这些风险可能会带来让公司陷入财务危机的损失。

第1章
可持续风险评估

风险潜伏的时间越长,所带来的损失也就越大。"超级基金"责任就是一个很好的例子。有害废弃物被不当弃置了上百年,但是因为一直没有招致任何实际的责任诉讼,美国的企业及保险公司都忽略了这一风险。但是,随后所制定的《超级基金法案》包含了责任追溯条款,这使得美国的企业及保险公司对清理这些不当弃置的有害废弃物须负相关责任(参见第6章)。

本书的目的就是帮助企业及保险公司避免再出现由这类不当行为引发的"超级基金"责任,从而减少实际损失。从广义层面看,这种不断加剧的风险形势源自世界范围内企业和社会的非可持续行为。如果企业界不能开发和实施恰当的可持续风险管理手段,那么巨灾和不可避免的财务损失将会接踵而来。

一个好消息是,我们仍然有时间来开发和实施可持续风险管理策略。在这章其余的篇幅里,我们将逐一讨论在环境和社会公正领域出现的一些可持续风险。在目前的商业运作模式下,环境生态系统和社会公正形势都是非可持续的。不可避免地,损害将不断升级,直到需要找到责任人收拾残局为止。这些损害被忽视的时间越久,那么随之而来的财务损失也就越大。一旦这些非可持续风险得以被认识和评估,那么企业就可以采用与业务发展相适应的可持续风险管理手段,从而积极致力于自身的生存发展并成为一个长期盈利的公司。

1.1 生态系统服务

传统上,生态系统为我们提供的服务被看做是取之不尽、用之不竭而且完全免费的恩赐。当我们知道它对我们具有重大价值,比如提供了可饮用的水和可呼吸的空气时,我们不觉得有什么力量可以伤害到这些生态系统,而且认为这些资源是无穷无尽的。

当生态系统逐渐受到巨大压力,并且显露出它的极限时,我们开始意识到这些系统是可能受到伤害的。从风险管理的角度来说,这种认识是非常重要的,因为如果没有造成伤害的一方,那么承担责任也就无从谈起。我们想要指出的是,通常而言,企业、组织或个人不会被认定对生态系统负有责任,因为我们总是认为这些系统都是相当庞大而且具有再生恢复能力的,因而对其永久性的损伤基本是不可能发生的。而一旦

企业生存
可持续风险管理

这种观点能够得到重新审视,即我们认识到对生态系统的伤害是可能发生并且真实存在的,那么对于那些可能对环境造成伤害的企业、组织和个人来说,这种巨大的潜在责任风险也就显现出来了。

1.1.1 生态系统服务的价值

生态系统可以被看做是一种自然赐予的资产,这包括海洋、地下水、森林、土地、湿地和空气,等等。生态系统为我们提供的服务包括了自然系统提供的服务,比如我们所喝的水、所呼吸的空气、海里捕捞的鱼、森林里的各种产物、草药、废物处理、授粉、污染控制、营养成分循环、休闲机会和气候调控。虽然我们都明显地感受到自然提供了有价值的服务,但是因为这些资源都是无成本地被利用,而且被认为是无穷尽的,于是我们就很少强调如何量化这些价值。

当我们逐渐明确了生态系统提供的服务是有限度的,并且正在受到损害时,开始有人尝试着量化这些服务的价值。这是一项很艰巨的任务,因为生态系统所提供的资源并没有在商业市场上定价,也没有包括在国内生产总值中。大批科学家和经济学家试图用各种估价工具来评估这些价值。在其中一项由罗伯特·康斯坦萨等人[1]进行的引人注目的研究中,科学家们收集和检验了大批对各种生态系统服务进行估价的研究成果。在这项综合性研究中,作者认为,每年世界范围内的生态系统服务所提供的价值大概在16万亿~54万亿美元之间,平均每年提供的价值为33万亿美元。加入这些价值之后将大致使研究期间的世界总产值翻一番。表1-1列出了主要的生态系统服务目录及其估值。

表1-1　　　　　　　　生态系统服务及其价值

序号	生态系统服务*	生态系统功能	范例	价值（10亿美元）
1	大气调控	调控大气中的化学成分	二氧化碳/氧气平衡,抵御紫外线的臭氧,氧化硫水平	1 341
2	气候调控	调控全球气温、降水量和其他全球或地区性的生物调控的气候过程	调节温室效应,影响云层形成的二甲硫基	684

第 1 章
可持续风险评估

续表

序号	生态系统服务*	生态系统功能	范例	价值（10亿美元）
3	干扰调控	生态系统对环境波动反应的容量、减幅和整体性	防止风暴、洪水调控、旱灾恢复以及其他通过植被结构调控的环境对于自然变化的反应	1 779
4	水调控	水循环调控	为农业提供用水（如灌溉），为工业（如磨坊）和交通提供用水	1 115
5	提供水源	水源的储存和保持	通过水路、蓄水区和土壤含水层保存水源	1 692
6	防止水土流失和泥沙淤积	在生态系统中保持土壤	防止因风化、冲刷或其他因素导致的水土流失，保存湖泊和湿地中沉积的泥沙	576
7	土壤形成	土壤形成过程	岩石的侵蚀，有机物的形成	53
8	营养物质循环	营养物质的储存、内部循环、处理和获取	氮固定，氮、磷及其他元素或营养物质循环	17 075
9	废物处理	恢复可移动的营养物质，分解过剩和外来的物质及合成物	废物处理，污染控制，有毒物的降解	2 277
10	授粉	植物配子的运动	为植物繁殖传播花粉	117
11	生物调控	种群营养结构的动态调控	主要捕食者对于被捕食种群的调控，最顶端捕食者能够减少食草动物的数量	417
12	提供庇护所	为定居或迁徙的种群提供生存环境	为迁徙的种群提供庇护，为在当地收获的物种提供庇护所或越冬的场所	124

企业生存
可持续风险管理

续表

序号	生态系统服务*	生态系统功能	范例	价值（10亿美元）
13	提供食品	总的初级产品中可被提取食用的部分	通过捕猎、采集、耕作及养殖，获得鱼类、野味、庄稼、坚果和果实等产品	1 386
14	提供原材料	总的初级产品中可被用作原材料的部分	木材、燃料和饲料的生产	721
15	基因资源	独特的生物材料和产品的来源	药品、材料科学产品，抵挡植物病菌和作物害虫的基因，观赏物种（宠物和园艺植物品系）	79
16	休闲功能	为休闲活动提供机会	生态旅游、垂钓运动和其他户外休闲活动	815
17	文化功能	为非商业行为提供机会	生态系统的美学、艺术、教育、精神和科学价值	3 015

*我们将生态系统产品包括在生态系统服务之中。

资料来源：由《自然》杂志（http://www.nature.com）及佛蒙特大学罗伯特·康斯坦萨教授授权引用。《世界生态系统服务和自然资本的价值》，《自然》，第387卷，1997年5月15日，第253~266页。

以下引自该研究的文字说明了该研究的重要性和实用性：

"在自然资产和生态系统服务受到越来越大的压力、并且在未来将越来越稀少的情况下，我们预期它的价值必将不断上升。如果不可替代的生态系统服务受到了重大的、不可逆转的损害，那么它的价值将会跃升到极限。出于极大的不确定性，我们很可能永远也无法确定生态系统服务的精确价值。但是，即便是我们初始的粗略估算也是一个非常有益的起点（我们再次强调这仅仅是一个起点）。它显示了继续研究的必要性，而且也为我们展现了亟待进一步研究的领域。另外，它也强调了生态系统服务的相对重要性，以及我们如果继续挥霍资源将给人类未来福利所造成的影响。"[②]

为生态系统及其服务定价的概念正在被像格蕾琴·戴利和杰弗

第1章
可持续风险评估

里·希尔这样的"生态经济学家"所推动。戴利是斯坦福大学生物保护中心热带研究项目的负责人,在她和凯瑟琳·埃里森合著的《新生态经济:使环境保护有利可图的探索》中,她写道:"大自然大部分的工作都具有明显和惊人的价值,但在市场中却一直没有赢得应有的尊重。这种情况直到近年才得到扭转。"[3]希尔是哥伦比亚大学公共政策和商业责任领域的教授和《自然和市场:捕获生态服务链的价值》的作者。在他的著作中,他提出保护自然生态系统是有其强大的经济动因的。戴利和希尔一致认为,"为生态系统服务定价是一项重要工具,它可以帮助我们选择如何对待大自然,以及如何对其进行保护"。[4]

一旦发生了责任诉讼,我们可以预料到像康斯坦萨、戴利和希尔这些专家的研究、观点和概念将被用来为损失定价。另一方面,由于很多这类生态系统服务定价都是粗略的估计值,实际可能会由法官和陪审团来确定损害赔偿,而这一赔偿数额也会反过来作为对生态服务的估价。无论在哪种情况下,生态系统的价值以及损害赔偿的概念都能够得到认可,并可进行量化分析。虽然从前这种损害赔偿和责任的概念还存在争议,但如今它们都已得到认可,并且将不断被发展和扩展。

1.1.2 超出再生能力的需求

由于没能为自然生态系统服务进行合理的定价,使得人们对这些服务产生了超额需求。美国新概念发展组织的项目主任马蒂森·维克莱格在2002年所发布的研究成果中指出,人们对自然资源的需求比1961年翻了一倍,目前这种需求已经超出了地球再生能力的20%。正如维克莱格所关注的,"我们已经不再是靠着大自然的利息过活了,现在我们已经开始吃大自然的老本儿了。如果我们超出了自然的限度,那么可持续经济是不可能实现的"。[5]

一个国际研究小组进行了一项名为"追踪人类经济的生态越轨"的研究。研究小组估计了人类的生态足迹。这项研究率先尝试构建一个综合核算系统,以评估自然为人类活动所付出的代价。[6]

当生态系统服务是"免费"的时候,为了能够使这些服务持续下去,必须设定一些底线。如果更多的生态系统服务被消耗且未及时补充,那么系统将会是不可持续的。比如,如果地下水被抽取的速度快于被补充的速度，地下水位就会下降。若是被捕捞的鱼多于自然繁殖的数目，那么总的鱼类种群就会减少。这些做法都是不可持续的，因为总有那么一天，水或鱼会被我们消耗殆尽。

为了对世界主要生态系统所面临的日益严峻的压力和潜在的损害进行评估，下一节我们将列出所发生的损害的例子，并评估与这些生态系统损害相关的可持续风险。

1.2　海洋和渔业资源

2003年，《自然》杂志发表了一篇兰塞姆·迈耶斯和 鲍里斯·沃莫尔的研究。他们发现，在仅仅五十年的时间里，商业性的捕鱼业使得海洋中的大型食肉性鱼类种群锐减了90%。这些鱼类包括了枪鱼、鲔鱼、旗鱼、大比目鱼、石斑鱼和鳕鱼。这是有史以来对世界渔业所作的最综合性的一项研究。[7]

声波定位仪和卫星定位系统等高科技手段使得捕鱼船队可以集中在鱼群聚集的区域作业。当一个海域里的鱼群已经捕捞殆尽（据作者估计，在一个区域内捕尽鱼类种群需要大约10～15年的时间），捕鱼船队将推进到更深海的区域。虽然这种方式可以保证年年丰收，但是当捕鱼船队最终没有任何新的海域可以开拓的时候，这种模式终会失败。

这项研究很好地说明了我们以上所提出的观点。在1950年以前，由于受到捕鱼技术的限制，渔业的捕捞量有限，因而，鱼类种群至少在全球范围内能够保持在一个稳定的水平。渔业的丰收带来了由海洋生态系统免费提供的可观价值，除了捕鲸这类个例之外，大体上捕鱼业对于鱼类种群所造成的影响是有限的。而在过去的50年间，鱼类捕捞量大大超过了其自身繁殖的能力，以致如今世界鱼类种群数量仅仅相当于50年前的10%。即便现在实施一些补救措施，一些鱼类种群也永远无法恢复了。鱼类数量的减少增加了每单位生态系统服务的价值，而生态系统受到了显著的损害。由于损害的发生，追究各方责任的可能性也随之而来。可能的责任方包括渔民、捕鱼船队、政府、鱼类加工者、食品企业和他们的保险公司。在现实生活中已经出现了对销售某种鱼类的餐馆以及食品公司的联合抵制行为。

第1章
可持续风险评估

2003年发表的另外一项研究是由皮尤海洋委员会进行的。这个由18个成员组成的委员会斥资550万美元，耗时3年，完成了这项名为《生存中的美国海洋：规划海洋变化过程》的研究。[8]美国领海面积大约有450万平方英里，比它的领土面积还要大。这项研究细数了由过度捕捞、河流排污、占用沿海湿地和河口的过度开发、引入入侵性生物种群给美国海洋所带来的巨大灾难。

皮尤海洋委员会进而为美国提出了五个首要的目标：

（1）基于保护生态系统平衡和持续性利用海洋资源的考虑，制定一个原则性的、统一的全国海洋政策。

（2）鼓励综合性、协调性的海洋资源管理，在不使问题进一步恶化的前提下，允许合理利用海洋资源。

a. 通常而言，地域上大的海洋生态系统的分区最适宜应用于渔业管理和监管中。

b. 以流域划分来解决沿海开发和污染控制问题是最适宜的。

（3）重组渔业管理机构框架，并调整渔业政策，使之与保护和维系渔业赖以生存的生态系统相适应。

（4）保护重要的物种栖息地，并实施恰当的沿海开发管理策略，以尽量减少对物种栖息地和水质的损害。

（5）控制污染源，尤其是损害海洋生物系统的污染物。

为了实现以上目标，委员会为实现可持续海洋管理提出了二十六项建议，其内容概括如下：

- 制定一项全国性的海洋政策法案来保护、维持和恢复海洋的健康、完整、活力和生产能力。
- 建立地区性的海洋生态系统委员会来开发和实施地区性的海洋管理计划。
- 建立一个全国性的受到完全保护的海洋保护区。
- 建立一个独立的全国海洋机构。
- 建立一个永久性的联邦部际海洋委员会。
- 重新定义美国海洋渔业政策的主要目标以保护海洋生态系统。
- 将环境保护决策与资源配置决策分开考虑。
- 对使用损害海洋物种栖息地的捕鱼工具进行监管。
- 建立一个永久性的渔业保护和管理基金。

企业生存
可持续风险管理

- 设计一个行动计划来解决污染源问题并以流域为单位进行水质保护。
- 在各级政府中建立有效机制进行开发管理并尽量减少其对沿海生态系统的影响。
- 从有害的沿海开发项目中撤出政府资金并转投到有益的项目中,比如复原生态系统。
- 着手解决经久不衰的污染源问题,比如集中的动物喂食点和巡洋船。
- 对于有毒污染源加强控制。
- 实施一项基于合理保护原则和标准建立的全新国家级海洋水产业政策。
- 开发和实施一项全国性的海洋研究和监控策略。
- 通过创建一套定期对海洋和沿海管理进行独立科学监控的机制,更好地利用现有的科学信息。

皮尤海洋委员会得出结论,"这个国家必须决定如何面对海洋的灾难。从根本上来说,这并不是一个关于我们自身的选择,而是关乎后世子孙的。我们必须决定如何行动以留给他们一个有生机的海洋和健康的海岸线"。

众议院自然资源委员会主席、加州共和党议员理查德·庞博对此做出的反应表明了改变目前非可持续海洋行为所面临的政治阻力。他批评这项研究是受到了想要增加联邦渔业监管的极端环保主义者的资助,并声称:"这个愿景是美好的,但是这项研究对于渔业管理的实际贡献却是微乎其微的。"[9]

兰塞姆·迈耶斯和鲍里斯·沃莫尔发表在《自然》上的研究,以及皮尤海洋委员会所作的研究都为那个越来越清晰的结论提供了大量的支持材料。除非我们改变现有的方式,否则,那些已经散落四方的鱼类种群将无法恢复,并且海洋的整体状况,尤其是沿海海域的状况将会持续恶化。皮尤海洋委员会所列举的以上建议如果能够被制定并实施,或许有希望扭转这种恶化趋势。从全球范围看,2002年在约翰内斯堡召开的可持续发展全球峰会上,大部分参与国都签订了一项旨在于2015年之前恢复鱼类种群的声明。

目前全球渔业丰收的实践显然不是可持续的。如果我们坐视不管,科学证据和趋势表明很多鱼类将会彻底灭绝。渔业将会面临产量的急剧下降，以及潜在的损害鱼类种群的责任诉讼、来自消费者和非政府组织的联合抵制，或者来自政府的新监管政策。责任承担和联合抵制甚至会波及制造鱼类产品的食品公司。当然，任何责任方的保险公司也需要支付诉讼费用并赔偿损失。

珊瑚礁是海洋生态系统的一个有机组成部分，它为鱼类提供栖息地，并在防范海岸侵蚀、防范风暴侵袭、实现渔业经济效益、增加海洋旅游吸引力方面起着重要作用。1992 年，全球有 10% 的珊瑚礁遭到一定破坏，而 2002 年这一比例上升到了 27%。如果不进行任何控制的话，这一比例还将在 2010 年前攀升到 40%。由于人类活动导致的全球变暖使海洋温度也有所上升，这导致珊瑚驱散附着其中的藻类，形成珊瑚白化。[10] 在第 7 章，我们将讨论一项澳大利亚的研究，该研究指出，由于全球变暖，大堡礁可能在 2050 年前损失掉其大部分的珊瑚，并于 2100 年前彻底消失。污染、采矿和利用爆炸物、氰化物捕鱼的行为都会加重珊瑚礁所面临的环境压力。全球珊瑚礁监督网结集出版了《全球珊瑚礁状况：2004》[11]，其中收录了关于全球珊瑚礁退化问题的大量研究成果。

其他组织为全球海洋环境恶化提供了进一步的证据。一项 2002 年海洋保护协会发表的名为"海洋健康"的研究指出，很多鱼类和海洋生物都濒临灭绝。研究认为，相较于污染和其他人类活动而言，过度捕捞是导致鱼类濒临灭绝的最主要原因。它还指出，在所有能够被评估的鱼类中，有近一半都濒临灭绝或正被过度捕捞。但是，仍有超过 2/3 的鱼类种群情况是我们未了解的。[12] 水上娱乐项目也为海洋环境带来了一定压力。比如，旅游船只制造了大量垃圾。据估计，每天全球的旅游船只向海洋排泄的污水和垃圾高达 9 万吨。[13]

据国家研究委员会估计，每八个月城市地区向沿海海域排出的废油累计高达 1 100 万加仑，这个数量相当于埃克森公司瓦尔迪兹号油轮在阿拉斯加泄漏事件中的漏油总量。研究人员估计有 38 个死区的形成与人类活动有关，其中大部分死区都位于海湾附近或是大西洋沿岸。美国海洋政策委员会主席阿德米拉洛·詹姆斯·沃特金斯指出，最为臭名昭著的死区就数每年春夏在墨西哥湾形成的死区。密西西比河挟着从农田流出的满是农药的废水流入海湾，形成一个与马萨诸塞州面积相当的死区。水中的大量营养物质引发赤潮，当大量藻类死亡腐烂时将耗尽水中所有的氧气。[14]

企业生存
可持续风险管理

2004 年 4 月，由布什总统亲自任命的美国海洋政策委员会发表了一份 500 余页的关于沿海水域问题的初步评估报告，这份报告是 35 年来首次对沿海管理进行的回顾。简而言之，委员会主席阿德米拉洛·沃特金森称，"我们的海洋以及海岸陷入了严重的困境"。⑮ 委员会提出了一些建议，包括：

- 以生态系统管理的理念来管理沿海水域，并评估整个生态系统的健康。
- 在白宫内建立一个全国海洋委员会。
- 对近海能源开发活动征缴 40 亿美元的税收用于建立一个信托基金。
- 翻倍投入联邦研究资金至每年 13 亿美元。
- 批准美国加入国际海洋公约（发起于 1982 年的由 145 个国家签署的公约，美国是仅有的少数拒绝参与的国家之一）。
- 改革目前地区性的渔业管理委员会，并将经科学评估的可持续渔业捕捞量与政治和经济决策分开考虑。
- 减少会造成以上"死区"问题的富有营养物的废水污染。

这份报告指出，健康的海水可以带来可观的经济价值。预计每年的水上休闲价值大约为 594 亿美元，商业捕鱼价值为 280 亿美元，垂钓运动价值约为 200 亿美元。这些价值都是我们所提过的生态系统"免费"服务的很好例证。报告还提出了海洋的美学价值："我们同样热爱海洋的美丽和雄壮，并依赖海洋的内在力量来放松、平衡和鼓舞我们自身。"⑯

美国海洋政策委员会的最终报告在 2004 年秋天提交到了布什总统的案头。作为对这份报告的回应，布什组建了一个联邦小组负责协调海洋政策。这一小组的负责人是白宫环境质量委员会主席詹姆斯·康诺顿。这一小组，连同布什政府和美国国会，将负责依据委员会的建议实施行动。⑰

1.3 水资源

全球淡水系统正在承受着越来越大的压力。淡水系统主要来源于地下水/蓄水层以及河流、湖泊。一些研究表明这些系统都在遭受着损害。根据联合国报告《全球性挑战，全球性机遇》，在 2025 年以前，全球一半的人口都将面临严重的水资源短缺问题。[18]整个20世纪，水资源的使用量翻了6倍之多，这一速度是人口增长率的两倍。在发展中国家，有超过10亿人口无法得到安全的饮用水，还有25亿人没有必要的卫生设备。每年，有220万人由于饮用受污染的水而丧命。而在亚洲和非洲农村地区，女性平均要走6公里（即超过3英里）的路取水。

农业用水占到总用水量的70%，工业用水占20%左右，余下10%是居民/政府用水。在20世纪后半叶所生产的农产品中，大部分都是建立在大规模扩张灌溉系统的基础上的。根据世界观察研究所发布的《2002年世界状况》报告，1950年世界灌溉面积仅为1亿公顷，而到1999年这一数字几乎翻了三倍，达到了2.74亿公顷。40%的世界农产品产自于受灌溉土地。而约10%的全球谷类丰收是仰仗着水资源供给的。在中国北部，为了灌溉小麦和玉米，每年地下水位要下降1~1.5米。除了中国以外，印度、北非、中东国家以及美国也受到了威胁。为了扭转这种非可持续趋势，我们需要引进更加有效节水的灌溉系统。[19]

一项2003年联合国发布的名为《地下水及其对环境恶化的敏感性：一项全球性问题评估和管理选择》的报告为地下水的重要性及其面临的种种压力提供了重要的信息。联合国环境项目执行官克劳斯·特普费尔在介绍这项报告时说：

> "大约20亿人口以及高达40%的粮食产量至少是部分依赖于这些隐藏的资源的。地下水同时为城乡居民和野生动物赖以生存的河流、泉水和湿地补充水源。的确，世界上绝大部分的液态淡水并不存在于河流和湖泊中，而是藏于地下。"[20]

报告还列举了一些例子以说明地下水资源所面临的压力。在美国亚利桑那州，每年要消耗掉的地下水多达4亿立方米，其容量大约是降雨补充量的两倍之多。在墨西哥，被过度使用的蓄水层数量由1975年的32个上升到了1990年的130个。西班牙共约100个蓄水层中，超过半数也在被过度使用。美国中西部的奥戈拉/高原蓄水层中大约已损耗了20%的水。蓄水层的跨度从得克萨斯横跨南部平原州直到南达科他州。虽然近年来蓄水层的水资源消耗得到了一定缓解，但是这一过程仍在继续。表1-2引自地球政策研究所莱斯特·布朗所著的《超出地球：在地下水位下降和全球变暖背景下的食品安全挑战》一书，该书列举了一些例子说明世界范围内的蓄水层水量下降问题。

表1-2   主要国家的地下水消耗情况

国家	描述
墨西哥	墨西哥所使用的水有大约1/3来源于地下，其北部干旱和半干旱地区的含水土壤层几乎已被耗尽。在一个灌溉土地比非灌溉土地生产率高两倍的国家中，灌溉用水的缺乏所带来的损失是惊人的。
美国	过度取水现象普遍存在。在高原土壤含水层，尤其是从达科他州南部贯穿内布拉斯加州、堪萨斯州、科罗拉多州东部、俄克拉荷马州直到得克萨斯州的土壤含水层的过度取水是举国关注的话题。在大普拉斯南部，从1980年井水干涸以来，当地灌溉面积减少了24%。
沙特阿拉伯	当沙特开始依赖含水土层来灌溉庄稼时，小麦产量从1980年的14万吨攀升到1992年的410万吨。但是随着含水土层的耗尽，2004年的产量下降到160万吨。停止以灌溉方式生产小麦对沙特来说只是时间早晚的问题。
伊朗	含水土层的过度使用量大约为每年50亿吨。当含水土层耗尽的时候，伊朗的谷类产量将会下降500万吨，即目前产量的1/3。
也门	这个拥有2 100万人口的国家是非常独特的，因为它既是人口增长率最快的国家，也是地下水位下降最快的国家。世界银行的报告中提到，在也门的大部分地区，地下水位下降的速度是每年2米以上。
以色列	以色列和巴勒斯坦边界的沿海含水土层和山区含水土层都已经耗尽了。在水源极度短缺以致不能允许灌溉庄稼的情况下，这种水源的持续性紧缺可能会加剧地区性的紧张局势。
印度	在印度的大部分地区，包括两个粮食种植大省——彭加邦和哈里亚纳邦，水位都在不断下降。随着每年数以千计的井干涸，印度的农民发现想要供养每年增加的1 800万人口是越来越困难了。
中国	中国北部，包括华北平原以下的地下水位都在不断下降。随着井水的干涸，中国的小麦产量也有所下降。从2002年到2004年，中国从一个自给自足的小麦消费国变为了世界最大的小麦进口国。

资料来源：莱斯特·布朗，地球政策研究所，《超出地球极限：在地下水位下降和全球变暖背景下的食品安全挑战》，纽约，W. W. Norton & Co. 出版社，2005年。

第 1 章
可持续风险评估

在一些地区，由于缺乏雨水的补充，干旱进一步恶化了蓄水层的缺水问题。在美国，西部的 11 个州经历着一场历时六年的旱灾。作为最大的水库，鲍威尔湖和米德湖都已经处于半干涸状态。干旱的森林和灌木面临着更严重的火灾隐患。2003 年 10 月，加利福尼亚南部的野外大火夺走了 24 条生命，并焚毁了 3 710 栋房屋。这是美国有史以来最严重的野外火灾之一。干旱也使得松树无力抵抗树皮甲虫的侵扰而死亡，这使火灾变得更加难以控制。澳大利亚也在经历着一个世纪以来最严重的干旱。此外，南亚和大洋洲的其他地区，以及中国和非洲的大部分地区同样遭受着低降雨量的困扰。由于农业过量用水、商业用水以及雨水不足导致了湖水水位急剧下降，比如俄罗斯的咸海、非洲的乍得湖和墨西哥的查帕拉湖。[21]

简而言之，由于人类的需求、水源污染和管理不善所导致的用水量已经超过了自然水循环系统所能补充回蓄水层的水量。蓄水层也是有容量限制的。如果目前的做法不加以改变的话，那么即使有一定的补充，蓄水层的水位仍会继续下降直至枯竭。而且在蓄水层完全干枯以前，有限的地下水里积聚的过多矿物质也会使地下水无法饮用。为了避免这种必然的悲剧，必须改变目前的做法以使蓄水层有机会恢复，或者至少能够稳定在目前的状态上。为了使得长期内蓄水层依然能够维持下去，我们必须学会可持续地利用地下水资源。感兴趣的读者可以看一下罗伯特·格伦农所著的《水荒》一书，该书极好地回顾了美国的地下水抽取及其引发的问题。

笔者并不认为调整目前的做法是一件轻而易举的事情。但可以肯定的是，目前采取措施改变做法总比等到蓄水层完全干枯之后才改变做法要和缓、容易得多。一些有识之士认为，如果在目前转换做法的话，扭转这种蓄水层水位不断下降的趋势是完全可能的。现在看来，从技术上来讲是可行的，真正对解决问题构成阻碍的是政治方面改变监管政策的阻力。

美国内政部垦务局 2003 年发布了一项名为《2025 年的水资源：防范西方世界的危机与冲突》的报告，其中为西方世界如何规划地区和区域性用水提出了指导性意见。[22]除非有周全的策略和计划能够被付诸实施来解决水源危机，否则，在水资源不断减少的背景下，甚至即便在水资源保持稳定的时候，一些地区间为争夺水源而产生冲突的潜在可能性也是非常高的。

与鱼类种群下降问题类似，解决问题的方法实际存在，但是既得利益阻碍了方案的实施。在鱼类种群下降的问题中，如果不采取行动必然会引发责任诉讼，灾难性后果将迫使政府采取措施挽回。而水资源问题如果解决不善，农业和工业发展都将受到阻碍，生产能力将会下降，并且可能因此引发巨额的责任诉讼、联合抵制，政府也将为挽回灾难性后果付出巨额代价。联合国环境规划署金融项目组和斯德哥尔摩国际水资源研究所联合发表了一篇名为《水资源匮乏的风险：金融机构的一个商业案例》的报告，揭示了水资源短缺可能为金融机构和投资者带来的风险。[23]运用适宜的可持续风险管理工具将帮助各种商业部门以及政府部门减少开支，并利用可持续方法保证淡水资源的长期供给。

1.4 森林滥伐

20世纪90年代，森林滥伐导致全球森林面积下降了2.4个百分点。10年间，森林面积下降最快的地区是非洲，其速度超过了7%；而在拉美地区，这一速度为近5%。在欧洲和北美地区，1990年以来自然森林面积有所扩张。而拥有近一半世界森林资源的热带，却也是森林滥伐最严重的地区，其主要动因是出于扩张农业的需要。

森林提供产品和服务的能力都在下降之中。除了提供产品之外，森林还提供了一系列具有经济价值的服务，这包括了水土保持、洪水调控、缓解气候变化、保护生物多样性等。树木调节着土壤与大气之间的水循环；树根可以固定土壤，防止水土流失；树枝、树皮、树叶和土壤为地球生物系统中的大量生物提供栖息地。世界上近30%的主要河流流域已经丧失了其原始森林覆盖的3/4以上，由此导致了水质的下降以及洪灾风险的上升。森林为2/3的已知陆地生物提供了庇护场所，其中包括很多大型哺乳动物和一半的大型灵长类动物。我们已知的树种中有9%已经濒临灭绝。滥伐森林就意味着生命的消亡。仅1998年，在印度发生的一起滥伐森林所导致的山体滑坡事件，就夺去了238人的生命；同一年，在中国发生的由森林滥伐导致的洪灾中，遇难者多达3 000人，经济损失高达200亿美元。

第1章
可持续风险评估

在全球40个国家的低森林覆盖率地区，依然有超过17亿人在依靠森林获取燃料、木材和其他产品或服务。而在居住于热带森林及其附近区域的5亿人中，有1.5亿当地居民在依靠森林为生。[24]

亚马孙雨林目前的状况说明了维护森林可持续发展所面临的困难和冲突。亚马孙盆地的面积比整个欧洲都要大，跨越了南美的九个国家，相当于世界仅存的热带森林的一半以上，并且，据估计，它还保存了全球超过30%的物种。多年以来，想要维护雨林的保护组织与想要砍伐森林、利用木材的商人，以及想要焚毁森林、开垦农地以种植豆类和发展畜牧业的当地人之间不断发生冲突。

1992年，在里约热内卢召开的地球峰会上签署了一系列旨在保护包括森林资源在内的生态环境的协议。巴西作为峰会的主办国也签署了这些协议。但是，在峰会结束后不到三年的时间里，亚马孙地区的森林砍伐速度翻了一倍，砍伐面积达到了11 000平方英里，相当于一个马里兰州的面积。而在接下来的几年中，通过政府的行动和非政府组织的活动，森林资源所面临的压力有所减轻：在千禧年来临之际，森林砍伐速度下降到每年6 000平方英里，相当于一个康涅狄格州的大小。巴西政府所采用的最主要的措施是创建了热带国家公园，并为土著部落划分了土地。后一项措施导致了12%的巴西领土，即385 000平方英里的土地——相当于英国、法国面积的总和——改由印第安人所控制。将这些土地划归公园和土著居民，相当于建立了一套保护系统，尤其是印第安部落成为了激进的森林保护者，积极地维护着自己管辖内的资源。另一个有效降低森林滥伐活动的措施是动用卫星定位系统监视各个区域。在一些森林滥伐非常严重的地区，如马托格拉索，森林砍伐速度下降了一半。

到了2002年8月，卫星图片显示，森林砍伐速度又有所上升——这次达到了每年10 000平方英里，相当于一个新泽西州的面积。一年之后的2003年8月，这一速度仅微降至每年9 169平方英里，相当于一个马萨诸塞州的面积。令人遗憾的是，2004年数据显示，森林砍伐速度又超过了10 000平方英里，这是1995年以来第二高的速度。绿色和平组织发出警告指出，如果按照现在的速度发展下去，整个雨林将在80年内彻底消失。据科学家们测算，20%的亚马孙雨林已经被消耗殆尽了。

企业生存
可持续风险管理

2003年1月,环保主义者还在为路易斯·伊纳西奥·卢拉·达席尔瓦当选巴西总统而欢欣鼓舞,但是很快他们就受到了打击:达席尔瓦总统宣布启动了一项耗时四年、投资660亿美元的名为"每个人的巴西"的基础设施发展计划。这一计划的主要工程包括建设两条途经亚马孙雨林的天然气管道,还有铺设一条连接位于雨林南部的马托格拉索首府库亚巴和位于亚马孙河上的圣塔伦的BR-163号高速公路,这条公路将通向大西洋沿岸。这条穿越雨林中心地带的公路的建设将会极大地便利农产品从南部运往亚马孙河和大西洋沿岸,从而连通国际市场。穿越雨林的高速公路对雨林将造成极大的破坏。据估计,大约80%的雨林砍伐都发生在公路两旁宽31英里的狭长地带。一旦铺设了公路,森林砍伐速度将会上升。

随着大豆种植在巴西经济中发挥着越来越重要的作用,也引发了更多来自于商业和政治方面的继续砍伐森林的压力。正如达席尔瓦总统所说的:"这一地区不应该再被看做是仿佛属于另一个世界的、不可触摸的领域,而我们的人民竟然无法从中获利。"种植大豆为巴西带来了巨大的收益。世界农业市场的发展使得巴西成为大豆的主要出口国。中国经济的发展和中产阶级的增长使其对大豆的需求猛增。就在10年以前,中国还是大豆的净出口国,但是如今它已经成为了最大的大豆和豆制品进口国。作为仅次于美国的第二大大豆出口国,巴西也亲历了这场大豆需求猛增的过程。近来巴西政府鼓励转基因大豆的做法只会进一步加速这一过程。大部分的南部亚马孙盆地都是由像马托格拉索这样南部有热带草原、北部有热带雨林的省份构成的,在这些区域面临着更多的把雨林开垦为耕地种植大豆的压力。马托格拉索这个名字的意思是密集的丛林,而它如今已成为了大豆的主要生产地。而马托格拉索的新任长官布莱若·麦基正是当地最大的大豆生产商、运输商和出口商。巴西媒体都称他为"大豆之王"。㉕

我们在此又发现了与鱼类种群下降、地下水位下降相似的情况,即森林每年都在出现净消耗的这一过程是不可持续的。目前的做法将会导致森林生态系统的崩溃。解决方法的实施需要政治力量的合作。如果我们不改变目前的做法,那么伐木业、木材加工业、农业和使用、销售森林产品的企业都将面临潜在的责任诉讼、消费者/非政府组织的联合抵制、股东诉讼和政府挽救灾难性后果的措施。随着像亚马孙雨林这样的资源不断消耗，可以预见，来自各方面的压力也会随之增加。如果能够及时采用可持续森林开发措施作为必要的风险管理工具，那么将节省可观的开销，并避免付出额外的代价。

1.5 荒漠化

荒漠化问题是与以上所提到的水资源短缺以及森林滥伐相关的另一种环境恶化的表现。2004 年夏天，联合国防治荒漠化国际公约组织指出，每年世界上都有可观的土地变为荒漠。这一速度在 20 世纪 70 年代约为每年 624 平方英里，而到了 20 世纪末，荒漠化速度已上升到了每年 1 374 平方英里。到 2025 年，非洲将丧失 2/3 的可耕作土地；亚洲的可耕作土地面积将减少 1/3；而在南美洲，可耕作土地面积将减少 1/5。总的来看，地球上 1/3 的陆地都笼罩在荒漠化的危险之中。

土地荒漠化可以归咎于森林滥伐、水资源的过度使用、人口增长、保护措施不力和全球变暖等因素。那些在中国的戈壁滩或是非洲撒哈拉沙漠周边居住的人们是最无助的群体。为了生存，他们不得不砍掉了仅剩的树木做柴火，在仅有的草原上过度放牧，在仅有的耕地上过度耕作，而水源也变得越来越稀少。[26]

1.6 生物多样性

非可持续的经济发展和全球化所带来的更加令人困扰的问题就是生物种群的灭绝和生物多样性的流失。生物多样性风险非常复杂，以至于我们至今无法充分了解这种风险。每个物种都是经过了上百万年进化才得以形成的，它们与环境之间存在着紧密的联系。一旦某一物种灭绝了，那么这个环环相扣的生态系统就缺失了一环。如果这一灭绝物种是其他物种的主要食物来源，其他那些物种也会因此陷入危机，甚至随之灭绝。而如果这一灭绝物种是其他物种的主要捕食者，那么那些物种种群可能会陷入无止境的增长。一些主要捕食动物，比如老虎、鲨鱼、北极熊和狼的减少，将会给生态系统的多样性和平衡带来严重的负面影响。简而言之，生物多样性的流失将导致各种物种适应环境变化能力的下降。

似乎不太可能出现让一个企业为某一物种的灭绝负责的情况。因为即便有可能证明企业行为和所造成损害之间的因果关系，想要拿到确切的证据也是极端困难的。如果其他国家得以通过类似于美国《濒危动物法案》的立法程序来保护物种，那么企业就有可能因为损害物种的行为而失去业务或遭受罚款。正如伐木业作业对斑点猫头鹰的栖息地产生的破坏，他们就因此付出了相应的代价。如果企业行为被证实与危害濒危动物或其栖息地有关，那么可以预料到它将给公众留下负面印象甚至导致公众的联合抵制。当作为地球主要统治者的人类的活动导致了其他物种的灭绝时，不可避免的，这将引发激烈的伦理方面的争议。因为，毕竟我们生活在同一个地球上，并共享着这里的资源。

以上各节内容都在表述经济发展给自然环境带来的负面影响，我认为简要地回顾一下濒危动物和已灭绝动物的相关研究并对这一问题的严重程度有所了解是非常必要的。虽然某一物种灭绝的特定风险损失并不会加入到某一个企业的成本之中，但是除了从伦理方面应当关注保护生物多样性之外，这也是可持续风险管理的重要组成部分之一。

联合国环境规划署在2002年发布的《全球环境展望-3》中做出预测，认为自然环境保护的前景相当黯淡，尤其在物种保护方面。正如ECES网站上对该报告的摘要所言：

"由1 100名科学家参与撰写的联合国报告警告说，在未来30年内，受到过大的人口压力、森林滥伐、污染、全球变暖、非本地物种的侵入以及其他人类活动的影响，70%的自然环境将遭到破坏，并会引发大批物种的灭绝和许多国家中社会的崩溃。"[22]

报告所预计的在未来30年中会大批灭绝的物种包括了世界上24%的哺乳动物（1 130种），其中有西伯利亚虎、黑犀牛、亚洲象、印度豹、山地大猩猩、食猿雕和金钱豹。世界鸟类的12%，即1 183种鸟类和5 611种植物预计也将在30年内灭绝。世界自然保护联盟则预计30%的鱼类、25%的爬行动物和20%的两栖类动物都面临着灭绝的危险。被鉴定为濒危物种的动物和植物加起来有11 046种之多。除了那些被豢养在动物园或供养在植物园里的少数个体，这些物种的野生种群已经完全消失了。导致这一结果的主要原因是栖息地的破坏和外来物种的引进。报告的作者指出,这仅仅是保守的估计,实际将会灭绝的物种数量可能会更多一些,因为我们目前仅仅评估了已知物种中的4%。[28]

2004年英国的一项关于蝴蝶数量下降(总量下降了13%)的研究证实了物种消亡速度在昆虫界也有所上升。[29]而另一项重要的促成因素是全球变暖现象。2004年《自然》杂志所发表的一项研究指出,如果全球变暖的趋势无法得到有效遏制,那么按照目前的速度,在2050年之前,他们研究中所涉及的1 103个物种中将有15%~37%的物种灭绝。[30]一项在2004年秋季《科学》杂志上刊登的关于两栖类动物的研究指出,从1980年以来已经有122个物种灭绝了,而目前32%的两栖类动物(1980种)也处于濒临灭绝的境地。[31]

如果我们不采取任何行动,那么这将演变为第六次生物大批灭绝事件。上一次的生物大批灭绝发生在6 500万年前恐龙灭绝的时代。而第一次的生物大批灭绝则发生在4亿4千万年前,在那一次劫难中,地球上75%的生物消失了。而这潜在的第六次生物灭绝大潮的独特性在于它并非是由环境变化所导致的巨灾,而是由人类这一种生物的活动所造成的。在过去的500年里,人类的活动已经导致了已知的816个物种灭绝,而实际的数字相信要比这一结果还要高得多。在所有记录在册的已灭绝的128种鸟类中,有103种都是在1800年后灭绝的。可以看出,物种灭绝是在加速进行的。研究生物多样性的专家爱德华·奥斯本·威尔逊声称,"物种正在以灾难性的速度灭绝,这一速度恐怕是人类出现以前物种消亡速度的千百倍之多"。[32]

国际自然保护联盟的首席科学家杰夫·麦克尼利在谈到扭转目前物种灭绝大潮的可能性时说:

"可能出现两种情况:也许这会是一个保护自然资源的黄金时代,但也可能它会成为一个灾难性的时代。如果是后者,那么我们将生活于一个过于简单的世界中。目前所剩余的大部分物种都将变得更加分散化,散布到世界各地。我们会失去很多大型哺乳动物和鸟类,而整体来说,生物将会趋于同化,其适应环境变化的能力将大大减弱。"[33]

如果物种的灭绝可以被确定与某一行业造成的环境恶化有关,那么公众的行动可能会迫使这些企业为自己的行为付出巨大的代价。

1.7 人造化学物质

人造化学物质的大批制造是从二战时期开始的。随着新的科学发现的诞生和技术的进步，人造化学物质被普遍应用于各种产品的加工过程中，包括包装、服装、家具、电视、电脑、玩具、娱乐器材、汽车、医疗器械、厨具、电子转换器、润滑剂、涂料和杀虫剂……而这些仅仅是其大量应用中的一小部分而已。这些产品极大地提高了我们工作、生活和娱乐的舒适度，并给我们带来了很多便利。

目前，世界市场上销售的人造化学物质达八万种以上，而每年仍有大约一千多种的新型化学物质不断进入市场。20 世纪 90 年代，美国的人均人造化学物质产量为 1 600 磅。平均而言，生产一台电视机需要使用 4 360 种化学物质。但是至今我们只研究了 3% ~ 4% 的已知化学物质（约 3 000 种）对生态系统的影响。一些对其影响做过深入研究的化学物质已经在国际上被严禁使用了，这包括二氯二苯三氯乙的复合物、多氯联苯和二氧芑。[34]

既然人造化学物质已经在全世界范围内得到了普遍使用，我们可以料想到大部分人实际上都暴露在这些化学物质之下。但是事实仍然令我们大吃一惊：无论一个人居住在地球的哪一个角落，如果对他进行化验的话，都将检验出他的脂肪中含有至少 250 种化学污染物。一个非常令人震惊的例子是多氯联苯。它被用在上百种产品的生产中，并且如今四处可见它的踪迹：在土壤里、空气里、水中、湖边的泥土里、河流海洋中、河口地带，还有鱼类、鸟类和其他动物，包括人类的身体中都可以找到多氯联苯。[35]

不仅是化学物质的普遍存在会引发风险，它们存在的持久性也会带来风险。很多化学合成物很难分解。的确，在一开始的时候，化学物质的稳定性被视为一种理想的性质，多氯联苯因此才被应用于电子转换器的制造。但是多氯联苯会持续存在几十年甚至上百年的时间。一旦化学污染进入了空气、水、土壤或是我们的身体，它们将在那里停留很长时间。

事实上，地球上每位母亲的母乳中都含有一定量的化学物质，从而我们可以肯定新生婴儿体内也会因此存有化学物质。很多关于受污染的母乳的研究表明，婴儿体内那些摄入过多的化学物质将会伴随他们一生。婴儿摄入的化学物质水平是成人每日摄入量的10～40倍之多。在仅仅6个月的哺乳期内，一个欧美地区的婴儿平均摄入的二氧芑已经达到了医生认为人一生所能够接受的二氧芑总量；其摄入的多氯联苯已经达到了国际健康标准为一个体重150磅的成年人所规定的每日正常摄入量的5倍。[36]

关于儿童疾病发病率不断攀升的研究成果也非常令人担忧。虽然这些疾病与化学物质摄入之间无法建立确切的因果联系，但是有充足的证据表明，这些疾病与环境污染相关。例如，1970年加拿大15岁以下的儿童罹患癌症的比例为平均每10万名儿童有12.5人发病，而2000年这一比例上升了28%，达到了平均每10万名儿童出现15.5个病例。其他研究显示，在美国和德国也出现了相类似的情况。从1973年到1999年，美国儿童罹患癌症的比例上升了26个百分点。而一些儿童癌症的罹患比例上升得更加迅猛。急性淋巴性细胞白血病发病率上升了62%，脑癌发病率上升了50%，骨癌发病率也上升了40%。此外，一些以前很少在儿童中发现的病例在逐年增加，比如孤独症、学习障碍、过敏症和注意力匮乏性紊乱。[37]

在美国国家环保署2003年发布的《美国儿童与环境》报告中，科学家们发现，美国儿童患哮喘的几率是20年前的一倍还多。1980年美国患哮喘症的儿童比例为3.6%，到了1995年这一比例上升到7.5%，而这一比例在2001年进一步攀升到了8.7%，患病儿童总数高达630万。这项报告同时还发现，在2000年，16～49的育龄妇女中有8%的比例，即500万妇女的血液中都至少含有十亿分之五点八的汞。美国国家环保署还发现，如果母亲血液中的汞含量高于十亿分之五点八，那么将对孩子的健康造成负面影响，比如将导致孩子的智商降低或是手眼协调能力降低。而报告指出汞是一种持久性的污染物，三种主要的汞挥发污染渠道包括火力发电厂、地区性废品焚化炉和医药废品焚化炉。报告还指出，2000年有30万美国儿童体内的铅含量超标。[38]

2004年9月发表在《新英格兰医学期刊》上的一项研究发现，南加州的空气污染阻碍了儿童的肺部发育。研究者对1 759名学生进行了为期8年——从他们小学四年级直到高中毕业——的跟踪调查。研究发现，即便经过了 30 年监管空气污染的努力，空气污染仍然存在并在危害儿童健康。受到影响的肺部将导致呼吸能力的永久性衰退，从而将影响人一生的健康，甚至导致过早死亡。这是迄今为止对有关空气质量如何影响儿童健康问题的最全面的研究。[39]

一些典型事实为我们的预测提供了进一步的证明。马萨诸塞州沃本地区孩子的高白血病发病率被证实与饮用了受到三氯乙烯污染的井水有关，而三氯乙烯是一种当初用来为金属脱油的溶剂。这一不幸事件在作家乔纳森·哈尔的作品《漫长的诉讼》中得到了展示，该书后来还被改编为同名电影。另一个典型的案例是发生在 1986 年的切尔诺贝利核电站泄漏事件，该事件发生后，居住在周围的儿童的甲状腺癌发病率超过了正常水平的 100 倍。[40]

而更加危险的恐怕还是儿童在不知不觉中所摄入的化学物质。《生活在下游》的作者桑德拉·施泰因格雷伯博士指出，因为儿童的新陈代谢速度快，所以他们很可能会摄入更多环境中的有毒物质。相对于体重的摄入量而言，儿童饮水量是成人的 3～6 倍，饮食量是成人的 4～5 倍。而胎儿相对而言是最脆弱的，因为胎儿的大脑重量的 50% 是由脂肪构成的，而脂肪组织正是化学物质最容易聚集的地方。另外，胎盘也根本无法起到阻拦化学物质进入的作用。[41]

对于那些感兴趣的读者，我想推荐他们阅读威斯康星大学麦迪逊分校的柯林·穆尔教授所著的《无声的灾难：儿童与污染，为何科学家们各执一词》一书。穆尔教授在书中列举了六种常见的污染物对儿童产生的影响，这些污染物包括：铅、汞、多氯联苯、杀虫剂、噪音辐射和化学废料。对每一种污染物的影响，她都回顾和综述了大量科学研究的结果。

对于那些没有直接参与制造和使用人造化学物质的人来说，风、洋流以及人类处于食物链最顶端的事实，决定了我们每个人都难以逃脱化学物质的影响。生活在布劳顿岛上的居民所面临的困境，悲剧性地阐释了这些风险的存在。

布劳顿岛离巴芬岛不远，位于格陵兰岛以西，与安大略省南部的工业城市相距 1 600 英里，与欧洲中心的工业城市相距 2 400 英里。布劳顿岛居民的日常食物包括野生鱼类和一些野生动物，比如海豹、北极熊、北美驯鹿和鲸鱼。通过风和洋流的运动，以及鸟类、鱼类迁徙的传播，使得北极成为了在几千英里之外制造和使用的持久性化学物质的主要聚集地。在通过食物链传导至鱼类和野生动物体内的过程中，这些化学物质逐渐积聚到上百万倍，而布劳顿岛居民也从这些食物中摄取了大量化学物质。研究显示，该岛上的婴儿所摄入的多氯联苯比一个生活在美国或南部加拿大的婴儿多出7倍。而该岛居民平均体内的多氯联苯含量是除了受到工业污染事故的人群之外，其他世界各地正常人群中最高的。[42]

在那些能够致病的化学物质中，研究人员主要关注的是致癌的化学物质，比如二氯二苯三氯乙的复合物、多氯联苯和二氧芑。美国卫生与人类服务部在所发布的《致癌物质报告》中列出了58种已知的人类致癌物质，并合理预测了188种可能导致人类罹患癌症的化学物质。[43]在此前很长的一段时间内，药物研究和流行病学研究都将注意力集中在了可疑的致癌物方面，而最近，越来越多的研究开始关注能够扰乱人类内分泌的化学物质。在西奥·科尔伯恩、戴安娜·杜迈洛斯基和约翰·彼特森·迈尔斯所著的《遗失的未来》一书中，作者全面地阐述了我们所面临的化学污染物扰乱内分泌系统的威胁。

我们的内分泌系统负责分泌一系列激素，正是这些激素调节着我们身体内部各器官功能的正常运行，并且在引导胎儿顺利完成阶段性的重要发育过程中起着重要作用。如果某种激素没能在合适的时机到达胎儿体内，那么发育过程将受到阻碍，并会引发令人担忧的后果。很多研究表明，这些后果包括精子数量减少、不育、生殖器官变形、精神系统紊乱、发育和生殖功能障碍、免疫系统功能衰退以及引发一些激素触发的癌症，比如乳腺癌和前列腺癌。

正如威斯康星大学研究者所做的草坪杀虫剂对小白鼠影响的试验结果所显示的那样，这些问题可能是由于暴露在极少量的化学物质下所引发的。[44]很多癌症流行病学研究主要关注大剂量化学物质对人们的影响，他们认为"剂量大小决定毒性"，因而以为极少量的化学物质暴露对人们是安全的。韦德·威尔森斯等人在《环境健康与展望》上发表的研究对这种以大剂量化学物质的作用推断小剂量化学物质作用的做法提出了质疑。而其他研究则表明，暴露在化学物质下的时机是至关重要的。如果在胎儿发育的关键性时刻，即便暴露在极少量的化学物质下也会导致灾难性的后果，而如果发生在其他时机，那么胎儿可能并不会受到什

么影响。㊹

我希望读者能够亲自阅读《遗失的未来》一书,不过,在此我引用了作者的结论:

"我们认为,目前已有充分的证据表明,这些化学物质影响了人类和其他一些野生动物的健康,但是目前这一影响的范围和严重程度都还是未知的。但是,许多研究已经指出,仅仅极少量荷尔蒙活性复合物就能引发巨大的生物灾难,尤其是对于仍在子宫中发育的胎儿来说。在这一段发育中的脆弱时期,激素所携带的化学信息是触发正常发育过程的关键。它引导着从男性性器官的发育,到促使神经细胞的有序迁移以发育正常大脑功能这一系列的过程。通过扰乱这些激素携带的信息,人造化学物质将阻碍胎儿的发育并引发伴其一生的健康问题。动物试验生动地表明了这些化学物质能够导致性器官发展停顿,导致产生雌雄不分的双性个体。它们还能引发不育、智力低下、免疫系统能力下降并改变人类的行为方式。"㊻

我们清楚地看到,已有的研究记录了一系列化学物质所带来的负面影响,并且新的记录还在不断的增加之中。那么显然,化工企业将面临着日益严峻的责任风险。例如,2003 年 8 月,孟山都化工公司和首诺化工公司(从孟山都公司分离出去的一个公司)与两万名阿拉巴马州安尼斯顿居民就多氯联苯污染事件达成协议,总赔偿额高达 7 亿美元。其中,保险公司将赔偿 1.6 亿美元,化工公司负责赔偿其余的 5.4 亿美元。而此前陪审团所判定的 1 亿美元的赔偿额将继续执行,并且不包括在这 7 亿美元中。㊼美国杜邦公司最近也同意就全氟辛酸造成俄亥俄州和西弗吉尼亚州的饮用水源污染问题赔偿 3.4 亿美元。这种化学物质长期以来应用于特富龙涂层的制造中。㊽两种化学物质——过氯酸铵和甲基叔丁基醚,由于可能与污染地下水源有关而引发责任诉讼,因此最近也受到了特别的关注。过氯酸铵是五角大楼和美国国防承包商所提供的火箭固体推进剂的主要成分,而甲基叔丁基醚是石油企业使用的一种汽油添加剂。㊾

责任风险还有可能会从化工产品制造商蔓延到产品的使用方。例如,美国国家环保署要求通用公司支付 5 亿美元以清理哈德逊河河底含有多氯联苯的有毒沉积物。通用公司在其位于哈德逊瀑布和爱德华堡的电容器工厂中使用了多氯联苯,纽约州政府要求通用公司在 30 年内清

第1章
可持续风险评估

理干净哈德逊河中的多氯联苯残留物。1976年，美国议会开始禁用多氯联苯；80年代中期，哈德逊河被确定为"超级基金"责任案例。哈德逊河清理项目计划在100万磅沉积物中清理出10万磅的多氯联苯，这是美国有史以来最雄心勃勃的河流清污计划了。[50]由于通用公司对《超级基金法案》中一些条款的合宪性有所质疑，目前，河流清理项目正处于暂停阶段。[51]在我的家乡威斯康星州也发生了类似的案例。引发争议的是造纸企业向福克斯河中所排放的多氯联苯的清理工作，其预计的赔偿金额将与通用公司—哈德逊河案中的金额相仿。

以上是一些涉及到化学物质污染、大公司和上亿美元损失的带有戏剧性的经典案例。但是随着研究的深入，我们发现这些案例仅仅是冰山一角。考虑到化学物质普遍应用于数十万产品的制造过程，并且它们会在垃圾填埋地、水源、空气和生物体内持续地存在下去，我们可以预见的是，潜在的责任诉讼将是惊人的。

雷切尔·卡森在她去世之前所做的最后一次演讲中警告说：

"这种污染已成为一种空前的试验：全人类都笼罩在化学物质的影响下，而这些化学物质早已在动物实验中表明了其巨大的毒性，甚至在很多情况下它们具有长期的累积效应。我们从一出生，甚至还没出生的时候就陷入其中，并将一生如此——除非我们能改变我们的生活方式。没有人知道最终后果将会如何，因为根本不存在任何可以参考的经验。"[52]

我从风险管理的角度来重新解释雷切尔的话——"我们已经陷入了一场空前的环境责任风险试验中。没有人知道这会带来多大的损失，因为诉讼才刚刚开始"。

恐怕更适合这本书的是《遗失的未来》的作者对于人类生存问题所发出的警告：

"由于扰乱激素分泌的化学物质能够广泛且隐秘地作用于生殖系统和发育过程，它们能够威胁到整个种群的生存——甚至在长期内，能够威胁到人类的生存。在这样一个人口过剩的时代，我们可能很难想像人类的生存会最终受到威胁，但是对精子数量的研究已经表明，环境污染不仅仅在影响个人，它已经影响到了整个人类。在它们对发育过程的侵袭中，这些化学物质阻碍了人类的发展。在对生殖系统的侵袭中，它们不仅伤害了不育者的健康和幸福，而且侵袭了这个进化了上亿年、令人类生生不息的脆弱的生物系统。"[53]

1.8 社会公正风险

社会公正这个概念指的是涉及到工人、当地居民和外国居民的公平问题。在本书中，实际上我使用社会公正这个概念指代了很多不同领域的问题，这包括了企业的社会责任、社会、环境和伦理的考虑、社会资本、人力资本、多样性、性别平等、工人的工作环境和保障、反歧视政策和隐私保护。应对社会公正风险的可持续策略构成了三条底线中的第三支柱。企业总是更加关注经济绩效，即财务底线，同时企业参与环境领域的活动也持续了二三十年，而社会公正领域的风险却是最近才刚刚得到管理层的关注。

在社会公正领域，企业面临着一系列的风险。这一领域最近才受到关注的事实意味着应对这一风险的风险管理项目也是发展得最晚和最落后的。很多企业仍然抱守米尔顿·弗里德曼"企业的社会责任就是赚取利润"的信条，对社会公正领域的风险视而不见。企业的目标是使股东利益最大化。传统上我们认为只有政府担负着社会公正和权益领域的责任：政府通过征收累进税、实施福利项目、开展社会保障和全民健保计划来实现这一目标。

但是今天，企业必须要应对一些社会公正风险，否则他们将面临责任诉讼、联合抵制和股东诉讼，并可能因此遭受名誉和品牌价值的损失。1996 年，德士古公司同意就一起种族歧视诉讼支付 1.76 亿美元的赔偿。而最近，世界收入最高的公司沃尔玛卷入了一场有史以来最大的集体诉讼的性别歧视案。它被指控对其女性员工在待遇和职位提升方面有不公平的情况。2004 年 6 月，加利福尼亚州地方法院同意通过一起代表 1998 年 12 月以后在沃尔玛工作过的 160 万妇女起诉沃尔玛公司的集体诉讼案，这将可能导致沃尔玛最终赔偿数十亿美元的巨款，并将潜在地影响其声誉和未来盈利。[54]仅仅数天之后，2004 年 7 月，摩根斯坦利公司和波音公司分别被其女性员工起诉待遇和提升机会不公，它们分别为其性别歧视案支付了 5 400 万美元和 7 250 万美元的巨额赔偿金。[55]另外一些刚刚得以解决的高额索赔的性别歧视案包括 1992 年德法保险集团的官司和美国之音集团的官司，它们分别为此支付的赔偿金高达1.57亿美元和5.08亿美元。[56]

从1996年以来，美林集团一直在处理900余名妇女提起的性别歧视案。其中，大约95%的案子已经解决，其赔偿金超过了1亿美元。2004年8月，一名联邦地区法官裁定原告在先前一个案子中所述美林集团涉嫌对在其经纪业务部门工作的女性实行"某种歧视"政策的情况属实，据此对遗留案件继续审理，这一判决使得该集团试图控制其余未决案件的努力付诸东流。2005年4月，纽约的一个联邦陪审团裁定欧洲最大的银行——瑞士银行向劳拉·祖布拉克支付2 900万美元作为对其性别歧视的赔偿。[57]近来，欧盟的政策变化预期将会导致性别歧视诉讼的增加。英国在2005年12月欧盟政策实施前就调整了一些本国政策，目前它已经面临着性别歧视案增加的趋势。[58]

工伤风险是最普遍的社会公正风险之一。工伤赔偿法要求雇主在雇员工伤期间为其支付工资和医疗费用。如果企业不重视为员工提供一个安全的工作环境，那么它的工伤赔偿支出就会相当高。进一步的，企业或行业还可能因此招致工伤赔偿以外的风险。例如，2005年人权观察组织发表的一份报告严词抨击了美国的肉类食品包装业。这份名为《血汗和恐惧：美国肉禽工厂的劳工权益》的报告是人权观察组织有史以来第一次指名抨击美国的某一产业。报告得出结论认为，该产业的工人受到的恶劣待遇已经侵犯了他们的基本人权。报告中特别提到了三个企业：泰森禽类食品公司、史密斯菲尔德猪肉食品公司和内布拉斯加牛肉食品公司。报告指出，不安全的生产环境不仅会带来高额的工伤赔偿支出，还会导致公司负面的公众形象和名誉损失。[59]

全球化进程使得人们更加明确地意识到了社会不平等问题。一个跨国企业再也不能声称它仅从国外进口原材料或是委托国外加工商生产产品，并以此为理由不关注当地工人的工作条件了。正如耐克公司案例（参见第3章）所表明的，如果不知道这些信息，将会给企业带来相当的财务和名誉损失。在《外国人权索赔法案》之下，外国所发生的状况为美国企业增加了额外的风险（参见第5章和第10章）。

国际卫生组织发出警告说，亚洲人口膨胀速度过于迅猛，这将导致它与经济发展、服务提供以及基础设施之间的不匹配。疾病、犯罪、暴力、环境恶化、污染、贫困和不健康的生活方式预期都将随之增长。每

企业生存
可持续风险管理

年大约有 6 700 万人涌入全球的城市地区，在 2030 年以前，预计世界人口的 60%，即 830 万人将居住于城市。[60] 这些方面的压力都将给全球的企业带来更多的社会公正风险。

面积仅相当于一个威斯康星州的孟加拉国，在其国土上却拥挤地生活着 1.3 亿人口，他们平均的生活费用仅为每天 1 美元。基本上，这个国家已经成为了一个城市国家。孟加拉国人民正在遭受着地下水砷污染和"亚洲褐云"所带来的双重困扰。有 3 500 万人正在饮用着被砷污染的井水。在井水检测过程中的疏忽以及不完善的信息发布渠道导致了国际卫生组织所称的"有史以来最大的人类集体中毒事件"。[61] "亚洲褐云"是由家庭燃烧废料（木柴和牲口粪便）以及烧煤工厂散发的灰烟形成的污染物微粒所组成的，它蔓延到了阿富汗、巴基斯坦、印度、斯里兰卡和孟加拉国。"褐云"扰乱了气候规律，影响了庄稼收成，并导致人们罹患呼吸系统疾病而过早死亡。[62] 孟加拉国低凹的地势在全球变暖、海平面上升的背景下，更是容易招致风险。

代际公平是一项重要的社会平等目标，并且也是可持续发展必不可少的一个组成部分。当今的一代人有权利满足自己的需要，但不应超过我们在自然资源中可占的公平份额。把我们的债务留给子孙并危及他们使用自然资源的权利，这从根本上来说就是极端不公平的。

我们不能指望企业解决一切社会不公平的问题。政府必须介入这一过程，但同时，企业也要帮助政府完成这一使命，尤其是在涉及到它们经营范围的领域。一些来自联合国报告的可信统计说明了企业和政府都应尽其所能解决世界范围内的社会不公平问题的原因。

（1）世界总人口为 62 亿，其中 20%，即 12 亿人每天的生活费用不足 1 美元。世界上一半以上的人每天生活费用不足 2 美元。

（2）世界上 2/3 的人，即 44 亿人生活在发展中国家。这部分人口中，大约有 60% 的人缺少基本的卫生设施；大约 1/3 的人无法饮用到干净的水；1/4 的人没有适宜居住的房屋；20% 的人无法享受到现代医疗服务；20% 的儿童无法完成五年的小学学业。同时，发展中国家人口增长率也相对较高，这就更加恶化了以上的问题。

（3）不洁净的水，加上恶劣的卫生条件每年导致 1 200 万人死亡。

（4）燃烧木柴、家畜粪便、庄稼秸秆或煤用以做饭、取暖所产生的室内黑烟污染每年导致了 220 万人死亡。

（5）在世界最富裕国家生活着的20%的人口消耗了全球私人消费的86%，而20%最贫困人口的消费仅占全球私人消费的1.3%。

（6）今天在发达国家出生的一个孩子在他/她一生中所带来的消费和污染相当于30～50个发展中国家的儿童。[63]

《华尔街日报》对诺贝尔经济学奖获得者进行了一项调查，请他们列出全球面临的最大经济挑战。一些受访者提到了低收入国家所面临的贫困和疾病问题。正如宾夕法尼亚大学的劳伦斯·克莱因教授所指出的，"我们这个时代所面临的挑战就是如何在一个和平的政治环境下减少贫困和疾病"。[64]世界上最富有的人——微软总裁比尔·盖茨积极地通过他所设立的基金会来缓解全球贫困和疾病问题。他尤其对发达国家未能向非洲提供足够的资助大失所望。盖茨说：

"在非洲有数以百万计的儿童死去了。我们虽然有充分的能力去拯救他们，却依然让他们就这么离开了。我们没能将资源用以实施已知的解决方案、或是去寻找更好的解决方案，这真是我们这个时代的最大的丑闻。"[65]

尽管程度不同，但是类似的不公平问题在美国也存在。例如，国会预算办公室的数据表明，从1979年到2000年，穷人和富人之间的收入差距翻了一倍。数据显示，美国最富有的1%的人，其税后收入超过了全国收入最低的40%的人的收入总和。而在1979年，这部分最富有的1%的人的税后收入还不到收入最低的40%的人的收入的一半。1979年，根据预算与优先政策中心的要求，国会预算办公室开始统计这一数据，而2000年的统计结果是有史以来贫富差距最大的一次。[66]经济学家汤玛斯·皮凯蒂和伊曼纽尔·赛斯使用国税局数据计算出2002年最富有的1%的人所占有的收入份额是14.7%，这一数据较之20世纪70年代几乎翻了一倍。这也是20世纪20年代以来该统计结果最高的一年。[67]

近来的一些研究表明，自从2001年布什政府的减税计划实施以来，企业和富人所承担的税收较之此前有所减少。[68]不受党派控制的国会预算办公室在2004年8月所作的研究表明，1/3的税收减免利益流向了平均年收入高达120万美元的最富的1%的人群。这部分人群所负担的税收比例由21.9%下降到20.1%。而年收入约为75 600美元的中产阶级所负担的税收比例由18.7%上升到19.5%。[69]

男性和女性、高级执行官和普通职员得到的薪资待遇之间也存在差异。2002年，女性收入的中位数为30 203美元，仅为男性收入中位数（39 429美元）的76.6%。[70]无论在女性高管还是普通的女性员工中都普遍存在着这种性别造成的收入差异。《商业周刊》所进行的一项研究表明，男性和女性在工资和其他待遇方面都存在着差异。这项研究调查了1992年毕业于30个顶尖商学院的1 500名MBA毕业生。10年之后，女性毕业生的平均收入是117 000美元，仅为相应男性毕业生平均收入（168 000美元）的70%。在"其他待遇"方面，女性平均仅得到84 000美元，这相当于男性此项收入（273 000美元）的31%。[71]2005年美国人口统计局发表的一项研究表明，2003年拥有大学学历的女性平均收入是38 000美元，这仅仅相当于拥有大学学历的男性平均收入（63 000美元）的60%。[72]

与此同时，高管和普通职员之间的收入差距也在增加。在上一代人中间，大型企业的首席执行官的收入仅为普通职员的40倍，而目前这一比例已经高达500倍。[73]韬睿咨询在2000年所作的研究表明，美国大公司首席执行官的平均小时工资相当于他们所雇用职员的531倍。[74]

在股票市场高涨的20世纪90年代，人们声称首席执行官确实创造了很高价值，因而高收入是完全合理的。而目前低落的股票市场使得这一说法陷入了窘境。当高管和普通职员之间的收入差距不断增大的时候，一个基本的公平问题也浮出了水面。不断有员工被裁员，而那些高管——即便其公司业绩表现得非常之差——其收入仍在不断上升，这使得问题变得更加尖锐起来。

当今，为了使股东利益最大化，管理层应该对三条底线的三方面都加以注意，即财务绩效、环境绩效和社会公正绩效。企业应该保持诚实，尊重并信任相关利益人，包括消费者、雇员、供应商、非政府组织、慈善机构和当地居民。如果企业不能做到这一点，那么将会增加其社会公正风险的支出，并因此无法在财务绩效方面使股东利益最大化。

1.9 转变的价值观

显然，我们并非想彻底消除世界上所有人或是美国所有经理与职员间的收入差距。但是，肯定存在一个更加合理的收入分配，以及自然资源使用和消费的平衡。10~20年以前，只有一小部分企业意识到它们有责任维护这些公平目标。但是今天，相当一部分的企业都赞同社会公正目标是关乎企业责任的。以上所提到的一些诉讼和来自非政府组织以及其他组织的压力使得企业有动力对社会公正风险进行管理。

而更加根本的是在价值观层面发生的转变。很多咨询师和企业领导者都谈到或记录了这一转变。其中，影响最为深远的思考者之一是欧洲领先的战略咨询企业的创始人和主席——约翰·埃尔金顿。他所著的《餐叉食人族》中的一段话，清晰地捕捉到了这种价值观方面的转变：

"我认为，这一问题的实质是我们发现了世界范围内所发生的根本性的价值转变。总的来说，这并不是由于监管所造成的结果；相反地，它是随着人们不断意识到问题并对其加以关注而自然产生的结果。而这一转变的关键在于那些所谓的'软性'价值（例如对于下一代的关注）现在已经与那些传统的'硬性'价值（比如财务绩效的极端重要性）并存，甚至有时超过了传统意义上的'硬性'价值的重要性。"[75]

1.10 行动时机已经成熟

2005年春天，我正在写作这一章内容的时候，《新千年生态系统评估综合报告》发表了。这一报告是由联合国所资助的超过2 000名来自世界各地的专家撰写的。其理事会由国际研究机构、政府、企业和土著居民组成。《千年报告》证实了本章所提到的很多研究成果。它的四个主要结论是：

- 在过去的50年中，人类比以往任何时期都更加迅速和广泛地改变了自然生态系统，以此来满足人们不断增长的对食物、清水、木材、植物纤维以及燃料的需求。这一过程导致了生物多样性重大且不可逆转的流失。

- 对生态系统的改变有助于改善人类的福利和促进经济发展，但是这些收益是在不断增加成本的基础上获得的。这些成本包括了自然生态系统的退化、非线性变化风险的增加以及部分人群的贫困的加剧。这些问题如果不能得以解决，将会影响到后代从生态系统获取的

企业生存
可持续风险管理

收益。

● 自然生态系统的退化很可能在21世纪上半叶变得更加严重,并会因此影响到千年发展目标的实现。

●《千年报告》提出的一些方案能够帮助各国在扭转生态系统恶化的同时满足人们日益增长的需求,但是这些方案的实施有赖于政策、制度和实践过程的重大转变,而这些转变目前都还没有实现。我们有很多选择,它们既能保护或提高生态系统的某种功能,又能降低其负面效应或是提高与其他生态系统功能的协调性。[76]

这一章的目的并不在于描绘一幅世界末日的景象,但是我希望能够提供充分的证据来说明我们所面临风险的严峻性。从生态资源的消耗、物种灭绝、有害化学物质的污染到社会不公平问题的加剧,我们发现人类正走在一条非可持续发展的道路上。幸运的是,我们仍然有时间,并且有能力来应对这些不断加剧的风险。但是,我们必须现在就开始行动。

我并不是说此前我们没有付出过任何努力。一些企业在发展可持续风险管理策略以应对这类风险的过程中为我们做出了榜样。全书都将贯穿着这些成功企业的案例和它们的做法。在我看来,既然我们不可避免地要去应对这些风险,那么审慎的管理者应该从今天起就整合资源来加强可持续风险管理项目。可以预期,立即行动会带来可观的收益,而延迟这一行动会招致更大的成本。积极致力于自身的生存发展意味着从今天开始就要发展你的可持续风险管理计划。在本书中,我关注的是那些通过管理和控制不断增长的可持续风险而生存下来并繁荣发展的企业。但是当然,我们最终关注的是如何保护我们赖以生存的生态系统和社会体系。

本章附注

① Robert Constanza, et. al. "The Value of the World's Ecosystem Services and the Natural Capital," *Nature*, Vol. 387, 15 May, 1997.

② 同上。

③ Jim Morrison, "How Much is Clean Water Worth?" *National Wildlife*, February/March, 2005.

第 1 章
可持续风险评估

④ Jim Morrison, "How Much is Clean Water Worth?" *National Wildlife*, February/March, 2005.

⑤ Gary Polakovic, "Humans are Using up Nature," *Los Angeles Times* reported in *Capital Times*, June 26, 2002.

⑥ Mathis Wachernagel, et. al., "Tracking the Ecological Overshoot of the Human Economy," *Proceedings of the National Academy of Sciences*, Vol. 99, No. 14, July 9, 2002.

⑦ Ransom Meyers and Boris Worm, "Rapid Worldwide Depletion of Predatory Fish Communities," *Nature*, Vol. 423, 15 May 2003.

⑧ Pew Oceans Commission, "America's Living Oceans: Charting a Course for Sea Change," May, 2003.

⑨ Jim Carlton, "Drastic U. S. Actions Are Urged To Save Coasts From Overfishing," *Wall Street Journal*, June 5, 2003.

⑩ Worldwatch Institute, *State of the World 2002*; Global Coral Reef Monitoring Network (GCRMN)

⑪ Global Coral Reef Monitoring Network, *Status of Coral Reefs of the World*, Townsville, Queensland Australia: Australian Institue of Marine Science, 2004.

⑫ Ocean Conservancy, *Health of the Oceans Report*, 2002.

⑬ Worldwatch Institute, *State of the World 2002*.

⑭ Peter N. Sprotts and Kenneth R. Weiss, "Study Delves Into Troubled Waters; America's Treatment of its Oceans Under Scrutiny," *Population Press*, Summer 2003.

⑮ Felicity Barringer, "Federal Oceans Commission Finds Decline Along Coast," *New York Times*, April 21, 2004.

⑯ 此段部分信息来源于以下渠道：U. S. Commission on Ocean Policy, *Preliminary Reports*, April 2004; Felicity Barringer, "Federal Oceans Commission Finds Decline Along Coast," *New York Times*, April 21, 2004; "Bottom-of-the-Sea Treaty," *Wall Street Journal*, March 29, 2004; Kenneth R. Weiss, *L. A. Times*, "Oceans are hurting, panel says," *Capital Times*, April 21, 2004.

⑰ Cornelia Dean, "Bush Forms Panel to Coordinate Ocean Policy," *New York Times*, December 18, 2004.

⑱ United Nations, *Global Challenge, Global opportunity*, 2002.

⑲ Worldwatch Institute, *State of the World 2002*.

⑳ B. L. Morris, et. al., *Groundwater and Its Susceptibility to Degradation: A Global Assessment of the Problem and Options for Management*, United Nations Environment Program, 2003.

㉑ 此段部分信息引自 Michael Janofsky, "In the Dry Dry West, A Search for a Solution," *New York Times*, June 2, 2003; www. fire. ca. gov/php/fire_ er_ siege. php; John Shaw, "Ruinous Drought in Australia Called the Worst in 100 Years," *New York Times*, November 24, 2002; Jim Carlton, "A Lake Shrinks, Threatening Mexican Region," *Wall Street Journal*, September 3, 2003.

㉒ U. S. Interior Department's Bureau of Reclamation, "Water 2025: Preventing Crises and Conlict in the West," 2003.

㉓ UNEP Financial Initiative and Stockholm International Water Institute," *Risks of Water Scarcity: A Business Case for Financial Institutions*, Stockholm: Swedish International Development Agency, 2004; Roz Bulleid, "Investors Warned of Potential Water Resource Risks," *Environmental Finance*, September 2004.

㉔ 数据和信息引自 Worldwatch Institute, *State of the World 2002*; United Nations, Global Challenge—Global Opportunity, 2002.

㉕ 此段信息引自 Larry Rohter, "Amazon Forest Is Still Burning, Despite Pledges," *New York Times*, August 23, 2002; Tony Smith, "Rain Forest Is Losing Ground Faster in Amazon, Photos Show," *New York Times*, June 28, 2003; Larry Rohter, "Relentless Foe of the Amazon Jungle: Soybeans," *New York Times*, September 17, 2003; Matt Moffett, "Brazil's President Sees New Growth In The Rain Forest," *New York Times*, October 16, 2003; "Destruction of Brazil's Rain Forest Seems to Slow," *New York Times*, April 8, 2004; "Amazon destruction in 2004 2nd worst ever," *Capital Times*, May 19, 2005.

㉖ United Nations Convention to Combat Desertification reported in Chris Hawley, Associated Press, "A Third of Earth's Land at Risk of Becoming Desert," *Capital Times*, June 16, 2004.

㉗ www. eces. org

㉘ United Nations Environment Programme, "The Global Environmental Outlook – 3 (GEO – 3)," 2002.

㉙ J. A. Thomas, et. al., "Comparative Losses of British Butterflies, Birds, and Plants and the Global Extinction Crises," *Science*, Vol. 303, 19 March 2004.

㉚ C. D. Thomas, et. al., "Extinction Risk from Climate Change," *Nature*, 427, January 8, 2004; see Chapter 7 for further discussion of this study.

㉛ Simon N. Stuart, et. al., "Status and Trends of Amphibian Declines and Extinctions Worldwide," *Science*, Vol. 306, December 3, 2004.

㉜ www. eces. org

㉝ 联合国报告综述参见 www. eces. org.

第 1 章
可持续风险评估

㉞ Theo Colborn, Dianne Dumanoski and John Peter Myers, *Out Stolen Future*, New York: Plume Penquin, 1997; William McDonough and Michael Braungart, *Cradle to Cradle*, New York: North Point Press, 2002.

㉟ Theo Colborn, Dianne Dumanoski and John Peter Myers, *Out Stolen Future*, New York: Plume Penquin, 1997.

㊱ 同上。

㊲ "Canaries in the Cancer Wards," *Toronto Globe & Mail*, February 22, 2003.

㊳ EPA, *America's Children and the Environment*, US Environmental Protection Agency, 2003.

㊴ Miguel Bustillo, Los Angeles Times, in "Smog to blame for lifetime lung damage," printed in *The Capital Times*, September 9, 2004; Gauderman, W. James, et. al., "The Effect of Air Pollution on Lung Development from 10 to 18 Years of Age," *The New England Journal of Medicine*, Volume 351, No. 11, September 9, 2004.

㊵ "Canaries in the Cancer Wards," *Toronto Globe & Mail*, February 22, 2003.

㊶ 同上。

㊷ Theo Colborn, Dianne Dumanoski and John Peter Myers, *Out Stolen Future*, New York: Plume Penquin, 1997.

㊸ U. S. Department of HHS, *Report on Carcinogens*, 11th edition, 2005.

㊹ Maria Fernanda Cavieres, James Jaeger and Warren Porter, "Developmental Toxicity of a Commercial Herbicide Mixture in Mice: I. Effects on Embryo Implantation and Litter Size," *Environmental Health Perspectives*, Vol. 110, No. 11, November 2002.

㊺ Wade V. Welshons, et. al., "Large Effects from Small Exposures, I. Mechanisms for Endocrine-Disrupting Chemicals with Estrongenic Activity," *Environmental Health Perspectives*, Vol. 111, No. 8, June 2003.

㊻ Theo Colborn, Dianne Dumanoski and John Peter Myers, *Out Stolen Future*, New York: Plume Penquin, 1997.

㊼ "$700 Million Settlement in Alabama PCB Lawsuit," *New York Times*, August 21, 2003.

㊽ Jared Wade, "Easy Being Green," *Risk Management*, July 2005; Thaddeus Herrick, "EPA says Teflon Chemical May Pose Health Risk," *Wall Street Journal*, January 13, 2005.

㊾ Liane Jackson, "Factory Site Faces Tidal Wave of Toxic Tort Complaints," *Corporate Legal Times*, Vol. 13, No. 141, August 2003; Alexei Barrionuevo, "Oil Companies Lose Effort to End Suits Over Contaminated Water," *New York Times*, April

21, 2005.

(50) Kirk Johnson, "G. E. Facing Order To Remove Toxins From Hudson River," *New York Times*, December 6, 2000.

(51) "GE Challenge to Superfund Can Move Forward," *Business & Legal Reports*, March 17, 2004.

(52) Theo Colborn, Dianne Dumanoski and John Peter Myers, *Out Stolen Future*, New York: Plume Penquin, 1997.

(53) 同上。

(54) Ann Zimmerman, "Judge Certifies Wal-Mart Suit As Class Action," *Wall Street Journal*, June 23, 2004.

(55) Kate Kelly and Colleen DeBaise, "Morgan Stanley Settles Bias Suit for $54 Million," *Wall Street Journal*, July 13, 2004; J. Lynn Lunsford, "To Settle Sex - Bias Suit, Boeing Agrees to Pay Up to $72.5 million," *Wall Street Journal*, July 19, 2004.

(56) Advisen Insight for Insurance Professionals, August 20, 2004.

(57) Eduardo Porter, "USB Ordered to Pay $29 million in Sex Bias Lawsuit," *New York Times*, April 7, 2005.

55 (58) Kerry Capell, Laura Cohn, Rachel Tiplady, and Jack Ewing, "Sex - Bias Suits: The Fight Gets Ugly," *Business Week*, September 6, 2004.

(59) Steven Greenhouse, "Rights Group Condemns Meatpackers On Job Safe," *New York Times*, January 26, 2005.

(60) Associated Press, "WHO Warns on Asian City Pollution," *Wall Street Journal*, October 15, 2003.

(61) Barry Bearak, " 'The Largest Mass Poisoning' of people in History," *International Herald Tribune*, July 15, 2002.

(62) United Nations Environmental Program, "The Asian Brown Cloud: Climate and Other Environmental Impacts," 2002.

(63) United Nations Population Fund, 2001.

(64) David Wessel & Marcus Walker, "Good News for the Globe," *Wall Street Journal*, September 3, 2004.

(65) Paul Haven, "Gates: African Poverty's 'scandalous'," *Associated Press*, in *Capital Times*, January 27, 2005.

(66) Lynnley Browning, "U. S. Income Gap Widening, Study Says," *The New York Times*, September 25, 2003.

(67) Steven Rattner, "The Rich Get (Much) Richer," *Business Week*, August 8, 2005.

(68) Edmund L. Andrews, "Big Gap Found in Taxation of Wages and Investments,"

New York Times, May 8, 2004; Justin Lahart, "Corporate Tax Burden Shows Sharp Decline," *Wall Street Journal*, April 13, 2004; John McKinnon, "Many Companies Avoided Taxes Even as Profits Soared in Boom," *Wall Street Journal*, April 6, 2004.

⑥⑨ Edmund L. Andrews, "Report Finds Tax Cuts Heavily Favor the Wealthy," *New York Times*, August 13, 2004; Jonathan Weisman, *Washington Post*, "Bush cuts shift more taxes to middle class, report finds," *Capital Times*, August 13, 2004.

⑦⓪ U. S. Census Bureau, *Income in the United States*, 2002.

⑦① Jennifer Merritt, "What's An MBA Really Worth?" *Business Week*, September 22, 2003.

⑦② "Data Show Gaps in Women's Income," *Wall Street Journal*, March 28, 2005.

⑦③ Paul Krugman, "The Outrage Constraint", *New York Times*, August 23, 2002.

⑦④ Gretchen Morgenson, "Explaining (or Not) Why the Boss Is Paid So Much," *New York Times*, January 25, 2004.

⑦⑤ John Elkington, *Cannibals with Forks*, Gabriola Island BC, Canada: New Society Publishers, 1998.

⑦⑥ *Millennium Ecosystem Assessment Synthesis Report*, 2005, www.millenniumassessment.org.

第 2 章

不断扩展的可持续风险责任

> 无论企业在掩饰其所作所为和真实意图方面做得多么天衣无缝，大部分企业都将面临一个越来越透明化的运作环境。国际企业将会发现互联网已经极大地突破了地域的限制并且扩大（和扭曲）了企业运作的"鱼缸效应"。
> ——约翰·埃尔金顿（《餐叉食人族》作者）
>
> 在世界范围内，保险业所面临且逐渐凸显的最大风险就是美国侵权法制度或其相关要素的迅速扩张。
> ——拉·辛格（德国安联保险集团首席风险官）

所有企业都面临着各式各样的责任。这些责任是通过不同的来源产生的，比如驾驶汽车、拥有财产和土地、雇用员工、制造产品、提供专业服务，还有从事可能对环境造成危害的活动，等等。至今，在可持续风险领域所发生过的最高金额的责任风险赔偿源自于"超级基金"项目和石棉责任案（参见第6章）。其他一些关于第三方危害环境的非"超级基金"项目诉讼案也最终判定了肇事方应对其后果负责。但迄今除了少数案例外（参见第1章），对这类案子的判定是相对较宽松的。不过，这种情况很可能在不久的将来得到扭转。社会公正领域的发展使得企业面临着更大的诉讼压力。本章的主要内容就是介绍这些预示着更多环境和社会公正领域责任的新发展。

2.1 环境责任的传统基础

除了"超级基金"项目外,迄今为止,绝大部分的环境责任案例都是以普通法下的侵犯和妨害的侵权行为提起诉讼的。简而言之,侵权是一个"法庭将会支持赔偿的民事过错";[1]侵犯是干预他人行使财产权利的行为。在环境领域,波及到相邻的他人财产的污染就是侵犯的一个例子。妨害是指在财产的不当使用过程中造成的对公众利益的实质性损害。由于个人或公司财产所发出的噪音或恶臭而引发的诉讼是以妨害为诉因提起环境诉讼的一个常见例子。此外,妨害的案例还可能涉及到沙尘、烟雾、水污染物和其他有害物质,等等。

人们通常很难划分侵犯行为和妨害行为之间的界限。在这里,普罗瑟和基顿抓住了二者的区别:"侵犯行为是破坏原告方对自己财产的独占权利的行为,而妨害行为是妨碍原告方对该财产使用和受益的权利的行为。"[2]环境诉讼案中最典型的侵犯行为就是非法侵入他人土地。无论在侵犯行为还是在妨害行为中,我们都没有必要证明被告是有过失的。事实上,对于侵犯行为和妨害行为的判决需要根据原告所受到的损失而定。

由于根据过失判定责任会带来种种麻烦,所以在环境责任案例中人们倾向于使用侵犯和妨害的概念来界定,而较少使用过失定罪。但是,我认为在可持续风险领域根据过失判定责任在未来将会变得越来越普遍,这将要求风险经理对这一方面多加重视。

2.2 过失责任

从传统意义上来说,绝大部分的侵权责任是基于过失而判定的。根据过失来判定侵权责任,需要满足四个条件。这四个条件是:

(1) 具有合理、谨慎行事的义务;

（2）违背该义务，即未能以合理、谨慎的态度行事；

（3）另一方遭受了伤害和/或损失；

（4）违背义务，即未能以合理、谨慎的态度行事，是造成损害的近因。

当以上四个条件同时得到满足时，该人或该企业就负有赔偿另一方所遭受的伤害或损失的义务。

需要注意的是，一个人或企业可能虽然犯有过失，却不必为此负责。以上列出的第一和第二个条件，即义务的存在和未能履行该义务，将构成过失。比如，一个人开着车横冲直撞，这是一种过失行为，但是如果没有人因此而受伤，那么就不会产生任何责任。过失行为必须是构成伤害或损失的近因，才能够据此判定为过失侵权。

在环境和社会公正领域，很多方面的发展都有可能极大扩张过失责任的范围：过失行为的衡量标准在放松，损害的概念在扩展，通过近因连接二者的方法也在改进。下面我们将逐一讨论这些因素。

2.3 不断提高的过失责任标准

当确定何为过失行为的界限时，通常我们会将潜在的有过失行为一方的行为与其他可比的行为主体的做法进行比较。如果根据其他可比的行为主体所遵循的行为方式和谨慎程度来衡量，某一方的行为显得不合理和不谨慎的话，那么就可以判定他是有行为过失的。例如，在确定医疗事故时，判断一个医生的行为是否合理往往会借助相同领域内其他医生通常采取的措施来界定。

在可持续风险领域，一个企业的记录表现和行为通常会被用于与其他类似的企业进行比较，以确定其是否存在过失行为。但是什么才是衡量合理和谨慎行为的标准呢？近年来，在环境和社会公正领域发展了很多用以衡量企业行为的标准。其中最著名的一项就是 ISO 14000 认证。

以瑞士日内瓦为基地的国际标准化组织所颁布的 ISO 14000 认证体系是"一系列针对环境行为的，涵盖了流程备案、培训、生命周期评估、管理分析报告和问责制等内容的一套管理系统标准"。[3] 制定这一认证体系是为了"将环境管理纳入战略决策的范畴"，并要求"企业高管致力于环境管理"。④其中，14001 条款特别列出了环境管理系统的标准。ISO 14001 认证在欧洲和日本尤其重要，因为在这些地区，拥有这一认证被视为进行商业交易的必要前提（参见第 9 章）。⑤

另一套与之紧密相关的环境标准是由欧盟生态管理审计体系所设定的。欧盟生态管理审计体系与 ISO 14001 的最主要区别在于它添加了额外的更为苛刻的要求，包括必须将认证状态和核实此后持续表现的相关文件公之于众。⑥

我们假设一个企业的行为对环境造成了损害，并且，这个企业没有通过 ISO 14001 和欧盟生态管理审计体系的认证。由于没有通过认证，法官和陪审团很可能认定这一企业未能符合合理和谨慎标准，从而判定企业犯有过失。尤其当该企业所在行业的其他竞争对手都已经取得了相关认证的时候，陪审团就更容易做出这样的裁决。

另外，一些自愿性环境企业组织所制定的标准也可能被用于衡量过失。例如，环境责任经济体联盟是一个 1989 年成立于美国的非营利性组织，它为组织成员制定了十项环境原则（参见第 9 章）。这十项原则的内容如下：

（1）保护生物圈；

（2）可持续地利用自然资源；

（3）减少和处理废弃物；

（4）节约能源；

（5）降低风险；

（6）提供安全的产品和服务；

（7）恢复环境；

（8）让公众知情；

（9）管理承诺；

（10）审计和报告。

在以上所提到的情境中，这十项原则也可以作为衡量企业行为是否合理和谨慎的标准。如果这个企业不是环境责任经济体联盟的成员，或者它的行为未能达到该联盟十项原则的要求，那么这个企业很可能被认定是有过失的。

在社会公正领域，也存在着相关的认证项目。例如，SA 8000 是一个衡量企业社会责任的体系。这是一个应用于全球范围内三十多个行业，结合了ISO管理体系和国际劳工组织公约的评价标准。它的主要目的在于打造更加人性化的工作环境。AA 1000是另一个规范社会与道德的审计、会计和报告行为的项目。在企业因社会公正风险所面临的诉讼中，可能会应用SA 8000或AA 1000中的标准来确定其是否存在过失（参见第9章）。

一个企业所在行业的其他竞争者的行为方式也可能作为衡量合理和谨慎行为的标准。例如，在造纸业，很多企业都使用了无氯漂白技术，因为氯会对工人造成伤害并对环境造成污染。而如果此时一个造纸企业继续使用氯，那么一旦发生了责任诉讼，它很可能被裁定没有按照合理和谨慎的方式行事。

最近，一种阻燃剂——多溴联二苯醚引起了公众的关注，因为一项研究发现，母乳中含有这种物质。未等进一步的检验结果，电脑制造商苹果和惠普公司，以及瑞典家具制造商宜家公司就纷纷宣布停止在其产品中继续使用多溴联二苯醚。如果问题进一步恶化，那么家具和电脑制造业那些没有停止使用多溴联二苯醚的厂商就有可能被认定为存在过失。[7]

产品制造商需要对环境设计、生命周期评估体系以及威廉姆·麦克多诺和麦克·布劳恩加特在其突破性的著作《从摇篮到摇篮》所提到的观点加以注意（参见第9章）。这些体系和观点强调全面检验从原材料直至废品处理这一完整的产品生产流程，以便尽量降低产品对环境及工人和消费者的危害。同样地，如果一个身陷责任诉讼的制造商未能将这一流程加入其产品开发过程，它被判定为过失的可能性就更大一些。

另外一个衡量合理和谨慎行为以确定过失的标准是可预见性标准。基本上，这一标准认为如果一个企业能够合理地预见到自己的行为将会造成伤害或损失，那么它的行为就应该被认定为有过失。如今有成百上千的非政府组织正在发起运动反对种种损害了或者有可能会损害环境以及工人或当地居民利益的企业行为。例如，很多组织都对转基因食品和农作物提出了质疑（参见第8章）。如果将来真的因此发生了损失，那么企业就很难声称自己没有预料到这些后果并为自己洗刷责任了，因为那些非政府组织早在多年前就发出过警告了。

在可持续风险领域，用于确认过失的谨慎标准越来越高。一个健全的企业策略要求企业不断发展和完善它的可持续风险管理体系。认证项目标准、自愿性可持续发展企业组织、非政府组织的预警以及更高的政府标准都在不断提高企业合理和谨慎行为的标准。

近年来，这种不断提高的标准导致了相关领域的诉讼案大量增加。而那些对这一趋势视而不见的企业将会自食恶果。一个健全的风险管理体系，其根本宗旨就是在事情还没有演变为责任诉讼之前预见到这一趋势。针对不断提高的标准，企业提前采取行动将会极大地减少甚至消除可能引发的责任诉讼。

2.4 扩展的损害概念

损害赔偿可以分为有形损害赔偿、无形损害赔偿和惩罚性损害赔偿三种。有形损害赔偿包括医疗费用、工资损失和财产损失等。这类损失的金额是可以被客观地衡量出来的，而且我们一般通过一些特定法规或估计方法来确定这类损失。有时，这类损失也被称为经济损失。

无形损害赔偿包括人们因伤害所遭受的痛苦、情绪焦虑以及失去配偶所遭受的打击等。对于这类损失，我们很难用金钱来衡量；而且，即便能够衡量，这种衡量也只能是主观性的。这类损失有时也被称为非经济损失。有形损害和无形损害概念的不断扩展都会潜在地增加可持续风险责任。

在环境领域，一个关于有形损害的恰当例子就是自然资源的损害。《超级基金法案》和《石油污染法》定义广义的自然资源包括了"土地、鱼类、野生动物、生物区系、空气、水、地下水、饮用水源以及其他这类资源"。自然资源损害指的是"自然资源的伤害、毁灭和减少，并包括了进行损失评估的合理费用"。损害的衡量标准是"将受损的自然资源恢复到基本状态的费用，在受损的自然资源恢复期间使用其他代用品的费用，以及进行损失评估的合理费用"。[8]大部分的自然资源损害案例都是由于违反了《超级基金法案》和《石油污染法》而被提起诉讼的，而联邦州政府和美国土著部落也可以对此提起诉讼。另外，普通公民也可以通过普通法程序进行起诉。[9]

另一类环境领域的有形损害是对生态系统服务造成的损害。生态系统服务包括大气的维护、通过氧气—二氧化碳交换而实现的大气调控、森林产品、海洋生物、洪水调节、营养物质调节系统（如固定氮）、温室气体调控、水循环系统、土壤保持、废物处理、休闲功能、旅游资源以及美学/精神体验等。当我们在建设基础设施如挖井从地下含土层取水的时候，地下水资源所提供的水是无偿的。

正如我们在第1章所讨论的那样，我们施加于生态系统的压力如此之大，随着资源的短缺，这些生态系统服务的估算价值将会不断上升。这样积累下去，迟早有一天，承受生态系统服务损失带来的负面影响的一方对损害环境的责任方的诉讼会爆发出来。哪怕仅仅是占生态系统服务价值的一小部分被认定为发生了损失，赔偿金额也将会是天文数字。而那些对完善环境管理系统以减少环境损害无所作为的企业将会无力抵挡这种责任诉讼。

同样，损害的概念也是能够扩展的。传统上，无形损害必须要与某一有形损害相联系，例如，因胳膊骨折或配偶死亡所带来的痛苦和折磨。而那些对于未来预期会发生的损害的恐惧并不符合无形损害的特征。但是在美国最高法院对于最近发生的一个案例的解释中，我们发现情况发生了一些变化。

这一案例涉及到石棉伤害。美国最高法院所面临的问题是，那些患有由石棉导致的与癌症无关疾病的雇员是否能够因为恐惧疾病将会发展为癌症（如间皮瘤）而提起诉讼。最高法院法官以5：4的投票比例最终支持了雇员的诉讼主张。法官的这种意见分歧是很不寻常的。金斯伯格、斯卡利亚、苏特、史蒂文斯和汤玛斯五位法官占相对多数，而另四位法官布赖尔、肯尼迪、奥康纳、伦奎斯特占相对少数。这种分类界限和结果都是很难预料的。它显示了相关可持续责任可能通过最高法院令人意外的判决而得到扩展，在这一案例中它甚至改变了伤害定义的范围。[⑩]

惩罚性损害赔偿仅在一小部分案例中得到运用。在此类案例中，导致损害的一方无视公众健康和安全，故意或肆意地进行一些应受严厉谴责的行为。法官有时将之称为被告方的公然过失。对惩罚性损害的评估最终将演变为被告方必须支付的额外罚金。惩罚性损害赔偿的作用也在于威慑其他人将来不要再犯同样的错误。

在环境领域最著名的涉及惩罚性损害赔偿的案例就是埃克森公司瓦尔迪兹号油轮泄漏事件。在1989年该事件对威廉王子湾造成了难以置信的巨大损害之后，陪审团在1994年裁定埃克森公司赔偿三万两千名原告总计50亿美元的惩罚性损害赔偿。原告方包括了渔民、当地居民、企业和土地所有者。埃克森公司此前已经支付了高达3亿美元的有形损害赔偿金和22亿美元的现场清理费用，并与州政府和联邦政府达成协议支付了10亿美元。

埃克森公司（现在的埃克森美孚公司）对此案提起了上诉。2001年，联邦上诉法院第九巡回审判庭的三人法官小组做出判决，裁定50亿美元的惩罚性损害赔偿数额过高，并将案件发回联邦地方法官罗素·霍兰重审。霍兰法官将惩罚性损害赔偿降低到40亿美元，埃克森公司继续提起上诉。2003年8月，联邦上诉法院第九巡回审判庭裁定40亿美元数额依然过高。美国最高法院的指导意见是，有形损害赔偿金和惩罚性损害赔偿的比例应控制在1∶1～1∶10之间。在这一案例中，有形损害赔偿金为3亿美元，因而惩罚性损害赔偿应控制在3亿～30亿美元之间。埃克森公司应用了另外一种计算有形损害赔偿金的方法，从而公司认为2 500万美元的惩罚金额才是合适的。2004年1月，罗素·霍兰法官裁定了45亿美元的惩罚性损害赔偿，而埃克森美孚公司仍在继续提起上诉。[11]目前这一案件仍在审理之中。但是无论最终结果如何，埃克森美孚公司都已经承受了相当大的声誉损失。

2.5 不断扩展的近因关联

在确定环境责任过程中，最困难的一环就是在过失行为和损害之间建立联系，也就是建立近因关联。如果没有这一层近因关联，责任也就无法认定。一个企业可能将一些有害物质排入了水源，而另一个人可能由于饮用了被污染的水而患病。但是要确定此人患病就是由于该企业所排放的有害物质所导致的是非常困难的，在很多时候这甚至是不可能的。由于不能建立近因关联，这个企业就不会为它的过失行为承担责任。常常是受害方和社会，而不是该企业承担起了这些外部化了的损失和费用。

科学的进步可能使建立近因关联变得相对便利。DNA检测为标明和确定因果关系提供了新的工具。例如，在俄亥俄州发生的一起因食用被大肠杆菌污染的肉类而中毒致死的案件中，其化验结果与1 300英里以外的位于科罗拉多州格里利的康尼格拉食品公司斯威夫特工厂产品所含的大肠杆菌染色体相匹配。[12]虽然受害者的家人可能能够证明受害人的死亡是由食用肉类引起的,但是如果没有DNA检测技术的话,那么想要证明这一受污染的肉类食品是来自1 000英里以外的某一特定工厂将是非常困难,甚至是不可能实现的。

西密歇根大学的一组研究者发明了一种名为"基因表达谱"的新技术。利用这种技术,研究者可以描绘有毒化学物质将会如何影响动物的基因。利用暴露于多氯联苯的蝌蚪进行实验,他们不仅可以记录下已明显表现出的蝌蚪的基因变化,而且更重要的是,他们可以预测那些看似健康的蝌蚪是否有可能因此生病或死亡。有了这项技术,科学家和律师们最终能够在伤害明确显露出来之前确定那些在污染物泄漏点,例如,某工厂周围生活的动物甚至居民是否遭受了伤害。[13]2004年美国国家癌症研究所的报告指出,所有癌症病例中至少有80%是与环境相关的。[14]这类在西密歇根大学进行的研究成果将有助于在污染物和损害之间建立近因关联。

通常受害方能够证明他们的损失是由暴露在某种有害物质下所引起的,但是往往很难证明该物质是由哪一家特定企业所生产的。传统上,我们必须要举证这种和特定企业的关联才能使责任最终确定。但一个重要案例,即1980年美国加州高院的辛德尔诉阿伯特化工厂案使这一情况得以改观。它使得受害方不需要承担这一举证责任,而是使用市场份额原则加以取代。这一案例涉及到药品乙烯雌酚,它是一种预防习惯性流产的保胎药。但后来事实证明,该药有一种严重的副作用:孕妇服用这种药后,如果其生育的孩子为女性,女儿极可能得一种阴道癌。而通常要等到女儿25~30岁左右,阴道癌才会发病。由于时间间隔很长,所以想要确认到底服用的是哪家制药企业生产的乙烯雌酚是极端困难的。出于证明这种关联的困难性以及出现问题的严重性,美国最高法院判决各被告药厂依其市场占有比例分担损害赔偿责任。而这一原则可以适用于任何一个多家企业生产相同产品的行业。

乙烯雌酚案例展现了近因关联的另一种应用。由于母亲服用乙烯雌酚而使女儿罹患的阴道癌是一种很罕见的癌症,它是一种阴道细胞癌。当波士顿地区的一组医生发现了多起该种罕见的癌症病例之后,他们进一步研究发现,在接受治疗的8名女性中,有7名患者的母亲都曾在怀孕期最初三个月服用过乙烯雌酚。⑮当罕见的癌症与某种物质之间建立了关联时，虽然从药理上我们很难证明确切的因果联系过程，但是却有很强的推理证明这一近因关联的存在。另外一个案例是关于间皮瘤的，它是一种生长在腹部内侧和肺部的罕见癌症。人们发现它与暴露在石棉环境下有关（参见第6章）。

德国的《环境责任法案》中陈述了何谓"近因关联推理"：

"在考虑某一特定案例的情况时，如果一项行为内在地能够导致相应的损害，那么我们就可以推理认为这一损害是由该行为所引起的。"⑯

在这里，只要在逻辑上能够建立行为和损失之间的联系，那么因果联系也就成立，而并不需要提供科学和技术方面的证据。但是在这一法案下，如果企业遵守了特定的操作规程，那么"近因关联推理"就不能够应用于该企业。

2.6 严格责任

如果应用严格责任的话，那么责任的确定就相对简便了。在严格责任下，责任的确定不需要以证明被告方存在过失为前提。我们只要证明损失是在某一特定情形下发生的即可。严格责任可以应用于一些可持续风险。例如，《工伤赔偿法》规定，雇主对雇员在工作期间受到的伤害要承担严格责任。只要能够证明雇员是在工作时间内受到了伤害，无论雇主是否在此事件中犯有过失，他都有义务赔偿雇员的损失，例如医药费用和工资损失等。

严格责任也可以应用到产品责任领域中。严格责任最早应用在1962年加州的格林曼诉尤宝公司一案中。在该案中，严格责任并不要求证明制造商在制造产品的过程中存在主观过失，只要证明它的产品存在缺陷，使其变得异常危险（即便这一危险可能并不明显），且正是产品的缺陷导致损失发生即可。在产品责任诉讼中，严格责任的应用给予了受害方更多的便利来支持他们对于制造商的诉讼。

在有关环境的案例中，应用严格责任的常见案例涉及从事非常危险的活动或使用极端有害的物质。一个常见的例子是在建筑施工过程中使用炸药的承包商。如果在使用炸药的过程中造成了损害，那么无论承包商在施工过程中已经多么小心谨慎，它都要为所造成的损害承担严格责任。欧盟议案中指出，严格责任应用于所有"极端危险"的活动。[17] 至于在环境领域中从事危险的活动，比如发生了有害物质的泄漏并导致了严重的损害，那么显然我们也会应用严格责任。这方面的一个例子就是发生在印度博帕尔的美国联合碳化物公司异氰酸甲酯毒气泄漏事件，该事件导致了上千人死亡，还有上万人受到不同程度的伤害。

在第1章，我们提到过一个关于致癌物质的报告，其中列出了246种导致了或有潜在威胁会导致人类罹患癌症的有害物质。那些生产和使用这些有害物质的企业所从事的生产活动很可能会被列为极端危险的行为，从而受到严格责任的约束。同样，那些生产过程中使用有毒物质——例如铅和汞——的企业也要受到严格责任的约束。2002年，美国毒性物质释放清单上列出了超过500种化学物质，同样的，如果不当使用这些物质而导致了损失，也要承担严格责任。

沙利文和斯坦韦在《环境法手册》中写道："在不断成长的环境法领域，严格责任扮演着重要的角色。事实上，美国联邦环保署自身就宣称它所颁布的大部分条例都是涉及严格责任的。这也表明严格责任的应用范围在不断扩展之中。"[18] 更加引人注目的是《超级基金法案》，我们将在第6章中进行详细的介绍。对于《超级基金法案》所监管的700多种有害物质，美国联邦环保署所采取的任何行动都受到严格责任的限制。欧盟议案要求在环境责任领域实施"污染者付费"的制度，这本质上也是一种严格责任。[19] 严格责任在成文法中的广泛应用还可能促进其在普通法诉讼中的应用。

2.7 最新的责任理论

一个有创新精神的法律团队将会创造新的法律准则。如果这一准则能够得到法官的认可，那么通常它会对一个企业或行业所面临的责任风险产生巨大影响。以上所提到的严格责任和市场份额原则都是很好的例子。由于全球环境和社会公正领域内不断出现新的情况，大量新型的责任案例也必将随之涌现。

第 2 章
不断扩展的可持续风险责任

以全球变暖风险为例,它至今只涉及财产损失,而很少牵涉到责任案件。因为想要证明某一个公司的行为是导致全球变暖的近因,并因此导致了另一方的损害显然是十分困难的。将某一行业或是国家的行为作为全球变暖的近因或许是一个更加可行的做法。国际地球之友协会就曾做过对全球变暖的责任方提起诉讼以获得经济赔偿的可行性研究。[20]石油企业和那些拒绝签署《京都议定书》的工业化国家,例如美国,很可能将被告上法庭。

国际地球之友协会曾经发布了一项研究成果——《积聚的风暴:气候变化给人类带来的成本》,它主要关注的是气候变化造成的损害。[21]据联合国估计,每年全球变暖给人类带来的损失高达3 000亿美元,而其潜在的损失也是相当可观的。其他一些环保组织,包括绿色和平组织、世界野生动物基金会、美国自然资源保护委员会、美国地球之友协会以及气候司法计划联盟也都在研究进行诉讼的方案。[22]2001年,威德恩大学的法律教授安德鲁·斯特劳斯发表了一篇名为《起诉美国排放温室气体》的论文,其中提到了多种可能的诉讼方案。[23]

像吉里巴斯、图瓦卢和马尔代夫这些岛国,它们在面对全球变暖所带来的海平面上升威胁时显得非常脆弱。近年来,它们无一例外地遭受过由飓风和急剧涨潮所带来的严重洪灾。图瓦卢的总理科洛阿·塔拉克宣布,图瓦卢将连同吉里巴斯和马尔代夫共同起诉一些西方国家和企业,并要求他们赔偿人身和财产损害。[24]

英国防损委员会风险科学中心的朱利安·萨尔特认为,潜在的责任风险是真实且巨大的,甚至会影响到整个保险业的发展。他说:

> "我认为太平洋岛国将会起诉那些石油企业和政府,因为它们的行为损害了这些岛国的利益。这将会震动整个保险业,最终,保险公司为此支付的赔偿金将是天文数字。"[25]

萨尔特从两方面阐述了保险公司将会面临的巨大损失:一方面,保险公司需要为那些作为全球变暖责任方的保单持有人进行赔付;另一方面,保险公司可能会损失在一些行业,如能源业和汽车制造业企业中所持有的股份。[26]

另一个与全球变暖相关的法律诉讼案是由八个州以及纽约市的律师团对五大燃煤集团发起的,控告它们释放的大量二氧化碳造成了环境问题。这八个州包括加州、康涅狄格州、爱荷华州、新泽西州、纽约州、

企业生存
可持续风险管理

罗德艾兰州、佛蒙特州和威斯康星州;而五大集团包括了美国电力集团、美国辛纳杰公司、美国南方电力公司、田纳西州河流域管理局和艾塞尔能源公司。这五大集团控制了分布在20个州的174所发电站,其排放的二氧化碳总量相当于整个行业的25%,也相当于整个美国排放量的10%。这是第一次在全国范围发起的针对企业排放二氧化碳的诉讼。这一诉讼是根据普通法的公共损害原则提起的,该原则"支持那种阻止由其他州的资源使用而引发本地空气或水质污染的权利"。[27]在第7章中,我们将对全球气候变化风险进行更加详细的阐述。

另一项新的责任诉讼涉及对快餐业提供不健康食品的不满。2002年末,两位体重超重的女孩对麦当劳提起了诉讼,理由是麦当劳导致她们患上了肥胖症。这是第一起进入法庭讨论阶段的该类案例。[28]2003年1月,罗伯特·斯韦特法官裁定诉讼失败。他的理由是,两位原告分别为19岁和14岁,她们应该能够预料到这一后果。他还指出,"暴饮暴食的后果是尽人皆知的,如果据此判定责任的话那只能由当事人承担"。[29]但是斯韦特法官为此后的诉讼留下了一个可能的缺口,那就是麦当劳欺骗了它的顾客。他甚至还举了一个例子:很少有顾客意识到麦乐鸡所含的脂肪量是一个汉堡包的两倍。

虽然这起诉讼及其上诉都失败了,但是美国人所面临的不断加剧的肥胖症问题,包括青少年肥胖症患者的增加,都预示着这类诉讼仍会不断进行下去。这种体重超重,尤其是青少年的体重超重问题变得越来越明显和严重了。问题是,这到底是谁的过失?即便这些诉讼没有成功,但这显然已经引发了负面的公众影响和声誉损害。为此,麦当劳改进了食谱,而卡夫食品公司、菲多利食品公司(百事集团)以及可口可乐公司也同样采取了增加营养配方并改进营销策略的对策,这也同样说明了问题的严重性。正如大众营养健康科学中心的营养政策室主任马戈·乌坦所言:

> "食品行业非常担心将会因为肥胖症而受到大众指责,而它们也确实应该为此感到担忧。肥胖症是近年来发展最快的健康问题。在过去20年中,成年人和儿童的肥胖症发病率翻了一番,而青少年肥胖症发病率已经提高了两倍。"[30]

美国食品和药品管理局发布的新规定将要求在食品标签上标明脂肪含量。从20世纪90年代开始,饱和脂肪含量就已经要求在标签上注明

第 2 章
不断扩展的可持续风险责任

了。从总的趋势来看，社会压力将会迫使食品企业将广告重点更多地放在健康食品上，尤其是那些针对青少年的食品。迫于来自联邦监管者以及如 2003 年国家科学院关于未成年人酗酒状况等相关研究的压力，制酒商们正在试图减少针对未成年人的广告数量。[31]

对于食品和酒类产品的过失性营销起诉可以依据枪支制造商的案例进行。在这一诉讼中，由于持枪犯罪而受到损害的人们联合起来，起诉枪支制造商在营销过程中犯有过失。原告方认为，枪支制造商在明知所售枪支数量已远远超过用于正当需求的枪支数量时，仍继续销售。这些枪支往往落入罪犯手中，对其他公民和警察造成伤害。枪支诉讼案在一定程度上取得了成功，这也是第一次对过失性营销行为提出的责任诉讼。同样的，对食品企业和制酒商来说，也可能会面对类似的针对过失性的营销、产品开发及广告的诉讼。

以上案例所要说明的中心意思是，新的责任理论的产生、扩展和应用创造了一些前所未有的责任风险。从历史上来看，企业还没有为造成环境损失或是对雇员的不当酬劳等行为承担相应责任。但是，如果快餐业因使顾客超重便已经遭到了公众的联合抵制，那么，那些毁坏生态系统、危害儿童健康或者非人道地对待员工的企业，又将遭到公众怎样激烈的抵抗呢？我认为，那些做出危害顾客、员工和环境的行为的企业最终将会为自己的行为付出代价。

2.8 责任风险的积聚

责任风险的积聚是可持续风险的特征之一。责任风险有可能需要积累很长时间才会爆发出责任诉讼，并最终引发赔偿。石棉案、超级基金案和烟草领域责任都是以责任风险积聚过程为显著特征的。当一个企业已经面临着需要赔偿的诉讼案件时，其实它同时还面对着一大批潜在的诉讼案，并很可能在接下来的数年内为之付出惨重的经济代价。即便企业或是整个行业能够立即纠正并化解危机，阻止责任风险的进一步积聚，但是那些已经积聚的责任风险却是无法挽回的。这个道理也适用于那些不断在工资和职位提升方面歧视女性员工的企业。

而保险公司也面临着同样的财务风险，因为最终保险公司需要依据责任保单条款支付保单持有人的诉讼案赔偿金。正如保单持有人一样，保险公司对于那些由已积聚的责任风险引发的诉讼案也无能为力。虽然保险公司可以并且已经把保单由事故发生制改成了索赔发生制，或是加入了责任限制或责任免除，但是这仅仅能够影响目前和将来积聚的风险所引发的诉讼，而不可能改变已经签发的保单，因为这些保单只能依据当时签发的条款进行赔付。

那么，为什么企业在一开始会放任责任风险积聚下去呢？一个解释是，它可能并没有意识到它的产品或行为正在造成伤害。另一个解释是，它可能认为自己不会为这些积聚的责任付出经济上的代价。还有一个可能是它曾经顺利地打赢了相关责任诉讼案，并且认为即便新的法律通过了新的责任条款，它过去的行为也会受到"不可追溯条款"的保护。最后一个解释是，当前的管理者可能认为出现目前的状况不是自己的责任，因而选择把问题留给其后的管理者和股东。虽然在短期内，责任是可以避免的，但是这种行为方式与健全的可持续风险管理策略相悖。如果不采取有效的措施，这些责任最终将会给企业管理者、股东甚至保险公司带来巨大的财务损失。

2.9 律师团需要新的诉讼业务

在大规模的有毒物质侵权案中，组织大型律师团代表原告方的做法使得责任积聚风险问题更加复杂化了。正如他们在石棉案、超级基金案和烟草领域案件中的表现那样，这些律师团不断寻找新的起诉对象。那些已经积聚了相当多潜在责任的企业成为最容易被盯上的目标。最近不断发生的硅肺病诉讼就是一个生动的例子。

在过去几年，硅肺病诉讼案件增长十分迅速。2003年上半年，美国工业沙土的主要供应商——美国硅公司就面临着15 300起新的起诉。而在2001年和2002年，其全年出现的新案件仅分别为1 400起和5 200起。一家大的保险公司在前一年仅仅需要应付2 500件硅肺病责任案例，但这一数字第二年就暴涨到了30 000件。[32]这些法律诉讼很多都是由那些专职处理石棉案的律师发起的。事实上，很多律师甚至为同一个原告人同时代理两件案子：一件是石棉诉讼；另一件就是硅肺病诉讼。

第 2 章
不断扩展的可持续风险责任

对此,《华尔街日报》的苏珊·沃伦报道说:

"石棉案的律师们正在运用同样的法律系统发起硅肺病诉讼。他们依靠处理石棉案时积累的大规模的 X 射线胸透仪系统、医学专家和当地劳工组织作为网络进行新的诉讼。"㉝

硅,或者说高精度石英,是一种广泛存在于海滩沙土中的矿物质。它可以用于制造玻璃、玻璃纤维、涂料和陶器,另外也被用于玻璃铸造过程。那些挖掘和运输沙土的企业,以及使用沙土的行业,比如建筑业,是主要的被告方。人如果吸入硅或是石英的粉尘,就会导致一种慢性的肺部疾病,即硅肺病。这就是在这类诉讼案中最常出现的伤害情况。一些科学家还认为暴露于硅环境与罹患癌症之间存在联系,但是至今还很少出现相关的癌症案例。

此前我们讨论过的风险事故,比如由火箭固体推进剂所含的过氯酸铵、汽油添加剂所含的甲基叔丁基醚以及特富龙涂层所含的全氟辛酸所引发的水源污染问题,还有由阻燃剂所含的多溴联二苯醚引发的母乳污染问题,都很可能成为律师们关注的下一个扩展业务的目标。那些积聚了大量风险的企业和行业将会成为具有诱惑力的靶子。而那些能够记录由某一种污染物而造成的伤害的科学研究成果,进一步增加了律师打赢官司的几率,并促使他们像"永动机"一样不停运转下去。

2.10 催化事件

在责任领域常常出现这样的情况:某一个事件的发生极大地影响了企业为其积聚的风险赔偿的概率。在石棉诉讼中,这一催化事件是 20 世纪 60 年代,纽约市西奈山医院的欧文·塞利克弗博士第一次公开提出石棉与工人受害之间存在联系的科学数据。直到 1973 年,终于出现了第一起胜诉的鲍罗诉木纤维板纸业公司案例,那道阻挡受害人起诉的闸门就此打开,相关诉讼案件喷涌而出。甚至到了 30 多年之后的今天,石棉诉讼案仍然层出不穷。而那些和石棉打过交道的企业及其保险公司至今仍在为此接受调查(参见第 6 章)。

在超级基金诉讼中,这一催化事件是联邦通过了迫使企业承担清理有害物质现场的具有回溯效力的法律条款。在 1980 年这一条款通过之

企业生存
可持续风险管理

前,由于无据可循,很多企业认为倾倒有害物质是合法行为。并且毫无疑问,它们认为即便有一天通过了新的法律,它们此前的行为也会受到不可追溯条款的保护,但是事实并不是这样。它们需要为自己的行为承担可追溯的责任,需要清理一系列的"超级基金"污染现场,而那些潜在需要为此负责的责任方将为此支付费用。正如石棉案一样,至今这些企业和它们的保险公司仍在不断支出这笔清理费用(参见第6章)。

在烟草责任领域,其催化事件是原告方终于通过查阅文件掌握了烟草公司的内部资料。历史上,烟草公司通过"律师—当事人"豁免权中的工作资料保密性原则避免了其内部文件的外泄,同时,它们引用消费者风险自担原则,因而,几十年来烟草公司得以顺利地打赢了责任诉讼。但是此后,明尼苏达地区法官肯尼思·费兹帕瑞克裁定多项文件不受工作资料保密性原则保护,而烟草公司在向明尼苏达州法院以及美国最高法院上诉失败之后,被迫向原告方交出了 39 000 份内部资料。[34]在这些内部资料中,有证据显示,管理层故意提高了香烟中的尼古丁含量,从而使产品更易令人上瘾,并由此培养忠实的顾客群。另外,还有证据显示,它们明确知道吸烟会对健康造成某些危害,但却在公众面前撒了谎。最后,还有资料证明,烟草公司调查发现,越早开始吸烟的人就越难戒掉,因此故意设计了针对儿童群体的广告策略。这些内部资料记载的引发谴责的事实最终使得法庭判决烟草公司在 25 年内向美国医疗救助保险项目以及其他州立健康组织支付 2 460 亿美元的赔偿金。

今天,在环境和社会公正领域仍然不断发生着风险积聚的例子。虽然已经有一些企业意识到问题的严重性并积极地应对,但还有很多企业仍在采取石棉企业、有害物质排放企业和烟草公司所采取的措施来拖延解决风险积聚的问题。一旦风险浮出水面,这些策略就将失去效力。而只有采取预防措施的可持续风险管理项目才能够控制这些积聚中的责任风险,并防止企业因此发生财务危机。

2.11 查阅文件权利

查阅文件权利允许原告方接触到被告方与诉讼相关的内部文件。通常这一过程能帮助原告方找到对自己有利的证据。查阅文件是原告可以

第 2 章
不断扩展的可持续风险责任

利用的一项能够帮助自己胜诉的有力工具。以上，我们已经谈到了内部文件在烟草责任案中起到的重要作用。而在石棉案中，原告方在查阅被告的内部文件时发现，早在塞利克弗博士的研究成果发表前，石棉企业就对石棉可能对人类造成的伤害有所了解，这一发现有力地证明了企业应对原告承担责任。[35] 在超级基金相关的诉讼案中，内部资料证明了企业曾往"超级基金"污染现场倾倒过有害废料。另外，在第 1 章讨论过的波音员工歧视案件中，通过查阅内部资料发现，波音公司多年来所进行的研究早已表明其女性员工受到了工资歧视。[36] 而此前我们也已经看到了查阅文件过程在烟草责任诉讼中发挥的巨大威力。

烟草诉讼案还揭示了更加有效地利用查阅文件权利的另一个途径：经查阅的文件被公布在互联网上，这使得其他的烟草诉讼案也可以方便地获取这些文件。另外，扫描仪的发展意味着我们已经不再需要人工阅读文件，而是可以通过扫描仪对关键信息和证据进行电子搜索。这项技术尤其在被告方故意提供大量文件企图增加原告律师工作量时，显得格外重要。

随着电子邮件的产生和普及，查阅文件权利在增加原告方胜诉率方面发挥了更大的作用。如纸质文件一样，电子邮件也属于查阅范围。那些电脑专家甚至能够恢复已经被删除了的电子邮件。[37] 一件著名的非环境领域的案例涉及到了美林公司。该公司的股票分析员试图向顾客推荐某一只股票，但他同时通过公司内部邮件系统通知其他同事不要购买这只垃圾股。虽然他私下并不看好该股票，但他这样做的动机是不想让本公司发行该股上市的投行业务遭受损失。这些电子邮件被发现之后，美林公司只得对受损客户做出赔偿。显然，这一事件对美林公司的声誉也造成了严重影响。

另一件案例涉及到针对拜耳公司的降血脂药拜耳可提起的诉讼。通过查阅内部邮件发现，拜耳公司早在拜耳可撤出市场前 18 个月就已经收到了病人服用该药后有不良反应甚至死亡的报告，管理层也在为此而担忧。当拜耳公司在第一起诉讼中胜诉时，它身后还堆积着 8 400 起要与之对簿公堂的起诉。[38]

布朗鞋业的案例说明了故意拖延回应查阅请求的危险性。该企业的一个工厂发生了二氯乙烯泄漏事件，并波及到了相邻的丹佛地区。该地区居民遭受了财产损失，并且由于二氯乙烯是美国国家环保署所列出的潜在致癌物，他们担心该物质将对居民的健康造成危害。据此，他们对布朗公司提起了诉讼。2003年4月，在审判就要开始的时候，处理这件案子的法官赫伯特·斯泰因三世在布朗公司刚刚提供的文件中发现，早在1998年，就有一些工人告诉布朗公司的律师说有害化学废料是被故意倾倒在该地区的。这一查阅发现与布朗公司所声称的并非有意倾倒废料的说法相互抵触。因而，审判延期了，法官开始考虑加入惩罚性损害赔偿。并且，法官显然也为此发现感到震惊：

> "我想说的是，当我读到这些的时候，口中不由冒出了几个不得不在此省略的感叹词。这实在是个爆炸性的消息。"㊴

虽然公司竭力地试图掩盖一些有关产品危险性的信息，但是信息革命在很大程度上增大了通过查阅过程揭示这些信息的可能性。一旦真相暴露了，那么所造成的声誉损失将是相当可观的。这类行为还可能导致实施惩罚性损害赔偿，甚至构成犯罪。另外，保险公司也不会支付企业的责任保险赔付金，因为保单中通常规定只保那些"从被保险人的角度来看，未被预料到的，也非故意的行为"所导致的损害。

显然，目前企业的很多行为都会对环境造成损害。而公司管理者很可能了解关于这些行为的信息，并把它用某种内部文件的形式保存起来。类似地，管理者可能也很清楚公司对某些员工群体的不当待遇或是工资歧视的情况，并也将其记录在案。如果企业不采取得当的可持续风险管理措施来降低危害，那么，一旦引发责任诉讼并赋予了原告方查阅文件的权利，这些企业将面临非常不利的处境。

2.12 提高透明度

除了查阅文件权利之外，来自监管方以及公众要求企业运作透明化的压力也会使得企业很难隐瞒负面信息。提高透明度的一个最好的例子就是在环境和社会公正领域变得越来越普及的企业报告。最初，这些报告主要关注环境领域，社会公正问题仅在后面稍做说明。而近几年，企业开始公布一些自成体系的可持续报告。虽然很多时候这些报告是包含在现有的财务报告中的，但其发展趋势是最终形成一份独立的可持续报告。

第 2 章
不断扩展的可持续风险责任

毕马威国际会计公司从 1993 年开始发布一项国际性企业可持续报告调查。《2002 年毕马威企业可持续报告国际调查》覆盖了近 2 000 家企业的环境、社会和可持续报告，其中包括了全球财富 500 强企业中的前 250 强和 19 个国家中排名前 100 的企业。[40]2001 年，财富前 250 强企业的可持续报告参与率从 1999 年的 35% 上升到了 45%。由于对环境影响较大，包括采矿、伐木、化学和交通在内的一些行业中，企业参与率高达 100%。其他一些参与率较高的行业还有制药业（86%）、电子业和电脑制造业（84%）以及汽车制造业（73%）。而企业参与率最高的国家是日本，其参与率高达 72%。其他一些参与率较高的国家还包括美国、德国、法国和英国。而参与率最低的国家包括希腊、匈牙利、斯洛文尼亚和南非。除了毕马威公司的报告之外，另一个能够获得可持续报告的渠道是企业注册网。[41]

所有报告的一个通病是缺少国际通用标准。《毕马威调查报告》发现，仅有 25% 的企业报告经过了核实，而这部分报告中有 65% 是由主要的会计师事务所完成核实的。我们将在第 9 章讨论到，全球报告组织正在采取行动，呼吁建立统一的报告和核实标准。

在一些国家中，强制性报告要求也促进了可持续报告的普及。例如，在法国，上市公司必须提交其环境和社会表现报告。而加拿大证券委员会要求上市公司就其为达到环保要求而付出的财务和操作方面的措施提交报告。

除了纸质印刷品之外，通常可持续报告也会公布在企业网站上，由此，极大地方便了想要获取相关信息的人。曾经很难获得的环境和社会公正信息，如今只需一台连接到互联网的电脑就可以轻松获取。这种持续可获得的信息也增加了责任风险，因为人们会参考这些信息来决定是否需要发起责任诉讼、联合抵制或股东诉讼。

其他的利益相关者也可以利用环境、社会公正和可持续报告。一项由美国投资者责任研究中心发起的研究认为：

"环境报告已经逐渐成为了民间组织、机构投资者、投资经理、新闻媒体、环境监管机构以及其他利益相关者的可靠信息来源。"[42]

一个企业虽然可以暂时推迟发布相关报告，但是这会让人们怀疑它在试图隐瞒什么。随着越来越多的企业开始提供报告，压力会更多地转向迟迟未采取行动的企业。而如果竞争者已经提供了报告，那么未行动的企业会面临更大的压力。我认为企业能够选择的最好策略就是承认透明化运作的不可避免性，正如约翰·埃尔金顿在《餐叉食人族》中所论述的那样：

"首先，无论企业在掩饰其所作所为和真实意图方面做得多么天衣无缝，大部分企业都将面临一个越来越透明化的运作环境。国际企业将会发现互联网已经极大地突破了地域的限制并且扩大（和扭曲）了企业运作的'鱼缸效应'（即企业运作透明化）。

其次，一小部分企业的自愿性报告制度将会有助于提高对全体企业的信息披露要求。而关注的重点会从环境领域扩展到所有不利于维持三条底线的行为。一些国家将会发现能够实现这一目标的唯一办法就是实施强制性报告制度。"[43]

从可持续风险管理的角度，我很欣赏《战略性声誉风险管理》一书的作者朱蒂·拉金的说法："就像你的一言一行都将被公之于众那样去做每件事情。"[44] 或者，用我在课堂上喜欢的说法就是："如果你现在做的事不能光明正大地登上报纸的话，那么就不要这么做了。"

2.13 律师—当事人豁免权的打破

随着骇人听闻的公司丑闻、管理层犯罪和可疑的避税计划不断涌现，我们呼吁应该适当放松"律师—当事人豁免权"。虽然这不是由环境和社会公正领域的犯罪所直接促成的，但是我们可以预见到豁免权的放松将会应用到未来的可持续风险诉讼案中。

在《萨班斯—奥克斯利法案》之下，证券交易委员会为企业律师的行为制定了最低标准。在2003年8月5日该法案生效之后，企业律师"如果发现企业有与证券法相悖的行为，应该将情况层层上报直至高层执行官。如果有必要的话，还应该通报董事会"。另外，证券交易委员会正在考虑实施一项名为"声明辞任"的规定，也就是要求那些未能及时促使企业调整行为的律师公开辞职。

美国司法部对"律师—当事人豁免权"提出了更大的挑战。在调查过程中，他们要求企业配合提供有关潜在诈骗案的信息，并且提醒企

第 2 章
不断扩展的可持续风险责任

业如果不放弃该豁免权，将会处于不利的地位。在美国司法部起诉瑞士信贷第一波士顿公司的弗兰克·夸特尔阻碍司法程序的案例中，瑞士信贷第一波士顿公司的首席律师大卫·布罗德斯基和检控官凯文·麦卡锡都放弃豁免权并成为了控方证人。

美国国税局正在考虑对一家达拉斯州的律师事务所 J&G 提起诉讼，该事务所的主要业务是对避税计划提供法律建议。该事务所拒绝向美国国税局透露涉嫌实施可疑的避税计划的顾客名单，并声称将与美国国税局对簿公堂。

第 1 章中提到的波音公司员工歧视案也涉及到了"律师—当事人豁免权"的不当使用。波音公司对其女性员工薪酬是否低于男性员工的问题进行了长达 10 年的各项研究。其中多项研究对此的回答都是肯定的。而多年来，波音公司成功地对原告方律师隐瞒了这些研究成果，同时它根据"律师—当事人豁免权"，也没有向《商业周刊》律师提供这部分资料。经过大量的调查，2004 年 5 月，玛莎·佩奇曼法官命令波音公司交出这些文件。她指出："随着所了解的事实的增多，我们逐渐意识到波音公司采取了不当行为，试图不让我们发现这些文件。"[45]

在 2003 年 8 月的会议上，美国律师协会颁布了新的指导意见，允许（但并不要求）律师在认为有必要采取行动防范可能造成财务损失的诈骗活动时不必为客户的行为保密。这一调整使得协会的指导意见与 42 个州的法律相符合。[46]

2.14 政府监管

在责任领域，监管方面的变化会对可持续风险产生重大的影响。此前我们已经提到了《超级基金法案》对美国的企业及保险公司所造成的巨大影响。在很大程度上，公司运作的监管环境如何并非问题的关键所在，而监管方面出乎意料的变化使公司受到的干扰才是最值得关注的。

例如，全球变暖和气候变化问题，以及各个国家政府对于《京都议定书》的反应已经引发了很多关注（参见第 7 章）。美国政府拒绝签署该议定书，至少在小布什总统在任期间，美国不太可能改变这一立场。因此，很多美国企业仍在计划不断地建立新工厂并添置新设备。如果它们认为此后不会受到《京都议定书》的限制，而未来的总统和议会却决定加入该议定书的话，这些企业将会为之支出可观的费用以改造工厂和设备工艺。假如美国此前就加入议定书的话，那么这些企业就不需要再担心政策改变会影响到企业的发展战略了。在一些案例中，股东实际上在对管理层施压以使其做出必要的调整。因为股东预测美国最终还是要加入《京都议定书》的，而提前做出调整将会避免此后支出更多的改装费用（参见第4章中股东诉讼部分）。

而向另一个方向发展的监管变化，即放松监管，也会造成新的风险。多年来，美国也在经历着一个放松监管的过程。这一趋势在布什政府的环境政策中得到了进一步的扩展。不仅很多法律要求被放宽了，而且法律的执行力度也下降了许多。相应地，政府更加强调企业自发地保护环境的行为。在政府放松监管的情况下，很多对企业所采取的环境策略持反对意见的组织只能借助法律诉讼来试图改变企业的行为。因此，我们可以预料到，在监管方面政府角色的缺失将会被更多的环境责任诉讼所填补。

政府可以组织开展研究和数据收集工作，以此为相关责任诉讼提供有用的信息。例如，联邦政府委员会所进行的一项名为《全国生态系统状况：美国的土地、水和生态资源调查》的研究得出结论，认为"我们现在非常缺乏制定合理的环境政策所必需的数据"。这项研究是由海因茨科学、经济学和环境中心进行的，并于2002年得以发表。它建议应当收集关于整个国家的海洋、森林、农田、淡水、草地和灌木区，以及城市和近郊的信息和数据。它还建议应当采取必要措施，以确保维持生命所必需的物质，如氮、磷、碳和氧的含量。另外，研究还呼吁应减少对某些地区的污染物排放，并给予一些致力于保护生态环境的联邦机构和非政府组织更多资金方面的支持。这项研究是由哈佛大学国际科学、公共政策和人类发展学教授威廉姆·克拉克主持的，他综合了来自学术界、企业、环境组织和政府的150名专家的意见，并据此提出了建议。[47]而另一个更加雄心勃勃的研究计划就是第1章中提到过的《千年生态评估报告》。[48]

另一次全球性的努力是全球对地观测系统的建立，它将整合全球的民用卫星、气象观测系统和其他类似的地球观测系统。2005年2月16

第 2 章
不断扩展的可持续风险责任

日，61个国家的代表以及38个国际组织代表签署了建立全球对地观测系统的全球性公约，也正是在同一天，《京都议定书》开始生效了。这一系统的主要目的在于共享和协调从空间、陆地和海洋获取的各种信息。其主要的应用在于增强农业预测、天气监控和自然灾害预警能力。[49]

随着人们不断地积累和分析各类有关生态系统状况的数据，那些存在严重问题的领域将会浮出水面。而引发这些严重问题的因素也将被揭示出来。这些因素可能会涉及到企业行为。在确定责任关系时，生态系统损失的程度和原因都是至关重要的因素。随着政府和其他组织进行的研究提供更多有关生态系统状况的信息，我们可以预料到这些研究成果未来将会不断地应用于责任诉讼中。

2.15 不断增多的全球诉讼

近年来，欧洲国家对其慷慨的社会福利制度进行了改革，而改革引发工人提出了很多诉讼，尤其是失业索赔。最近，英国、西班牙、瑞典和挪威对其法律进行了调整，允许类似于美国的集体诉讼行为，而这一调整也激发了工人进行集体起诉的热情。英国在2000年做出的允许律师收取"胜诉酬金"的决定也对这一诉讼浪潮起到了推波助澜的作用。而一些法国律师也开始收取一些类似的"胜诉酬金"。传统上，只有美国法律系统采用了胜诉酬金制，即律师获取的报酬取决于所代理的案件获得法院判决赔付总额的一定百分比（通常是33%），而不是根据小时工资计酬。《华尔街日报》的一篇文章提到，一位保险公司高管说，"这是对保险业来说能够发生的最糟糕的事情"。德国安联保险集团首席风险官拉·辛格说：

"在世界范围内，保险业所面临且逐渐凸显的最大风险就是美国侵权法制度或其相关要素的迅速扩张。"[50]

美国被认为是世界上法律系统最发达的国家。但是，我们发现在许多其他国家，法律诉讼也呈不断上涨的趋势。在这些诉讼中，很多也涉及到了环境和社会公正问题。上文已经谈到了欧盟的例子。而在日本[51]和拉美地区[52]，与环境相关的诉讼案也在上升。

凭着爆炸性的商业发展以及成为世界领导性经济体的发展潜力，中国正在引发世界极大的关注。同时，中国也面临着更多的工伤索赔诉讼。1998年，劳工相关的仲裁案和诉讼案例为94 000起，而这一数字在2002年已经飙升到了184 000起。[53]而其他领域的诉讼，如产品缺陷和非法伤害，也在不断增多。[54]

我最近参加了国际保险协会在中国香港举行的会议，在会议上人们非常关注法律诉讼增加这一趋势。《国际保险协会报告》指出：

"国际保险公司非常担忧在中国的业务。最近中国在法律和监管方面发生的一系列变化显示，中国新兴富裕的中产阶级对责任的态度发生了一些转变。"[55]

报告中给出了两个涉及可持续风险的例子。第一个例子是中级人民法院规定，对于那些患上硅肺病的580 000名工人，即便他们已经得到了工伤补偿，也依然可以依法起诉雇主。另一个案例是，65名工人称他们在工作过程中出现中毒反应，并起诉了电池制造工厂。[56]

我认为，只有缺乏远见的企业管理者才会认为美国的法律体系不会成为今后世界通行的范本。正如瑞士再保险公司关于责任趋势的一篇论文中所提到的，"在这些发展迅速的领域，毫无疑问，美国对法律和经济的发展施加了不可磨灭的影响"。[57]尤其在涉及环境和社会公正风险的领域，那些认为改革侵权法会有效地减少责任诉讼的管理者也是缺乏远见的。如果企业不主动采取措施减少对环境的危害或消除对工人的歧视的话，那么无论从法律、社会还是立法的角度，这些企业都不可能获得任何同情。

2.16 不可避免的责任扩展

这一章中所讨论的各种发展提供了可信的证据，表明可持续风险将在未来不断增大。好消息是，企业仍然有时间来实施可持续风险管理策略，以减少或消除这些风险。企业可以选择做一个领先者和规则制定者，制定衡量其他企业过失行为的标准。风险成本的降低和竞争优势的获得是刺激企业现在立刻采取行动的巨大动力。

除了超级基金案、石棉案和烟草责任案之外，迄今为止，可持续责

第 2 章
不断扩展的可持续风险责任

任给企业所造成的实际财务损失其实并不太大。但是，这一现状将随着法律、科学、监管和竞争压力方面的种种变化而相应改变。这些方面带来的冲击力再次让我感到震惊，它们势必将无可避免地带来相关可持续责任的新一轮爆发。

本 章 附 注

① Thomas F. P. Sullivan, Editor, *Environmental Law Handbook*, Rockville, Maryland: Government Institute, 2001.

② Prosser and Keeton on the Law of Torts 622 – 5th ed., *Environmental Law Handbook*, 1984.

③ Paul R. Kleindorfer, "Market-Based Environmental Audits and Environmental Risks: Implementing ISO 14000," *The Geneva Papers on Risk and Insurance*, No. 83, April 1997.

④ Robert A. Woellner, "Management Environmental Risk: The ISO 14001 Business Advantagement," *Proceedings of Environmental Risk Management Seminar*, Nashville: Willis Corroon, January 28 – 29, 1997.

⑤ International Organization for Standardization, *ISO 14001 - Environmental Management Systems*, 1st Edition, Geneva, Switzerland: ISO, 1996.

⑥ Paul R. Kleindorfer, "Market-Based Environmental Audits and Environmental Risks: Implementing ISO 14000," *The Geneva Papers on Risk and Insurance*, No. 83, April 1997.

⑦ Thaddeus Herrick, "As Flame Retardant Builds Up in Humans, Debate Over a Ban," *Wall Street Journal*, October 8, 2003.

⑧ www.epa.gov/superfund/programs/nrd/primer.htm.

⑨ 除 EPA 网站之外，另一个极好的信息来源是 Preston, Thorgrimson, Shilder, Gates & Ellis, *Natural Resource Damages*, Rockville, Maryland: Government Institute, 1993.

⑩ Norfold & Western Railway Co. vs. Freeman Ayers et al., U.S. Supreme Court; No. 01 – 963. Decided March 10, 2003.

⑪ Thaddeus Herrick, "Judge Tells Exxon to Pay $4.5 Billion," *Wall Street Journal*, January 29, 2004; "Time for Exxon to Pay," *New York Times*, January 30, 2004.

⑫ Leila Abboud, "DNA Matching Helps Track Tainted Meat", *Wall Street Journal*, Jan 21, 2003.

⑬ Jim Carlton, "Studying Pollution's Impact on the Genetic Level," *Wall Street*

Journal, July 31, 2001.

⑭ Sharon Guynup, "Living Clean: Fighting a Silent Killer," *National Wildlife*, Oct/Nov 2004.

⑮ Theo Colburn, Dianne Dumanoski, and John Peterson Myers, *Our Stolen Future*, New York: Plumel Penguin, 1997.

⑯ Swiss Re, *Liability and liability insurance: Yesterday-today-tomorrow*, Zurich: Swiss Reinsurance Company, 2001.

⑰ 同上。

⑱ Thomas F. P. Sullivan and Daniel M. Steinway, "Fundamentals of Environmental Law," *Environmental Law Handbook*, Thomas F. P. Sullivan, Editor, Rockville, Maryland: Government Institute, 2001.

⑲ Swiss Re, *Liability and liability insurance: Yesterday-today-tomorrow*, Zurich: Swiss Reinsurance Company, 2001.

⑳ B. Hansen, "Friends of the Earth Considers Legal Action to Curb Global Warming," *Environment News Service*, September 15, 2000.

㉑ O. Cowell and J. Caras, *Gathering Storm: The Human Cost of Climate Change*, Amsterdam, The Netherlands: Friends of the Earth, September 2000.

㉒ K. Q. Seelye, "Global Warming May Bring New Variety of Class Action," *The New York Times*, September 6, 2001.

㉓ Andrew Strauss, "Suing the United States for Global Warming Omissions," Red Conference, London, July 10, 2001.

㉔ Kim Moore, "Turning up the Heat," *Reactions*, July 2002.

㉕ 同上。

㉖ 同上。

㉗ Andrew C. Revkin, "New York City and 8 States Plan to Sue Power Plants," *New York Times*, July 21, 2004; "A Novel Tactic on Warming," *New York Times*, July 28, 2004.

㉘ Marc Santora, "2 Girls Suing McDonald's Over Obesity," *New York Times*, Nov. 21, 2002.

㉙ Kevin Helliker and Shirley Leung, "Judge Dismisses Obesity Suit By 2 Girls Against McDonald's," *Wall Street Journal*, January 28, 2003.

㉚ David Barboza, "Kraft Plans to Rethink Some Products to Fight Obesity," *New York Times*, July 2, 2003.

㉛ Richard J. Bonnie and Mary O'Connell, "Reducing Underage Drinking: A Collective Responsibility," Washington DC, *National Academies Press*, February 1, 2004.

第 2 章
不断扩展的可持续风险责任

㉜ Jonathan D. Glater, "Suits on Silica Being Compared To Asbestos Cases," *New York Times*, September 6, 2003.

㉝ Susan Warren, "Silicosis Suits Rise Like Dust," *Wall Street Journal*, September 4, 2003.

㉞ *State of Minnesota and Blue Cross and Blue Shield of Minnesota vs. Philip Morris, R. J. Reynolds, et. al.*, 606 N. W. 2nd 676: 2000 Minn. App. Lexis 168.

㉟ Paul Brodeur, *Outrageous Misconduct*, New York: Pantheon, 1985.

㊱ J. Lynn Lunsford, "To Settle Sex-Bias Suit, Boeing Agrees to Pay up to $72.5 Million," *Wall Street Journal*, July 19, 2004.

㊲ Ellen Byron, "Computer Forensics Sleuths Help Find Fraud," *Wall Street Journal*, March 18, 2003.

㊳ Melody Petersen, "Bayer Cleared of Liability In a Lawsuit Over a Drug," *New York Times*, March 19, 2003.

㊴ Scott Kilman, "'Explosive' Disclosure Raises Stakes in Brown Shoe Lawsuit," *Wall Street Journal*, May 8, 2003.

㊵ *The KPMG International Survey of Corporate Sustainability Reporting 2002*, KPMG, 2002.

㊶ www. corporateregister. com.

㊷ John Elkington, *Cannibals with Forks*, Gabriola Island BC, Canada: New Society Publishers, 1998.

㊸ 同上。

㊹ Judy Larkin, *Strategic Reputation Risk Management*, New York: Palgrave MacMillan, 2003.

㊺ Stanley Holmes and Mike France, "Coverup at Boeing?" *BusinessWeek*, June 28, 2004.

㊻ 此段部分信息引自 Judith Burns, "Attorney Face a Paradox in the SEC's Conduct Rules," *Wall Street Journal*, August 19, 2003; Lorraine Woellert, "How Much Can You Still Tell Your Attorney?" *Business Week*, September 1, 2003; Kara Scannel and Randall Smith, "Lawyer Details Bids To Avert Destruction of CSFB Documentation," *Wall Street Journal*, October 3, 2003.

㊼ www. heinzcenter. org.

㊽ www. millenniumassessment. org.

㊾ Daniel Michaels, "Global Accord Set for Approval Will Unify Earth-Watching Data," *Wall Street Journal*, February 16, 2005.

㊿ Charles Fleming, "Europe Learns Litigious Ways," *Wall Street Journal*, February 24, 2004.

87 (51) Howard W. French, "Japanese Winning Cleanup Battles," *New York Times*, July 2, 2003.

(52) Roberto Ceniceros, "Pollution Risk Awareness Growing in Latin America," *Business Insurance*, December 11, 2000.

(53) Peter Wonacott, "Poisoned at Plant, Mr. Wu Became A Labor Crusader," *Wall Street Journal*, July 21, 2003.

(54) Elizabeth Rosenthal, "Chinese Test New Weapon From West: Lawsuits," *New York Times*, June 16, 2001.

(55) "Liability Crisis Feared in HK and China," *Reactions IIS Reporter*, July 10, 1005.

(56) 同上。

(57) Swiss Re, *Liability and liability insurance: Yesterday-today-tomorrow*, Zurich: Swiss Reinsurance Company, 2001.

第3章
声誉损失与公众抵制的可持续风险

> "把目标对准大品牌就如同为环保主义者找到了攻击的利器。"
> ——一位绿色和平组织成员
>
> "耐克所做出的改变很重要,它推翻了其他公司所谓的这些信息不能公开之类的借口。信息公开很重要,因为只有这样我们才能够与当地人,包括宗教领袖和人权领袖沟通,而他们才是能够实地考察工厂生产环境的人。"
> ——艾瑞克·布莱肯(学生反对血汗工厂团体的组织者)

对于大多数企业来说,它们所面临的最大的可持续风险就是声誉损失和公众抵制风险。一旦企业的声誉受损,它将对企业未来的收益和利润带来负面影响。但是,企业却常常低估声誉风险。当企业声誉受损之后,往往很难弥补,它使得企业失去了公众信任,而挽回损失通常是一个花费不菲且历时长久的过程,甚至在一些情况下,声誉损失是不可挽回的。而声誉受损的后果,包括销售额和利润的损失,都是不可保的。用风险管理的术语来说,对于声誉风险的融资是完全自留或者自保的。声誉损失可以在很短的时间对企业造成毁灭性的影响,而这却会为其竞争对

企业生存
可持续风险管理

手提供一个绝好的发展和超越的机会。

公众抵制运动常常会导致企业声誉受损。公众抵制风险已经存在了几十年，并为那些可持续领域相关企业带来了特别的困扰。通常，可持续公众抵制风险是由企业在环境或是社会公正领域的某些不当行为触发的。而某些非政府组织或类似机构将会就此组织示威和抵制运动。公众抵制风险常常也会给公司声誉带来负面影响，进而打击企业的销售额和利润。

品牌知名度高的大企业面对此类风险时显得尤其脆弱。图3-1显示了品牌价值最高的十大企业，并标明了其品牌价值占市场价值的比例。品牌知名度高的企业不仅潜在损失更大，而且它们也更容易成为公众抵制运动的目标。根据安沃瑞克咨询公司的调查结果，在所调查的25 000名来自美国、加拿大和西欧的顾客中，有2/3的人认为自己会根据企业在伦理、环境和社会责任方面的表现形成对该企业的印象。而这三方面恰恰都是可持续领域关心的问题。[①]针对企业在可持续领域的不当行为发起的抵制运动能够改变顾客对于企业的印象，并进而影响他们的购买决断。以知名企业为目标将会扩大非政府组织抵制运动的影响力，正如某位绿色和平组织成员所说的："把目标对准大品牌就如同为环保主义者找到了攻击的利器。"[②]

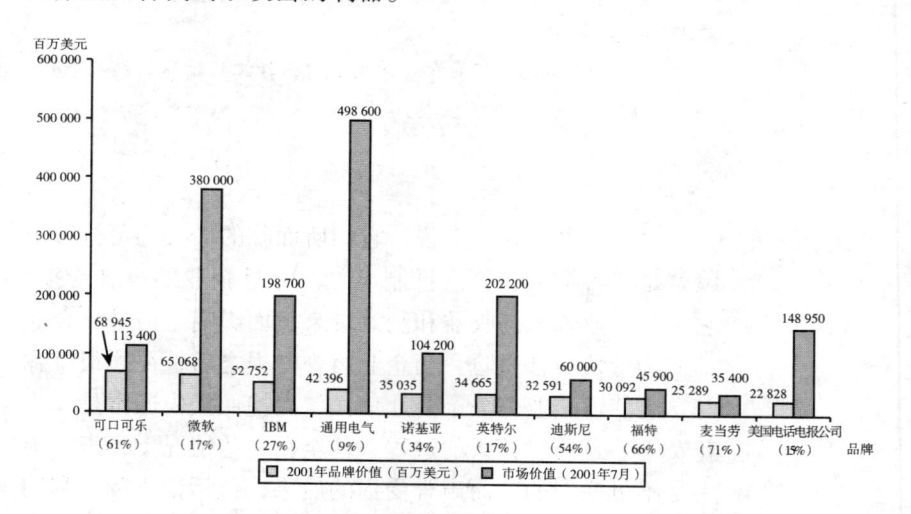

图3-1 2001年前十大企业的品牌价值和市场价值

注：麦当劳公司的价值，是其母公司与所有特许经营店的收入总和。

第 3 章
声誉损失与公众抵制的可持续风险

能够积极应对公众抵制运动的企业不仅会成功化解这一风险，并且还能在当地、全国甚至全球范围内建立起良好的企业形象。一项前瞻性的可持续风险管理策略应该考虑在公众发起抵制运动之前就采用可持续的产品制造和企业运作流程。这种策略应当包括提高企业透明度、增加利益相关者投入以及与非政府组织建立合作伙伴关系，从而避免企业形象、品牌和声誉的损失。同时，由于比其竞争对手提供了更多的选择余地，企业的盈利能力也会随之提高。尤其，当其竞争对手正陷入了一场公众抵制运动的时候，采用前瞻性可持续风险管理策略的企业将获得更多的回报。

为了了解声誉损失和公众抵制风险的性质和发展程度，我们在下面提供了一些该领域的案例加以讨论。讨论的目的是想说明这一风险并非无关紧要，实际上，它是企业面临的一个严峻考验。我们选取案例来分析受影响企业所采取的积极应对策略，并为其他处于类似境地的企业提供一些建议。在风险管理领域，看看同行的其他企业如何应对风险，常常对评估自身的风险大有帮助。通过分析其他陷入困境的企业的案例，我们往往能够采取超前的风险管理策略来应对此类风险。

3.1 壳牌石油公司——布兰特斯巴石油平台事件

布兰特斯巴石油平台事件充分展示了在现代通信系统的帮助下，一项消费者抵制运动将会如何迅速而戏剧化地推翻一个全球知名企业在可持续领域的公众形象。布兰特斯巴是壳牌公司所管辖的在北海的一个近海石油平台，经过二十年的使用，壳牌公司决定在 1995 年关闭该平台。

壳牌公司的科学家和工程师们评估了如何环保且经济地关闭该石油平台的方案。他们得出结论认为，对环境造成最小伤害的弃置方案是将石油平台沉入深海海沟。相较而言，把该石油平台运到陆地上处理和弃置会对环境带来更大的影响。显然，深海弃置方案对于环境的影响是很难衡量的，这只能在评估报告中进行估算。而另一方面，深海弃置方案的成本要远远低于运到陆地上拆解处理的费用。在壳牌公司的评估分析中，他们认为无论从科学论证或是企业成本的角度，深海弃置布兰特斯巴石油平台都是最好的解决方案。

企业生存
可持续风险管理

但是,绿色和平组织并不认同壳牌公司所做的分析,他们跟随壳牌公司的工作组到了海上平台。这次绿色和平组织并没有采用对付捕鲸船队的海上跟随和包围策略,而是动用了直升机将志愿者运往布兰特斯巴石油平台,并租用了摄影机和高科技的卫星转播设备向欧洲主要电信服务商提供在线直播。实际上,在布兰特斯巴石油平台装上了这些设备之后的几个小时内,欧洲的各个主流电视台都已经在重点新闻节目中播放了来自前方海上平台的图像。

绿色和平组织凭借这一直播报道的契机,对壳牌的零售产品发起了消费者抵制运动。这一抵制运动在德国收效尤为显著。在一周之内,壳牌公司在德国和欧洲其他国家的零售额下降了30%,导致了数以亿计的销售额损失。为此,壳牌公司召开了紧急董事会议,决定采用陆地处理方案取代深海弃置石油平台方案。③

关于可持续领域的公众抵制风险,布兰特斯巴石油平台事件提醒我们需要注意以下几点。

第一,即便某个有关环境问题的处理方案是通过企业内部善意和严密的科学评估而得出的,但它却不一定能够得到消费者和普通大众的认同。消费者只认同最基本的环境价值判断和逻辑:当你要丢掉一辆报废的汽车时,不会仅仅把它沉到湖里不管,而是会把它交给恰当的机构处理。即便科学评估认为弃置深海是对环境威胁最小的方法,但是一个基本的逻辑判断和价值体系将会认定简单地将布兰特斯巴石油平台沉入深海海沟是一个根本性的错误。

第二,像绿色和平组织这样能够掌握现代通信工具,如卫星系统和互联网的环保组织,有能力在很短时间内、用很小的成本将信息传播给大规模的受众。如果是在过去的话,很可能还没等公众注意到,布兰特斯巴石油平台就已经葬身深海了。即便绿色和平组织能够跟踪到海上平台,事件也要几天之后才能够报道出来。最后,公众抵制风险可能为企业带来严重的损失。在这一案例中,壳牌仅在一周之内就损失了上亿美元的销售额,而这一损失是不可保的,并且此事件还导致了壳牌公司在环保方面的公众形象受损。

布兰特斯巴石油平台事件和壳牌公司在尼日利亚涉及专制性的活动为企业带来了灾难性的后果。而今天,壳牌公司和英国石油公司一起成为了石油业中公认的两大环保领头企业。它们的做法与埃克森美孚公司形成了鲜明的对比。据绿色和平组织评估,当壳牌公司和英国石油公司成为了发展清洁可再生能源的领导性企业时,埃克森美孚公司却没有为此做出任何努力。相反地,埃克森美孚公司带头质疑全球变暖与排放燃料废气的相关性,它还一直进行游说活动,希望开发北极国家野生动植物保护区。因此,埃克森美孚公司成为绿色和平组织"拒绝购买埃克森美孚公司产品"和"关闭埃克森美孚公司"两个抵制运动的目标。2005年7月,一系列环保组织建立了联盟,共同发起了一项全国性的抵制埃克森美孚公司的示威活动。而壳牌公司和英国石油公司接受了全球变暖的证据,英国石油公司还退出了致力于游说开发北极国家野生动植物保护区的北极电力组织,并放弃了开发北冰洋油田的计划。④

3.2 波依斯卡斯卡得公司——古树案例

古树案例为分析有限资源问题提供了一个生动的例证。树木需要经过成百上千年才能够长成参天古树,而从短期来看,古树资源是有限的。在美国,超过95%的古树资源已经被砍伐了。而在全球范围内,大约80%的古树资源也遭到了砍伐。余留下来的古树大都生长在国家公园或国家森林中。为了保护这些余留下来的古树资源,各种组织不断发起公众抵制和示威活动,防止古树遭到进一步砍伐。

波依斯卡斯卡得公司改变其砍伐古树政策是一个很恰当的案例。2001年9月7日,《纽约时报》刊登了整版广告,呼吁波依斯卡斯卡得公司停止砍伐天然老龄林区。这一广告是由雨林行动网络赞助,并由多个知名艺人、立法者和环保组织联名签署。在广告中提到"已经有400家企业宣布不再进行古树贸易"。而波依斯卡斯卡得公司"拒绝认同现代社会价值",并且其思想"与美国绝大部分公民所信奉的'古树属于森林'的理念相脱节"。该广告还指责波依斯卡斯卡得公司发起了一项反环保运动,质疑雨林行动网络发起的公民不服从运动,对雨林行动网络的创始人施压,并请求美国国税局撤销对雨林行动网络的税收优惠。

仅仅几个月之后,《纽约时报》刊登了一篇名为《木材企业减少古树砍伐——波依斯卡斯卡得公司被迫采取行动》⑤的文章。据这篇文章报道,包括金考图文快印公司、服装零售商宾恩公司和巴塔哥尼亚户外

企业生存
可持续风险管理

运动服装公司在内的很多企业,以及圣母大学都终止了与波依斯卡斯卡得公司的合同,并且不再从该公司购买纸张。销售额的损失以及负面的公众影响迫使波依斯卡斯卡得公司停止在"一些处于原始状态的天然老龄林区"砍伐古树。⑥

波依斯卡斯卡得公司声称来自天然老龄林区的木材在其产品中仅占不到1%,试图以此为理由减少公众抵制运动的影响。这意味着,波依斯卡斯卡得公司为了仅仅不到1%的木材供应量,而招致了这些不必要的风险损失。但是,由于波依斯卡斯卡得公司没有彻底改变它的政策——它依然砍伐那些位于私人土地上并已遭到砍伐的天然老龄林区的树木,公众仍在继续施压。波依斯卡斯卡得公司的这一政策仅仅是为了坚持砍伐其产品中不到1%的一部分。

2003年9月,波依斯卡斯卡得公司宣布不再进口来自一些国家的濒危森林的木材,这些国家包括了智利、印度尼西亚和加拿大。这一公告宣称波依斯卡斯卡得公司将从2004年开始停止砍伐美国国内的天然林。波依斯卡斯卡得公司还宣布将对它的供应商方面施压,优先考虑那些获得了森林良好管理认证的供应商的所提供的木材。波依斯卡斯卡得公司政策的广泛性使它成为了北美木材制造商中第一个采取该类政策的领头企业。⑦

波依斯卡斯卡得公司的政策能够得以改变,很大程度上是由于受到了来自顾客的压力。我们之前提到了与金考公司合同的终止事件。在对波依斯卡斯卡得公司发起抵制运动之前,雨林行动网络和其他非政府组织联手,成功地迫使两家国内领先的家居产品连锁企业——家居货栈和劳氏家具制造公司——同意淘汰濒临绝种的木制品。这两家企业同意优先考虑购买那些获得森林良好管理认证的供应商所提供的木材。⑧另外两家规模更大的连锁企业,维克斯木材公司和家用基站公司也遵从了家居货栈和劳氏家具制造公司的做法。在此后的抵制运动中,那些未能按此标准行事的企业受到了来自非政府组织和同业竞争者的双重压力。⑨

另一个致力于森林保护的非政府组织——森林道德机构,引导了相关领域的又一次进步。2002年秋天,它说服史泰伯公司将其回收的纸制品数量扩大三倍。另外,两个学生非政府组织也加入了森林道德机构,它们分别是美国塞拉俱乐部学生联盟和生态誓盟促进会。⑩2003年8月,布什政府通过了修建穿越阿拉斯加州通加斯国家森林的公路的法

第3章
声誉损失与公众抵制的可持续风险

案,而史泰伯公司、KB家居以及哈沃德木材公司都参与了环保组织的联名反对该法案的活动。[11]

波依斯卡斯卡得公司案例给我们上了可持续风险管理的重要一课。它教给我们的第一点是,公众抵制风险是真实存在的,并且能够迫使一个企业改变它的发展策略。第二点需要记住的是,虽然像波依斯卡斯卡得公司这样的企业会仅仅根据财务考虑做出选择,但是它们的顾客却不一定如此。大部分曾经漫步在古树参天的森林中的人们都认识到,这些森林的价值和意义远远超出了其经济价值。我们应该将这些森林留给子孙后代。第三点,由于波依斯卡斯卡得公司最初采取了抵制政策,并且随后一段时间仅是被迫做出了不彻底的政策调整,因此,其企业的声誉仍然受到了负面影响。假如波依斯卡斯卡得公司在一开始就积极地与利益相关者,如非政府组织以及顾客进行沟通,并且自愿做出彻底停止砍伐古树的政策决定的话,那么结果将会多么不同啊!我认为,如果波依斯卡斯卡得公司当初能够采用这一策略的话,其企业形象将会大大得到改善。最终,波依斯卡斯卡得公司还是做出了同样的选择——停止砍伐古树——但是它滞后的行动却为它带来了可观的声誉和财务损失。

3.3 耐克——血汗工厂

耐克公司在管理其产品分包商行为方面的失败招致了基于社会公正价值的公众抵制运动。耐克是世界上最成功的运动服装生产企业,它2005年(截至2005年5月31日的财务年度)的年销售额突破了130亿美元,利润超过了10亿美元。其产品代言人是世界上最著名的两位运动员——迈克尔·乔丹和泰格·伍兹。耐克公司并不开办任何工厂,其全部产品都是由分包商制造的。这些分包商散布于世界40多个国家和地区,它们运作着数以百计的工厂,并雇用了数十万员工。这些分包商主要分布在中国、印度尼西亚、越南和泰国,超过90%的耐克鞋都产自于这些国家。[12]分包商制造模式和全球化的运作方式使得耐克公司放松了对于产品制造过程的监控,并引发了巨大的公众抵制和声誉损失风险。虽然耐克公司的商业运作模式需要利用分包商制造产品,但是监控分包商和供应商的行为依然是防范可持续风险的必要措施。

企业生存
可持续风险管理

从20世纪90年代以来,耐克公司就不断遭到严厉的指责,谴责其产品,尤其是运动鞋是在血汗工厂的恶劣条件下生产出来的。这些恶劣条件包括童工参与生产、暴露在有害化学物质下的工作环境、每周80小时的超常工作时间、性骚扰和言语谩骂。学生反对血汗工厂团体是对耐克公司施压的主要领头人。乔纳·佩雷蒂给耐克公司发去了一封似乎无伤大雅的电子邮件,要求给自己的耐克鞋印上"血汗工厂"的个性化商标。在耐克公司拒绝了这一要求之后,佩雷蒂又发去了第二封电邮,要求耐克公司寄给他一张"为我制造了耐克鞋的十岁越南小女孩的照片"。他把这些电子邮件发给了他的朋友,他们又进一步把这些邮件发给朋友并散布到了互联网上,最终这一事件被媒体报道了出来。耐克公司的股价和销售额都因此而下跌。

《金融时报》上的一篇文章[13]指出了我们应该从耐克案例中得到的有关声誉损失和公众抵制风险的两点启示。第一,在互联网的帮助下,信息的可获得性得到了空前的提高,并且散布信息的成本比以往任何时候都要低,因而,批评者有能力迅速地将他们的抗议运动传播到全世界。第二,反对血汗工厂的抗议运动会极大地打击企业员工的士气。没有人愿意为一个公众形象恶劣的企业工作,员工都希望能够为自己工作的企业及其行为感到骄傲,同时员工也意识到企业负面的公众形象会对企业造成不良影响,并进而危及他们的工作岗位。

为了保住企业信誉,耐克公司做出了很多努力以纠正其不当行为。2001年10月,耐克公司发布了第一份企业责任报告,其中对自己错误的行为模式做出了反省,并呼吁采取应对措施。耐克公司根据公正劳工协会[14]颁布的标准建立了一套自己的行为法案。耐克公司还成为第一个公布自己在11个国家的42个分支机构地址的大型服装企业,它还在2000年公布了针对其600个服装和制鞋工厂的完整审计报告。[15]这是耐克公司做出的一个重大改变,因为此前包括耐克在内的服装企业为了防止同行竞争,都拒绝披露这些信息。正如学生反对血汗工厂团体的组织者艾瑞克·布莱肯所指出的那样:

"耐克所做出的改变很重要,它推翻了其他公司所谓的这些信息不能公开之类的借口。信息公开很重要,因为只有这样我们才能够跟当地人,包括宗教领袖和人权领袖沟通,而他们才是能够实地考察工厂生产环境的人。"[16]

第3章
声誉损失与公众抵制的可持续风险

布莱肯的评论非常准确,随后,数十家企业,包括杰斯伯公司和锐步公司都追随了耐克公司开创的信息公开的做法。[17] 2005年,耐克公司首次公开了生产耐克运动鞋、服装和其他产品的700多家工厂的名称和地址。[18]

2003年,耐克公司启动了名为"鞋子再利用"的项目,该项目计划回收运动鞋并将其粉碎用来制造足球、橄榄球和棒球表面,或者作为人造篮球场、网球场和运动场地面的原材料。耐克公司还在其服装内添加了少量有机棉成分,并逐步消除在绝大部分运动鞋生产过程中添加的有毒胶水、溶剂和其他化学成分。[19]

耐克公司还向国际青年基金会捐赠了高达上百万美元的资金,用于建立全球工人与社区合作联盟。这一全球联盟发布了一项报告,其中对9个在印度尼西亚的耐克产品制造工厂的监督官提出了批评意见。对此,耐克公司做出了积极的回应,并加强了对工厂管理人员和监督官的培训。耐克公司制定了工作标准,规定制造运动鞋的工人必须年满18岁,而制造服装的工人必须年满16岁。每周最长的工作时间不能超过60个小时。

耐克公司分包商工厂存在的有关工作环境的争议很可能引发大量的潜在诉讼案件。加利福尼亚州的社会活动家马克·卡斯基起诉了耐克公司,认为在加州法律下,耐克公司对于其工人工作环境的抗辩属于虚假广告。在美国宪法下,公众场合发表的言论通常受到自由言论保护。卡斯基认为耐克公司的言论属于商业言论,因而不应该受到该项保护。加州最高法院以4:3的投票比例支持了卡斯基的起诉,随后这一案件被提交到了美国最高法院审理。美国最高法院没有做出判决,而是将该案发回加州法院审理。耐克公司和卡斯基随后接受了调解,耐克公司同意向公正劳工组织支付150万美元以改善对工厂工作环境的监控标准和报告体系。美国最高法院并未就该案做出裁决的事实表明,其他企业仍然可能面临相似的诉讼。这一事例充分表明了公众抵制压力将会如何扩大并给企业带来新的麻烦。[20]

耐克公司的案例展示了全球化和外包制造过程给企业带来的复杂影响和风险损失。随着企业在全球范围内的扩张,监督和控制企业运作过程的压力也随之增强。由血汗工厂、雇用童工和性骚扰案带来的负面公众形象将会给公司声誉和品牌造成影响,并将最终影响企业运作的底线。这些事件尤其将对公司声誉造成损害,甚至波及企业代言人的形象和声誉。脱口秀主持人凯瑟·李·吉弗就曾在公开场合表示,她并不知道自己在沃尔玛购买的衣服是由每小时赚取31美分的洪都拉斯小姑娘生产的。

乐施会社区海外援助是国际乐施会位于澳大利亚的一个分支组织,它推动了耐克事件的发展。除了对耐克公司做法的不满之外,耐克公司作为一个盈利颇丰的企业,以及其行业领导者的地位,都很容易招致非政府组织对其发起公众抵制运动。可能正是出于这些方面的压力,2003年6月,耐克公司、锐步公司、阿迪达斯公司、利维—斯特劳斯公司和丽诗卡邦公司开始在公正劳工组织的网站上公布其工厂劳工审计报告。[21]那些运作成功的大企业不仅面临更大的声誉和公众抵制风险,而且它们也更容易成为人们发泄对环境和社会公正领域不满的对象。[22]

3.4　星巴克——公平交易咖啡

星巴克是美国经营得最成功的企业之一。全球星巴克咖啡店的总数大约为8 500家,而这其中超过1/4的咖啡店分布在美国本土之外的34个国家。2004财务年度星巴克公司的销售额超过了50亿美元,利润大约为4亿美元。从1992年到2002年的10年间,星巴克公司的股价上涨了22倍,股票总回报超过了沃尔玛、通用电气、百事、可口可乐、微软和IBM。[23]但是从2001年3月开始,星巴克成为了有机产品消费者协会发起的公众抵制运动的目标。

有机产品消费者协会发起的抵制运动主要针对两件事。第一件是星巴克在其旗下的饮料、蛋糕、巧克力、星冰啡饮品和冰激凌中添加了基因重组生长激素和其他的转基因成分。另一件是希望敦促星巴克更多地购买公平交易咖啡、树阴栽种咖啡和有机咖啡。虽然星巴克公司已经开始用较高的价格向消费者出售有机牛奶,但是有机产品消费者协会认为,星巴克应该全面停止在产品中加入任何转基因成分。我们将在第8章详细讨论星巴克公司由于使用转基因成分所导致的种种争议,所以在这一节我们主要关注一下星巴克公司涉及的公平交易问题,即它所使用的咖啡豆是如何种植和定价的。

第 3 章
声誉损失与公众抵制的可持续风险

认同公平交易的企业需要遵守以下几个原则：
(1) 和谐健康的工作环境；
(2) 公平合理的工资；
(3) 环境可持续的运作方式；
(4) 消费者教育及公众知情；
(5) 尊重文化差异。

虽然公平交易原则可以适用于很多种产品，但咖啡恐怕是其中引起讨论和争议最多的了。咖啡之所以引起这么多关注，主要是因为那些拉美、非洲和亚洲种植咖啡的农民一直处于经济困境之中，目前咖啡价格已经降到了30年以来的最低点。英国慈善团体乐施会在2002年发布了一份报告，其中提到，在考虑通货膨胀的因素下，全球咖啡的过度供给已经使咖啡价格压至100年以来的最低点。这份报告指出，农民以每磅24美分的价格出售咖啡豆，而收购咖啡豆的企业转手出售的价格就高达每磅3.6美元。农民的收入仅占咖啡豆销售价格的6~7个百分点。顾客在咖啡店购买一杯咖啡的钱，其中只有1%是付给种植咖啡的农民的。[24] 每年全球咖啡贸易的总额为550亿美元，而那些咖啡豆种植国家从中仅仅收益80亿美元。

根据世界银行的调查，由于近年的咖啡价格灾难，仅美国中部就已经有超过60万种植咖啡的农民因此失业。每周都有上百个家庭离开咖啡种植园，向北迁徙去寻找生计，否则，农民就只好被迫砍掉土地上的雨林，种植其他作物或蓄养牲畜。如果咖啡价格高一些的话，农民就可以在树阴栽种咖啡。这样不仅能够拯救雨林，而且还能带来诸如水土保持、碳储存、维护生物多样性和保护草药等好处。在通过了公平交易认证的咖啡中，大约有85%都是树阴栽种咖啡和有机咖啡，因为小咖啡种植农大都无力购买化肥。如果购买公平交易咖啡的话，企业需要以每磅1.26美元的价格从农民手中收购咖啡豆，这个价格已经足以让农民养家糊口了，由此也减少了对雨林的生存威胁。

由于美国是消费世界咖啡总量1/4的消费大国，而星巴克又是美国领先的咖啡连锁店，因此，星巴克成为有机产品消费者协会的抵制目标也就不足为奇了。对此，星巴克公司做出了回应，开始购买一些公平交易咖啡、树阴栽种咖啡和有机咖啡，但是有机产品消费者协会抱怨说星巴克只是做做样子而已，目前这部分咖啡在星巴克的总供应量里只占

1%。有机产品消费者协会希望星巴克能够扩大购买量,并把公平交易咖啡、树阴栽种咖啡和有机咖啡产品作为每周一日的特别推荐饮品。增加购买公平交易咖啡、树阴栽种咖啡和有机咖啡能够改善咖啡种植农的工作、生活和经济条件,并且还能够减少雨林砍伐。美国公平交易组织和雨林联盟都为公平交易咖啡提供认证服务。[25]

  正如麦当劳在全球的扩张招致非议一样,星巴克的不断扩展也为它贴上了"贪婪的美国公司"的标签,并引发了普遍的抗议活动。星巴克已经遭到了有机产品消费者协会长达四年的抵制,再加上其负面的公众形象,这些因素都为国际性的抗议活动添油加火。在美国,生产牛奶时并不会根据饲料中是否添加激素而对奶牛及其所产牛奶进行区分,所以星巴克想要放弃使用含有生长激素的牛奶在操作上是非常困难的。虽然星巴克已经采取了一些行动来支持和保护咖啡种植农,但是它在购买和支持公平交易牛奶和有机牛奶方面却显得十分滞后。这一点让我们很难理解。正如我们以上提到的,有机牛奶的利润空间高得惊人。在此基础上,稍微提高一点价格并不会影响消费者的购买行为。特别是一些本来就非常贵的产品比如拿铁咖啡,消费者可能根本就不会注意到价格小幅上涨。即便消费者注意到了,我们也可以告诉他价格上涨是有足够的理由的:为了更公平地对待咖啡种植农,还有保护环境。我们需要注意的是,星巴克购买的咖啡总量仅占世界咖啡供应总量的1%,而世界所有咖啡店购买的咖啡总量也只有世界咖啡总供应量的5%而已。为了真正扩大影响力,购买量占到世界咖啡总供应量近一半的四家跨国公司——莎莉、卡夫、宝洁和雀巢都需要做出实质性的贡献。我们将在第9章讨论卡夫公司做出积极回应,并与雨林联盟结成合作伙伴的案例。出于自身利益,星巴克应该考虑与有机产品消费者协会或是其他旨在促进公平交易的组织进行进一步的合作。在公平交易事件中,星巴克的声誉虽然受到一定影响,至今它的销售额和利润却几乎没有损失。不过,我们不得不怀疑这一情况还能够持续多久。[26]

3.5 花旗集团——卡米希亚雨林工程融资事件

  花旗集团是世界上最大的金融服务企业,其雇员约有近30万人。

第 3 章
声誉损失与公众抵制的可持续风险

花旗集团 2004 年的收益和利润分别为 1 080 亿美元和 170 亿美元。它为世界各地的工程进行融资,其中包括一项从秘鲁卡米希亚地区输出天然气的大型工程,该工程主要是为向美国输入天然气服务的。

卡米希亚雨林坐落在印加圣谷,那里是世界上生物多样性最丰富的地区之一。史密森纳研究院的研究人员在那里找到了 200 种鸟类、188 种鱼类、86 种两栖动物和超过 100 种的小型哺乳动物。卡米希亚地区还居住着一些迄今为止保护最完整的原始部落。

雨林行动网络发起了一项名为"花旗住手"的抗议运动,希望迫使花旗集团停止为一些危害环境的工程——如卡米希亚雨林工程——进行融资。除了这项工程之外,雨林行动网络还列举了花旗集团融资的其他项目,包括:

- 印度尼西亚——为棕榈油种植园提供资金,导致雨林遭到砍伐;
- 乍得和喀麦隆——为建造石油输出管道提供资金,导致雨林遭到砍伐;
- 美国——为太平洋木材公司提供资金,导致古代红木遭到砍伐;
- 委内瑞拉——为石油钻井提供资金,导致奥里诺科河三角洲环境受损。

雨林行动网络号召花旗集团的顾客把花旗的信用卡剪成两半后寄给雨林行动网络。虽然在卡米希亚雨林的大部分工程都已经完工了,但是雨林行动网络和其他环保组织,包括亚马孙观察、保护国际和世界野生动物基金,仍把注意力集中在位于海边小镇帕拉加斯的仅完工 20% 的工程。这一工程是决定能否将天然气输送到美国等消费国的重要一环。

环保组织成功地说服了国际基金机构在融资标准中加入严格的环保条件。比如,2003 年 8 月,美国的一家信用机构——美国进出口银行出于环保方面的考虑,拒绝向帕拉加斯工程发放总额为 2.14 亿美元的贷款。但是另一方面,美洲开发银行却批准了对该项目追加总额为 7 500 万美元的贷款。美洲开发银行和美国国际开发署的报告引发了公众"对于该机构非透明的运作方式、滥竽充数的环境研究以及漠视当地土著族群利益的强烈不满"。㉗

类似卡米希亚和帕拉加斯天然气工程这样的大型工程给当地人提供了工作机会和经济发展的契机,并且还提供了天然气或石油一类的重要能源。但是,我们需要衡量的是这些机会和工作是否值得以牺牲环境、生物多样性和当地土著居民的利益为代价来换取。至少，如果坚持这一工程的话，我们应该要求该工程为恶化环境、减少生物多样性和当地居民损失而支付成本。过去，这类工程往往把这部分成本外部化地加在当地居民的头上，从而提高了工程的利润。而可持续原则要求企业从利润中拿出一部分用于补偿和支付环境、生物多样性以及当地居民的损失。

在2003年我刚刚开始写作这一章的时候，我曾提出像花旗集团这样的大型金融机构可以和非政府组织进行合作，共同制定环境和社会影响方面的标准，以决定是否向客户发放贷款。果然，2004年，花旗集团与雨林行动网络建立了合作伙伴关系，并参与制定了《赤道公约》，以建立衡量环境和社会影响方面的标准（参见第9章）。可见，花旗集团已经意识到长期的公众抵制运动和其他反花旗的抗议活动将会损害公司形象，并会在长期内引发公司的财务损失。

关于花旗集团的故事我还想补充一个值得注意的进展。就在雨林行动网络与花旗集团合作3个月之后的2004年4月，雨林行动网络宣布结束一项其历史上为期最短的抵制运动，并与美洲银行达成了协议。美洲银行在雨林行动网络预定的"没门！美洲银行"抗议活动发起日（4月22日，世界地球日）前夕，接受了遵守保护雨林和气候变化的协议，并同意保护当地居民的权益。美洲银行的这一快速反应不仅显示了公众抵制运动的震慑力，并且随后还印证了它给同业竞争者带来的压力。经过雨林行动网络一年的努力，摩根大通公司也同意执行一项综合性评估政策来保护森林、气候变化和当地居民的利益。[28]

3.6 安达信公司——审计风波

由于牵扯到安然公司一案，安达信公司的败落堪称商业史上最生动的声誉损失风险案例。虽然它卷入的并非环境或社会公正领域的丑闻，但是这次风波也使得安达信公司在财务上蒙受了致命的损失。几十年来，安达信公司是全球会计师事务所的一面旗帜，它的运作方式成为了行业标准，它的道德标准无可指责。然而，就在短短一年的时间里，声誉损失彻底击垮了这家举世闻名的企业。它失去了绝大部分的客户。而因为安达信会计师事务所被控妨碍司法调查罪名成立，其保留的所有公

第3章
声誉损失与公众抵制的可持续风险

众公司客户也被迫撤出。这实际上相当于对安达信公司发起了联合抵制运动。企业大批的业务被竞争者瓜分，而该企业的合伙人和雇员不是"跳槽"到其他公司，就是被迫辞职失去了工作。

对安达信公司和安然公司合谋的经过和灾难性后果已不乏长篇累牍的报道。[29]在这一部分，我们仅提几点重要的启示。安达信忘记了它作为一家独立性的审计公司，是被各种利益相关者所信赖的，这包括顾客、雇员、投资者、贷款者和监管者。当安达信公司的审计员和安然公司管理层走得太近的时候，企业失去了本该保持的独立性。安然公司同时是安达信咨询业务和审计业务的大客户，这使得公司的两块业务之间产生了利益冲突。如果安达信公司在审计方面不给安然公司提供方便，那么其咨询业务可能就会蒙受损失；而如果要保持咨询业务的业绩，就必须在审计标准上做出妥协。虽然安达信声称自己在两块业务之间设立了隔离带以避免利益冲突，但显然他们没能有效地做到这一点。

安然公司是一个超大型公司，曾一度跻身于美国七大公司之列。而安然公司倒闭成为美国历史上最大的倒闭案。严重的错误导致了灾难性的后果。安达信公司对安然公司所采用的策略并非偶一为之，它还曾对多个客户采用了同样的策略，包括阳光公司、WM废料处理公司、环球电讯、世界电信、奎斯特国际通信公司和海利波顿能源集团公司，并引发了类似的问题。这表明安达信的败落并非由于偶然的失误，而是其内部存在系统性的缺陷。这一事实被公开之后，引发了公众对安达信公司的强烈不满。安达信公司刻意销毁了大量的文件，企图掩饰自己的过错，而那些"小人物"，包括安然公司雇员、安达信公司很多无辜的雇员，还有中小投资者，都因此受到了伤害。当无辜的雇员和小投资者们受到伤害时，公众的愤怒不可遏制，安达信公司也因此蒙受了严重的声誉损失。

安达信和安然公司案例也显示了，在这一类型的灾难性事件里，保险无力挽救一个企业及其高层管理者。正如任何一家会计师事务所，安达信公司也购买了责任保险，用于支付其在提供财务服务过程中的过失行为所引发的索赔。虽然安达信公司的保单限额高达上亿美元，但是这依然不足以应付所有潜在的责任诉讼。当保险金消耗殆尽之后，就必须动用合伙人的资本了。通常，每个合伙人都拥有几十万到上百万的资本，而合伙人常常是通过贷款来进行融资的。所有安达信的合伙人都可能失去所持股本，但是他们还对公司欠下的贷款负有偿还义务。在安达信有限责任合伙企业的框架下，那些对于过失行为负有直接责任的合伙人和雇员很可能将要动用个人财产支付赔偿。由于巨大的声誉损失严重地影响了公司未来的收益和利润，没有人认为在安达信继续工作还能赚回自己的钱，因为显然这个公司已经彻底毁了。而由于员工的退休金和健康保险都是由持续经营假设下的公司收入所支付的，所以安达信公司那些目前和未来的退休人员很可能会因此失去所有的这些保障。[30]

安达信公司败落的特别之处——也是本书不断强调的一点——就是没人能够想到一个像安达信这样大规模和有信誉保障的企业竟然能够在短短一年时间里被彻底击垮。假如安达信的管理层能够意识到问题会来得这么快，这么猛烈，我相信他们一定会改变其商业策略来降低这种风险。正如我曾经提到的，可持续风险引发的潜在声誉损失能够迅速地给企业以沉重的打击。在安达信公司败落之后，只有无知的人才会继续天真地以为这种事情不可能发生在自己头上。虽然我无法预料什么时候、哪家企业会在可持续领域招致安达信这样的灭顶之灾，但是毫无疑问，以现状评估，发生这种灾难几乎是无可避免的。而通过采用可持续风险管理策略，企业可以规避这种灭顶之灾。

3.7 美林公司——投资风波

虽然没有像安达信公司那样遭受灭顶之灾，但美林公司也曾由于对风险的不当监控而遭受了巨大的声誉风险损失。美林公司主要经营两项业务：第一项是协助个人客户进行理财和投资的零售经纪业务；另一项是为大公司服务的投资银行业务。在第一项业务中，美林公司理财经纪人将对股票进行分析，并向客户推荐是否应该持有该股票。但是，这两项业务之间存在潜在的利益冲突：如果一个企业是美林投资银行业务的大客户，那么此时理财经纪人如果经过分析向个人客户推荐卖掉该公司的股票，就会有损于投行部的利益。因为理财经纪人的这一建议将会惹恼企业大客户，并可能由此导致大笔投资银行业务的流失。虽然美林和其他同行都声称自己制定了完善的防火墙制度以防范这一冲突的发生，但是冲突还是引发了问题。

第 3 章
声誉损失与公众抵制的可持续风险

纽约检察官在查阅美林公司内部电子邮件过程中,发现其雇员在推荐顾客购买一些在内部邮件中被称为垃圾股的公司股票。为什么他们要明目张胆地做这种勾当呢?因为这些公司都是美林投资银行部的大客户。投资经理是通过拉进客户并维持已有客户来获得高额报酬的,而维持已有客户的有效方法就是让理财经纪人大力推销该公司的股票。只要这一切不被公众知晓,美林公司的业绩仍会蒸蒸日上,而客户即便遭受了损失也只会认为没人能看得准股票市场的涨落。但是,一旦通过调查发现并公布了这些内部邮件的内容,美林公司的声誉就遭到了严重的打击。那些曾经信任美林公司在推荐股票方面的专业能力和诚信度的投资者不禁开始怀疑美林公司的可信度。正如你所预料的那样,美林公司的股价一路狂跌,并流失了大量客户。就像在安达信案例中所发生的那样,实际上这引发了一场灾难性的公众抵制运动。[31]

一旦人们对你的企业失去了信任,想要再赢回这份信任是非常困难的,即便能够恢复声誉,也需要长时间的努力。美林公司所采取的一些试图挽回损失、降低影响的策略看起来有些可笑。它在《华尔街日报》上刊登了整版广告,声明说:

"昨天,我们公布了一系列旨在增强投资者对于我们一向在行业享有盛誉的研究部门的信心的改革措施。这一开创性的进取精神为我们全球数以百万计的客户提供了更好的理由信任美林。这些措施为证券研究制定了独立、客观和专业的新标准。[32]

最近,我们公布了一系列旨在为投资研究设立新标准的措施。这些措施是对那些怀疑美林专业服务能力的公众和金融机构做出的最好回应。"[33]

当我读到这些广告的时候,我的反应是:为什么美林公司需要"开创性的进取精神"和"投资研究的新标准"来"加强投资者信心"并"更加信任美林",以防止研究分析员故意向客户推销垃圾股以赚取投行业务费用呢?无论出于什么理由,经纪公司都不应该也不允许向客户推销走势看跌的股票,这是一条多么基本的职业操守啊!如果说美林公司还需要采取特别的措施使其雇员能够遵守这一基本原则的话,我想我最好还是现在马上把我的投资转到别的银行去,而且,如果美林公司连这一最基本的操守都无法遵从的话,那么我凭什么相信它会像广告中宣传的那样做出开创性的改变呢?

安达信公司在与安然公司的丑闻曝光之后也发布过类似的公告：

"安达信公司决定在12月做出根本性改变以纠正在安然案中所暴露的管理问题。我们已经在着手进行改革。虽然改革还没有彻底完成，但是我们相信这些变革将为美国审计企业的运作方式和企业改革树立榜样。"㉞

同样的，为什么一个称职的会计师事务所需要进行"根本性变革"和"改革运作方式"呢？如果这一运作方式是根本性的，那么它早就应该成为公司运作理念的一部分了。

虽然安达信和美林公司的案例都没有涉及环境和社会公正风险领域的问题，但是它们向我们展示了声誉损失风险对企业带来的戏剧化的影响。安达信最终的败落为自己的行为付出了代价。而美林公司虽然没有遭到灭顶之灾，但其股价和业务都受到了严重影响，而且这一影响很可能还会再次爆发。其他公司可能会认为如果陷入安达信或是美林这种风波的话，公众总会给它们第二次机会来摆脱危机。但是正如安达信案例中所展现的那样，企业不诚信行为所导致的信任危机很可能严重到让企业根本没有翻身的机会。

在环境领域，很多时候企业都是拖拖拉拉地不愿主动采取措施消减产品对环境的危害。同样地，管理层在处理社会公正风险时也常常显得不是那么情愿。我认为企业所经常秉持的态度是：除非有来自外部的力量，比如公众知情、新的监管政策出台、非政府组织抗议或是公众发起抵制运动，迫使企业采取行动，否则企业就选择维持现状。这种策略的问题在于，一旦公众发现企业的不当行为，其导致的公众信任危机和监管力量的介入会给企业的声誉和生命力带来致命的打击。我认为很多企业都以为公众和监管者会宽容地对待企业所犯下的错误，并会给它们第二次机会。但是美林公司，尤其是安达信公司的案例生动地教育了我们，这恐怕只是一相情愿的想法而已。

3.8　环保标识

出于各种抵制运动的呼吁，人们越来越熟悉和重视环保标识的运用。企业对于环保标识的认可有时候只是一种平息公众抵制运动的策

第3章
声誉损失与公众抵制的可持续风险

略,如上文也曾提到家居货栈和劳氏家具制造公司迫于非政府组织的压力同意优先购买那些获得森林良好管理认证的木材,就是这方面的一个例子。如果企业的竞争者都开始使用环保标识,那么该企业很可能因为这方面的滞后而招致抵制运动。

环保标识起源于1977年德国首先引进的蓝天使标志。这一项目目前为3 700种产品提供认证服务,并得到了70%德国民众的认可。蓝天使环保标识启发了环保意识,促进了市场创新,并协助控制污染和倡导自然资源保护。今天,至少有25个国家已经启动了全国性的环保标识计划。[35]全球环保标识网络组织也吸纳了来自26个国家的成员。[36]

环保标识是产品上带有的一种标签、印章、标志或印迹,以证明该产品的生产过程符合某种环保和/或社会公正标准。为了在产品上使用这种标识,企业必须得到某一独立的第三方组织的认证。这一认证组织通常是某一政府部门。而在美国这样的国家,这些认证组织大都是非政府组织。表3-1列出了一些常见的环保标识和认证机构。

表3-1 常见环保标识和认证机构

环保标识	认证机构
FSC认证	森林管理委员会
公平交易认证	美国公平交易组织,国际公平交易标识组织
美国农业部有机产品认证	美国农业部
自由放养认证	美国人道协会农场动物服务
绿色标签认证	绿色标签组织
MSC认证	海洋管理委员会
雨林联盟认证	雨林联盟
Salmon安全认证	Salmon安全有限公司
海豚安全认证	美国海洋渔业服务局
GOA认证	全球有机联盟
能源与环境设计领导(LEED)认证	绿色建筑委员会

企业生存
可持续风险管理

目前，有超过 30 个全球认证机构在提供产品认证服务。[37]消费者联盟环保标识指南（www.eco-labels.org）和全球环保标识网络（www.gen.gr.jp）提供了许多表 3-1 提供的以及其他有关环保标识的信息。而由弗莱德·鲁比克和保劳·弗兰克尔合著、绿叶出版社出版的新书《环保标识的未来：令环保产品信息系统更加高效》也提供了丰富的相关信息。

在一个行业最先引进环保标识的企业将获得极大的竞争优势，因为有相当大比例的消费者会优先选择那些带有环保标识的产品。据美国天然产品营销研究所调查显示，2003 年，32% 的受访美国消费者认为自己的购买行为会显著地受到维护自身健康和环境考虑的影响。[38]但是，当企业接受认证服务并提供环保标识会导致产品价格上升的时候，企业的竞争优势恐怕就不那么明显了。

如果企业没有为自己的产品贴上环保标识，那么它就面临着被公众打上"烙印"的危险。没有环保标识的产品很容易第一眼就被消费者排除了，企业的销售额和利润都可能因此遭受损失。即便企业最终引入环保标识，但是给消费者造成的负面印象可能还会持续一段时间，并影响企业的经营表现。

当同行业的其他企业都引入了环保标识的时候，如果某一企业仍滞后于这一趋势，那么将招致巨大的责任风险。我们在第 2 章曾提到有关确认过失责任标准的讨论。如果一些企业引入了环保标识，它们制造产品的流程可能就会被确定为合理和谨慎行为的标准。那么，如果一个没有引入环保标识的企业卷入了责任诉讼，相对就更可能被确认它犯有过失。一旦发生损害并确定了近因关联，那么责任就将随之而来。如果按现在的趋势发展下去，未来将会有更多的产品使用环保标识。在这种发展趋势下，健全的可持续风险管理策略将会建议企业尽早跟上这一潮流，一味拖延只会给企业带来更大的财务、声誉和责任损失。

3.9 不断蔓延的公众抵制运动

在本章我们通过介绍多起造成巨大公众影响的抵制运动，分析了企

第3章
声誉损失与公众抵制的可持续风险

业面临的声誉损失风险。由于抵制运动的方式不断更新，它给企业带来的声誉损失也在不断上升。另外一些著名的抵制运动的对象还包括雀巢、麦当劳、沃尔玛、德士古、李维·斯特劳斯、宝洁、阿迪达斯、百事、盖普、塔可钟、世界银行、奥驰亚集团（菲利普莫里斯国际公司）、美国雷诺烟草公司、戴尔、可口可乐、多尔、孟山都公司、福特、宝马、三菱和美能达。[39]据合作银行研究报告显示，52%的受访消费者称自己在过去一年中至少响应过一次针对某种产品的抵制运动。另外，消费者抵制运动每年给食品贸易行业带来的损失高达26亿英镑（50亿美元）。[40]

互联网大大扩展了抵制运动的数量和范围。一小群人，甚至在极端情况下只需要一个人，就能通过建立网站发起一场抵制运动，并不断地在网上传播信息以扩大运动的影响。如果把信息传递给某个同样是受害者的组织，该组织的所有成员都能够获取该信息。信息瞬间就可以传递到世界的每一个角落。互联网的运用不仅节省了成本，而且还能够实现在极短时间内大范围散布企业负面信息的目的。

公众要求知情权的呼声和企业透明化运作的压力将无可避免地导致企业的负面消息为公众所知晓。而刚刚暴露的负面信息可能会触发一场新的抵制运动，或是作为证据进一步支持进行中的抵制运动。

非政府组织通常是发起和支持抵制运动的中坚力量。朱蒂·拉金在《战略性声誉风险管理》一书中提到，据世界观察研究所估计，美国存在着200万个非政府组织。而印度存在着100万个类似的民间草根组织。她写道："据《国际组织年鉴》数据显示，在多国运行的非政府组织从1990年的6 000个已经增加到了约26 000个。"[41]其他组织对世界性非政府组织数量的估计结果为40 000个。[42]拉金还指出，非政府组织已经成为公众在处理污染问题方面最信任的一方。美国合作组织提供了一份《组织研究指南》，其中包含大量有关非政府组织的信息。虽然不是所有非政府组织都旨在解决环境和社会公正领域的问题，但是这类非政府组织占了相当大的比例并拥有为数众多的成员。附录A列出了一些支持抵制运动、并以提供可持续领域信息为己任的非政府组织网站。[43]

3.10 越早行动越好

健全的可持续风险管理要求必须有一套应对抵制活动的策略。我们将在第 9 章讨论可持续风险控制的时候谈到这些策略。虽然确实存在一些不合常理或是不公平的抵制运动，但是大部分抵制运动的要求还是合理的。发起抵制运动的组织往往在可持续理念方面超前于企业管理层。企业明智的选择不应该是一味对抵制活动采取忽略或抗拒的态度，而招致财务和声誉损失，而是应该倾听抵制团体的呼声，甚至与抵制团体建立合作关系，并尽量在抵制活动开始之前把问题解决。

抵制活动的发生是无可避免的，并且其重要性也日益凸显。积极参与自身的生存管理要求公司管理层采用可持续风险管理策略来应对公众抵制风险。企业越早采用这些策略，越能够及时消减财务风险和声誉损失，并提高竞争地位，使企业最终走上可持续的盈利轨道。

本章附注

① James Allen and James Root, "The New Brand Tax," *Wall Street Journal*, September 7, 2004.

② 同上。

③ Grant Ledgerwood, "The Global 500, Big Oil and Corporate Environmental Governance," Chapter 12, *Greening the Board Room*, Sheffield, England: Greenleaf Publishing, 1997.

④ Neela Banerjee, "BP Pulls Out of Campaign To Open Up Alaska Area," *New York Times*, November 26, 2002; Greenpeace Updates at www.greenpeace.org; Felicity Barringer, "ExxonMobil Becomes Focus of a Boycott," *New York Times*, July 12, 2005; www.exposeexxon.com.

⑤ Greg Winter, "Timber Company Reduces Cutting of Old-Growth Trees: Move by Boise Follows Growing Pressure," *New York Times*, March 27, 2002.

⑥ 同上。

⑦ Jim Carlton, "Boise Cascade Turns Green," *Wall Street Journal*, September 3, 2003.

第3章
声誉损失与公众抵制的可持续风险

⑧ Dan Morse, "Home Depot Reviews Timber Policy," *Wall Street Journal*, January 2, 2003.

⑨ Joanna Sabatini, Marshall Glickman and Marjorie Kelly, "Making Change, One Share at a Time," *E Magazine*, March/April, 2004.

⑩ John Carey, "The Enviros Try an End Run Around Washington," *Business Week*, December 16, 2002; Sierra Student Coalition and Ecopledge websites.

⑪ Jim Carlton, "Big Business Oppose Logging in Alaska Forest", *Wall Street Journal*, August 25, 2003.

⑫ Robert J. Samuelson, "The Tax on Free Speech," *Newsweek*, July 14, 2003.

⑬ Michael Skapinker, "Corporate Social Responsibility Part II," *Financial Times*, May 7, 2002.

⑭ David Drickhamer, "Under Fire," *Industry Week/IW*, June 2002.

⑮ Louise Lee and Aaron Bernstein, "Who Says Students Protests Don't Matter?," *Business Week*, June 12, 2000.

⑯ Steven Greenhouse, "Nike Identifies Plants Abroad Making Goods for Universities," *New York Times*, October 8, 1999.

⑰ Louise Lee and Aaron Bernstein, "Who Says Students Protests Don't Matter?," *Business Week*, June 12, 2000.

⑱ Rukmini Callimachi, Associated Press, "Responsible Nike – Sneaker giant opens book on overseas factories," *Capital Times*, April 15, 2005.

⑲ www.responsibleshopper.org

⑳ 此案例信息引自 Linda Greenhouse, "Nike Free Speech Case is Unexpectedly Returned to California," *New York Times*, June 27, 2003; Robert J. Samuelson, "The Tax on Free Speech," *Newsweek*, July 14, 2003; and Stephanie Kang, "Nike Settles Case With an Activist for \$1.5 Million," *Wall Street Journal*, September 15, 2003.

㉑ Aaron Bernstein, "Sweatshops: Finally, Airing the Dirty Linen," *Business Week*, June 23, 2003.

㉒ 此段关于耐克案例的信息引自 Michael Skapinker, "Corporate Social Responsibility Part II," *Financial Times*, May 7, 2002; Steven Greenhouse, "Anti-Sweatshop Movement in Achieving Gains Over Seas," *New York Times*, January 26, 2000; Louise Lee and Aaron Bernstein, "Who Says Student Protests Don't Matter," *Business Week*, June 12, 2000.

㉓ Stanley Holmes, Drake Bennett, Kate Carlisle, and Chester Dawson, "Planet Starbucks," *Business Week*, September 9, 2002.

㉔ Kim Bendheim, "Global Issues Flow Into America's Coffee," *New York Times*,

企业生存
可持续风险管理

November 3, 2002.

㉕ "Making Trade Fair," *Co-op American Quarterly*, Spring 2003; and various issues of The Canopy produced by the Rainforest Alliance were used for parts of this section.

㉖ Alison Maitland, "Bitter Taste of Success," *Financial Times*, March 11, 2002, was used for parts of this section.

㉗ Juan Forero, "Energy Project vs. Environmentalists in Peru," *New York Times*, September 9, 2003; ED Solutions, Environmental Defense, Nov – Dec 2003, Vol. 34, No. 6.

㉘ "RAN Breaks the Bank," Action Alert, RAN, Spring 2004; RAN Action Alert, Fall 2004; "Victory! J. P. Morgan Chase Adopts Green Policies," memo to members, RAN, May 10, 2005.

㉙ Lynn Brewer and Matthew Scott Hansen, *House of Cards: Confessions of an Enron Execute*, College Station, TX: Virtualbookworm. com Publishing Inc. , 2002; Bethany Mclean and Peter Elkind, *Smartest Guys in the Room: The Amazing Rise and Scandalous Fall of Enron*, Virginia Beach, VA: Portfolio, 2003; Mimi Swartz and Sherron Watkins, *Power Failure: The Inside Story of the Collapse of Enron*, 1st edition, New York, NY: Doubleday, 2003; Susan E. Squires, Cynthia Smith, Lorna McDougall and William R. Yeack, *Inside Arthur Andersen: Shifting Values, Unexpected Consequences*, 1st edition, Magna Park, Coventry Road, Lutterworth, Leics, LE17 4XH, United Kingdom: Pearson Education, 2003; Barbara Ley Toffler and Jennifer Reingold, *Final Accounting : Ambition, Greed and the Fall of Arthur Andersen*, 1st edition, New York, NY: Broadway, 2003.

㉚ 此段关于安德森案例的信息引自多家报纸和杂志报道。

㉛ 此段关于美林案例的信息引自多家报纸和杂志报道。

㉜ *Wall Street Journal*, May 22, 2002

㉝ *Wall Street Journal*, June 26, 2002.

㉞ *Wall Street Journal*, Feb 6, 2002.

㉟ Dave Wortman, "Shop & Save," *Sierra*, Nov/Dec, 2002.

㊱ www. gen. gr. jp

㊲ James Allen and James Root, "The New Brand Tax," *Wall Street Journal*, September 7, 2004.

㊳ Katy McLaughlin, "Is Your Grocery List Politically Correct?" *Wall Street Journal*, February 17, 2004.

㊴ Judy Larkin, *Strategic Reputation*, Risk Management, Houndmills Basingstroke, Hampshire, England: Palgrave MacMillan, 2003; www. boycotts. org; subjects of student papers in my Environmental Risk Management class.

㊵ William Hall, "Customer boycotts cost business £ 2.6 billion," *Financial Times*, December 8, 2003.

㊶ Judy Larkin, *Strategic Reputation*, Risk Management, Houndmills Basingstroke, Hampshire, England: Palgrave MacMillan, 2003; www. boycotts. org.

㊷ Association of British Insurers, *Investing in Social Responsibility: Risks and Opportunities*, London, ABI, 2001.

㊸ 目前似乎还未能建立一个能够追踪所有国内和国际性抵制运动的中央数据库。当抵制运动在进行中时会建立某一网站报道这一活动，但活动结束后网站也将随之关闭。

第4章
投资者与股东行动引发的可持续风险

> "企业可持续经营是一种追求长期股东价值的商业模式。企业领导者把握机会，并合理地应对由经济、环境和社会发展所带来的各种风险。随着这些发展趋势的重要性日益得到认同，会有越来越多的投资者把经济、环境和社会指数整合到股票分析的过程中，并将可持续指数视为创新管理和未来导向管理的指数。"
>
> ——道·琼斯可持续指数

多种投资者和股东行动都可能引发可持续风险。首先，当企业涉及重大环境事故，如化学品或原油泄漏事件，或是卷入针对恶劣工作环境发起的公众抵制运动时，由于股东预期公司将会面临责任诉讼并使其收入下降，公司股价很可能会因此下跌。其次，如果社会责任投资公布了对企业不利的筛选结果，导致了大量股东卖掉该公司股票，或使潜在股东不再购买该公司股票时，这种需求的下降也可能导致公司股价下跌。再次，股东在环境和社会公正方面的决议可能会引发公司负面的公众效应并带来声誉损失。最后，以上任何一种或几种股东风险的结合都可能引发股东对于公司董事和高管的诉讼行为。

第4章
投资者与股东行动引发的可持续风险

4.1 环境事故和社会公正事件

化学品或原油泄漏这类环境事故,以及工人、消费者受伤起诉事件都会对企业的财务状况造成致命的打击。虽然保险可以在一定程度上缓解这种财务压力,但是包括声誉损失风险在内的多种环境和社会公正风险都不属于可保风险之列。

环境事故常常会导致公司的股价下跌,因为人们预期企业将会发生财务损失。罗里·奈特和德博拉·普雷蒂对20世纪90年代初发生的15起主要环境事故进行了研究。这些环境事故包括沛绿雅公司召回被苯污染的饮料事件、导致上千名印度人死亡的联合碳化公司博帕尔甲基异氰酸酯毒气泄漏事件、埃克森公司瓦尔迪兹号油轮的威廉王子湾泄漏事件以及北海派珀阿尔方石油钻井平台爆炸事件。很多情况下,这种事故的发生不仅导致了可观的直接财务损失,而且也迅速打压了公司的股价。但在很多例子里,公司的股价很快就回升了。研究表明,那些股价未能迅速回升的企业有一个共同点,就是公司管理层对于该事故的发生负有一定责任。[1]

弗鲁曼进行的另一项研究发现,当企业涉及非法的或对社会不负责任的活动时,其股东价值将受到负面影响。[2]以上两项研究都认为这类负面事件的发生有可能引发针对企业董事和高管的诉讼,从而促使公司股价下跌。

由产品缺陷导致股东价值损失的一个戏剧性的案例涉及福特探险者汽车配备的凡士通车胎爆破事件。凡士通公司不仅需要应付受伤司机和乘客提起的诉讼,同时还受到福特公司律师团队试图推卸全部责任的压力。凡士通公司的母公司——日本普利斯通公司在召回650万只凡士通轮胎后,其总市值已经从2000年1月的185亿美元狂跌到了2001年1月的83亿美元。[3]

4.2 社会责任投资

社会责任投资由来已久,但是其影响力直到最近才有了大幅提高。

企业生存
可持续风险管理

18 世纪的贵格会是最早宣扬社会责任投资的团体,他们拒绝投资于涉足奴隶贩卖和军火业的公司。在现代,消费者和投资者对于越南战争和南非种族隔离制度的反感,使得他们主动避免与涉及该类活动的公司进行交易,由此也促进了社会责任投资的发展。1971 年,一个卫理公会派团体组织建立了 PAX 世界基金,这是第一只社会责任投资共同基金。而随后在 1973 年,共同基金的主要做市商之———德赖费斯公司也推出了它的第一只社会责任投资基金——第三世纪基金。

直到 20 世纪 90 年代下半期,社会责任投资基金才开始迅速成长。表 4-1 显示了从 1995 年到 2003 年间社会责任投资基金在美国的发展情况。从 1995 年到 2003 年,社会责任投资基金增长了 240%以上,而这一期间,经由职业管理的基金整体资产增长率仅为 174%。在 2003 年总额为 21 500 亿美元的社会责任投资中,19 900 亿美元由独立账户管理(由个人或组织独立管理的投资),还有 1 620 亿美元属于共同

表 4-1　　　　　　　　美国的社会责任投资

社会责任投资(SRI)通过三种策略来实现:
筛选、股东请愿和社区投资

	1995 年 (10 亿美元)	1997 年 (10 亿美元)	1999 年 (10 亿美元)	2001 年 (10 亿美元)	2003 年 (10 亿美元)
由筛选策略实现的 SRI 总额	162	529	1 497	2 006	2 154
由股东请愿策略实现的 SRI 总额	473	736	922	897	448
同时使用筛选和股东请愿策略实现的 SRI 总额*	N/A	(84)	(265)	(592)	(441)
由社区投资策略实现的 SRI 总额	4	4	5	7.6	14
全部 SRI 总额	639	1 185	2 159	2 320	2 175

*一些社会责任投资同时使用筛选和股东请愿两种策略,为了避免重复计算,我们将这一部分数据单列出来。

资料来源:社会投资论坛,《美国社会责任投资趋势报告》,1995~2003。

基金。在现存的超过 200 只社会责任投资共同基金中，包括了多米尼基金、卡维特基金、公民基金、KLD 基金、大学退休财产基金、巴纳赛斯基金、第三大道基金、美国退休者协会基金、远视集体基金、美国基金、巴隆基金、锋裕基金、新盟约基金和绿色世纪股票基金。④在目前美国所有职业管理的投资中，社会责任投资基金总量占到了 11%。英国保险人协会所做的一项名为《社会责任投资：风险与机遇》的研究得出了与之类似的结果：在英国股票市场，社会责任投资总额占 10% 以上。⑤

  社会责任投资运动潜在地对可持续风险管理策略产生了重要的影响。首先，如果某企业的股票被社会责任投资剔除出去，那么由此带来的需求降低和负面的公众效应将可能导致该公司股价下跌。其次，在社会责任投资领域的大量研究结果发现，重视可持续发展的企业策略至少不会对其财务造成负面影响，在很多时候还能够促进其财务绩效。下面我们将继续分析社会责任投资对可持续风险管理策略的这两方面影响。

4.2.1 股东价值和社会责任投资带来的声誉损失

  早期的社会责任投资基金主要关注如何剔除一些涉及负面活动的行业或企业，一般包括烟草业、赌博业、武器制造业、核工业和造酒业。

  虽然目前社会责任投资基金仍然沿用这种剔除策略，但近年来它倾向于采用更加全面而积极的策略。社会责任投资基金评估每一个企业在环境和社会公正领域的记录，从中选取那些拥有良好记录的企业作为备选的投资对象，同时剔除那些记录不良的企业。剔除策略只能应用于有限的特定行业，而这种积极的挑选策略却能够应用于几乎所有行业。随着社会责任投资基金逐步扩大其投资对象的范围，这很可能将消减它与一般基金之间存在的差异。著名的可持续领域专家保罗·霍肯就曾经批评社会责任投资基金的投资对象缺乏差异化。⑥

  被社会责任投资基金剔除出去的企业失去了一项重要的投资来源，这导致了对该企业股票需求的下降，并可能由此引发企业股价下跌。不过尽管如此，这基本不会引发负面的公众效应，因为社会责任投资基金只公布它们的投资名单，而通常不公布由于环境和社会公正领域表现不良而被剔除的公司名单。只有那些最细心的读者才能够从字里行间发现

企业生存
可持续风险管理

某些本该列于投资名单上的公司是因为不良的可持续表现而落选了。

多种社会责任投资评级服务和信息提供商使人们越来越容易识别出那些可持续表现不良的企业。正如一些社会责任投资基金的发展趋势一样，这些评级服务和信息提供商的视野也变得更加宽广，它们不仅关注企业在环境方面的表现，同时还对企业在社会、伦理、人权方面的记录进行评估。更重要的是，这些评级服务提供商在大量企业中挑出表现良好的企业列入可持续发展指数，并推举出行业领袖。通过对这一指数的回顾，人们很容易发现哪些企业被排除在外了。这些服务提供商所提供的信息能够显著地影响一个企业的声誉。而最著名的两种指数就是1999年在美国建立的道·琼斯可持续指数，以及2001年在英国建立的富时社会责任指数。

4.2.2 道·琼斯可持续指数

道·琼斯可持续指数是第一个评估领先的可持续经营企业的财务绩效的全球性指数。这一指数建立于1999年，它是三方共同努力的结晶，其中包括两家领先的指数提供商——道·琼斯指数和斯托克公司，以及一家专门从事可持续投资的可持续资产管理公司。2001年，道·琼斯—斯托克可持续指数小组得以成立，专门负责为欧洲的投资组合提供可持续评价。在道·琼斯可持续指数的网站上，提供了关于可持续经营的一个清晰的定义：

"企业可持续经营是一种追求长期股东价值的商业模式。企业领导者把握机会，并合理地应对由经济、环境和社会发展所带来的各种风险。随着这些发展趋势的重要性日益得到认同，会有越来越多的投资者把经济、环境和社会指数整合到股票分析的过程中，并将可持续指数视为创新管理和未来导向管理的指数。"[7]

可持续指数提供特定企业的股票和绩效基准指标，这些企业不仅具有过硬的传统经济指标，而且在环境和社会方面表现积极。可持续指数为许多乐于投资于经济、环境和社会方面都表现良好的企业的投资者们提供了新的投资机会。

道·琼斯可持续世界指数在一开始建立的时候涵盖了道·琼斯全球指数中市值前2 500名的大企业。而道·琼斯—斯托克可持续指数是在

第4章
投资者与股东行动引发的可持续风险

道·琼斯—斯托克600指数的基础上建立的。这些企业被划入60个道·琼斯可持续指数行业类别，并对处于同一行业的企业进行排序。道·琼斯可持续世界指数选取了每个行业中在可持续经营性上表现最好的前10%的企业，而道·琼斯—斯托克可持续指数选取了每个行业中表现最好的前20%的企业。另外，道·琼斯可持续世界指数希望覆盖道·琼斯世界指数中每一行业市值前20%的企业，因此总共有300多家企业入选。而道·琼斯—斯托克可持续指数希望涵盖道·琼斯—斯托克600指数中市值前45%的企业，共有170家企业入选这一指数。

指数制定者通过50项标准来评估企业在可持续经营方面的努力。在这一过程中，60%的分析是依据通用标准做出的，另外的40%是根据行业特定的标准进行评估的。这一评估过程将考虑各种在长期内对企业成功有日益重要影响的可持续因素的发展趋势，例如在本书中讨论过的全球变暖和气候变化、淡水供给减少、农业作物和食品问题、艾滋病一类的健康问题，以及公司治理中的提高问责和透明度要求等问题。

在道·琼斯可持续指数网站上，针对人们对这一指数全球性本质提出的质疑，他们做出了这样的回答：

> "商业成功的驱动因素变得越来越全球化了。可持续发展趋势的影响也日益全球化，这尤其适用于道·琼斯可持续指数所致力分析的大型跨国企业。我们相信全球领先的企业为自己制定了全球性的标准，从而也为所有企业制定了相关的评估标准，而无论该企业坐落在哪个国家。竞争已经全球化了。"⑧

这段话支持了本书中的一个观点，即国际企业将倾向于根据其分支机构所处的不同国家中的较高标准来制定和发展相应的可持续项目。

我们常常提到可持续经营的企业能够占据竞争优势。道·琼斯可持续指数使我们可以在60个行业中，对各个企业进行直接比较。我们可以清楚地看到哪个企业榜上有名。对于那些熟悉该行业的人来说，心里也非常清楚哪些企业榜上无名。表4-2列出了60个行业分类及每个行业中的领袖企业。这一排名不仅可以作为关注可持续经营企业的投资者的指向标，同时它还提供了能够影响一个企业声誉的信息。因此，这一指数的公布不仅会影响投资者的决策，还会影响到其他利益相关者，包括雇员、消费者、供应商和监管者。

表 4-2　　　　　道·琼斯可持续指数中的行业领导者

道·琼斯可持续指数行业分类	行业领导者
广告业	WPP 集团
航空业	英国航空公司、德国汉莎航空公司
制铝业	加拿大铝业公司
宇航业	英国宇航公司
汽车零配件和轮胎制造业	日本电装公司
汽车制造业	日本丰田汽车、德国大众汽车
建筑材料业	泰国 Siam 水泥集团
银行业	西太平洋银行集团
广播业	英国商业广播电视台、英国天空广播公司
生物技术行业	日本诺维信生物制药有限公司
饮料制造业	南非塞普—米勒国际酿酒集团、杜米克联合集团、帝亚吉欧集团
化学工业	DSM NV 化学集团、巴斯夫公司、拜耳公司、杜邦公司、英国帝国化学公司、普莱克斯公司
电信产业	诺基亚公司、爱立信公司、摩托罗拉集团
酒店业	希尔顿集团
重型建造业	英国艾铭集团
化妆品行业	欧莱雅集团
消费电器制造业	皇家飞利浦电子公司
消费服务业	捷达集团
容器制造和包装行业	美国天普内陆公司
无线通讯业	mmO2 公司
制药业	诺和诺德制药公司、阿斯利康公司、葛兰素史克公司、诺华公司、罗氏公司
公用电力行业	RWE 集团、意大利国家电力公司、伊维尔德罗拉公司

第 4 章
投资者与股东行动引发的可持续风险

续表

道·琼斯可持续指数行业分类	行业领导者
电子设备行业	大金株式会社
金融服务业	花旗集团、3i 集团、大和证券集团
食品批发零售行业	桑斯博里公司
食品业	联合利华公司、吉百利公司、丹尼斯克公司、达能集团
森林产品行业	芬欧汇川集团公司
家具和用具业	赫尔曼·米勒公司
有线通讯业	英国电信集团、德国电信集团、意大利电讯公司、中南美通讯事业公司
公用天然气行业	澳大利亚气电公司、英国天然气公司
医疗卫生行业	SSL 国际集团
家庭装修业	泰勒伍德罗公司
家居用品制造业	宝洁公司、汉高公司、利洁时公司
工业服务业	三菱株式会社、泛纳元件公司、住友集团
多元化工业	3M 公司
工业装备业	美卓公司
保险业	瑞士再保险集团、安联保险集团、英国友诚公司、荷兰国际集团、挪威斯特布伦保险公司
高级工业装备业	安捷伦科技公司
采矿业	英美公司、必和必拓公司、力拓公司
娱乐业	百代集团
医药产品行业	巴克斯医疗器材公司、康乐保有限公司
钻井设备与服务业	诺伯公司
石油、天然气和煤炭业	挪威国家石油公司、阿莫科石油公司
管道制造业	加拿大运输管道公司
污染防治业	汤姆拉系统 ASA 公司、德雅科技有限公司

续表

道·琼斯可持续指数行业分类	行业领导者
出版业	培生出版集团、英国黄页出版集团
房地产业	英国地产公司、因维斯特房地产集团
娱乐用品和服务业	伊斯曼柯达公司、富士胶卷公司
餐饮住宿业	星巴克公司
零售业	玛莎集团、永旺公司、伊藤洋华堂公司
半导体行业	英特尔集团
软件业	SAP公司、毕博公司
钢铁业	道法斯考公司
纺织品服装行业	阿迪达斯公司、耐克公司
技术硬件设备行业	惠普公司
玩具制造业	美泰玩具公司
烟草业	英美集团
工业运输业	BAA公司、中国香港地铁有限公司、日本邮船公司
技术服务业	优利公司
公用水行业	美国水环纯水务集团

资料来源：www.sustainability-indexes.com，2004年9月20日。

4.2.3 富时社会责任指数

2001年，富时社会责任指数在英国正式创立。这一指数目前包括了四套交易型指数和四套基准指数，分别代表全球市场、欧洲市场、美国市场和英国市场。入选富时社会责任指数的企业必须满足以下几方面的标准：

- 环境可持续经营；
- 支持《世界人权宣言》；
- 与利益相关者发展建设性的关系。

富时社会责任指数排除了烟草、武器制造和核电行业的企业。

第4章
投资者与股东行动引发的可持续风险

道德投资研究服务公司独立完成企业是否有资格入选富时社会责任指数的评估工作，它是一个在为社会责任投资基金经理、政府以及非政府组织提供企业数据方面居于领先地位的企业。富时公司公布了它的主旨，共包括十项公开原则，其中三项是由政府颁布的，另外七项是由非政府组织或商业组织颁布的。富时社会责任指数的评选标准就是在这些原则的基础上形成的。下面我们列出了这十项原则。

政府颁布的原则：
(1)《世界人权宣言》；
(2)《经济合作与发展组织跨国企业准则》；
(3)《联合国全球协议》。

非政府组织/商业组织颁布的原则：
(4) 环境责任经济体联盟原则；
(5) 国际特赦组织企业人权原则；
(6) 考克斯圆桌商业原则；
(7) 全球苏利文原则；
(8) 英国道德贸易约章；
(9) SA 8000；
(10) 全球可持续发展报告协会约章。

富时社会责任指数已经对超过1 600家企业在社会、环境和人权方面的合规表现进行了评估，以决定企业是否入选该指数。这一指数是动态的，指数名单上的企业随时会发生增减。2004年10月，富时社会责任指数上共列有910家企业，这一数字比2003年10月的统计结果增加了72个。入选富时社会责任指数的企业虽然根据行业有所分类，但是该指数并不对同行企业进行排序。欧洲交易型指数和英国交易型指数覆盖了在基准指数中市价排名前50的大企业。而基准指数中市价排名前100的大企业则列入了美国交易型指数和全球交易型指数。[9]

如道·琼斯可持续指数一样，富时社会责任指数也会列出那些积极参与环境和社会项目的企业的股票和绩效基准指数。它不仅为那些希望根据环境和社会公正标准进行投资的机构和个人投资者提供参考意见，并且还为他们提供直接的投资机会。入选富时社会责任指数的企业也会因其在可持续发展方面付出的努力而享有较高的声誉。[10]

4.3 社会责任投资股票的财务表现

我们一般会认为社会责任投资股票的表现会逊于其他股票,因为在环境保护或社会公正方面的投资可能会降低企业的盈利能力,从而压低股价。另外,由于社会责任投资基金剔除了多种股票,其不够分散化的投资也将导致基金的收益具有较高的不确定性。

但是最近的一些实证研究显示,社会责任投资基金的收益率不一定低于其他基金,相反,相当一部分基金的收益率甚至高于平均水平。我在此特别推荐由多伦多大学的索尼娅·拉巴特和罗德尼·怀特合著的《环境金融学》一书。其中,他们收录了在1990~1999年间完成的针对社会责任投资基金的财务表现的一系列研究成果。他们总的研究结论是:

"无论是对单个企业和行业绩效还是共同基金绩效的数据研究都表明,研究者在检验环境与财务绩效之间的关系时分类使用了各项指数、数据库和分析工具。其中,对共同基金的检验结果明确表明,一个投资于环境表现良好企业的平衡的投资组合并不会妨害基金的投资表现。但是作者要提醒的一点是,这并不能被解释为存在着某种'绿色奖励',而仅能说明并不存在与环保投资相关的'绿色惩罚'。"[11]

英国唯一的保险合作社,也是社会责任投资领域的领头人 CIS 委托可持续投资未来论坛中心撰写了《可持续投资的回报》这一报告。该报告也回顾了一些包含近年数据的研究成果。[12] 虽然我将在下面列出其中的一些主要结论,但我非常希望读者能够亲自阅读该报告。

《可持续投资的回报》的作者回顾了1992年以来英国进行的大量研究,发现社会责任投资基金和社会伦理环境基金的回报率基本与其他基金持平。另外,此类基金筛选投资对象的做法也并没有增加基金收益的不确定性。2001年,瑞士银行的拉里·陈所进行的一项研究表明,在1996~2001年间,入选富时社会责任指数的企业的财务表现与其他可比企业之间不存在明显的差异。

第4章
投资者与股东行动引发的可持续风险

2001年，奥克·普兰提娜和贝特·斯科顿对1994~1999年间欧洲的社会责任投资基金所做的研究发现，社会责任投资基金的财务表现实际上优于其他基金。2001年，另一项由克里斯托弗·布茨和安德烈亚斯·普拉特纳所做的研究表明，在环保方面的努力"在很大程度上可以解释欧洲股票投资组合的优越表现"。社会责任投资在制药、化工和建筑行业表现最为突出，此外，它还在其他很多行业中扮演了重要的角色。

《可持续投资的回报》一书总的结论是：

"证据综合显示，投资者从'社会伦理环境效应'中所获得的收益很可能会被较低投资分散化的成本抵消。虽然这并不能支持社会责任投资一定能够获得较高回报的说法，但这至少推翻了我们以前的想法，即根据自己的信仰和原则进行投资的投资者只能获得较低的收益。"[13]

在美国，有人进行了一系列比较多米尼400社会责任指数和标准普尔500指数的研究。这些研究都表明，在20世纪90年代的牛市时期，多米尼400社会责任指数的表现优于标准普尔500指数。而在接下来的熊市阶段，由于多米尼400社会责任指数较为集中于高科技企业，因而其整体表现较差。另外有数据显示，在1999年4月26日到2001年4月26日的三年间，卡维特社会投资基金平均每年回报率达到6.98%，而标准普尔500平均每年回报率仅为-6.24%。[14]到2003年12月31日为止，卡维特基金的五年期回报率是7.6%，而标准普尔500的回报率仅为-0.4%。卡维特社会投资基金被《商业周刊》评为了2004年度九大最优共同基金之一。[15]更近一些的数据显示，多米尼400社会责任指数截止到2005年5月31日为止的十年期回报率为10.9%，卡维特基金回报率为10.4%，而标准普尔500指数的回报率为10.2%。[16]对于美国市场的另一组研究成果并未发现社会责任投资组合与其他投资组合之间存在明显的差异。[17]

一些研究者提出质疑，认为社会责任投资基金的良好表现并非是由企业的环境或社会价值所造就的，这仅仅是一种投资上的巧合，因为很多社会责任投资基金都恰好投资于一些发展良好的行业，或是集中投资于一类具有某种特征的企业，如大企业或发展迅猛的企业。为了应对这种质疑，创新投资战略价值顾问公司委托QED国际公司的H. B. 布兰克和C. M.卡蒂进行了一项研究。创新投资公司根据企业的环境表现对其经济效率进行评级。在以上所提到的《可持续投资的回报》报告和英国保险人协会所做的《社会责任投资：风险与机遇》的研究中都引用了布兰克和卡蒂的研究成果。首先，他们比较了1997~2000年间环境表现最好的企业的财务表现和市场投资组合的财务表现，发现创新投资公司环境评级最高的企业在这四年期间的财务表现都优于市场投资组合，其年收益率为12.4%，高于后者的8.9%。而环境评级较高企业的财务不稳定性也低于市场投资组合，这表明创新投资公司评级较高的企业并不是通过承担较高风险而获取较高的收益。在下一个阶段的研究中，他们控制了样本特征，使其不集中于某一行业或具有某一类特征的企业。研究发现，在1998~1999年间，创新投资公司环境评级最高的企业的投资组合的年收益率为21.8%，仍然优于标准普尔500的17.2%。在最后一阶段的研究中，他们比较了包括化工业、公用事业、森林产品业、采矿业和石油业在内的这些环境敏感性行业中，创新投资公司评级较高的企业与评级较低的企业的财务表现。在1997~2000年间，创新投资公司评级较高的企业的年回报率为18%，且财务稳定性也较高；而那些评级较低的企业年回报率仅为10.2%，且财务稳定性也较差。[18]

　　国际管理评级机构所做的一项研究得出了与创新投资公司委托研究相似的结论。国际管理评级机构是从2000年4月开始正式运营的，它为企业提供公司治理评级服务。在评级的过程中，需要考虑大约600项指数，包括劳动行为、环境活动、工作场所安全、诉讼案底、独立董事、股权摊薄反收购措施和收入调整等。国际管理评级机构将评级较高企业的股票表现与平均的股票表现，以及评级较低企业的股票表现相比较。在2000年3月20日到2003年3月20日期间，评级最高的前5家企业的股票平均升值了23.1%，而评级最高的前15家企业的股票平均升值了3.4%。相反的，评级最低的50家企业的股票平均贬值了28.2%。同样在这三年期间，标准普尔500股票价格平均下跌了2.3%。[19]

　　国际管理评级机构最近的一项研究结论仍然与以上研究保持一致。截至2004年3月22日的10年间，排名在前10%的企业平均年收益率为12%，而排名在最后10%的企业平均年收益率仅为0.2%。所有通

第4章
投资者与股东行动引发的可持续风险

过评级企业的平均收益率为10%。至今已经有1 000家大的美国企业，以及600多家外国企业通过了国际管理评级机构的评级。[20]

虽然国际管理评级机构所使用的评级标准已经超出了社会责任投资基金秉持的可持续标准，但是这项研究仍然证明了那些在公司治理方面评级（包括了可持续因素指数）较高的企业股票表现优于其他企业的股票。另外，国际管理评级机构向机构投资者发布评级结果这一做法，也印证了企业在可持续发展和公司治理方面正面临着透明化的趋势。

以上所提到的各项实证研究显示，投资于社会责任投资股票并不会使投资者收益受损。证据表明，可能出现的最差结果就是社会责任投资股票的表现与股票市场的平均表现相当。更近期的数据甚至还显示，社会责任投资股票的回报率高于市场平均水平。这些结果与本书所强调的一个论点相吻合，即来自于环境和社会公正领域的压力会使企业面临更大的风险。相对于那些环境和社会记录良好的企业而言，那些表现不佳的企业股票很可能会趋于下跌。

随着各个公司在环境和社会公正领域的表现越来越为公众所知，社会责任投资股票和其他基金之间的差异也就越来越明显，而前者更容易获得投资者的青睐。随着这些基金的不断成长，那些被社会责任投资基金所剔除的企业股票将面临需求的不断下降，股东价值也会进一步下降。而道·琼斯可持续指数和富时社会责任指数这样的评级系统的出现将推动公司运作的透明化趋势，它不仅为投资者，还为包括消费者、雇员、供应商、监管者和当地居民在内的各个利益相关者提供即时的信息，并能够影响企业的声誉。那些在某一行业内评级结果居于领先地位的企业将享有可观的竞争优势。而评级结果不理想的企业董事会将会被质疑未能对股东履行受托人职责。正如创新投资公司首席执行官马修·基尔南在《金融时报》上的一篇文章中所提到的：

"'审慎受托人职责'这一利剑正悬在他们头上。既然有证据显示良好的环境和社会表现能够改善上市公司的风险状况、盈利能力和股票表现，如果他们还不严肃对待可持续发展问题，那么显然他们在履行受托人职责方面是失职的。"[21]

4.4 股东决议

涉及可持续问题的股东决议暴露了另一种类型的风险。符合公司管理层意愿的股东决议不会造成麻烦,但是很多股东决议是质疑企业的现行策略并试图加以改变的,这往往与公司管理层的意见不符。这类决议将引发多种风险。

第一,如果股东决议得到通过,那就要求管理层不得不对现行政策进行调整。

第二,即便股东决议没有获得通过,但这仍意味着管理层和支持决议的股东之间存在着不一致的意见。这种不一致很可能意味着公司的管理策略存在着根本的缺陷,或者至少也可以作为证据来质疑企业现行的管理策略。尤其一旦这一决议被公之于众的话,将被视为负面消息,并有损企业的声誉,甚至压低股票价格。

第三,即便决议没有获得通过,但是如果支持该决议的人数已经达到相当比例,那么在某种意义上,这些决议的发起者仍然可以说获得了胜利。这种说法尤其适用于那些规模很大、拥有数百万股东的企业。同样的,如果同一个决议每年的支持率都不断上升的话,即便它还未获得通过,但决议发起者也可以说是获得了胜利。这种意义上的胜利更加深了股东和管理层之间的矛盾,并且强烈地暗示着管理层犯了短视的错误。

在过去几年中,股东们在提起有关全球变暖决议方面显得尤为活跃,这也暴露了以上所提到的几种风险。这些决议的逻辑是,全球变暖使企业面临着潜在的巨大财务风险,因而管理层应该采取措施应对这一风险。对于那些排放大量温室气体的企业来说,一旦政府出台了新的监管措施,或是同业竞争的压力加大,都可能会导致企业需要在短时间内投入大量资金以补救自己过去行为所带来的后果。

欧盟和联合国报告评估认为,在 2050 年之前,全球变暖带来的气候变化会给人类造成每年高达 3 000 亿美元的损失,这包括了气候灾害、污染和工农业损失。[22]决议通常要求企业计算和公布他们每年的温室气体排放量,并提出减排方案。

第4章
投资者与股东行动引发的可持续风险

据美国投资者责任研究中心报告,到 2003 年 4 月为止,有 14 项与全球变暖相关的股东决议等待美国企业的回应,这一数字比 2002 年翻了一倍。[23] 到 2003 年 5 月 29 日为止,据《纽约时报》报道,股东共针对 23 个美国企业和 5 个加拿大企业提起了 31 份全球变暖相关决议。[24] 而此后在 2004 年和 2005 年,股东分别提起了 22 份和 30 份全球变暖相关决议。[25]

美国投资者责任研究中心还指出,2002 年经股东投票的决议平均获得了 19% 的支持率,这一比率比 2001 年翻了一倍。[26] 而到了 2003 年,这一支持率已经达到了 22.6%。另据美国公共利益研究会公布的结果,2003 年这类决议的支持率更是高达 25% 以上。[27] 美国投资者责任研究中心社会事务服务部主任麦格·沃哈斯认为,20% ~ 25% 这一支持比率是相当惊人的。她说:"在股东活跃于社会事务舞台的这 32 年来,仅有那些广受支持的股东提案曾经获得过平均 20% 的支持率。"[28]

泛宗教企业责任中心的会员组织包括 275 个宗教金融机构投资者,其总投资额约为 900 亿美元。该组织与环境责任经济体联盟在过去的十年中合作,共同发起了多项股东决议。2003 年,它们对 28 家企业提起了 31 项与全球变暖相关的决议,其中包括了全美最大的 5 家电力公司。针对其中 3 家电力公司的决议支持率分别为:美国电力公司——27%;得克萨斯电力公司——24%;美国南方电力公司——23%。在其他行业的一些支持率较高的决议还包括:雪佛龙—德士古公司——32%;通用电气公司——23%;埃克森美孚公司——22%。[29] 2005 年针对埃克森美孚公司的股东决议获得了广泛关注,并赢取了 28% 的支持率。[30]

根据《2003 年社会投资论坛调查》,社会责任投资中仅有 20% 用于股东请愿。这一数额比 2001 年下降了 40%。但与此同时,发起决议的数量越来越多,从 2001 年的 261 件增长到了 2003 年的 320 件。并且,经过投票的决议所获得的支持率也有所上升,从 2001 年的 8.7% 上升到了 2003 年的 11.4%。这些由社会责任投资资助发起的决议大部分都涉及环境问题和雇员公平问题。[31]

并非所有的股东决议都能够得到投票表决。社会投资论坛统计了美国投资者责任研究中心的数据,结果显示,到 2005 年 3 月 11 日为止,共发起了 348 件有关社会和环境问题的股东决议,但是仅有 211 件在等待表决。[32] 有一些决议被证券交易委员会否决了。另外,股东团体在与企业会谈并得到企业方会积极解决问题的回应之后,很可能会主动撤销决议。2003年,对福特公司和通用汽车公司提起的针对温室气体排放的股东决议就是在经过双方会谈之后撤销的。福特公司的董事会主席威廉姆·克莱·福特和其他高管在与股东团体会谈时表示将尽力减少温室气体排放后,股东团体撤销了该决议。通用汽车公司并没有表现得那么合作,并且这一决议最终付诸表决,但仅获得了6%的支持率。㉝

　　证券交易委员会最近的一项政策变化可能会使得共同基金也卷入这一纷扰。共同基金投资者并不进行投票,而是由共同基金小组完成投票。在2003年1月证券交易委员会的新规定出台之前,除了少数社会责任投资基金之外,大部分共同基金一直对投票结果保密。而现在证券交易委员会规定共同基金必须向其投资者公布投票结果。这一新的透明化要求可能会起到至关重要的作用,因为根据美国投资者责任研究中心副主任道格拉斯·科根的说法:"在过去十年里,大部分主要的共同基金都对股东决议投了反对票。"㉞一旦能够得知确切的投票结果,投资者将可以通过威胁从共同基金中撤出资金来施加压力,以左右共同基金的投票决定。

4.5　其他类型的股东和投资者行动

　　除了股东决议之外,股东请愿也使用得越来越广泛了。机构股东服务公司是一家为年金和共同基金经理提供咨询服务的机构,它在2001年曾投票反对针对埃克森美孚公司提起的全球变暖决议,但在2002年它转而支持了该项决议。㉟2004年8月,《气候风险投资指南》的出版是一个强烈的信号,它预示了人们将会更有组织地加速这方面的努力。这一指南是气候风险投资者网络发布的,并公布在该组织的网站上。㊱气候风险投资者网络是由机构投资者联盟在2003年11月建立的,致力于在气候风险问题上协调投资者与政策制定者的意见。这份指南是由环境责任经济体联盟资助出版的,该联盟为气候风险投资者网络提供秘书处服务。这份指南的作者是美国投资者责任研究中心的道格拉斯·科根。在联合国,总资产高达8 000亿美元的投资人共同签署了《投资者对气候风险的行动呼吁》,其中对投资者提出了一些建议,而《气候风险投资指南》一书正是为了帮助基金经理实施这些建议。在书中，科根提出了三类可行的措施：

（1）评估气候风险；

（2）公布气候风险；

（3）支持政府采取提高投资者确定性的措施，包括强制性温室气体绝对减排政策。[37]

2002年5月，总资产高达45 000亿美元的35家机构投资者，包括安联德累斯顿集团、瑞士信贷集团、慕尼黑再保险集团、瑞士再保险集团，联名写信给财富500强企业，要求他们披露全球变暖和气候变化风险将会给其自身企业带来的财务影响。这些投资者强调这些风险是确实存在的，并且他们希望了解财富500强企业采取了什么措施来降低这些风险。[38]这种质询非常类似于股东在全球变暖问题决议中对管理层的质询。

以上针对财富500强所做的调查也被称为碳排放披露专案。2003年11月，管理着总资产达10万亿美元的95家机构投资者再次对财富500强企业进行了这一调查。财富500强企业对此调查的回应比例从第一次的47%上升到了这次的59%。同时，企业也做出了更加高质量和多样化的回应。这一调查的发起人——创新投资公司指出，显然这些500强企业开始更加严肃地对待这次调查以及它们自身所面临的风险了。正如在调查报告中所写到的：

"相比2002年，有更多的企业意识到了气候变化为其带来的机遇和风险。更多的企业开始量化温室气体的排放量，并为排放交易进行准备。企业的气候策略变得越来越完善和全面。"[39]

接下来的调查将会给这些全球最大的企业施加更多压力，迫使它们做出回应。而企业的二氧化碳排放数据及其相关的风险管理策略也将会变得越来越透明化。这里虽然并没有动用政府监管力量，但是来自投资者和竞争者的压力结合起来，也足以迫使企业公开信息并采取应对措施。

另一项呼吁透明化的行动是由一组慈善基金会和投资经理发起的，其中包括罗斯基金会、洛克菲勒基金会、苏德纳基金会和古德门基金会。这一团体正在呼吁证券交易委员会修改监管条款，要求企业完全公开其环境责任。他们之所以提出这样的呼声是由于潜在的环境责任将会

企业生存
可持续风险管理

导致他们的投资组合发生不可预测的损失。他们在报告中指出:"对于投资者而言,信息公开至关重要,因为环境风险和责任将会影响股东价值,而企业积极的环保意识将降低成本并提高股价。"[40]

在三家最大的公共养老基金中,加州财政厅身兼其中两家即加州公共雇员退休基金和加州教师退休基金的受托人。它建议两家基金在进行投资决策时应当开始考虑相应的环境行为。虽然这些基金的股东一向在参与涉及社会问题的股东行动方面表现积极,但这一强调环境表现的举措仍可谓一项崭新的策略。[41]

在英国取得的几项进展也促使投资者和股东们更加关注可持续风险。政府通过了对《1995养老金法案》的修正案(于2000年7月生效),要求所有的养老基金受托人在做投资决策的同时必须对社会、伦理及环境问题加以考虑。并且,修正案要求他们在年度投资原则报告中说明:"在进行投资的选择、保留及实现决策时,在多大程度上考虑了社会、环境和伦理问题。"[42]

1995年出版的《特恩布尔报告》呼吁职业股东在其投资策略中对社会、伦理和环境风险多加重视,并像处理财务风险和灾害风险那样对这些风险加以管理。如今,《特恩布尔报告》已被视为一种准则,它为如何在企业报告中公布可持续风险提供了指导。[43]

由于意识到企业正面临越来越大的可持续风险以及有效管理这类风险的需求增加,英国保险人协会出台了投资指南。英国保险人协会敦促它的成员在使用其保单持有人的资金进行投资时,遵守这一指南的建议。特别地,这一指南呼吁协会成员所投资的所有上市公司在其年度报告中声明是否做到了以下几点:

- 董事会对社会、环境和伦理问题对企业运作的重要性有充分的认识和考虑。
- 董事会对长期和短期内由以上问题给企业带来的显著风险进行了识别和评估。
- 董事会收集了足够的信息来进行这项评估,并对董事进行了社会责任方面的培训。
- 董事会确保公司建立了有效的风险管理系统。

在政策及其执行过程方面,年度报告应当:

- 包括企业所面临的社会、伦理和环境风险的相关信息。

第4章
投资者与股东行动引发的可持续风险

- 描述公司管理这些风险的政策及执行过程。㊹

如果公司董事会对股东决议或其他行动不予重视，这种对股东诉求的漠视将会导致企业面临巨大的财务损失。而股东决议的通过或许能够在一定程度上避免这种财务损失的发生。那些反对股东决议的董事和高管很可能会面临被起诉的危险，而他们能否在商业判断原则之下成功地为自己进行抗辩，将主要取决于公司管理层是否认真研究和分析了股东决议中所提出的问题（参见第5章）。鉴于很多股东决议都涉及了可持续风险这一事实，董事会应当采取的审慎做法就是深入研究这类问题，并建立恰当的风险管理系统对其进行处理。

4.6 公司治理

随着安然、安达信和世通公司等丑闻的揭露，在公司治理方面的股东决议数量猛增。一家位于美国缅因州波特兰的名为"企业图书馆"的研究企业致力于研究公司治理问题。它所提供的数据显示，在2000年所提起的股东决议共有358件，而这一数字到了2003年已经增长到668件。更引人注目的是，在2000年仅有54件决议获得了半数以上投票，占当年决议总数的15%；而到了2003年，共159件决议获得了半数以上投票，占当年决议总数的24%。㊺随着公司治理提案以及环境和社会公正提案的不断增加，社会责任投资基金和其他投资团体实际上加强了彼此间的合作，并巩固了已取得的成果。如果希望获得更详细的相关信息，请参见附录B。其中列出了一些在社会责任投资、股东决议和公司治理方面非常活跃的组织和它们的网站地址。

共同基金丑闻可能也会促使一些投资者转而投资于社会责任投资基金。因为人们很有可能更加信任社会责任投资基金的职业操守，相信它们不会像其他基金那样采用延迟交易和择机交易一类的策略。美国最大的社会责任投资共同基金——卡维特基金，委托哈里斯互动调查公司对投资者进行了一项调查。调查结果显示，投资者越来越关注企业和共同基金的道德标准。调查还发现，投资者普遍认为良好的公司治理和股东价值之间存在着正向联系：

- 85%的投资者更倾向于投资于那些经营有德并披露信息的共同

企业生存
可持续风险管理

基金。
- 71%的受访者认为投资于诚信的企业所面临的投资风险较小，其中35%的受访者表示强烈赞同，另有36%的受访者表示赞同。
- 68%的受访者认为投资于诚信企业所获得的投资回报较高，其中31%的受访者表示强烈赞同，另有37%的受访者表示赞同。

卡维特公司的总裁兼首席执行官芭芭拉·克鲁姆斯克对此评价说：

"这一调查清晰地表明了投资者已经充分认识到公司责任感的重要性。并且，投资者也越来越清楚地意识到，一个治理完善、具有社会责任感的公司在长期内可以更好地为股东创造可持续的价值。"⑩

4.7 全面加强三条底线

那些致力于推动企业在环境和社会公正领域付出更多努力的非政府组织常常被要求举出这类投资物有所值的实例。在可持续性的三个要素，即经济要素、环境要素和社会公正要素中，通常人们认为在环境和社会公正方面付出的努力仅仅增加了企业成本，并将损害企业的经济或财务绩效，企业在这方面的努力被视为一种"零和策略"。

投资领域的实证研究对这些传统观念提出了质疑。很多证据显示，公司在可持续方面做出的努力将会改善企业的经济绩效、财务回报和股票价格——这是一个双赢的结果。由道·琼斯可持续指数这类投资机构所引导的透明化趋势将可能提高某一企业在投资者和其他利益相关者，如顾客、雇员、供应商、监管者和当地居民之中的声誉。信息透明化将惠及每个行业中处于领先地位的可持续经营企业，使其在同行中享有竞争优势。通过这方面的努力，企业可以减小由股东决议，乃至公司董事和高管遭到起诉所引发的风险。

那些行动滞后的企业将会面临越来越大的压力，它们需要证明可持续方面的努力并不能够为企业带来好处。而随着各项研究成果的不断发表，想要找到证据支持公司的这种论断将会变得非常困难。这些企业将陷入一系列困境之中，包括财务回报降低、声誉受损、陷入竞争劣势和面对股东不满。

第 4 章
投资者与股东行动引发的可持续风险

可持续风险管理揭示的一个日益清晰的结论是，那些行动滞后的公司应当认真考虑改变自己的策略，并在可持续经营方面做出努力。拒绝行动将被视为董事和高管未能对股东履行受托人职责。随着在环境和社会公正领域矛盾的升级，可持续风险必然会随之增大。社会责任投资和其他相关策略是可持续风险管理的有机组成部分。企业遵从这样的规则可以降低环境和社会公正风险，并提高企业的财务稳定性，从而使得包括经济、环境和社会公正在内的三条底线得到全面加强。

本 章 附 注

① Rory Knight and Deborah Pretty, "The Impact of Catastrophes on Shareholder Value," Oxford Executive Research Briefing, Oxford University; reported in Association of British Insurers, *Investing in Social Responsibility: Risks and Opportunities*, London: ABI, 2001.

② J. Frooman, "Socially Irresponsible and Illegal Behavior and Shareholder Wealth," *Business and Society*, Vol. 3b, No. 3, 1997.

③ Judy Greenwald, "Brand Risk Requires Careful Management," *Business Insurance*, November 19, 2001.

④ Social Investment Forum, *2003 Report on Socially Responsible Investing Trends* in the United States, SIF, 2003.

⑤ Association of British Insurers, *Investing in Social Responsibility: Risks and Opportunities*, London: ABI, 2001.

⑥ Ilana Polyak, "Do Blue Chips Belong in a Social Purist's Portfolio?" *New York Times*, May 1, 2005.

⑦ www.sustainability-indexes.com

⑧ 同上。

⑨ www.ftse.com

⑩ 此段有关可持续性指数的部分信息引自 Sonia Labatt and Rodney R. White, *Environmental Finance*, Hoboken, New Jersey: John Wiley & Sons, 2002.

⑪ Sonia Labatt and Rodney R. White, *Environmental Finance*, Hoboken, New Jersey: John Wiley & Sons, 2002.

⑫ Forum for the Future Centre for Sustainable Investment, *Sustainability Pays*, commissioned by CIS, 2002.

⑬ 同上。

⑭ Susan Scherreilk,"Following Your Conscience Is Just a Few Clicks Away," *Business Week*, May 13, 2002.

⑮ Lauren Young,"The Best Mutual Fund Managers 2004," *Business Week*, March 22, 2004.

⑯ 数据引自 Wiesenberger Thomson Financial and KLD Research & Analysis, Inc., May 31, 2005.

⑰ Forum for the Future Centre for Sustainable Investment, *Sustainability Pays*, commissioned by CIS, 2002.

⑱ Forum for the Future Centre for Sustainable Investment, *Sustainability Pays*, commissioned by CIS, 2002; Association of British Insurers, *Investing in Social Responsibility: Risks and Opportunities*, London: ABI, 2001.

⑲ Gretchen Morgenson,"Shares of Corporate Nice Guys Can Finish First," *New York Times*, April 27, 2003.

⑳ Governance Metrics International, March 22, 2004; Ken Brown,"Weak Boardrooms and Weak Stocks Go Hand in Hand," *Wall Street Journal*, September 9, 2003.

㉑ Matthew Kiernan,"Taking Control of Climate," *Financial Times*, November 24, 2002.

㉒ Katharine Q. Seelye,"Environmental Groups Gain As Companies Vote on Issues," *New York Times*, May 29, 2003.

㉓ Jeffrey Ball,"Global Warming Threatens Health of Corporations," *Wall Street Journal*, April 16, 2003.

㉔ Katharine Q. Seelye,"Environmental Groups Gain As Companies Vote on Issues," *New York Times*, May 29, 2003.

㉕ CERES,"U.S. Companies Face Record Number of Global Warming Shareholder Resolutions On Wider Range of Business Sectors," February 17, 2005.

㉖ Jeffrey Ball,"Global Warming Threatens Health of Corporations," *Wall Street Journal*, April 16, 2003.

㉗ Katharine Q. Seelye,"Environmental Groups Gain As Companies Vote on Issues," *New York Times*, May 29, 2003.

㉘ 同上。

㉙ Marilyn Berlin Snell,"Sister Action," *Sierra*, May/June 2003; Katharine Q. Seelye,"Environmental Groups Gain As Companies Vote on Issues," *New York Times*, May 29, 2003.

㉚ CERES,"ExxonMobil Investors Give Record Voting Support to Climate Change Resolution," May 25, 2005.

㉛ Marshall Glickman and Marjorie Kelly, "Working Capital," *E. Magazine*, March/April 2004.

㉜ Social Investment Forum, "Social Shareholder Resolutions Close to 2004 Record," April 7, 2005.

㉝ Jeffrey Ball, "Ford, GM Diverge in Reaction to Fuel-Efficiency Resolutions," *Wall Street Journal*, May 8, 2003.

㉞ Marilyn Berlin Snell, "Do You Know What Your Mutual Fund Is Up To?" *Sierra*, May/June 2003.

㉟ Jeffrey Ball, "Global Warming Threatens Health of Corporations," *Wall Street Journal*, April 16, 2003.

㊱ www. incr. com

㊲ CERES press release, August 12, 2004.

㊳ Matthew Kiernan, "Taking Control of Climate," *Financial Times*, November 24, 2002.

㊴ Mark Nicholls, "Disclose or be damned," *Environmental Finance*, June 2004; Reports available at www. cdproject. net.

㊵ David Bank, "Groups Urge Enforcing Rules of Environmental Disclosure," *Wall Street Journal*, August 22, 2002.

㊶ Jeffrey Ball, "State Aids Mull Pension Funds and Environment," *Wall Street Journal*, November 21, 2003.

㊷ Association of British Insurers, *Investing in Social Responsibility: Risks and Opportunities*, London: ABI, 2001.

㊸ Carolyn Aldred, "Reputation Risks Seen as Growing Exposure," *Business Insurance*, November 26, 2001.

㊹ 同上。

㊺ Queena Sook Kim, "Corporate Gadflies Are the Buzz," *Wall Street Journal*, June 10, 2004.

㊻ "SRI Perspectives," *Greenmoney Journal*, Spring 2004.

第 5 章
责任止于此：董事和高管责任

> 董事和高管作为"审慎受托人"的责任有不断加强的趋势。当前有证据表明，那些环境意识和社会形象良好的公司往往能够改善自身的风险状况、盈利水平以及股票业绩，因此，受托人如果不去考虑可持续发展的能力，就会被视为玩忽职守。
> ——马休·基尔南，创新投资战略价值顾问公司首席执行官
>
> 建立良好的声誉需要 20 年的时间，而毁掉它却只需要 5 分钟。如果能想到这一点，你做事的方式就会截然不同。
> ——沃伦·巴菲特，波克希尔·哈撒韦投资公司首席执行官

公司董事和高管将会感受到我们在前面四章所讨论到的各种可持续风险所带来的法律后果。这些风险可能会导致公司正常经营活动的中断以及董事和高管所面临的责任诉讼风险的增加。事实上，企业将会面临两个层面的潜在风险。第一层面的风险来自于受到损害的当事人的赔偿诉求以及由消费者抵制和股东诉讼所引起的财务恶化和声誉损失。第二个层面的潜在风险是针对董事和高管的责任诉讼，这些诉讼主要来自于股东，也可能来自雇员、监管者以及竞争对手。

董事和高管对于公司的全面管理负有责任。在重视公司

的盈利能力和财务绩效等经济指标的同时，如今的董事和高管还必须关注公司可持续发展能力的其他两个组成要素——环境和社会公正风险管理。

5.1 受托人职责

由于董事和高管肩负着股东、董事会和公众的信任，在履行自身义务的同时，他们还必须承担某些信托责任。这些责任包括：审慎义务、忠诚义务以及信息披露义务。倘若不能很好地履行这些义务，董事和高管将招致责任诉讼。

5.1.1 审慎的义务

董事和高管对于公司的运作负有合理的审慎义务。这一义务要求他们必须理性和审慎地进行决策。不能践行这一标准的董事和高管将会被视为玩忽职守并招致诉讼。当然，董事和高管并不能保证公司的业绩。但他们必须制定管理和战略的决策，例如新产品的开发以及对于另一公司的并购，而这些决策的最终影响可能是正面的，也可能会是负面的。

只要董事和高管在制定决策时进行了合理的判断，商业决策法则将会保护他们免于承担相关的责任。这一法则发挥作用的前提是他们做出判断的水平必须符合对理性和审慎的管理者的要求。运用商业决策法则的一项必要条件是董事和高管有义务去了解那些对于做出理性和审慎的决策起基础作用的事实和信息。显然，这要求他们要经常出席董事和管理层会议。董事和高管需要审查这些会议的相关材料，并在必要时进一步索取有用的信息。

5.1.2 忠诚的义务

董事和高管对于公司和股东负有忠诚的义务。这就意味着公司和股东的利益优先。董事和高管不能利用属于公司的商业机会来谋取私利。他们不应拥有或经营与公司业务相竞争的生意，也不能利用内部信息来买卖公司股票。

5.1.3 信息披露的义务

董事和高管负有向有权知晓相应信息的当事人披露信息并向其他当事人保密的义务。这些有权知晓信息的当事人包括董事、监管者、股东、债券持有人、债权人以及潜在的投资人。①

5.2 风险

当面临可持续风险的时候，商业决策法则可以保护董事和高管免于遭受起诉，但也要求他们随时了解有关可持续风险领域的最新进展。例如，尽管布什政府不支持《京都议定书》，美国参议院也没有批准这一议定书，但美国公司却不能忽视议定书中有关减少温室气体排放量的规定。董事和高管需要考虑支持这一协议的环保团体、政府组织、其他国家甚至是商业组织的意见。当然，他们也需要考虑股东希望披露公司有关温室气体排放战略信息的愿望。无视这些警示和要求将会减弱商业决策法则对他们的保护力度。如果商业决策的制定没有考虑到这些警示和要求并由此产生了负面的后果，董事和高管就将面临被起诉的危险。

5.2.1 应对外部警示

可持续发展能力涉及无数复杂的风险。如果为了做出好的决策而去收集所有必要的信息，那将会带来沉重的负担。比较明智的做法是，将对于信息的要求限制在尽可能小的范围内并且考虑其他团体和组织所提供的信息。这不是说必须根据——比如一个非政府环境组织的愿望——来制定决策，但是董事和高管需要提供证据和理由来证明为什么他们的决策不同并且优于一个非政府组织可能会做出的决策。再则，类似的管理和战略规划信息不仅来自非政府组织，也可能来自商业团体、股东和监管者。这些组织所提供的信息很有可能是正确的，至少，管理层和董事需要证明为什么这些信息可能会是错误的。

第 5 章
责任止于此：董事和高管责任

5.2.2　应对联合抵制

　　董事和高管的一项至关重要的职责就是保护公司的声誉。倘若一项联合抵制可能会对声誉造成威胁，董事和高管就必须严肃对待。尽管通常很难将联合抵制对于财务方面的不利影响分离出来，但有确凿的证据表明销售和利润会受到一定影响。我们已经在第 3 章讨论过了几个联合抵制的案例。

　　如果一次联合抵制不会给公司带来大的损失，董事和高管就没有动力去调整公司的运作。但如果发生灾难性的或意想不到的事件，这一风险管理策略就将产生严重的后果。例如，如果一个公司由于其供应商或工厂恶劣的工作条件而受到抵制，比如一次严重火灾导致很多工人伤亡，负面的舆论效果将会加重这种抵制并导致利润的下滑。此时，如果公司事先已经从联合抵制当中得到充分的警示信息，即他们的做法将工人置于过度危险的工作条件之下却仍然没有采取任何应对措施的话，董事和高管的责任风险将会加大。

　　联合抵制也会损害公司的品牌价值。正如美国奥委会风险官大卫·梅尔所说：

　　　　"如果我是当前一家大型企业的董事，我想问的问题之一就是我们的风险管理是否注意到了由我们所处行业或商业运作所导致的品牌风险。"②

　　很多公司都选择了忽视全球变暖的影响，而期待获得关于气候变化影响的更加确凿的数据。他们认为，即使全球变暖会导致负面的后果，也将会有足够的时间来调整生产流程以减少温室气体的排放量。但是假如气候突然发生变化以至于留给他们极少的时间来采取有效的调整措施怎么办（参见第 7 章）？政府也可能会通过危机法案，要求公司采取紧急措施并投入巨资来应对。同样，这些公司的声誉和财务状况将会遭受损失，责任风险也会加大。

　　如果董事和高管无视联合抵制，他们不仅会马上面临公司声誉的损失以及财务状况的恶化，而且倘若一些本应能通过应对抵制来避免的损失却未能避免的话，他们个人应负的责任也会显著提高。此时，商业决策法则对他们的保护也会被削弱，因为这一法则要求董事和高管必须在做出决策之前充分利用所有相关的信息。

在应对联合抵制方面的迟疑不仅在短期会导致声誉和财务损失,也将会在长期对公司造成损害。即使公司最终回应抵制并按照要求做出了调整,但在抵制结束之后,消费者和其他股东对于公司在联合抵制时的回避态度也不会轻易予以宽恕。联合抵制影响力的持续时间将会超出抵制本身所能持续的时间。如果其他同行业的竞争对手更加迅速地对抵制进行了回应的话,这一点将会表现得尤其明显。对抵制知情的消费者将会选择购买那些行动更加迅速的公司的产品。这种延长了的负面财务影响将会引起股东的不满并有可能招致诉讼。

5.3 新的风险——私营公司

长期以来,董事和高管的责任问题主要是上市公司所关注的问题,其诉讼大多是由股东提起的。但是,2003年5月,一起债权人状告私营公司董事和高管的诉讼判决使得私营公司董事和高管所面临的责任风险显著提高。③

这一案件涉及崔斯国际控股公司及其总裁马歇尔·科根。科根先生被控在公司破产过程中通过过度的行政补偿、非法的家庭补偿、未获授权的贷款以及不合理的红利分配等手段攫取了公司数百万美元的资产。诉讼针对科根以及其他公司管理人员,是由公司的破产托管人约翰·佩雷拉提起的。曼哈顿联邦地区法庭的罗伯特·斯威特法官认为,董事和高管不能只是简单地执行上司交给的任务,他们还负有对公司的信托责任。据此,法官将上市公司有关管理层信托责任的标准应用于崔斯公司的董事和高管。除了科根先生外,公司的其他管理人员也被认定负有法律责任,尽管他们并没有借此谋取私利。代表公司破产托管人的约翰·坎普斯律师讲到:

> "这一案例表明,在决定董事和高管是否履行了对于公司的信托责任方面,私营公司和上市公司的董事和高管面临着同样的标准。破产私营公司的债权人可以利用这一判例从公司董事和高管那里追回由于管理失职所造成的损失。"④

尽管这一案件并未涉及环境和社会公正问题,但本案所开创的判例很可能会在未来影响以环境和社会公正问题为核心的案件的判决。私营公司的董事和高管将会与上市公司的董事和高管面临同样的信托责任。那些没有充分应对环境和社会公正问题的私营公司也将会与上市公司一样担负起同样的责任。私营公司的董事和高管将不再会因为过去低责任标准的庇护而逃脱惩罚。

5.4 类似的风险——上市公司

另一起涉及大型上市公司——沃尔特·迪斯尼公司——的案件也体现了上市公司董事和高管所面临的类似风险。2003年6月，特拉华州的一名法官决定立案审理迪斯尼公司股东所提起的针对公司首席执行官和董事的诉讼。[5]这一案件涉及迈克尔·乔维茨参与的数额庞大的补偿交易，在这笔交易中，迈克尔本人获得了3 800万美元现金以及总价值1亿美元的期限为14个月的期权。这一交易是由迪斯尼公司总裁兼首席执行官迈克尔·莱斯纳谈判确定的，据称公司董事会几乎没有参与其中。这种缺乏参与的状况非但没有能够保护董事会，反而表明公司董事对与乔维茨先生的合同条款是"有意地漠视"。

这一审理决定首先使得针对董事和高管在没有谋取私利的情况下未能履行信托责任的诉讼得以立案。它也标志着特拉华州大法官法庭首次对于董事和高管在日常商业交易中的个人决策责任予以追究。如果董事和高管未能及时充分地了解公司的决策信息，商业决策法则就不能为他们提供保护。这一诉讼要求乔维茨归还相应款项，同时要求公司及其董事和高管对此事造成的损失予以赔偿。[6]另外一起涉及类似案情的针对雅培制药公司董事的案件也被诉诸法律。[7]

2005年8月，威廉·钱德勒法官宣布了对迪斯尼公司的裁决。尽管他总结说迪斯尼公司的董事会"很明显地未能采取理想的公司管理措施"，但他认为"莱斯纳的做法是出于好意"。鉴于本案发生在10年前，那时安然和世通的丑闻还没有出现，法官认为如果把今天的标准加于以往的行为上会有失公平。但是钱德勒法官暗示法庭"将会对近期发生的案件采取更加严厉的姿态"。[8]这一暗示对于可持续发展领域的管理者责任有着至关重要的影响，因为大部分可持续风险将会在未来出现。

这两起案件分别涉及一家私营公司和一家上市公司,其结果表明,如果董事和高管未能履行他们的信托责任,他们就将面临越来越严重的责任风险。这些判例可以很容易地被应用到可持续风险方面的案件当中。的确,很多公司的董事和高管都有可能被查出对于本公司所面对的环境和社会公正风险"有意地漠视"。如果股东和其他当事人的损失被认定是由这种有意的漠视所导致的话,董事或高管个人可能需要对这些损失承担责任。这里有必要再次提及第4章中引用的创新投资战略价值顾问公司首席执行官马休·基尔南的名言:

> 董事和高管作为"审慎受托人"的责任有不断加强的趋势。当前有证据表明,那些环境意识和社会形象良好的公司往往能够改善自身的风险状况、盈利水平以及股票业绩,因此,受托人如果不去考虑可持续发展的能力,就会被视为玩忽职守。⑨

5.5 社会公正风险

另外一起最近发生的案件有可能会显著提高董事和高管在发展中国家侵犯人权方面的责任风险。假如此案能够立案审理,它将开创一个先例。此案涉及在缅甸的人权侵犯事件,并且这一判例可以被应用于所有在发展中国家经营的美国跨国公司。⑩

这一案件涉及优尼科公司是否应该为缅甸政府在修筑一条天然气管道的施工中所犯下的侵犯人权的罪行接受审判。本案是根据1789年的《外国人侵权索赔法案》提起诉讼的,这一法案原本是为了方便外国公民在美国法庭起诉国际海盗而设立的。现在它被用来在美国法庭起诉像优尼科一样的与外国政府合作建设天然气管道等大型项目的跨国公司。优尼科公司雇佣军队来提供安全保障,同时还对当地政府给予支持,后者被控违反国际法而参与了对当地村民的虐待、有计划的屠杀以及相关的迫害行为。优尼科公司曾在2004年1月赢得了一项重要胜利,当时加利福尼亚最高法院法官维多利亚·杰勒德·钱尼宣判优尼科公司在这起侵犯人权案件中没有责任,原因在于是优尼科的子公司负责建设这条管道。⑪但本案并没有像国际地球权益组织案那样轻易了结,原告的首

第 5 章

责任止于此：董事和高管责任

席律师援引了其他法律依据来迫使优尼科公司承担责任。美国最高法院于 2004 年 6 月做出对另外一起涉及《外国人侵权索赔法案》案件的判决，此判决确定了非美国公民可以在美国对美国公司在侵犯人权方面的案件提起诉讼并且支持了国际地球权益组织的立场（参见第 10 章）。[12] 2005 年春，优尼科决定了结此案。虽然赔偿方面的条款没有被公之于众，但是据估计，优尼科向缅甸的村民支付了超过 6 000 万美元的赔款。这一判例具有极其重要的影响，正如本案中的人权律师达夫妮·艾维达所指出的：

"'并不是我们的总裁亲自对在管道施工现场工作的村民进行了虐待，而是我们的合作伙伴——缅甸政府——虐待了他们'，他们曾经用这些话来为自己洗脱罪名，但优尼科案表明他们再也不能这么说了。"[13]

针对在发展中国家开展业务的跨国公司的类似诉讼已经达到了几十起。这些诉讼包括 IBM 和花旗集团从南非的种族隔离政策中获利的案件、可口可乐公司涉嫌在哥伦比亚雇佣那些曾谋杀过工会领袖的伞兵的案件，以及埃克森美孚石油公司涉嫌雇佣那些曾在印度尼西亚制造了大规模人权侵犯事件的军队的案件等。[14]

除了潜在的信托责任外，这些案件所造成的负面的舆论效果和声誉损失也是极其巨大的，并且有可能会使所涉工程项目被迫取消。例如塔利斯曼能源公司曾被指控在苏丹侵犯人权，此事使得公司的声誉受到损失并促使股东通过决议强迫公司出售在一个石油项目中所拥有的 7.7 亿美元的股票。[15] 与之类似，优尼科公司的股东在 2003 年以 32.8% 的支持率通过了一项决议，决定采用新的公司原则以维护基本人权，例如取消用工歧视、取消童工、赋予工人结社及劳资谈判自由等。[16]

在另一项重要案例中，雪佛龙德士古公司在厄瓜多尔面临被起诉，其判决结果可能会导致建立新的判例。[17] 这起诉讼始于 1993 年，是由厄瓜多尔亚马孙盆地的印第安土著族群所提起的，他们要求雪佛龙德士古公司为德士古（1991 年德士古与雪佛龙合并组成雪佛龙德士古公司）在其钻井作业中因未能遵守处理废水、废油以及有毒废物方面的工业标准而给当地居民造成的伤害、疾病及死亡支付 10 亿美元的赔款。诉讼是由 88 名原告首先提起的，但整个原告群体可能会扩大至受到影响的 3 万多人。[18] 据预测，本案最终的责任赔偿可能会达到 50 亿美元。[19] 与此

企业生存
可持续风险管理

相关，厄瓜多尔政府于1999年通过立法要求德士古等公司要为它们过去所造成的污染负责。[20]

此案中极为重要的情况是，纽约的美国上诉法庭判定本案可以在厄瓜多尔审理，但法庭表示任何对于雪佛龙德士古公司的判决以及经济处罚将会在美国执行。美国跨国公司通常倾向于案件在发展中国家审理并执行相应裁决，但本案却不可能再循此旧例了。本案认定大约有1 600万加仑的石油——比埃克森·瓦尔德斯事故中的还多50%——被直接排放进了土壤、河流及河口。尽管厄瓜多尔在1971~1992年德士古公司作业期间并没有与废物处理相关的环境立法，但辩护律师们认为该公司违反了将废物重新注入油井深处的惯例。这一做法在美国至少从20世纪70年代就已开始采用。环保主义者估计德士古公司在其20年的作业期间内赚取了高达200亿美元的利润。如果当时将废物重新注入地下的话，将会花费50亿美元的资金。[21]当然，所开采的石油并不是供厄瓜多尔的印第安人使用的，而是用来供应美国的。

除了责任诉讼外，管理人员还面临着一项决议，即要求公司报告在应对厄瓜多尔环境破坏的遗留问题上的最新举措，有9%的股东支持了这一决议。[22]正如前面所讨论的其他案例一样，此案例也证明了可持续风险如何造成多方面的不良后果。

雪佛龙德士古公司认为原告"没有可靠的科学证据"能够证明该公司造成了环境破坏或者违反了厄瓜多尔的环境法规。在该公司于1998年建成了价值4 000万美元的污水处理设施后，厄瓜多尔政府"免除了德士古公司进一步的责任"。[23]雪佛龙德士古海外分部的副总裁兼首席顾问就这次诉讼事件表示：

> "对于我们在这个地区继续开展业务而言，这并不是一个积极的信号。诉讼的威胁增加了进一步的风险因素并且降低了我们的竞争力。"[24]

目前，许多跨国公司正面临着来自人权组织、发展中国家的工会和环保组织的压力，这些组织要求它们对供应商及其工厂的工作条件以及由它们的作业所导致的环境破坏等负责。针对优尼科、雪佛龙德士古和其他公司的诉讼又进一步加强了这一压力并引发了新的责任。如果公司及其董事和高管对其所面临的可持续风险状况"有意地漠视"，他们就要为此承担责任。忽视这些风险就意味着增加了董事和高管自己的风险。因此，董事和高管有充分的动机来采取强有力的可持续风险管理战略。

以上所讨论的案例也表明了环境和社会公正方面的风险成本是如何降低公司利润水平的。正如美国外贸委员会副主席丹尼尔·弗莱厄蒂所说的那样：

"大量诉讼将会传递这样一条信息：如果你要在一个其政府正在侵犯人权或劳动标准的国家里做生意，你可能会遭到起诉。"[25]

商业团体担心这些案例中原告的成功会抑制美国公司在全球各地的经营活动。如果商业活动一如既往地开展的话，这种情况是很有可能会出现的。但是如果董事和高管能够考虑到所有的可持续风险并且能够对经营战略进行适当调整的话，他们仍然会面临很多的机会并且这些机会极有可能还会进一步增加，甚至有望给公司业务所在的国家带来有益的变化。

5.6 《萨班斯—奥克斯利法案》

2002年通过的《萨班斯—奥克斯利法案》又进一步要求董事和高管采取相应措施妥善处理有关环境和工人安全方面的问题。公司的管理层在发布本企业的季度和年度报告的时候，必须确保剔除有关公司财务状况和公司经营结果的不实陈述及误导性信息，同时也要确保特定的公司内控指标得以实现。

美国工程师安全协会的负责人詹姆斯·肯德里克认为这项法案要求法人组织如实汇报可能会严重影响公司财务状况的经营行为，包括在安全、环境或资产运作等方面的失误。[26] 由于新的标准还在不断被制定出来，一份由美国工程师安全协会所发布的报告建议，所有涉及环境、健康以及安全方面的工作人员必须达到最高的管理标准，以便他们能够按照《萨班斯—奥克斯利法案》的要求正确地开展以及汇报各自的工作。[27] 如果达不到这一标准，将会导致公司高管及环境、健康和安全方面的工作人员遭受该法案的惩罚。

《萨班斯—奥克斯利法案》同时还要求对下列行为进行惩罚：

- 证券欺诈。
- 销毁证据。

- 公司管理人员在明知公司报表和财务报告不符合1934年通过的《证券交易法案》第13（a）或第15（d）之规定的情况下仍然予以签发。
- 对举报者进行蓄意报复。

这些惩罚措施还可以被应用于环境及有关工人待遇方面的失职行为。政府官员在利用这些规定起诉涉嫌金融欺诈的公司管理人员的同时会发现，它们也同样适用于与环境及工人待遇相关的违法行为。[28]

针对公司会计和财务方面的诉讼与针对环境和社会公正问题的诉讼之间最大的区别就在于后者还处于其发展的早期阶段。在我看来，公众对于破坏环境和妨碍社会公正等行为的愤怒以及对其提起的诉讼还远未达到巅峰水平，它们将会在未来获得空前的发展。对于警觉和明智的董事和高管来说，仍然有足够的时间来建立有效的可持续风险管理机制来应对这些日益增加的风险因素。

5.7 环境责任披露

《萨班斯—奥克斯利法案》给高级管理人员施加了进一步的压力来披露他们的环境责任。而研究显示过去公司在信息披露方面做得不尽如人意。

- 1996年，弗里德曼和斯塔利亚诺对拥有超级基金场地的上市公司进行了研究，发现未披露率达54%。拥有超级基金场地的注册公司的未披露率更高达61%。
- 1998年，美国环保署的一项研究发现，1996及1997年度环境法律诉讼信息的未披露率为74%。
- 同样是1998年美国环保署的研究表明，96%的上市公司未能准确披露他们面临的《资源保护和恢复法案》所要求进行的环境恢复项目。
- 2001年，美国环保署的研究表明，96%的上市公司未能及时披露它们所承担的联邦强制废物清除费用。[29]

肯定有人会辩解说，这些信息不能够进行全面披露是因为它们不符

第 5 章
责任止于此：董事和高管责任

合"重要性测试"或财务会计准则第 5 号测试所规定的意外损失"或有"和"合理估计"的披露标准。但即使达到了财务会计准则第 5 号测试的标准，种种迹象显示，环境责任也没有被广泛披露。最近，美国总审计署的一份题为《环境风险披露：证券交易委员会应当采取措施提高信息追踪和披露力度》的报告对于当前证券交易委员会考虑环境风险信息披露问题提供了绝好的依据。[30]

《萨班斯—奥克斯利法案》要求公司首席执行官和首席财务官必须亲自签发财务报告并承担相应责任，这一规定势必会对公司披露环境风险责任施加更大的压力。为了促进这一法案的实施，美国环保署已经开始在其网站上公布面临 10 万美元以上环境诉讼风险的公司名单。证券交易委员会的指导方针明确要求上市公司披露它们所面临的可能会导致 10 万美元以上损失的法律诉讼。对于那些没有披露这些信息的公司，证券交易委员会将对其进行干预。[31]

在达拉斯处理环境法诉讼的格雷格·罗杰斯已经撰写了大量的文章来论述《萨班斯—奥克斯利法案》有关环境责任信息披露规定的影响。罗杰斯指出，很多公司并没有很好地披露这些信息。[32]他认为环境风险的信息披露应该优先于财务信息，包括：

"公司管理人员依法应该承担的提供公司遵守环保法律情况的信息、公司风险责任的财务影响报告以及环境风险的应对措施。"[33]

他认为关注环境责任风险是为了能够让董事会成员确信公司可以实现与环境有关的目标。这些目标包括监管要求、财务报告和风险管理。他将环境风险管理定义如下：

"公司对于可能会对它的财务和经营目标造成负面影响的与环境有关的风险应当尽早识别并采取措施及时有效地予以控制。"[34]

随着越来越多的环境责任信息被披露，一些信息可能会对公司的财务报告产生足以令股东感到震惊的重大影响。在一些案例中，公司管理人员可能会被告上法庭。正如肯尼·安德森和亚瑟·加拉格尔公司的唐纳尔·费拉拉合撰的一篇论文所指出的：

"《萨班斯—奥克斯利法案》有关认证的要求提醒我们，财务信息披露方面的规定对于公司及其高管人员都会产生影响。如果不能正确地披露环境风险责任，公司负责人及各级管理人员都将会承担相应的责任。"[35]

5.8 需要做出惩罚

研究人员称人类个体的复仇行为反映了其与生俱来的正义感。这种寻求复仇的冲动是根植于人性的。正如迈阿密大学的心理学家迈克尔·麦克库劳夫博士所指出的那样：

"复仇并不是某种疾病或者道德的沦丧，也不是犯罪，而是一种非常人性的、有时甚至非常有用的行为。复仇可以对不良行为形成有效的威慑，并且带来满足感和成就感。"㊱

追捕并惩罚那些做了错事的人已经发展成为人类社会组织的一项基本需求。伯恩特·费尔和西蒙·盖舍尔2002年发表在《自然》杂志上的一篇题为《人类利他主义的惩罚行为》的论文谈到了这一需求。㊲ 作者认为，惩罚措施在人类合作的发展过程中发挥了核心作用。利他主义的惩罚措施意味着要去惩罚别人，尽管这不会给惩罚者本人带来任何收益，反而会导致资源的耗费。作者进行了相关的实验，发现如果没有惩罚措施，合作就会崩溃。如果缺乏追捕并惩罚欺骗者的应对措施的话，合作和信任关系就无法建立。

《纽约时报》的记者纳塔利·安吉尔在采访费尔博士的时候，谈到了他提出的一个重要观点：

"费尔博士说，作为一条法则，一个社会的经济越是根植于市场之上而不是血缘关系之上，就越会普遍地运用利他主义的惩罚措施来使别人遵守规则。"㊳

随着商业团体和政府组织致力于发展相应的风险管理系统来应对日益增长的环境和社会公正风险，那些在应对这些风险的时候不懂得合作和分享的公司将会面临更大的压力。这些"惩罚欺骗者"的压力不仅来自于个人、非政府组织和政府，也会来自于商业组织本身。关于这一点，我们可以从会计和财务丑闻中得到一些认识。

资产规模达1 070亿美元的世通公司破产案是史上最大的一宗会计丑闻。安然公司的破产案也涉及670亿美元。一起涉及110亿美元的会计欺诈让世通公司的投资人、员工和债权人损失了数百亿美元的资金。在支付了7.5亿美元资金之后，世通的继任公司MCI于2002年7月注

第5章
责任止于此：董事和高管责任

册成立并顺利避免了破产的命运，摇身一变成为没有债务的公司。世通的两个主要竞争者，两个彼此激烈竞争的公司——弗莱森电讯和美国电话电报公司——强烈认为 MCI 没有受到足够的惩罚。据消息灵通人士透露，MCI 被控在使用竞争对手电话线路的时候故意销毁通话记录以逃避支付接入费用。弗莱森公司的首席顾问、前美国首席检察官威廉·巴里谈到：

"必须禁止世通公司从它的错误行为中获益，这对于那些遵守了规则的公司来说也是公平的。"[39]

而作为 MCI 公司债权人委员会负责人之一的马克·涅波连科却回应说"很明显，巴里就是要给 MCI 判死刑。"[40]这些起诉 MCI 的努力取得了成效，美国总务管理局延缓了 MCI 公司签署一项每年价值达 10 亿美元的合同，而且公司破产重组的听证会也被推迟。

可能有人会说弗莱森电讯和美国电话电报公司（SBC 通讯公司也参与其中）所提起的针对 MCI 的诉讼是这些公司限制竞争对手的行为。然而，这些惩罚压力与费尔和盖特在有关惩罚的研究中做出的发现非常相似。

与此相关，俄克拉荷马州首席检察官德鲁·埃德蒙森起诉世通/MCI 公司、其首席执行官伯纳德·埃贝斯以及其他五名被告。埃德蒙森在一次讲话中很明显地表现出了他要求对 MCI 进行惩罚的动机：

"我认为这个公司没有受到惩罚。它反而因为其错误做法而受到了奖励，所以我要起诉他们。"[41]

截止到 2003 年 8 月埃德蒙森状告世通的时候，针对世通公司的诉讼已经造成了 7.5 亿美元的损失，此外还有证券交易委员会提起的民事诉讼以及针对四名前公司高管的有罪指控，这几名高管当时正在等待判决。俄克拉荷马州首席检察官之所以提起诉讼，是因为当时的涉案人员中还没有人被判入狱，伯纳德·埃贝斯和世通/MCI 公司尚未受到起诉而且世通公司价值 1 800 亿美元的股票资产也不翼而飞。[42]鉴于伯纳德·埃贝斯于 2004 年 3 月因涉嫌证券欺诈、合谋欺诈以及参与编造虚假记录而被联邦检察官起诉，埃德蒙森可能会略感欣慰一些。埃贝斯后来被判有罪并判处 25 年监禁。[43]

在重建因安然和世通丑闻而丧失的信任方面，惩罚仅仅是必要而非充分的条件。很多媒体都参与讨论了由这些公司丑闻而导致的信任缺失的问题，比如：
- 《你还相信任何人吗?》，《商业周刊》，2002年1月28日，布鲁斯·努斯鲍姆；
- 《现在你还相信谁?》，《新闻周刊》，2002年5月27日，珍·布莱恩特·奎因；
- 《美国人彼此不再信任》，《芝加哥论坛报》、《威斯康星州期刊》报道，2003年6月8日，格雷戈·伯恩斯；
- 《重塑对首席执行官的信任》，《耶鲁校友杂志》，2002年12月，布鲁斯·费尔曼；
- 《没有信任就没有市场》，《华尔街日报》，2002年3月27日，霍尔曼·詹金斯；
- 《当信任破产的时候——丑闻之后很难重建信任》，《南佛罗里达太阳报》、《威斯康星州期刊》报道，2002年9月17日，利兹·杜普；
- 《一朝被蛇咬，十年怕井绳：一个逐渐丧失信任的世界》，《纽约时报》，2002年4月21日，詹妮·斯考特。

人们必须要明白，一旦他们做出了违法的、不道德的或玩忽职守的行为，就要为此付出代价。倘若不必付出代价的话，被腐蚀的信任就很难重建。信任与合作无论对于个人工作还是商业关系来说都是非常必要的。如果不能通过适当的惩罚或威慑措施来帮助重塑信任，社会就会遭受巨大的损失。正因为此，我估计包括刑事判决在内的严厉的惩罚和威慑措施将会用来惩处那些在环境和社会公正领域辜负了我们的信任的那些个人和商业组织。

5.9 刑事责任

我们的刑事惩罚体系也将会对环境和社会公正领域的犯罪行为采取更加严厉的处罚措施。如果公司有意地将消费者、工人或者公众置于危险之中，他们就会面临刑事起诉。表5-1列出了所有规定了刑事惩罚措施的主要的联邦环境法案。表5-2显示了在1998~2003五个财政年度期间所发生的联邦环境刑事诉讼案件的数量。此外，表5-2也提供了受到起诉的被告及其他涉案人员的数量、刑期的长度和总的罚款数额。

第 5 章
责任止于此：董事和高管责任

表 5 – 1　　　　　　　　环境法案下的刑罚

法案	刑期	罚款	违法行为
综合环境影响赔偿和责任法案（CERCLA）	3 年以下（再犯，5 年）	按照联邦法律的有关规定执行	未报告或谎报本应报告的有害废物的排放量
资源保护和恢复法案（RCRA）	2～5 年（再犯，4～10 年）	违反本法案期间每天 5 万美元以下	向未经许可的地点运送有害废物；未经允许或有意违反相关许可或临时规定而交易、储存或弃置有害废物；删除或歪曲本法案要求建立或保存的文档内容；制造、存储、交易、运输、弃置、出口或以其他形式处理有害废物或废油，以及损毁、篡改、隐藏或未能建立要求的记录、文档；无证运输有害废物或废油；未经接受国允许或违反公认的国际协议而出口有害废物；违反相关许可或监管措施而运输、交易、存储、弃置或以其他方式处理废油

续表

法案	刑期	罚款	违法行为
	15 年以下	个人 15 万美元；组织 100 万美元	组织或个人在明知自己行为可能给他人带来死亡或严重身体损害威胁的情况下，有意违法上述规定而运输、交易、弃置或出口有害废物或废油
清洁水源法案（Clean Water Act）	1 年以下（再犯，2 年）	违反本法案期间每天 2 500 或 25 000 美元（再犯，5 万美元）	在当事人明知或理应知道会导致人身损害或财产损失或导致下水道清理的情况下违反此法案或法案下的相关规定而向下水道系统排放废物
	3 年以下（再犯，6 年）	每天 5 000 到 5 万美元（再犯，10 万美元）	有意触犯：重罪
	15 年以下	个人 25 万美元；组织 100 万美元	故意犯罪：组织或个人在明知自己行为会给他人带来死亡或严重身体损害威胁的情况下，有意违法本法案或法案下的相关规定

第 5 章
责任止于此：董事和高管责任

续表

法案	刑期	罚款	违法行为
清洁空气法案（Clean Air Act）	1 年以下（再犯，2 年）	违反本法案期间每天 25 000 美元（再犯，5 万美元）	接到警告 30 天后仍然有意违反处理方案；有意违反相关法令；有意违反新的执行标准、有害废物排放规定或法案中列举的其他违法行为
	6 个月以下	1 万美元以下	故意提供虚假信息或干扰检测设备

资料来源：埃里克·罗登堡和迪安·杰弗瑞·戈鲁山，《环境风险管理案头参考》，弗吉尼亚亚历山大市，RTM 通讯公司，1991 年。

表 5-2　　　　美国环境监管法案刑事执法统计

	1998 财政年度	1999 财政年度	2000 财政年度	2001 财政年度	2002 财政年度	2003 财政年度
环境犯罪案件	636	471	477	482	484	471
涉案人员	266	241	236	256	250	228
被告	350	322	360	372	325	247
刑期（年）	173	208	146	212	215	146
罚款(百万美元)	93	62	122	95	62	71

资料来源：《截至 2003 财政年度末的环境案件执行情况》，美国环保署合规办公室，华盛顿特区，2003 年 12 月。

展望未来，我认为公司高管将会因环境破坏和危险的工作条件而被判处更长的刑期。我的这一观点在过去几年对于公司丑闻和会计丑闻的判决那里得到了印证。很多负有责任的公司或个人最初都对起诉持抵制态度，这种情况引起了舆论的广泛关注。甚至连《商业周刊》[44]和《华尔街日报》[45]等商业刊物都撰文要求对这种行为给予更加严厉的惩罚。

除了前面提到的世通公司7.5亿美元的损失之外,对于最近一些公司丑闻的民事诉讼也导致了沉重的经济损失,这一情况反映在表5-3中。但是与它们的利润和雄厚的资本基础以及由投资人、员工和债权人所导致的数百亿美元的损失相比,一些罚款仍显得微不足道,而且它们的威慑效用也值得怀疑。罚款的问题在于公司和个人对于一项交易扣除罚款之后的净收益经常有着正的预期。例如,如果你从一笔有问题的交易当中获得了1亿美元同时需要支付5 000万美元的罚款,你仍然能够获得5 000万美元的净收益。而且在大部分以罚款了结的案件当中,涉案公司并不一定要承认他们的过失。

表5-3　　　　　　　　　赔偿金额

金额（亿美元）	公司名称
14	花旗集团、瑞士信贷第一波士顿、美林、摩根斯坦利、高盛、贝尔斯登、摩根大通、莱曼兄弟、USB萨博、派珀·贾弗雷因投资人侵犯人权的案件——证券交易委员会及其他监管机构
2.5	奎斯特电信的会计丑闻——证券交易委员会
6	联合资产管理公司的非法共同基金交易——证券交易委员会和纽约首席检察官
3	花旗集团、摩根大通与安然的交易——曼哈顿地方法官
1	美林集团的经纪业务与投行业务的冲突——纽约首席检察官
3.5	马萨诸塞财务服务公司的非法共同基金交易——证券交易委员会和纽约首席检察官
2.25	互惠基金公司的非法共同基金交易——证券交易委员会和纽约首席检察官
1.75	稳健财务公司的非法共同基金交易——证券交易委员会和纽约首席检察官
6.75	美国银行和波士顿舰队的非法共同基金交易——证券交易委员会和纽约首席检察官

第 5 章
责任止于此：董事和高管责任

续表

金额 （亿美元）	公司名称
26	花旗集团——世通公司投资人的集体诉讼
20	花旗集团——安然公司投资人的集体诉讼
22	摩根大通——安然公司投资人的集体诉讼
24	加拿大皇家商业银行——安然公司投资人的集体诉讼
20	摩根大通——世通公司投资人的集体诉讼

资料来源：《华尔街日报》和《纽约时报》上的相关报道。

在这些情况下，监禁是唯一可以产生有效震慑的手段。一个只在银行抢劫了几千美元的人几乎肯定会坐牢，但是一个给他人造成上亿美元损失的董事和高管却能够逃避牢狱之灾，而且，如果收入超过了罚款的话，他们甚至有可能会赚钱。前马萨诸塞州首席检察官、目前经营私人律师事务所的斯科特·哈什巴杰认为，严厉的刑事判罚在劝导人们文明经商方面起着至关重要的作用。他谈到：

> "特定制裁措施的有效性及可预测性是产生威慑效果的关键因素，尤其对于白领阶层犯罪来说更是如此。你不能只是告诉他们说会受到制裁，然后就希望他们清楚地理解并注意这一警告。当他们确实违反了相关规定的时候，他们必须接受严厉的惩罚。"[46]

欧格瑞克资产管理公司的总裁安东尼·欧格瑞克和哈伯资产管理公司的合伙人也表达了类似的看法：

> "重建投资者信心的最好方式就是当局对于那些涉嫌违法的高管人员要积极地提起诉讼。一些高调的判决将会对恢复金融秩序发挥重要的作用。"[47]

当我在2003年夏天开始着手写作这本书的时候，只有少数高管人员被判入狱。第一个被判入狱的首席执行官是英克隆系统公司的创始人兼首席执行官萨姆·佩斯科瓦。他因在涉及本人及其家庭的股票交易案件中涉嫌证券欺诈、合谋欺诈、作伪证以及妨碍司法公正而于2003年7月被判处87个月监禁。[48] 2003年9月，前安然公司的一名财务人员因涉嫌欺诈被判有罪。这是前安然公司的高管人员第一次公开承认欺诈行为。他被判处5年监禁并被勒令返还938 000美元的非法所得。[49] 第一起

企业生存
可持续风险管理

由陪审团做出的有罪判决发生在来德爱公司首席顾问的案件中。2003年10月，富兰克林·布朗被控故意提高制药环节的收入以使其本人及其他管理人员获得高额回报，他最终因妨碍司法公正、贿赂证人、作伪证以及其他指控而被判有罪。[50]

从2003年秋季到2005年夏季，刑事诉讼和判决的步伐明显加快。表5-4显示了部分判决的情况。安然公司的肯尼思·莱（前总裁）、杰弗里·斯基林（前首席执行官）以及理查德·考西（前首席会计师）也受到指控。他们的案件将会从2006年1月17日开始审理。观察家们注意到了日益增长的公司诉讼及判决，比如，《纽约时报》的亚历山大·贝伦森就指出：

> "专门研究白领犯罪的专家称，目前诉讼案件已经达到了相当庞大的数量，这使得董事和高管在向股东和政府官员说谎之前不得不考虑再三。没有人会指望公司高管人员一夜之间就放弃他们的摇钱树而全身心地投入到本职工作当中。但是他们不得不对其行为有所收敛，这些行为包括激进的会计操作和避税措施，甚至一些更加过分的做法，而这些在过去二十多年中甚至在某些大公司身上都普遍发生过。"[51]

表5-4　　　　　　　　刑事判决

姓名	公司	职务	罪行	刑期
约翰·里加斯	阿德菲尔通信公司	前首席执行官	合谋、银行和证券欺诈	15年
蒂莫西·里加斯	阿德菲尔通信公司	前首席执行官	合谋、银行和证券欺诈	20年
贾米森·玻利斯	戴那基	前中层管理人员	会计欺诈	24年
戴维·蒂莱尼	安然	负责北美和能源部门的首席执行官	内部人交易	10年以下
安德鲁·菲斯托	安然	前首席执行官	合谋	10年以下

第 5 章
责任止于此：董事和高管责任

续表

姓名	公司	职务	罪行	刑期
肯尼思·赖斯	安然	前高速互联网负责人	证券欺诈	10 年以下
李·菲斯托	安然	前财务助理	逃税	1 年
马克·凯尼格	安然	前投资人管理部门主管	煽动并协助证券欺诈	10 年以下
丹·博伊尔	安然	前财务部门管理人员	合谋虚报安然的收入	3 年零 10 个月
马丁·格拉斯	莱爱德	前首席执行官	会计欺诈、合谋	8 年
埃里克·索金	莱爱德	前执行副总裁	会计欺诈	5 个月
富兰克林·贝尔贡齐	莱爱德	前首席财务官	会计欺诈	2 年零 4 个月
菲利普·毛尔科维奇	莱爱德	副总裁	会计欺诈	1 个月
弗兰克·夸特罗内	瑞士信贷第一波士顿	前硅谷投资银行高级职员	阻碍对 IPO 发行情况的调查	18 个月
詹姆斯·帕特里克·康奈利	弗雷德·阿尔格基金管理公司	市场部主管	在对公司的非法共同基金交易的调查中篡改证据	1~3 年
达内尔·贝利	美林	前投行部主管	合谋虚报安然的收入	2 年零 6 个月
詹姆斯·布朗	美林	前结构金融部主管	合谋虚报安然的收入	3 年零 10 个月

企业生存
可持续风险管理

续表

姓名	公司	职务	罪行	刑期
罗伯特·弗斯特	美林	在休斯敦负责处理与安然关系的银行高级职员	合谋虚报安然的收入	3年零1个月
威廉姆·富斯	美林	向布朗先生汇报工作的银行高级职员	合谋虚报安然的收入	3年零1个月
伯纳德·埃贝斯	世通	前首席执行官	证券欺诈、合谋、向证券交易委员会提交虚假记录	25年
斯科特·沙利文	世通	前首席执行官	合谋、证券欺诈、银行欺诈、提供虚假报表	5年
戴维·迈尔斯	世通	前负责人	欺诈、合谋、提供虚假财务报告	1年零1天
比福德·耶茨	世通	前会计主管	证券欺诈、合谋	1年零1天
贝蒂·文森	世通	前会计经理	证券欺诈、合谋	5个月
丹尼斯·库斯罗斯基	泰科	前首席执行官	大额盗窃罪、合谋、违反经济法规、篡改公司记录	25年以下
马克·斯沃茨	泰科	前首席执行官	大额盗窃罪、合谋、违反经济法规、篡改公司记录	25年以下

资料来源：《华尔街日报》和《纽约时报》上的相关文章。

第 5 章

责任止于此：董事和高管责任

作为一名专门为白领阶层辩护的律师，柯比·贝雷尔感到董事和高管的行为正在发生明显的改变。他说："我认为效果已经非常明显。已有判决已经很好地发挥了其震慑作用。"[52]除了刑事诉讼和判决之外，有证据表明投资人、股东、员工及监管人员也采取措施迫使公司管理人员返还了部分非法所得。[53]世通公司的前首席执行官伯纳德·埃贝斯将其4 000万美元的个人资产赔偿给了受骗的投资人，同时前首席财务官也将位于佛罗里达的价值1 000万美元的豪华别墅赔偿给了欺诈案的受害者。[54]

刑事责任对于一个公司的声誉有着巨大的影响。保险业的一些案件，包括达信的或有佣金案件以及波克希尔·哈撒韦通用再保险与美国国际集团的交易案件已经给这些公司的声誉造成了严重损害。波克希尔·哈撒韦投资公司首席执行官沃伦·巴菲特尤其失望，因为他在投资策略中对公司的声誉赋予了很高的权重。他曾经讲到让自己的行为始终都能通过"纽约时报测试"的重要性，而且据说他曾经告诉他的儿子：

> "建立良好的声誉需要20年的时间，而毁掉它却只需要5分钟。如果能想到这一点，你做事的方式就会截然不同。"[55]

由安然和世通公司的财务丑闻所催生的新的现象是证券欺诈案件的集体诉讼。为此，董事和高管不得不动用他们的个人资产予以赔付。在安然案件中，10个外部董事和高管将支付总额高达1 300万美元的个人资产。[56]在世通公司的案例中，12名董事和高管将支付2 475万美元的个人资产。[57]

在环境和社会公正领域的犯罪可能会导致与会计或财务丑闻一样的后果。监禁和高额的罚款也许是唯一有效的威慑手段。如果仅仅是支付罚款的话，董事和高管可能会认为通过支付罚款或者节省原本应该花在预防环境和社会危害方面的资金会使公司的财务状况变得更好。但是如果董事和高管本人面临着监禁或巨额罚款威胁的话，花费在预防环境和社会危害方面的资金可能就会比监禁和罚款的代价要小一些。另外，公司声誉的损失也必须被纳入到决策者的考虑当中。

5.10 小结

董事和高管的责任风险正在明显增大。造成这一现象的最主要的催化剂就是安然及后安然时代的会计和财务丑闻。虽然与可持续风险并不完全相关，但对于董事和高管努力程度、信息透明度的更高要求，甚至刑事处罚都将影响董事和高管各个方面的责任。除了会计和财务领域之外，涉及公司管理的其他层面的标准也都有所提高。随着针对环境和社会公正问题的诉讼案件的增多，董事和高管将不得不对可持续风险管理给予更多的关注，进而把它纳入到公司整体的管理战略当中去。

面对由环境污染事件的受害者所提起的诉讼，大部分公司的责任风险都不能通过购买保险的方式来转移，因为在标准保单中环境污染是除外责任。董事高管责任险保单也将因未能披露环境责任而引发的诉讼列为除外责任（参见第10章）。公司所面临的社会公正风险也有可能无法通过保险来转移（同样参见第10章）。因公司对其他当事人造成伤害而引发的诉讼损失将会作为自留责任或由公司自保。如果这些损失很大的话，公司自有资金的消耗将会是非常显著的。如果责任诉讼增多而董事和高管又没能采取适当的措施来减少可持续风险的话，那么董事和高管就要对股东和其他当事人的损失负责。尽管董事和高管可能会购买相应的责任保险，但一些限制条款和除外责任会降低这种保险的保障力度（参见第10章）。如果保障责任被限制或排除在保障范围之外，或者保障不充分，董事和高管就将面临无限的个人责任。尤其是在由安然、安达信、世通案件所引发的对于合理的公司治理日益强调的氛围之下，那些未能恰当地应对这些风险的董事和高管将很难博得大众的同情。

本 章 附 注

① 对于董事责任的讨论引自 "Professional Liability Insurance, Part Ⅱ," Chapter 10 in Donald S. Malecki and Arthur L. Flitner, *Commercial Liability Risk Management and Insurance*, 5th Ed, PA: American Institute, 2001.

第5章
责任止于此：董事和高管责任

② Roberto Ceniceros, "Brands Used to Bargain in EPL Suits," *Business Insurance*, January 28, 2002.

③ *Pereira v. Cogan*, 00 Civ. 619 (RWS), United States District Court for the Southern District of New York, 294 B. R. 449; 2003 U. S. Dist. LEXIS 7818, May 7, 2003, Decided, May 12, 2003, Filed, Counsel Amended May 20, 2003.

④ Geraldine Fabrikant, "Private Concern, Public Consequences," *New York Times*, June 15, 2003.

⑤ In Re *The Walt Disney Company Derivatives Litigation*, C. A. No. 15452 E Del. Ch. May 28, 2003.

⑥ 本节部分信息引自 Patrick McGeehan, "Case Could Redefine Board Members' Liability," *New York Times*, June 14, 2003; Bruce Orwall and Joann S. Lublin, "Suit Against Disney Over Ovitz Severance Chills Boardrooms," *Wall Street Journal*, October 11, 2004.

⑦ In Re *Abbott Laboratories Derivative Shareholders Litigation*, 325 F. 3d 795, 7th Cir. March 28, 2003.

⑧ Bruce Orwall and Merissa Marr, "Judge Backs Disney Directors In Suit on Ovitz's Hiring, Firing," *Wall Street Journal*, August 10, 2005; Laura M. Holton, "Delaware Judge Rules for Disney in Firing of Ovitz," *New York Times*, August 10, 2005.

⑨ Matthew Kiernan, "Taking Control of Climate," *Financial Times*, November 24, 2002.

⑩ *John Doe I, ... vs. Unocol Corporation*, United States Court of Appeals Ninth Circuit, 2002 WL 31063976.

⑪ "Unocol Wins Myanmar Human Rights Ruling," *Business Respect*, January 24, 2004.

⑫ Linda Greenhouse, "Human Rights Abuses Are Held to Fall Under U. S. Courts," *New York Times*, June 30, 2004.

⑬ Savanna Reid, "Unocal's Historic Burma Settlement," *The Good News Roundup*, May 2, 2005, 222. gnn. tv/articles/1353/The_Good_News_Roundup.

⑭ Paul Magnusson, "Making a Federal Case Out of Overseas Abuses," *Business Week*, November 25, 2002.

⑮ Alex Markels, "Showdown for a Tool In Rights Lawsuits," *New York Times*, June 15, 2003.

⑯ *Business Respect*, issue 52, March 15, 2003 at mallenbaker. net.

⑰ *Gabriel Ashanga Jota ... vs. Texaco*, United States Court of Appeals for the Second Circuit, 157 F. 3d 153, 1998 U. S. App. LEXIS 24615; 41 Fed. R. Serv. 3d (Callaghan)1282：29 ELR 20181.

⑱ Abby Ellin, "Suit Says Chevron Texaco Dumped Poisons in Ecuador," *New York Times*, May 8, 2003.

⑲ Marc Lifsher, "Chevron Would Face \$ 5 Billion Tab For Amazon Cleanup, Expert Says," *Wall Street Journal*, October 30, 2003.

⑳ Scott Wilson, "Showdown in the Ecuadorian Jungle," *Washington Post*, October 23, 2003.

㉑ Juan Foreno, "Texaco Goes on Trial in Ecuador Pollution Case," *New York Times*, October 23, 2003.

㉒ William Baue, "ChevronTexaco Faces Class-Action Lawsuit in Ecuador Over Environmental Damage," socialfunds. com, May 11, 2004.

㉓ Marc Lifsher, "Chevron Would Face \$ 5 Billion Tab For Amazon Cleanup, Expert Says," *Wall Street Journal*, October 30, 2003.

㉔ Alex Markels, "Showdown for a Tool in Rights Lawsuits," *New York Times*, June 15, 2003；有关这篇文章的更进一步的资料请参见 Errol P. Mendes, *Global Governance, Economy and Law*.

㉕ Paul Magnusson, "Making a Federal Case Out of Overseas Abuses," *Business Week*, November 25, 2002.

㉖ James Kendrick, "Act has Safety Health, Environmental Impact," *Business Insurance*, August 11, 2003.

㉗ ASSE, "Identification of Risks and Other Issues – Sarbanes – Oxley Act of 2002 Public Law 107 – 204," available at www. asse. org/prac_ spec_ cops_ issues13htm.

㉘ Lisa S. Pogostin, "Sarbanes – Oxley Expands Potential Liability of Directors, Officers, Attorneys and Accountants," *XLRE Liability Bulletin*, Issue 2002 – 5, November 2002.

㉙ Kenn E. Anderson and Donna Ferrara, "Disclosing Environmental Liabilities：Director, Officer and Insurance Issues," Arthur J. Gallagher & Co. , August 2003.

㉚ U. S. G. A. O. , "Environmental Disclosure：SEC Should Explore Ways to Improve Tracking and Transparency of Information," GAO – 04 – 808, July 14, 2004.

㉛ Dave Lenckus, "Governance Law Hasn't Fueled Big EIL Interest," *Business Insurance*, June 2, 2003.

㉜ Greg Rogers, "Uninsured and Undisclosed Environmental Liabilities Pose Risks for Directors," *Directors Monthly*, National Association of Corporate Directors, May 2003；Greg Rogers, "Environmental Transparency：Areas For Concern," *Financial Executive*, June 2004.

㉝ Greg Rogers, "Pollution Risk Oversight," *Directors Monthly*, National Association

第 5 章
责任止于此：董事和高管责任

of Corporate Directors, February 2004.

㉞ 同上。

㉟ Kenn E. Anderson and Donna Ferrara, "Disclosing Environmental Liabilities: Director, Officer and Insurance Issues," Arthur J. Gallagher & Co., August 2003.

㊱ Benedict Carey, "Payback Time: Why Revenge Tastes So Sweet," *New York Times*, July 27, 2004.

㊲ Ernst Fehr and Simon Gächer, "Altruistic Punishment in Humans," *Nature*, Vol. 415, 10 January, 2002.

㊳ Natalie Angier, "The Urge to Punish Cheats: It Isn't Merely Vengence," *New York Times*, January 22, 2002.

㊴ Almar Latour, Dennis K. Berman and Yochi J. Dreazen, "Getting Through: How Rivals' Long Campaign Against MCI Gained Traction; Drive by Verizon's Barr Leads to Probes, Delay of Bankruptcy Hearing; Seeking the 'Death Penalty'," *Wall Street Journal*, August 1, 2003.

㊵ 同上。

㊶ Deborah Soloman, "Zealous States Shake Up Legal Status Quo," *Wall Street Journal*, August 28, 2003.

㊷ Russel Gold, Almar Latour, Dennis Berman and Yochi Draegen, "MCI and Ebbers Are Charged in Oklahoma," *Wall Street Journal*, August 28, 2003.

㊸ Barnady J. Feder and Kurt Eichenwald, "Ex-WorldCom Chief Is Indicted by U. S. In Securities Fraud," *New York Times*, March 3, 2004; Ken Belson, "WorldCom Head Is Given 25 Years For Huge Fraud," *New York Times*, July 14, 2005.

㊹ Emily Thorton and Mike France, "For Enron's Bankers, A 'Get Out of Jail Free' Card," *Business Week*, August 11, 2003.

㊺ Larry D. Thompson, "'Zero Tolerance' for Corporate Fraud," *Wall Street Journal*, July 21, 2003.

㊻ Jeffrey L. Seglin, "The Jail Threat is Real. So, Will Executives Behave," *New York Times*, July 20, 2003.

㊼ David Robinson, "Executives Cooking the Books are the Worst Terrorists," *Wisconsin State Journal*, July 28, 2002.

㊽ Jeffrey L. Seglin, "The Jail Threat is Real. So, Will Executives Behave," *New York Times*, July 20, 2003.

㊾ Kurt Eichenwald, "Former Enron Treasurer Enters Guilty Plea," *New York Times*, September 11, 2003.

㊿ "Rite Aid Ex-Counsel is Convicted," Associated Press in *Wall Street Journal*, October 20, 2003.

㉛ Alex Berenson, "Guilty Verdicts Give Executives A New Focus: Risk of Prison," *New York Times*, March 8, 2004.

㉜ 同上。

㉝ Richard B. Schmitt and Henry Sender, "CEOs Wealth May Be at Stake In Investor Suits," *Wall Street Journal*, August 9, 2002; Joann S. Lublin, "Companies Seek to Recover Pay From Ex-CEOs," *Wall Street Journal*, January 7, 2004; Charles Forelle, "Seeking Restitution, Government Targets Tyco Duo's Fortunes," *Wall Street Journal*, June 30, 2005.

㉞ Dionne Searcey and Almar Latour, "Ebbers to Surrender Assets to Settle WorldCom Suit," *Wall Street Journal*, July 1, 2005; Ken Belson, "Ex-WorldCom Executive Forfeits Florida Mansion," *New York Times*, July 27, 2005.

㉟ Jesse Eisinger, "Buffet's Reputation Faces a Test," *Wall Street Journal*, March 31, 2005.

㊱ Dave Lenckus, "D&O settlements get personal," *Business Insurance*, January 10, 2005.

㊲ Michael Bradford, "WorldCom directors to settle claims from personal funds," March 28, 2005.

第6章
传统的可持续风险：石棉和超级基金

> 据估计，截止到2000年，因石棉诉讼所导致的赔付已经达到了540亿美元，而未来的费用更将高达1 450亿~2 100亿美元。
> ——兰德民事司法研究所

  有关石棉和超级基金的诉讼已经给可持续风险管理带来了极大的启示。首先，这些诉讼发生在过去30年间，因此通过研究这些案例可以学到很多东西。其次，石棉和超级基金责任的最终赔付额都预期高达1 000亿美元。第三，这些赔偿责任针对的是美国的企业以及整个美国保险业，而其累计赔付之高已使得它们成为世界保险业历史上单项损失最大的保险标的。第四，在公司或它们的保险人开始做出赔偿之前，这些责任已经累积了几十年。由于在这些责任发生的时候，保险行业没有及时地发现，因此它们将耗费巨额的"已发生未报告"的赔款准备金。最后，持续了30年之久的石棉和超级基金诉讼现在仍未偃旗息鼓，尤其在石棉责任领域，最近又掀起了一轮诉讼的热潮。

  有关石棉和超级基金的资料足可以写作一本甚至许多本书。而我的目的是想简要地描述一下石棉和超级基金诉讼的情况以及这些责任是如何影响公司和保险业的。我们将详细论述这些诉讼对于财务方面的影响，并将讨论应从这两起重要的风险事件中吸取哪些经验教训，以便更好地制定可持续风险管理的战略。

6.1 石棉

石棉索赔已经给美国公司和保险业造成了史无前例的责任、诉讼和赔偿问题。石棉诉讼被视为首例大规模中毒民事侵权事件，它所建立的判例已经影响了其他类似侵权事件，包括安胎药案、道尔顿门窗事件、有害废物（超级基金）和烟草等。根据兰德民事司法研究所的调查，自从1968年针对佳ують迈威公司首例诉讼被提起以来，截止到2002年，已经有75万名原告因为他们受到的伤害而获得了赔偿，并且预计到2009年，将会有225 000人因石棉而死。[1] 一项美国环境工作小组的研究估计每年有1万名美国人正死于与石棉相关的疾病，而且这一人数可能会继续增加。[2]

石棉的使用可以追溯到19世纪末20世纪初。石棉实际上是一种非常实用和功能强大的产品。它是一种优质的防火、绝缘材料，因而被广泛应用于建筑行业。它还在船舶和住宅等建筑物里被用来包裹管道。它独特的性质使得它非常适合用于制造制动衬面、地板砖以及屋顶的覆盖物。不幸的是，石棉会对那些经常接触它的工人和其他人员造成严重的伤害。那些在石棉制造、绝缘车间以及造船业工作的工人受到的伤害最为严重，他们成为第一批向石棉产品的制造商索赔的受害者。

6.1.1 早期的诉讼

与石棉相关的疾病分为三种主要类型。第一种是石棉沉着病，这种病会导致肺部内壁持续加厚并发生病变。石棉沉着病使肺部失去弹性，这将减弱呼吸能力，最终导致肺部硬化并致使病人窒息死亡。第二种是间皮瘤，一种长于胸腔和腹腔内壁的非常罕见的癌症。第三种是肺癌。很多年之后人们才了解到工人所患的这些疾病与他们跟石棉的接触有关，其中最重大的发现要算是20世纪60年代纽约西奈山医学院的欧文·施里科夫医生所做的研究。施里科夫走访了很多患有与石棉相关的

第6章
传统的可持续风险：石棉和超级基金

疾病的工人。他对于这一人群中间皮瘤的高发病率感到特别好奇，因为这种癌症在普通人群中极少发生。施里科夫显然也是第一位常常询问工人的工作地点的医生/研究者。他发现这些工人在工作中与石棉有着频繁的接触机会。当他试图寻找石棉与多种相关疾病的关系的时候，他得到了石棉工人工会的一些原始记录，上面记载了工人的死亡情况及死亡原因。这一发现为施里科夫的研究提供了丰富的数据。

施里科夫做出的研究意义非常重大，因为它从医学的角度科学地揭示了石棉接触与随后发生的疾病或伤害的联系。这些发现被公之于众。人们在后来的诉讼过程中发现其实石棉制造商早就已经知道与石棉接触会给工人带来伤害，但由于害怕遭到起诉，他们没有公布这些信息，也没有让工人知道。最近对于寿险巨人——大都会保险公司——的诉讼尤其值得关注。大都会被诉隐瞒了他们于20世纪30年代所进行的有关研究的结果，这些结果显示石棉接触与患病之间存在着联系。有证据表明，20世纪30年代，大都会曾对加拿大的石棉矿工进行过研究，发现20%的矿工患有与石棉相关的疾病。另一份文件显示，大都会曾向最大的石棉生产商佳司迈威的律师出示过他们在1935年对石棉的健康危害情况进行研究后的报告。[③]迄今为止，大都会已经赔付了1.8亿美元，而且他们目前正面临着112 700起诉讼案件。2004年3月，大都会把它的石棉责任准备金提高到了12亿美元。[④]

石棉与疾病之间的因果关系一旦被建立，律师们就会坚持说，石棉本质上就是一种危险性的产品，而制造商却没有将这一情况提供给工人。最初的诉讼没有成功，但是律师们没有放弃，最终在1973年博雷尔诉纤维板造纸厂的案件中，受到石棉伤害的工人第一次赢得了诉讼。1985年，保罗·布尔将他的一篇题为《受到审判的石棉行业》的文章分四部分在《纽约人》杂志上发表，这篇文章后来被收录到《令人发指的恶行》一书中[⑤]。建议读者阅读一下这些文章或者这本书，以便更深入地了解受到石棉伤害的工人的故事以及早期的诉讼情况。

在博雷尔案做出判决之后，更多的原告提起了诉讼。原告代理律师也组成了规模庞大的律师团，专门代理有关石棉危害的集体和个人诉讼。例如，10家律师事务所在2000年代理了53%的针对迈威信托公司的索赔诉讼[⑥]。律师们还在因特网上建立专门的网站来向石棉受害者提供服务。原告的数量由此达到了几十万人，同时赔款的总额也达到了上百亿美元。尽管被告和他们的保险人对于高额的赔付耿耿于怀，但是随着案件的逐步解决以及年老的石棉工人的陆续去世，他们相信原告的数量最终会降下来。原告的数量虽大，但毕竟是有限的。此外，大量的石棉工厂已经宣告破产，许多保险人的赔偿也已达到了保额的上限，因此，即使有新的原告出现，赔偿基金和保险赔付的来源也会枯竭。

6.1.2 第二轮诉讼风波

随着那些专门代理石棉索赔的律师事务所将目标转向新的被告群体及其保险人，20世纪90年代末掀起了第二轮的石棉诉讼风波。一些财务状况良好的大公司收购了那些石棉官司缠身的小公司，而这些并购带来了新的诉讼。并购发生之前，这些小公司可能不是很吸引人的目标，但是并购之后，原告就可以对大的收购公司的资产和保险人提出赔偿要求了。例如，当时由副总统迪克·切尼任首席执行官的哈利佰顿公司在1998年收购了德雷士实业并承担了其石棉责任。后来这些责任导致的损失比预期要大得多。哈利佰顿因此项并购而向40万名石棉受害人支付了51亿美元的赔款。[7]另外一起并购案涉及陶氏化学公司收购美国联碳。美国联碳曾于1963年至1985年在加州经营石棉矿。在2001年2月并购发生之前，法庭记录在案的针对美国联碳的索赔诉讼平均每个月有31起。并购发生几个月后，2001年11月诉讼激增至400件，12月份更是达到了905件。[8]其他的例子包括媒体巨人维亚康姆收购西屋公司（西屋公司此前曾与哥伦比亚广播公司合并），1965年佐治亚—太平洋收购百斯沃·吉普森，以及2000年最大的制药商辉瑞公司与沃纳兰波特的并购。[9]

其他的诉讼则是针对那些含有石棉的产品的制造商。通用汽车公司的案件是这方面的典型例子，它被指控在其汽车的刹车片中使用石棉，而这会给汽车驾驶者带来危害。通用公司是一个非常具有吸引力的诉讼对象，因为它有着数额庞大的资产和保险保障。西尔斯公司因它们在20世纪40年代生产的地板砖和屋顶石棉瓦而遭到起诉。[10]通用电器公司已经了结了30万起诉讼，目前仍面临着来自14万名受害者的起诉，这些人都曾接触过通用电器公司生产的用石棉作为隔热材料的涡轮。[11]其

第 6 章
传统的可持续风险：石棉和超级基金

他与石棉没有直接关联的公司，像咨询公司、工程公司、农场主以及维修和建筑工程承包人等都被告上了法庭，由此导致原告和被告的数量显著增加。根据兰德公司的估计，原告的总数由 1982 年的 21 000 人增加到了 2002 年的 75 万人。与此类似，同期被告的总数也从 300 人增加到 8 000 人。⑫

6.1.3 破产

1982 年，最大的石棉加工商佳司迈威公司根据《联邦破产法案》宣告破产。当时，佳司迈威正面临着 16 500 起与石棉伤害相关的赔偿要求，总索赔额高达 125 亿美元，已经支付的赔款也达到了 5 000 万美元。而且新的诉讼还在以每月 500 起的速度增加。佳司迈威预计所有未来索赔的现值大约有 20 亿美元，这超出了它所拥有的 11 亿美元的净资产。佳司迈威的破产非常出人意料，因为它的业务一向很好，而且它在 1981 年实现销售收入 22 亿美元并获得 6 000 万美元利润。佳司迈威公司是想尝试一种新的不同寻常的途径来控制它的石棉赔偿责任。它的基本逻辑是与其继续无休止地赔付，不如通过破产来解决当前和未来所有的索赔诉讼，并重组为一个拥有稳健财务状况的新公司。⑬

1988 年佳司迈威公司最终通过破产重组为迈威公司。作为重组计划的一部分，迈威公司不得不为石棉索赔者建立一个信托基金，这一基金包含 8.5 亿美元现金、面值为 13 亿美元的债券、佳司迈威公司 50% 的股票以及对于公司 20% 的固定收益的永久索取权。⑭他们仍在继续用信托基金来支付赔款，但赔偿额已经从最初占清算价值的 100% 降低到了 2001 年的 5%。⑮对于单个索赔者赔偿额的降低非常有必要，因为新的索赔诉讼从 1995 年的 3 万件增加到了 2001 年的 9 万件，差不多增加了两倍。⑯

1982 年，只有佳司迈威和其他两家被告公司运用破产手段来使自己摆脱石棉赔偿责任。而根据兰德公司的报告，截止到 2002 年，已经有 67 家被告公司宣告破产。表 6-1 显示了最近一些因石棉索赔责任而登记破产的大公司的名单。⑰

表 6-1　　　　　　　　由石棉索赔责任所导致的破产案例

	根据第 11 章之规定登记破产日期	迄今为止的索赔总数[a]	索赔导致的花费（10 亿美元）
欧文斯科宁	2000 年 10 月 5 日	460 000	5.0
哈比逊—沃克公司[b]	2002 年 2 月 14 日	200 000	4.1[c]
菲特尔莫古	2001 年 10 月 1 日	365 000	2.1[c]
ABB 集团	2003 年 2 月 17 日	204 326	2.1
格雷斯	2001 年 4 月 2 日	325 000	1.9
巴布科克威尔克斯	2000 年 2 月 22 日	385 000	1.6
GAF	2001 年 1 月 18 日	500 000	1.5
匹兹堡康宁	2000 年 4 月 17 日	435 000	1.2
优仕佳	2001 年 6 月 25 日	250 000	1.1[c]
阿姆斯特朗世界实业公司	2000 年 12 月 6 日	455 000	数据缺失
恺撒铝业	2002 年 2 月 12 日	112 400	0.6

注：[a] 已决的和未决的。
　　[b] 哈利佰顿的一个子公司。
　　[c] 公司为应对索赔而预留的资金数额，可能会高估。
资料来源：亚力克斯·贝伦松，《据称石棉协定即将签署》，《纽约时报》，2003 年 4 月 24 日。

6.1.4　保险保障问题

石棉诉讼在保险保障领域开创了许多重要的先例。迄今为止，最重要的是对保险保障触发机制的讨论。当石棉索赔者最初提出诉讼的时候，被告们很自然地从他们的保险人那里寻求帮助以便支付赔款以及辩护费用。保险人并不很清楚地知道应该如何对这一要求进行回应。为了解决这一问题，有必要搞清楚保险保障的触发机制。

"保险保障的触发机制"这一术语用来表示一份保单应该在何时对损失做出反应，即保单应该在何时被触发。最广泛使用的事故发生制责任险保单的典型措词要求人身伤害和/或财产损失发生在"保单有效期内"。在急性损失事件中，比如一次车祸或火灾，伤害或损失发生的时间非常明确，容易判断是否落在一个特定保险人的保单有效期内。当伤害是在长时间未被察觉地积累起来的时候，比如在石棉伤害或者污染伤害案件中，伤害或损失发生的准确的时间地点以及哪份或哪些保单应该被触发，这些问题都很难确定。

第 6 章
传统的可持续风险：石棉和超级基金

于是问题就产生了。假如一个工人在 1945 年接触过石棉，但直到 1975 年才被诊断出患有比如说石棉沉着病，保险保障应该由哪个事件来触发呢？诉讼起初采用两种触发机制：

（1）接触触发——在工人接触石棉时承保的保险公司必须负责；

（2）显示触发——在工人被诊断患有石棉沉着病时承保的保险公司必须负责。[18]

两种触发机制都产生了相对短的、可定义的损失期间，因而就产生了相对短的、可定义的保险期限。鉴于在任何特定的案件中，只有一种触发机制会被采用，因此，保险业对于石棉伤害所承担的责任虽然并不是微不足道，但也是在一定限度内的。

1982 年金恩诉北美保险公司案件的判决使得这一状况发生了戏剧性的变化。这一案件非常著名，或者可以说声名狼藉，这取决于个人的观点。当时保单持有人的首席代理律师是尤金·安德森，他的律师事务所在当时，而且现在仍是保险诉讼中保单持有人的最大的代理机构之一。安德森的医学专家认为石棉的伤害是在接触石棉之后到发病之前持续地、累积地发生的。金恩案的判决认为不仅接触触发和发病触发都应该被采用，而且另一种触发机制——由接触到发病的整个期间即潜伏期——也应该被采用。这就是著名的三重或连续触发机制。这对于保险业来说是灾难性的，因为它意味着所有从石棉接触到发病之间有效的保单都必须对这一伤害负责。在像石棉伤害这样的事件中，这就意味着 20 到 30 年的时间，甚至会长达 40 多年。金恩案的判决最终引发了或许是史上最大的保险保障诉讼案件，即 20 世纪 80 年代中期的石棉保险保障的再审案件。这一案件涉及数量庞大的石棉生产企业以及数量更为庞大的保险人。为了容纳人数众多的诉讼人，旧金山的体育场被改造成审判庭。法官艾拉·布朗支持石棉生产企业，并在索赔问题上应用了三重或连续触发机制。[19]

6.2 超级基金

同其他很多环境问题一样，美国有害废物的处理问题在 20 世纪 70 年代之前被严重忽视。当政府决定处理因有害废物排放而导致的环境问题时，它面临着两个明显的难题：一是如何对当前和未来的有害废物排放问题进行监管；二是如何处理那些已有的、并且通常是废弃的有害废物堆放点。这两个难题分别在两项法案中得以解决。1976年通过的《资源保护和恢复法案》旨在解决当前以及未来的有害废物排放问题。1980年，根据《综合环境影响赔偿和责任法案》所建立的超级基金项目，则旨在解决已有有害废物堆放点的清理问题。正如下面将要谈到的那样，这两项法案对于一般的责任保险以及环境责任保险的市场和保障条款都有着非常重大的影响。

6.2.1 《资源保护和恢复法案》

《资源保护和恢复法案》建立了一套"从摇篮到坟墓"的严格的单据控制体系来追踪和厘清当前以及未来有害物质排放的责任。这种单据是一种控制和运输的文件，它将始终伴随特定的有害物质，从产生地一直到其最终的处理地点。《资源保护和恢复法案》对于有害物质的生产者和运输者提出了严格的废物管理要求，并且对于有害废物的加工、储存以及处理设施也有着严格的规定。《资源保护和恢复法案》强调当前以及未来可预期的环境问题，这一点更像是《清洁空气法案》和《清洁水源法案》而不是《综合环境影响赔偿和责任法案》。[20]

《资源保护和恢复法案》是第一批要求出示环境诉讼的财务责任证明的联邦法案之一。有害废物的加工、储存以及处理设施的所有者需要证明他们有足够的财力来支付第三方因污染物排放所提出的索赔以及设施的关闭费用和关闭后的照看费用。地下存储罐的所有者也需要证明他们有足够的财力来支付因废物排放所导致的第三方索赔和清理费用。对于财力的要求通常可以通过购买环境破坏责任保险来满足。《资源保护和恢复法案》的规定创造了对环境破坏责任保险的需求，并且对于20世纪70年代末环境破坏责任保险的最初发展起到了非常重要的作用。[21]

《资源保护和恢复法案》下的环境风险管理的监管理念是，如果有害废物在今天得到了适当处理，那么将不会在未来产生问题。有害物质的处理费用将由其生产者、运输者和处理者共同负担，分担比例按照《资源保护和恢复法案》的相关规定执行。

6.2.2 《综合环境影响赔偿和责任法案》

超级基金项目是根据《综合环境影响赔偿和责任法案》所建立的，目的是清理已有的有害废物堆放点并为其融资。超级基金责任所需要的费用以及它对于保险公司的财务影响都是非常巨大的。尽管有害废物堆放点的总清理费用（包括清理、交易和管理费用）尚不清楚，很多研究认为，最终的费用会在 1 000 亿 ~ 10 000 亿美元之间。表 6 - 2 显示了一些对这一费用进行估计的情况。

表 6 - 2　　　　　　　　有害废物费用估计

技术评估办公室*	5 000 亿美元
标准普尔	7 000 亿美元
所罗门兄弟	1 万亿美元
国会预算办公室	1 650 亿美元（仅包括超级基金）
田纳西大学*	7 500 亿美元（所有堆放点）
	1 500 亿美元（仅包括超级基金）
精算学会	1 000 亿美元（仅包括超级基金）

* 仅包括清理费用。

资料来源：

美国精算学会，《超级基金成本》，华盛顿特区，美国精算学会，1995 年 8 月。

黛安·蒂蒙德，《价值 7000 亿美元的清理费用账单》，《保险评论》，1989 年 1 月。

大卫·法波特，《清理准备金面临压力》，《百斯特评论（财产保险版）》，1993 年 7 月。

蒂莫西·诺亚，《克林顿政府今日起开始清理有毒废物：超级基金法案》，《华尔街日报》，1994 年 2 月 3 日。

美国国会技术估价局，《日渐清洁，超级基金问题能够被解决》，美国政府印刷局，华盛顿特区，1989 年 10 月。

米尔顿·罗素、威廉·寇克莱亚和玛丽·英莉士，有害废物补救工程，《有害废物补救：面临的任务》，诺克斯维尔，田纳西州，田纳西大学诺克斯维尔分校，废弃物管理研究与教育研究所，1991 年 12 月。

米尔顿·罗素、威廉·寇克莱亚、玛丽·英莉士和汤姆，《美国的废弃物遗产》，《环境》，1992 年第 34 期。

废弃物管理研究与教育研究所，有害废物补救工程，《超级基金实施过程：来自堆放点的经验》，诺克斯维尔，田纳西州，田纳西大学诺克斯维尔分校，1991 年 12 月。

丹·安德森，《美国环境责任风险管理和保险的发展：教训和机遇》，《风险管理和保险评论》，1998 年夏，第 2 卷，第 1 期，第 1 ~ 23 页。

1980年以来，已经有近44 418个废物堆放点根据联邦超级基金和其他相关项目进行了评估。截止到2003年10月，已经有33 106 (75%)个堆放点得以从超级基金的目录中删除。剩下的11 312 (25%)个堆放点也在进行积极的评估或者被列入国家优先处理名单。这一名单所列的都是危害严重、需要尽快处理的堆放点。自从超级基金项目启动以来，1 560个堆放点已经被列入或者建议列入这一名单当中。随着一些堆放点逐渐从国家优先处理名单中被删除出去，新的堆放点也被添加进来，因此总数一直保持在1 200~1 300个之间。截至2003年10月，共有1 292个堆放点被列入或建议列入这一名单，其中267个已经被清理完毕并从名单中删去。对于另外583个堆放点的施工已经结束，它们有望在不久的将来从这一名单中消失。对于其他绝大多数的堆放点，补救措施及可行性研究都在进行当中。[22]

2001年，在一次由国会资助的研究中，未来资源研究所的高级研究员凯瑟琳·普洛贝斯特估计，有230~490个堆放点需要被添加到国家优先处理名单中，而对它们的处理将会在未来10年花费140亿美元的资金。[23]而1995年标准普尔的一项研究估计，最终将会有超过5 000个堆放点会被列入国家优先处理名单中。[24]

每一个堆放点的处理平均需要花费3 000万~4 000万美元。从最初被列入名单到最终被清理干净，大概需要花费10年的时间。许多州也已经建立了小型的超级基金项目，建立这些项目是用于清理次一级的垃圾堆放点，这些堆放点的危害没有严重到需要被列入国家优先处理名单的程度，但仍然需要予以关注。[25]

6.2.3 税收融资

超级基金项目资金主要有两个来源：税收和潜在责任人的出资。税收款项被用来支付那些废弃的或无人照看的垃圾场的清理费用，这些垃圾场的责任人无法确定或者没有支付能力，或者责任人拒绝支付。紧急事件的处理资金也需要税收来支付。税收款项被放入一个信托基金或者叫做"超级基金"中，这也就是此项目名称的由来。税收最初仅向化工和石油行业征收，因为它们是最大和最明显的有害废物的生产者。在这一税收制度下，从1980年到1985年的第一个五年期间，超级基金项

第 6 章

传统的可持续风险：石棉和超级基金

目共筹集到 16 亿美元的资金。

根据 1986 年通过的《超级基金修改和重新授权法》，一项常规的公司税被加入到了化工和石油行业的税种当中。从 1986 年到 1991 年的第二个五年期间的预算规模达到了 85 亿美元。从 1992 年到 1994 年，又有 51 亿美元被列入到预算当中。资金的筹集工作一直持续到 1995 财政年度末，即 1995 年 9 月 30 日。[26]

美国环保署的管理费用和执法费用部分来自普通税收，但大部分来自公司税。例如，1994 年普通税收支付了 2.5 亿美元（17%）的预算费用，而超级基金税收却提供了 9.5 亿美元（83%）。[27] 1993、1994 和 1995 年度，超级基金税收的收入达到了每年 20 亿美元以上。[28] 这些年度税收的部分款项将被用来支付大部分的超级基金预算，剩下的将被存入信托基金当中。

克林顿政府试图在 1995 年 9 月 30 日之后批准这些税收的努力被共和党把持的议会所阻止。到目前为止，这些税收仍然没有得到批准，而目前的布什政府也反对这些税收。这种情况已经改变了超级基金"谁污染、谁付费"的筹资逻辑。当这些税收得以征收的时候，超级基金项目的信托基金逐渐建立了某种平衡，最多的时候仅比预算少 40 亿美元。但从 1995 年以来，这一信托基金的平衡已经被打破。随着平衡的打破，普通税收被用来弥补大约 50% 的超级基金预算。当信托基金最终于 2004 年彻底耗尽之后，超级基金预算现在只能从普通税收中筹集，那些潜在责任人不再需要支付任何费用。当前的年度预算大约在 12 亿～13 亿美元之间。因此，是纳税人而不是石油、化工和其他行业在为废弃堆放点的清理费用埋单。这一情况对于石油行业的影响尤为显著，因为它们所承担的纳税责任从某种程度上抵消了它们作为"潜在责任人"的义务。[29]

毫无意外，随着流入超级基金项目的资金变得越来越少，加入国家优先处理名单中的堆放点的数量也越来越少。例如，在克林顿政府第二个任期内的四年间，每年平均有 34～45 个堆放点被加入到国家优先处理名单中。但在布什政府执政的前三年里，仅分别有 9 个、14 个和 11 个堆放点被加入到了这一名单中。[30] 1999 年和 2000 年，分别有 85 和 87 处堆放点的施工得以完成，但在 2001 年、2002 年和 2003 年里，仅分别有 47、42 和 40 个堆放点完成了施工。[31] 布什政府声称导致这一情况的原因是新加入名单和最近清理完成的堆放点的情况更加复杂，需要花费更大的力气来清理。批评者们认为资金不足是导致清理工作减速的主要原因，而这再一次证明了布什政府对于环境问题的重视程度不够。政府预算显示，用于清理堆放点的超级基金支出在 2003 和 2004 财政年度内分别下降了 1.75 亿美元和 2.5 亿美元。[32]

6.2.4 潜在责任人的出资

非税收资金的第二个来源是潜在责任人的出资。这些责任人包括有害废物堆放点当前以及过去的所有者、有害废物的生产者和运输者。私营公司和政府机构都可能成为潜在责任人。金融机构也可能会因为放弃了对抵押品的赎取权等方式成为含有有害废物的财产的责任人。美国环保署试图说服潜在责任人来清理这些堆放点并支付所需费用（"强制引导"）。如果达不成共识的话，环保署就会自行安排对堆放点的清理工作，然后将潜在责任人告上法庭以便让他们为清理工作付费。[33] 通常，大部分潜在责任人都会选择自行完成清理工作。大约有 70% 的超级基金场地都是由潜在责任人负责清理的。他们之所以这样做，不仅是因为潜在责任人可以在清理过程中进行费用控制，更重要的是，如果他们拒绝合作的话，环保署有权向他们索取除罚款之外三倍于清理费用的资金。环保署负责主持潜在责任人缺失的其余 30% 的堆放点的清理工作（资金引导）。2004 年 9 月 30 日以来，环保署已经为列入国家优先处理名单的堆放点的清理工作筹集了超过 180 亿美元的资金。[34]

对潜在责任人的费用索取遵循"谁污染、谁付费"的原则，即一项活动的费用应该被分配或内化到对此活动负责的当事人的预算中，这里的"活动"指的是有害废物的排放。当然，那些可能没有污染环境或者认为自己没有污染环境的潜在责任人也可以对这种处理方式提出异议。"谁污染、谁付费"的原则对于未来有害废物的合理处置也起到了良好的促进作用。

6.2.5 责任规则

超级基金项目的设计者们给了环保署相当灵活的手段来从潜在责任

第 6 章
传统的可持续风险：石棉和超级基金

人那里获得清理垃圾的费用，这些手段包括私下解决或者诉诸法律。潜在责任人的责任是建立在可追溯的、严格的、连带责任基础上的。

可追溯的责任意味着尽管有害物质在过去排放时符合所有当时的规定，但其在过去污染环境的责任仍然可追溯。很多案例中，在排放有害物质的时候并不存在监管措施。

严格责任的意思是潜在责任人的过失不需要环保署来证明。环保署只需要证明潜在责任人排放了需要清理的有害废物。在严格责任下，环保署的取证压力大大减轻。

在连带责任下，任何向有害废物堆放点排放了部分废物的潜在责任人都有可能会承担整个堆放点的清理费用。然而，环保署很少真的会强迫潜在责任人去支付一项严重有失公平的或不合理的清理费用。连带责任赋予环保署一项强有力的手段来迫使潜在责任人积极合作以促进问题的解决。[35]这对于那些财力雄厚但却只承担了部分清理费用的大公司尤其适用。当然，大的潜在责任人也会让其他责任人来分担这些费用。

这些责任规则，尤其是可追溯的责任以及连带责任都是争议相当大的问题。这些规则的替代措施是各种超级基金改革计划的主要组成部分，我们会在以后讨论这些问题。

6.3 保险业的参与

当潜在责任人试图让他们的保险人支付超级基金场地的清理费用时，保险业就参与到了这一进程中。鉴于有害废物的清理费用数额庞大，潜在责任人很自然地会去寻求其他的途径来为这些费用筹集资金。类似地，保险行业自然也会拒绝支付那些他们从来就没有预期过的费用。这种状况导致了激烈的诉讼争论。争论的核心问题是：超级基金项目下的有害废物清理费用是否在保险的保障范围之内？

卷入诉讼的典型险种是综合责任保险。事实上，各行各业都可以购买这种保险。有害废物索赔依据通常是前提和操作保障部分。当最初的赔偿限额被突破的时候，超额和伞式责任险保单也会被卷入与保险保障范围相关的诉讼当中。尽管财产保险，尤其是一切险，也曾遭到过此类诉讼[36]，但绝大多数诉讼还是集中在综合责任险及相关的险种上。

受到影响的保单大多数是 1986 年以前签发的综合责任险保单，这些保单将一切有害废物、环境污染以及相关的索赔都作为"绝对"除外责任来处理。1970 年之前签发的保单，由于没有将渐进污染列入到除外责任范围里去，因此保险人极易因此遭受诉讼。

潜在责任人一直都在尽全力搜寻那些老的保单，因为对于环境责任在保障范围内这一说法，真实的保单才是最清楚、最具有说服力的证据。由于日常管理工作中的文件损毁问题，许多保单已经遭到破坏，因此其他像信件、支票存根等证据也被用来证明环境责任在保障范围之内。这种对于潜在责任人过去保单的恢复工作已经催生了一项新的咨询业务，叫做"保险考古"。[37]

6.4 对于保险业的财务影响

超级基金项目下的有害废物排放责任对于保险业的财务影响取决于三个因素：(1) 清理有害废物堆放点的总费用；(2) 交易费用（诉讼和管理费用）；(3) 潜在责任人/保单持有人所提起的针对保单保障范围的诉讼的判决结果。有害废物清理的潜在费用是极其巨大的。尽管总的清理、法律和管理费用还不清楚，但人们已经做出了多种估计。表 6-2 是其中的六种估计，估计的费用总额都在 1 000 亿~10 000 亿美元之间。通常，估计方法都要求将这些费用扩展到至少未来 30 年。

本书无意对上述组织所使用的估计方法进行评估，也无意检验对于有害废物清理费用的估计到底哪种是最合适的。此时，最有把握的说法应该是没有人知道最终的花费将达到多少。一些估计将超级基金项目下的有害废物堆放点的清理和交易费用连同其他堆放点的类似费用都包括了进来。值得注意的是，大部分州都有小型的超级基金计划来处理那些没有被包括进联邦超级基金项目内的废物堆放点。其他一些估计，例如田纳西州进行的研究，将超级基金项目和其他所有废物堆放点都计算在内，但仅包括清理费用，没有估计交易费用。但无论如何，我们都是在谈论美国企业和保险业所面临的数千亿美元的财务责任风险。

超级基金项目已经导致了数额巨大的诉讼和其他交易费用，尤其在

第 6 章
传统的可持续风险：石棉和超级基金

这一项目的早期更是如此。相关的谈判和诉讼分为两个层面。第一个层面是环保署要求潜在责任人支付超级基金场地的清理费用。第二个层面指的是潜在责任人从他们的保险人那里寻求对于超级基金责任和辩护费用的保障。这一双刃剑式的诉讼环境导致了大量的交易费用。对于第一层面的诉讼来说，兰德民事司法研究所的相关分析对它的费用规模做出了估计。1989 年由保罗·艾克森进行的一项研究预计，总的诉讼和管理费用将占到整个超级基金费用的将近 40%。[38] 1992 年，由埃克顿和狄克逊进行的另一项研究估计，截止到当时的交易费用已经占到了超级基金所有相关支出的将近 36%。[39] 由兰德公司的狄克逊、德兹纳和哈密特等人于 1993 年进行的一项研究估计，潜在责任人的交易费用占到了总花费的 32%。[40] 1995 年，由美国精算师学会进行的一项研究估计，未来 30% 的超级基金资金将花在交易费用上。[41]

对于保险人来说，交易费用甚至更加庞大，尤其在最初一些年份更是如此。一项由兰德公司的埃克顿和狄克逊所进行的研究分析了四家主要保险公司的历史记录，发现他们过去在超级基金诉讼案件（已结案和未结案的）赔付上面总花费的 88% 都是交易费用。[42] 1992 年的研究估计，这 88% 的交易费用当中的 37% 是用于对潜在责任人的起诉进行抗辩，42% 用于保险赔付。对于已经结案的索赔诉讼，交易费用占到了 69%。甚至像 USF&G 这样对于索赔诉讼进行积极应对的保险公司，他们的交易费用率也高达 50%。[43] 鉴于交易费用在超级基金案件的初期比重会更高，兰德公司的一位发言人估计最终整个超级基金相关费用的比率将介于 19%～27% 之间，他说，"我们估计最有可能的状况将会是这一区间的上半段"。[44]

6.5 保险保障范围诉讼

潜在责任人作为保单持有人与保险公司之间的诉讼引发了对一些重要问题的讨论，包括损失保障的范围、污染责任除外、赔偿的触发机制、辩护条款责任、保险事件发生的次数以及保管和控制责任除外。对于保险业来说，对这些问题的讨论，其影响已经大大超出了超级基金责任的范畴。正如本书始终强调的那样，保险事件（接触、伤害、损失）

的发生与对于责任人及其被告的最终责任认定之间通常会有一个很长的时滞,这是环境责任的一个重要特点。超级基金相关案件所建立起来的连同前面在石棉案件中所讨论到的保险保障问题的先例将可能会被应用于未来所有的可持续风险领域。鉴于这些保险保障问题在各种可持续风险情境下的重要性,我想对这些问题进行一个简单的讨论。

对于每一个保障问题,我们都将会从潜在责任人和保险公司各自的角度进行讨论。对于各种司法辖区下每一个保障问题的所有细微差别的完整和详细的审查超出了本书的范围。[45]我们的目的是让读者对于司法诉讼的主要问题有一个基本的了解。

6.5.1　1970年的污染责任除外

20世纪70年代初以前,综合责任保单中没有关于污染或者有害废物的条款。由于没有其他防御措施,从保单的前提和操作部分看,环境责任是包含在保障范围之内的。70年代初,保险人开始将部分环境污染索赔列为除外责任。下面一段话是部分污染除外责任的标准表述:

> 本保险不承保因向土地、大气或任何河道、水库内或其上排放、散布、释放或泄漏烟尘、蒸汽、煤烟、酸、碱金属、有毒化学物品、液体或气体、废品或其他刺激性的污染物而造成的人身伤害和财产损失;但如果这些排放、散布、释放或泄漏是突然和意外发生的,则不属于除外责任。[46]

保险人认为这一规定的目的就是免除所有类型的污染索赔责任,除非这些责任是由"突然和意外的"污染散布事件所导致的。他们试图免除由"缓慢泄漏"事件所引起的"渐进污染"索赔责任。这种缓慢泄漏事件没有人追究和纠正,然而多年之后可能会引发严重的污染问题。但保险人仍然将由突然和意外的风险事件导致的污染,例如化学物品储存罐发生爆炸,列为承保责任。

"突然和意外的"这一术语已经成为大量诉讼案件所关注的焦点问题。保险人强调这种事件必须发生在瞬间或者非常短的时间段内。而作为责任人的保单持有人却认为这一术语只表示"非故意的或意外的"而不包括任何"瞬时"的意思。一些法庭求助于字典来帮助判案,但这种判决取决于所选取的特定的解释，因此，一些判决有利于保险人，而另外一些则有利于保单持有人。那些有利于保单持有人的判决否定了除外责任，因此，突然的和渐进的污染事件都在保障范围之内。更复杂的是，一些保险机构为了给污染责任除外辩解，声称这一除外规定仅仅是对现有保单措辞的澄清而不影响保单的保障范围。毫无疑问，这些辩解已经被保单持有人在法庭上用来作为证据，从而将保险人置于很不利的地位。[47]

6.5.2 1986年的污染责任除外

20世纪80年代，保险服务协会开始扩大污染除外责任的范围，把包括突然的和渐进的污染在内的绝大多数的污染和有害废物责任索赔都排除在综合责任保险的保单保障范围之外。这一规定如下所述：

本保险不适用于：

（1）由事实上、所谓的或威胁进行的污染物的排放、散布、释放或泄漏所造成的"人身伤害"或"财产损失"：

  （a）发生于或来自你拥有、租借或占用的房屋；

  （b）发生于或来自你或他人使用的、或为你或他人服务的处理、储存、丢弃或加工垃圾的地点；

  （c）你或你负责的由他人或组织在任何时间运输、处理、储存、加工或丢弃的污染物；

  （d）你、或直接或间接为你工作的承包人或转包人在任何地点有如下行为：

    （i）如果由于这些行为而导致污染物被排放到这些地点；

    （ii）如果这些施工是为了检测、监督、清理、清除、处理、解毒或者中和污染物；

（2）任何由政府指示或要求而进行的检测、监督、清理、清除、处理、解毒或者中和污染物过程中的损失及费用。[48]

尽管保险人试图运用所谓的"绝对"污染除外责任条款来免除绝大多数的污染索赔责任，但一些责任仍然在保障范围内。例如，涉及环境污染的产品索赔责任就没有被免除。[49]

6.5.3 赔偿范围

根据保险服务协会的规定，综合责任险保单通常认定保险人会：

支付由被保险人在保单有效期内有意或无意地导致并依法应该予以赔偿的人身伤害或财产损失。[50]

保险人认为政府在超级基金项目下主导的有害废物清理工作的费用不是"被保险人依法应该支付的赔偿金"，因此，这些责任不能在责任保险中得到保障。他们声称这些费用是经济损失，相当于同等的经济救济而不是法律救济，即不是由法律所规定的赔偿金额。相反，保单持有人却认为保单措辞不清，应该被理解为对于损失的一般定义，也就是说应该将清理费用包括其中。

与赔偿范围紧密相关的一个问题是与财产损失相关的"期望或意图"这一术语。责任保单从来没有承保有意造成的或者可预期的财产损失，例如纵火。通用的和专门的保单措辞都要求财产损失是"被保险人不可预期的或意外造成的"，这些都对保障范围提出了质疑。

如果这一规定适用的话，保险人认为由污染或有害废物所造成的财产损失不应该在保障范围之内，因为他们或者是有意的，或者至少应该被保单持有人预期到。相反，保单持有人却说他们那样做不是有意的，也就是说是意外，或者即使他们的做法是有意的，他们也不希望或者预期造成财产损失。在这一问题上，法庭判决大相径庭。正如对这一问题的分析所表明的那样，主观意图以及保单持有人的理性预期将决定判决的结果。[51]

6.5.4 保障的触发机制

石棉案例中已经建立了三重或连续触发机制，但在有害废物诉讼中还没有类似清晰的规定。显然，作为潜在责任人的保单持有人要求采用更加严格的三重或连续触发机制，以便使他们的保障最大化。例如，在涉及壳牌石油公司的一起诉讼中，壳牌状告1947~1983年间向它提供保障的260名责任保险人（原保险人和再保险人）。壳牌要求获得10亿美元的赔偿以支付它在科罗拉多和加利福尼亚州负有责任的两个有害废物堆放点的清理费用。[52] 相反，保险人则或者要求采取接触触发机制（当有害废物被排放时）或显示触发机制（当清理命令或诉讼发生的时候）。[53] 很显然，触发机制的最终确定对于潜在责任人和保险公司都有着非常显著的影响。

6.5.5　辩护的职责

责任保险保单的标准条款规定保险公司有权利也有义务在任何由保单承保责任所引起的诉讼案件中为保单持有人辩护。辩护费用包括律师费、法庭费用、专家作证费用、调查费用、研究费用以及与辩护相关的其他费用。

当保单中确定保险人必须支付辩护费用的时候，关于这个问题没有任何争议。但在其他一些案件中，保险人也可能会被要求提供辩护费用。一般来说，保险人辩护的职责比对人身伤害和财产损失进行赔偿的职责更加宽泛。

典型的保单措辞如下所示：

> 当被保险人因造成他人人身伤害或财产损失而遭到索赔诉讼时，即使这些诉讼请求是无根据的、虚假的或者是欺诈的，保险人都有权利和义务为被保险人提供辩护。[54]

作为潜在责任人的保单持有人认为当环保署根据超级基金法案向他们提起诉讼时，即使他们不需要支付清理费用，保险人也有义务为他们辩护并提供辩护费用。另外，保单持有人认为当他们收到由环保署发出的把他们定位为清理费用潜在责任人的信件时，保险人也有义务像应对诉讼那样为他们进行辩护。

另一个棘手的问题是辩护费用的金额限制。在大多数综合责任保单中，对于辩护费用没有专门的限制。当辩护费用超出保单限额时，保单中对于人身伤害或财产损失的最大赔偿金额就成为保险公司辩护费用支出的上限。1966年以来，保险人通常会在保单中做出说明，规定当辩护费用超出对于人身伤害或财产损失的赔偿上限时，保险人就要停止支付进一步的费用。保险服务协会的标准表述如下：

> 保险人对于诉讼费用或结案费用的支付金额达到保额上限之后，即可不再支付进一步的辩护费用或赔偿金。[55]

涉及1966年前后所签发保单以及辩护费用的类似问题在石棉诉讼中也颇有争议。由于1966年之前签发的保单对于保险人所承担的辩护费用没有明确的限制，正如在超级基金案件中那样，石棉索赔诉讼中的保险人在这一时期签发的保单特别容易遭受超额辩护费用的损失。

如果辩护费用包含在保额上限之内，那么人身伤害、财产损失和辩护费用支出的总额就应受到这一保额的限制。对于这种类型的保单，辩护费用缺乏限制的问题就不再成为问题。一旦人身伤害、财产损失和辩护费用中的任何一项或其组合的赔偿金额达到了保额上限，保险人的责任即告终止。[56]

6.5.6 保险事件发生的次数

责任保险中的限制条款通常表述为每保险事件赔偿X元（也可能按照每个受伤个体赔偿）。旧的保单按照每个保险事故而不是保险事件来规定赔偿上限。这一规定的基本目的是为保险公司在某一特定事件或损失中对于人身伤害或财产损失的赔偿金额设置一个上限。

如果有害废物或污染事件涉及多个索赔诉讼，就会产生相关保险事件应该被当成一次还是多次的问题。例如在1984年的杰克逊小镇案件[57]中，因掩埋于地下的垃圾渗漏进饮用水而引发了多起索赔案件，法庭认定他们属于不同的保险事件。这一判决提高了保险公司潜在的赔偿责任，因为整个保单的保额限制变成了对于单个保险事件的限制。

1986年以来，综合责任险保单开始应用年度赔偿总额限制。这种限制规定了保险公司在某一特定的年度的责任上限，而不管保险事件发生的次数。早期的保单，至少是主要的保单没有这种年度总额限制（超额和伞式保单通常有年度赔偿总额限制），而这一部分却很容易导致污染和有害废物的索赔诉讼。保险人可能会因这些早期的保单而招致超出他们对于每个保险事件责任限制的巨大的赔偿责任。而且，随着新的原告的产生，保单上限可能永远不会穷尽，并且还会导致额外的辩护费用损失。[58]

第6章
传统的可持续风险：石棉和超级基金

6.5.7 保管和控制责任除外

责任保险保单有一项叫做"保管和控制责任除外"的条款，具体如下所述：

本保险不适用于下列情况下的财产损失：

（1）由被保险人拥有、占有或租借的财产；

（2）由被保险人使用的财产；

（3）由被保险人保管或控制或者由于某种原因而事实上控制的财产。[59]

这一条款的作用是将由保险人保管或控制的财产的损失赔偿责任排除在保单保障范围之外。对于这些财产的损失可以在财产保险那里得到更好的保障。

在有害废物污染索赔案件中，在保单所有人拥有的财产上所进行的清理工作的费用不在保障范围之内。但如果垃圾是由另一个公司从被保险人那里运送到另一个废物堆放点的话，这一除外责任就不适用。当有害废物可能会污染被保险人财产下面的地表水源或需要花钱来阻止污染扩散到临近财产上去的时候，对于这一除外责任是否适用的争论就产生了。保险人坚持认为这些情况不应该在保障范围内，而作为潜在责任人的保单所有人却认为应该赔偿。[60]

6.6 保险保障诉讼的结果

在1994年的一篇文章里，我讨论了各种遭受诉讼的保障问题并且统计了保险人和保单持有人在这些诉讼中的成功率。[61]研究结果显示在表6-3中。在有关像1970年和1986年的污染除外方面，法庭判决有利于保险人；在像损失保障和辩护责任等其他问题上，法庭判决有利于保单持有人。不过总体上来说，根据那次研究的数据，保险人和保单持有人在所有保障诉讼问题和各种司法问题上的成功率大致相等——保险人为48%，而保单持有人为52%。由于一些中止诉讼的手续还在进行当中（比如，没有趋势分析并且案件的双方胜算各半），我在1994年的研究中不得不做出这样的结论，即环境领域的保险保障诉讼问题非常复杂，在对保险人和保单持有人的倾向性方面还相当不确定。

表6-3　　　　　　　　　　保险保障诉讼概要

问　题	保险人 美国再保险公司	保险人 奥谢斯基、韦林和赛拉芬	保单持有人 美国再保险公司	保单持有人 奥谢斯基、韦林和赛拉芬
1970年污染除外	67	37	40	27
1986年污染除外	38		9	
损失保障范围	27	7	59	27
保障触发机制	21	25	19	25
辩护职责	15	11	19	21
保险事件的次数	17		16	
保管和控制责任除外	9	5	17	19
总　计	194	85	179	119
	52%	42%	48%	58%
权　重	48%		52%	

资料来源：丹·安德森，《保险保障诉讼以及超级基金中有害废物强制清理责任对于保险业的财务影响》，《保险监管期刊》，第13卷，第1期，1994年秋，第53~96页。

当我在进行研究的时候，我所使用的一个主要的数据来源是由美国再保险公司出版的《环境保障诉讼案例》。美国再保险公司是美国一家重要的再保险商，目前归属慕尼黑再保险集团。美国再保险的研究逐个审查了各个案例在美国各种司法辖区下（联邦、州、地方）的判决结果。美国再保险的数据显示，由于不涉及宪法问题，保险保障案件很少能（如果能的话）上诉至美国最高法院，这使得达成共识的问题更加复杂。

我在1994年的研究中使用了1993年的第四版资料，但是美国再保险一直以来每年都发布他们的研究报告，最近的一期已经到了第十五版（2004）[62]。在这一版中，美国再保险第一次为联邦和州政府对

第6章
传统的可持续风险：石棉和超级基金

于各个保障问题的决议编制了索引。仔细阅读这些索引就会发现我在1994年所发现的联邦各个部门和州政府对于这些问题缺乏共识的状况在2004年依然存在。在特定的司法辖区中或特定的州里可能对某一特定问题形成了决议，但是作为公司的保单持有人和保险人经常跨越很多州来经营，他们可以对司法辖区进行选择。对于这些保单持有人和保险人来说，预测一项保障问题在总体上会被怎样解读是非常困难的。

6.7 石棉和超级基金责任的最终财务影响

石棉和超级基金责任的最终财务影响将高达数千亿美元。表6-2所示的多项研究对于超级基金责任的估计在1 000亿～10 000亿美元之间。超级基金项目自启动以来筹集并支付的费用已经超过300亿美元。这些钱主要花在由环保署所进行的对无人负责的堆放点和其他堆放点的清理工作上。环保署的数据显示私人责任人在超级基金项目下的花费总额超过了180亿美元。因此，截止到目前，大概有500亿美元花在了超级基金场地上。

这些数字仅仅针对超级基金场地，而不包括各州的小型超级基金场地。根据表6-2中所示的田纳西大学的研究，支付非超级基金堆放点上的费用预计将达到超级基金费用的四倍。这意味着除了超级基金所花费的500亿美元外，还将花费2 000亿美元。即使非超级基金场地的清理费用与超级基金费用相同，目前为止所花费的总的费用也将高达1 000亿美元。我在这里的目的不是去详细分析超级基金和其他有害废物堆放点的花费的财务影响，而是去表明一个事实，即至少我们正在见证当前和未来需要花费成千上万亿美元。

到目前为止，石棉责任的花费也在同样的数量级上。2001年6月，最主要的精算和风险管理咨询公司——通能太平咨询公司估计，石棉责任的总的花费将达到2 000亿美元。[63]兰德民事司法研究所已经进行了若干项与石棉相关的研究，它估计截至2000年，石棉诉讼的费用已经达到了540亿美元，未来的花费将介于1 450亿～2 100亿美元之间。[64]据估计未来将会有250万新的索赔产生。[65]可以很肯定地说，石棉责任将像超级基金责任一样花费数千亿美元的资金。

6.7.1 保险人责任

通能太平咨询公司估计保险公司承担了石棉索赔的61%的成本,其中美国保险公司负担了30%,而外国保险公司负担了31%。[66]关于环境索赔的比例分担情况我不是很清楚,但基于我前文中对于保险保障的分析,我认为潜在责任人所支付的50%的资金出自保险公司这种估计比较合理。保险人和评级机构一直试图估计环境(主要是超级基金)和石棉责任对于保险业的影响,这些估计建立起了一个叫做"环境和石棉责任"的统一范畴。环境和石棉责任给保险人带来了类似的难题,因为他们都涉及巨大的费用,导致了长期的责任,触发了旧的保单并且都预期未来会有巨大的现金流出。

1995年,一项由标准普尔进行的研究预计,保险人在未来对于环境和石棉责任赔付的金额为1 250亿美元。[67]A. M. 百斯特公司在1997年的一项研究中估计,保险人的最终支出(包括过去和未来)将达到1 060亿美元。[68]A. M. 百斯特公司在2001年5月的一次报告中预计,环境和石棉责任支出将达到1 210亿美元,其中石棉责任支出650亿美元,环境责任支出560亿美元。截止到2001年5月,大约有440亿美元已经支付,另外770亿美元也将在未来进行赔付。A. M. 百斯特公司指出,保险人在2001年仅提取了240亿美元的损失准备金,这一数额大约是预期未来支出额的1/3。[69]

6.7.2 损失准备金

随着石棉和环境索赔支出的增长,保险人也不得不增加他们对于这些责任的准备金。损失准备金是对保险人在未来因某一风险集合所要赔付的金额的一种估计。在保险人的资产负债表上,损失准备金是作为负债被列示的。表6-4反映了保险人在20世纪90年代中期进行的几项主要的准备金调整。图6-1显示了保险人在2002年进行的几项主要的准备金调整。虽然这些调整不完全是因为环境和石棉索赔的增长,但其中绝大多数与这些索赔有关。2003年,哈特福德金融服务集团将石棉

第6章
传统的可持续风险：石棉和超级基金

责任的准备金提高了 17 亿美元[70]，而旅行者保险公司也将石棉责任准备金提高了 24 亿美元。[71]2004 年 7 月，圣保罗旅行者保险公司也增加了 16.3 亿美元的准备金，[72] 随后又于 2005 年 3 月增加了 10.1 亿美元。[73] 2004 年秋季，自由相互保险集团也将它的石棉责任准备金增加了 11 亿美元。[74]2005 年 1 月，百慕大安达保险公司将它的石棉和环境责任准备金增加了 7.88 亿美元，而在 2005 年 5 月，美国国际集团也将它的准备金提高了 8.5 亿美元。[75]即使进行了这些调整，保险人所提取的准备金仍然不能与最终的环境和石棉责任相匹配。

表 6-4　　　　20 世纪 90 年代中期的损失准备金增加　　　　单位：美元

安泰	750 000 000
奥尔斯泰特	400 000 000
信诺集团	1 200 000 000
ITT 哈特福德	510 000 000
坎贝尔	550 000 000
福来曼基	800 000 000
全国保险	1 100 000 000
瑞再美国	700 000 000

资料来源：

《奥尔斯泰特提高环境保险的准备金率》，《商业保险》，1996 年 10 月 14 日。

A.M. 百斯特，《保险行业面临抉择》，《Best 评论（财产保险版）》，1996 年 1 月。

A.M. 百斯特，《新时代选择生存还是繁荣》，《Best 评论（财产保险版）》，1997 年 1 月。

《ITT 哈特福德提高准备金率》，《商业保险》，1995 年 4 月 10 日。

萨拉·玛莉，《瑞士再保险提高美国准备金率》，《商业保险》，1995 年 4 月 10 日。

迈克尔·奎恩特，《一项超级法案计划分裂了保险业》，《华尔街日报》，1994 年 6 月 10 日。

莱斯莉·西斯姆，《福来曼基将污染赔付准备金提高到了 14 亿美元》，《华尔街日报》，1995 年 6 月 23 日。

莱斯莉·西斯姆，《安泰将损失准备金提高了 7.5 亿美元》，《华尔街日报》，1995 年 7 月 12 日。

埃里克·斯普芬、多尔森·史密斯和森西亚·巴比特，《保险公司提高环境保险准备金》，《Best 评论（财产保险版）》，1996 年 4 月。

丹·安德森，《美国环境责任风险管理和保险的发展：教训和机遇》，《风险管理与保险评论》，1998 年夏，第 2 卷，第 1 期，第 1~23 页。

企业生存
可持续风险管理

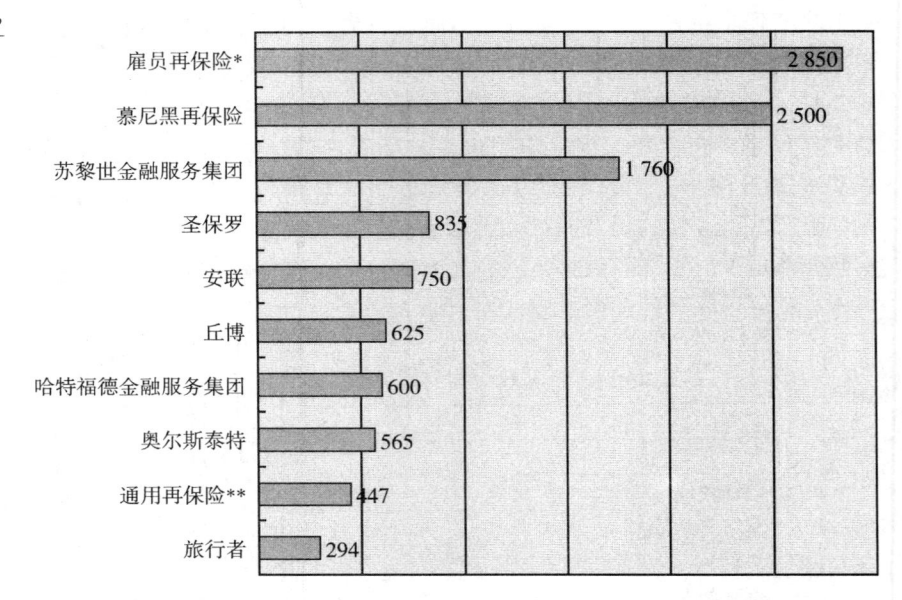

保险人	金额
雇员再保险*	2 850
慕尼黑再保险	2 500
苏黎世金融服务集团	1 760
圣保罗	835
安联	750
丘博	625
哈特福德金融服务集团	600
奥尔斯泰特	565
通用再保险**	447
旅行者	294

图 6-1　2002 年损失准备金增加最多的保险人（单位：百万美元）

注：＊通用电气的一部分；

　　＊＊由波克希尔·哈撒韦控制。

资料来源：克里斯多佛·奥斯特，《保险公司继续为过去的梦魇所折磨》，《华尔街日报》，2002 年 12 月 5 日。

最近的一项法庭判决给保险人带来了潜在的现金流出问题。通常，环境和石棉赔付需要一段很长的时间才能完成。保险人将这种赔付称为"长尾赔付"。尽管保险人可能会在它的资产负债表上列示庞大的责任准备金，但下一年度实际需要支出的数额只是最终支出数额的很小的一部分。在赔付最终以现金的形式支出之前，保险人可以将这些准备金用于投资。2002 年，法庭对于弗勒·奥斯丁绝缘产品有限公司诉福来曼基保险公司一案[76]的判决涉及到石棉责任的保险赔付应于何时存入因弗勒·奥斯丁公司破产所建立起来的信托基金中去的问题。保险人需要立即将未来期望赔付全部存入到这一基金中，而不是在索赔真正产生时才存入。从内部现金流规划的角度来说，长时间的赔付期间相当于为损失准备金打了折扣。如果支出需要立即兑现，那么保险人将失去这些资金的时间价值。如果这一先例得以延续的话，石棉索赔以及其他长尾风险对于保险业的财务影响将更加严峻。

6.7.3 重组

环境和石棉责任除了给保险人带来严重的负面财务影响外，还迫使一些保险人采取新的重组措施来降低损失。基于责任基础上的伦敦劳合社[77]、胡姆/苏黎世保险[78]、信诺集团[79]以及大陆/CNA保险集团[80]的重组很大程度上是为了缓解环境和石棉责任所带来的财务压力。

伦敦劳合社的重组特别值得一提。劳合社是世界上最古老而且很可能是最受尊敬的保险组织。300年来，它成功地为航海风险、自然灾害以及众多独特而复杂的风险提供了保险和再保险的保障。但是环境和石棉索赔却几乎让它破产。20世纪后半叶劳合社是承保大公司的超额责任风险以及向承保超额责任风险的保险人提供再保险的主要市场。劳合社对于数百家公司的超额责任保险都承担着保障责任。当环境和石棉索赔开始风起云涌的时候，超额责任保险收到了数量庞大的索赔请求。劳合社的许多个人保险商和保险辛迪加都被淘汰出局。直到在20世纪90年代末的一次重大重组中引入了公司资本并将所有的环境和石棉索赔案件归入了一个叫做埃克特斯的公司实体中去，这才将劳合社从看起来不可避免的破产命运中拯救过来。

6.7.4 再保险

保险业在再保险环节上的薄弱也可能导致财务困难。再保险人为保险公司提供保险。当一家保险公司签订了一个大的风险保单，通常会将部分潜在损失分保给再保险市场。如果保险公司需要承担所有的损失，它就可能出现财务困难。例如在2002年圣保罗保险公司为西麦克阿瑟公司受到的石棉索赔诉讼支付了将近11亿美元的赔款。[81]而同样在2002年，匹兹堡工业公司同意支付27亿美元来解决由匹兹堡康宁公司破产而导致的所有石棉索赔案件，而保险商和再保险商据估计会承担这一数额的2/3。[82]

在这些大的损失事件中，保险人需要依靠他们的再保险人来分担损失。由标准普尔最近进行的一项题为《保险人和再保险人：冲突的来龙去脉》[83]的研究指出了再保险市场发展的一些不和谐因素。标准普尔指出，再保险人没有上调它们对于环境和石棉索赔责任的准备金。标准普尔的信用分析师莱朗·卡瓦略指出，"2003 年再保险人增加的准备金比前两年要少得多，更低于原保险人自 2002 年第四季度以来所增加的准备金数量"。[84]

研究还表明，再保险公司的财务评级正在下降。从 2001 年到 2004 年，19 家主要再保险商中的 15 家在标准普尔的评级都有所下降。2001 年，有 5 个再保险商被评为最高的 AAA 级，但到 2004 年，只剩波克希尔·哈撒韦一家仍保有这一头衔。再保险市场以及再保险商的偿付能力和偿付意愿的任何疲软迹象都将会加剧环境和石棉索赔给保险业带来的负面财务影响。

6.7.5 保险业的损失分布不均衡

当前环境和石棉责任在保险行业并不是平均分布的。鉴于大多数的潜在责任人或石棉案件的被告都是公司、商行或其他组织，因此他们的保险人都是提供综合责任保险的商业保险人。1939 年以来，A. M. 百斯特公司一直在编纂列有主要责任保险承保人的统计资料并且将其发表在《百斯特评论》和/或《百斯特总体与平均分析》的刊物上。责任保险主要由综合责任保险构成，但也包括一些专门的责任保险。

在以前进行的一次研究中，我使用 A. M. 百斯特公司的数据计算出了 1939～1991 年间最大的 5 家、10 家、15 家责任保险的承保人所占的市场份额。最大的 5 家承保人在多数年份里都大概占有 25%～30% 的市场份额；最大的 10 家承保人在多数年份里大概占有 35%～45% 的份额；而最大的 15 家承保人大概占有 45%～60% 的份额。由标准普尔编纂的表 6-5 揭示了前 15 大保险人在 1948～1985 年间的市场份额总计约为 63.1%。1986 年以后的数据不包括在这些研究之内，因为从那以后，综合责任保险保单中将石棉和环境责任列为除外责任。这些市场份额的数据表明有相当一部分石棉和超级基金责任落在了屈指可数的几家大的商业保险人身上。[85]

第6章
传统的可持续风险：石棉和超级基金

表 6-5　　1948~1985 年"其他责任"保险的综合市场份额*　　单位:%

安泰	6.8
美国国际集团	5.6
丘博	2.7
信诺	4.5
CNA	4.7
大陆	4.3
福来曼基	3.4
ITT 哈特福德	6.1
自由相互	4.2
全国保险	3.5
德法集团	0.6
埃雷根	4.4
旅行者	5.9
USF&G	4.4
苏黎世/马里兰意外伤害保险	2.0
合　计	63.1

* 基于扣除再保险的净保费收入。该表只反映美国保险公司的保费收入份额；包括美国保险公司在海外的数据；其他责任保险包括综合责任保险、过失和排放责任保险和一些专门的责任保险。

资料来源：标准普尔。

6.8　分布的不均衡阻碍了联邦解决方案的产生

当有人建议通过联邦立法改变当前的融资体系的时候，这种分布的不均衡就会使问题变得复杂。例如，1994 年，有人建议通过联邦立法来降低超级基金诉讼并制定一项在保险业进行费用分摊的方案。在被提议的法案中，如果潜在责任人同意与保险人达成谅解并停止诉讼的话，保险业将同意缴纳强制的保费税。根据各州的情况，保险人将支付

40%、50% 或 60% 的费用，而且，如果有 85% 的保单持有人同意的话，一项无需诉讼的解决方案就可以达成。

然而一系列的问题阻碍了法案的通过，其中主要的问题是保险业自身在保费税如何分配这个问题上无法达成共识。那些在历史上承保了大多数综合责任保险的大的商业保险公司，像安泰、哈特福德和旅行者（也就是承担了目前大部分赔付责任的保险人）认为针对未来保费征收可预期的保费税的方案应该被采纳。而像美国国际集团和丘博等在目前的综合责任保险市场占据了大部分份额的大的商业保险公司却反对这一方案，要求采取建立在过去市场份额基础上的可追溯的保费税方案。当立法建议要求在除责任保险以外的更加宽泛的保费当中分摊相关费用时，像德法保险集团等主要承保个体投保人的汽车和屋主保险的保险商则持反对意见。[86]

当人们试图通过立法来提高石棉责任赔付领域的效率和确定性的时候，也遇到了类似的问题。在 2003、2004 和 2005 年，美国国会接手了通过《费尔法案》解决石棉索赔问题的任务。这项立法将会建立一项信托基金，而这一基金将代替民事侵权体系来支付石棉索赔者的费用。同样，一些主要问题，例如信托基金的总额，阻碍了法案的通过。早先的版本建议基金的规模为 1 540 亿美元，这得到了原告律师的支持，但最近的版本将总额定为 1 140 亿美元，而这得到了保险人和石棉案件被告们的支持。这 1 140 亿美元中的 460 亿美元是由保险公司在 27 年间所缴纳的，580 亿美元是由作为报告人的石棉公司在 23 年间支付的，其余的 100 亿美元将由被告公司在 23 年后支付。尽管后一个版本已经获得通过，保险业仍然没有就这 460 亿美元的具体分配问题达成一致。这一分配问题与超级基金立法建议中遇到的问题很相似。是所有的份额都应该由那些在历史上承保了石棉责任被告的大的商业保险人承担还是应该在其他保险人中间进行更为广泛的分配？外国再保险人应该贡献多少份额，以及他们是否应该贡献这些份额的问题也被提了出来。[87]

6.9　从石棉和超级基金诉讼中得到的教训

石棉和超级基金风险问题的一个建设性的作用就是它们所提供的有价值的经验可以帮我们合理地发展可持续风险管理战略。公司、保险人

第 6 章

传统的可持续风险：石棉和超级基金

和社会经历石棉和超级基金责任的困境也许是必要的，因为它可以扭转我们在未来面对类似性质的风险时的态度。在我看来，如果公司不能建立并实施可持续风险管理战略，未来环境和社会诉讼风险所导致的责任将给公司和保险业带来比石棉和超级基金更大的问题。本书关注的问题之一就是去阐释并证明为什么未来环境和社会诉讼风险将会非常显著，忽视这些风险将带来巨大的损失。石棉和超级基金风险问题进一步证明了忽视可持续风险的发展所能造成的潜在损失。石棉和超级基金风险问题的教训包括：

第一，环境压力、日益严重的与化学物品和其他有害物质的接触以及持久的不平等的工作条件的积聚就像是过去石棉和有害废物的积聚一样。这些潜在风险聚集的时间越长，它们最终所造成的财务和声誉的损失就越严重。假如在 20 世纪 30 年代当石棉的毒性首次被揭示的时候采取措施来应对的话，最近这些年由石棉被告和他们的保险人所支付的费用将会大大减少。假如在 20 世纪 60 年代早期，当雷切尔·卡森和其他一些人开始关注化学物质接触的风险的时候，超级基金法案就获得通过的话，潜在责任人和他们的保险人所支付的费用也会大大降低。公司为当前的风险建立可持续性风险管理战略所花费的时间越长，他们及他们的保险人在未来所遭受的损失就越大。

第二，即使企业可以在今天不为他们所造成的损失负责，但这并不意味着他们对于责任的免疫力会一直持续下去。这些风险的损失可能会延迟出现，但却是不可避免的。一项新的研究、一部新的法案、一个创新的法学理论、一本新发现的档案文件或者伤害或损失的更明显的表现都会在未来的某个时候激活这些责任并给责任人带来财务和声誉的损失。石棉生产者和有害废物的排放者几十年之后才开始直接承担责任并进行赔付。这对于向这些生产者和排放者签发责任保单的保险人也是一样。但是后来他们的风险状况被一项重大事件所急剧改变：施里科夫的研究之于石棉生产者、《超级基金法案》之于有害废物的排放者以及金恩判决之于保险人。那些可以在今天逃避破坏环境和虐待工人所带来的责任的行业，在未来的某个时间将无法再继续逃避并将为此付出沉重代价。而且，最终这些代价中的一部分会转移到它们的保险人身上。

第三，由超级基金和石棉责任所导致的数千亿美元的损失对于许多公司来说是非常严重的，而对于一些公司来说更是致命的。我认为，未

企业生存
可持续风险管理

来环境和社会司法诉讼风险的潜在损失将超过超级基金和石棉责任的损失。回想在第1章中所估计的生态系统每年能创造33万亿美元的价值,假如这些价值中的一小部分变成公司责任,那么由此产生的费用将是巨大的。你会将多大的价值赋予清洁的水源和空气呢?如果公司的过失行为导致了我们的水源和大气系统的破坏,其责任将会是上万亿而不仅仅是几千亿美元的问题。

第四,类似于超级基金和石棉风险的可持续风险所导致的责任被转移给了后代。20世纪30年代、40年代、50年代、60年代和70年代的石棉生产企业的管理者和股东以及有害废物的排放者并没有承担后来所发生的损失。承担这些损失的是20世纪80年代、90年代和21世纪初的管理者和股东以及污染的受害人。显然,这是一种不公平的状况,没有能够将损失分配给相关责任人。今天致力于为股东产生短期利润而忽视了对未来的股东可能造成的损失的公司,将在未来面临严重的可持续风险。我相信日益提高的透明性、非政府组织和股东集团的压力连同责任发展的趋势以及政府管制都将促使这一情况出现。

第五,一旦石棉和超级基金诉讼达到了一定程度,它们就获得了某种动力和惯性。石棉索赔已经持续了30年,而超级基金项目也有25年的时间了,但似乎还没有可行的退出机制。石棉被告、潜在责任人和他们的保险人已经遭受了巨大的财务损失。在一些案例中,甚至导致了公司的破产。由于各个群体的利益冲突,甚至是像在保险业那样同一群体不同成员之间的利益冲突阻碍了通过联邦立法来设计一套长期退出机制。虽然现在想改变过去的石棉和超级基金责任为时已晚,但在应对本书中所讨论的可持续风险方面我们还有充足的时间。通过建立一套有效的可持续风险管理战略,公司和他们的保险人将能够避免重蹈石棉和超级基金责任的覆辙。而对于那些对此无动于衷的公司和保险人来说,正如人们所说的那样,历史将会重演。

本章附注

① Susan Warren, "Asbestos Quagmire," Wall Street Journal, January 27, 2002; Shailagh Murray and Kathryn Kranhold, "Asbestos Factions Struggle to Settle Their 30-Year War," Wall Street Journal, October 15, 2003.

第 6 章
传统的可持续风险：石棉和超级基金

② Mary Carmichael, "Asbestos: Still Lurking," *Newsweek*, March 22, 2004.

③ Richard B. Schmitt, "How Plaintiffs' Lawyers Have Turned Asbestos Into a Court Perennial," *Wall Street Journal*, March 5, 2001.

④ Lorraine Woellert and Steven Baker, "Asbestos Clouds Over MetLife," *Business Week*, April 19, 2004.

⑤ Paul Brodeur, *Outrageous Misconduct*, New York: Pantheon, 1985. 1985 年本书以 "The Asbestos Industry on Trial" 为题在《纽约人》杂志上分四期连载。

⑥ Deborah Hensler, Stephen Carroll, Michelle White, and Jennifer Gross, *Asbestos Litigation in the U. S. : A New Look at an Old Issue*, Santa Monica, CA: Rand Institute for Civil Justice, August 2001.

⑦ Russell Gold, "Halliburton Finalizes Settlement For $5.1 Billion Over Asbestos," *Wall Street Journal*, January 4, 2005.

⑧ Joseph Chang, "Investors Turn Spotlight on Chemical Industry Environmental Liabilities," *Chemical Market Reporter*, New York, January 21, 2002, Vol. 261, Iss. 3.

⑨ "The Asbestos Monster: How Scary for Halliburton?" *Business Week*, December 24, 2001.

⑩ Richard B. Schmitt, "How Plaintiffs' Lawyers Have Turned Asbestos Into a Court Perennial," *Wall Street Journal*, March 5, 2001.

⑪ Kathryn Kranhold, "GE Financial Exposure On Asbestos May Grow," *Wall Street Journal*, April 28, 2003.

⑫ Susan Warren, "Asbestos Quagmire," *Wall Street Journal*, January 27, 2002.

⑬ Dan R. Anderson, "Financing Asbestos Claims: Coverage Issues, Manville's Bankruptcy and the Claims Facility," *Journal of Risk and Insurance*, Vol. LIV, No. 3, September 1987.

⑭ Daniel Gross, "Recovery Lessons From an Industrial Phoenix," *New York Times*, April 29, 2001.

⑮ Deborah Hensler, Stephen Carroll, Michelle White, and Jennifer Gross, *Asbestos Litigation in the U. S. : A New Look at an Old Issue*, Santa Monica, CA: Rand Institute for Civil Justice, August 2001.

⑯ Susan Warren, "As Asbestos Mess Spreads, Sickest See Payouts Shrink," *Wall Street Journal*, April 25, 2002.

⑰ Susan Warren, "Asbestos Quagmire," *Wall Street Journal*, January 27, 2002.

⑱ Dan R. Anderson, "Financing Asbestos Claims: Coverage Issues, Manville's Bankruptcy and the Claims Facility," *Journal of Risk and Insurance*, Vol. LIV, No. 3, September 1987.

⑲ 同上。

⑳ Ridgway M. Hall, Jr., Tom Watson, Jeffery J. Davidson, and David R. Case, *Hazardous Waste Handbook*, 5th Edition, Rockville, MD: Government Institutes, 1984.

㉑ David Dybdahl and Rod Taylor, "Environmental Insurance," *Commercial Liability Risk Management and Insurance*, 5th Ed., by Donald S. Malecki and Arthur L. Flitner, Malvern, PA: American Institute, 2001.

㉒ EPA, Superfund Accomplishment Figures, Summary Fiscal Year (FY) 2003.

㉓ Katherine Probst and David Konisky, *Superfund's Future: What Will It Cost?* Washington D.C.: EPA, Resources for the Future, 2001; Katherine Q. Seelye, "Bush Proposing to Shift Burden of Toxic Cleanups to Taxpayers," *New York Times*, February, 24, 2002.

㉔ Standard & Poor's, "Environmental Liability Strains P/C Insurers," *Credit Week*, October 30, 1995.

㉕ United States General Accounting Office, *Hazardous Waste Sites: State Cleanup Status and Its Implications for Federal Policy*, CAO/RCED-89-164, August 1989; Dan R. Anderson, "Financial and Organizational Impact of Superfund – Mandated Hazardous Waste Liabilities on the Insurance Industry," *CPCU Journal*, Vol. 49, No. 1, Spring 1996.

㉖ Dan R. Anderson, "Financial and Organizational Impact of Superfund – Mandated Hazardous Waste Liabilities on the Insurance Industry," *CPCU Journal*, Vol. 49, No. 1, Spring 1996.

㉗ Katherine Q. Seelye, "Bush Proposing to Shift Burden of Toxic Cleanups to Taxpayers," *New York Times*, February, 24, 2002.

㉘ Carol Browner, "Polluters Should Have to Pay," *New York Times*, March 1, 2002.

㉙ Tom Zeller, "The Future of Superfund: More Taxing, Less Simple," *New York Times*, March 24, 2002; Jennifer S. Lee, "Drop in Budget Slows Superfund Program," *New York Times*, March 9, 2004.

㉚ Jennifer S. Lee, "Drop in Budget Slows Superfund Program," *New York Times*, March 9, 2004.

㉛ *Superfund: Building on the Past, Looking to the Future*, Washington, D.C., USEPA, April 22, 2004.

㉜ Felicity Barringer, "Polluted Sites Could Force Shortage of Cleanup Money," *New York Times*, August 16, 2004.

㉝ Jan Paul Acton, *Understanding Superfund*, Santa Monica, CA: Rand Corporation, Institute for Civil Justice, 1989.

㉞ *Superfund: Building on the Past, Looking to the Future*, Washington, D.C.,

USEPA, April 22, 2004.

㉟ Joan T. Schmit, Dan R. Anderson, and Timothy Oleszczuk, "An Analysis of Litigation Claiming Joint and Several Liability," *Journal of Risk and Insurance*, Vol. LVIII, No. 3, September 1991.

㊱ Carolyn Aldred, "Property Insurers to Reword Pollution Exclusion," *Business Insurance*, February 29, 1988.

㊲ Dan R. Anderson, "Financial and Organizational Impact of Superfund-Mandated Hazardous Waste Liabilities on the Insurance Industry," *CPCU Journal*, Vol. 49, No. 1, Spring 1996.

㊳ Jan Paul Acton, *Understanding Superfund*, Santa Monica, CA: Rand Corporation, Institute for Civil Justice, 1989.

㊴ Jan Paul Acton and Lloyd S. Dixon, *Superfund and Transaction Costs*, Santa Monica, CA: Rand Corporation, Institute for Civil Justice, 1992.

㊵ Lloyd S. Dixon, Deborah S. Drezner, and James K. Hammitt, *Private-Sector Cleanup Expenditures and Transaction Costs at 18 Superfund Sites*, Santa Monica, CA: Rand Corporation, 1993.

㊶ American Academy of Actuaries, *Costs Under Superfund*, Washington, D. C., American Academy of Actuaries, August 1995.

㊷ Jan Paul Acton and Lloyd S. Dixon, *Superfund and Transaction Costs*, Santa Monica, CA: Rand Corporation, Institute for Civil Justice, 1992.

㊸ Robert H. Gettlin, "Getting Ahead of Superfund," *Best's Review*, P/C Edition, April 1, 1997.

㊹ *Business Insurance*, November 8, 1993.

㊺ 若想进一步了解保障问题，读者可以参考 Jerold Oshinsky, Roger Warin, and Catherine J. Serafin, *Environmental Insurance*, Washington, D. C.: Federal Publications, Inc., October 1993.

㊻ Insurance Rating Bureau, 1970.

㊼ 若想进一步了解1970年的污染除外，读者可以参考 Robert N. Hughes, John MacDonald, and Eugene R. Anderson, "The Polluters Exclusion Was No Accident," *CPCU Journal*, Vol. 47, June 1994; and Richard C. Cavo, Edward Zampino, and Daniel G. Litchfield, "The Polluters Web: The Pollution Exclusion and the Question of Deception," *CPCU Journal*, Vol. 47, June 1994.

㊽ ISO, CB00020286.

㊾ Dan R. Anderson, "Insurance Coverage Litigation and the Financial Impact of Superfund-Mandated Hazardous Waste Liabilities on the Insurance Industry," *Journal of Insurance Regulation, Vol. 13, No. 1, Fall 1994.

㊿ 注意这是一个包含了保险协议、保险事件、人身伤害和财产损失的定义的综合用语。

㊱ Dan R. Anderson, "Insurance Coverage Litigation and the Financial Impact of Superfund – Mandated Hazardous Waste Liabilities on the Insurance Industry," *Journal of Insurance Regulation*, Vol. 13, No. 1, Fall 1994.

㊲ Shell Oil Co. v. Accident @ Casualty Co. of Winterthur, 1988, California Super. Ct., San Mateo Cty., No. 278 – 953, December 19.

㊳ 保单持有人也可能会要求采用介于显示触发和三重触发之间的第四种保障触发机制，即事实伤害触发机制。在这一触发机制下，只要伤害事实上发生，保险人就要做出反应，而不必等到这种伤害变得明显或者被确诊。

㊴ ISO, CK 809 – 2, 12 – 79.

㊵ 同上。

㊶ Dan R. Anderson, "Insurance Coverage Litigation and the Financial Impact of Superfund – Mandated Hazardous Waste Liabilities on the Insurance Industry," *Journal of Insurance Regulation*, Vol. 13, No. 1, Fall 1994.

㊷ Jackson Township Municipal Utilities Authority v. American Home Insurance Co., 1984, No. L. 29236 – 81 (N. J. Law Div.).

㊸ Dan R. Anderson, "Insurance Coverage Litigation and the Financial Impact of Superfund-Mandated Hazardous Waste Liabilities on the Insurance Industry," *Journal of Insurance Regulation*, Vol. 13, No. 1, Fall 1994.

㊹ ISO, CK 809 – 2, 12 – 79.

㊺ Dan R. Anderson, "Insurance Coverage Litigation and the Financial Impact of Superfund – Mandated Hazardous Waste Liabilities on the Insurance Industry," *Journal of Insurance Regulation*, Vol. 13, No. 1, Fall 1994.

㊻ 同上。

㊼ American Re-Insurance Company, *A Review of Environmental Coverage Case Law*, 15th edition, Princeton, NJ: American Re, 2004.

㊽ Deborah Hensler, Stephen Carroll, Michelle White, and Jennifer Gross, *Asbestos Litigation in the U. S. : A New Look at an Old Issue*, Santa Monica, CA: Rand Institute for Civil Justice, August 2001.

㊾ Susan Warren, "Asbestos Quagmire," *Wall Street Journal*, January 27, 2002.

㊿ Deborah Hensler, Stephen Carroll, Michelle White, and Jennifer Gross, *Asbestos Litigation in the U. S. : A New Look at an Old Issue*, Santa Monica, CA: Rand Institute for Civil Justice, August 2001.

第 6 章
传统的可持续风险：石棉和超级基金

⑥⑥ 同上。

⑥⑦ Standard & Poor's, "Environmental Liability Strains P/C Insurers," *Credit Week*, October 30, 1995.

⑥⑧ A. M. Best, "Choosing to Survive or Thrive In a New Era," *Best's Review*, P/C Edition, January 1997.

⑥⑨ A. M. Best, "Largest Increase in A&E losses to Date seen in 2001," Special Report, October 28, 2002.

⑦⓪ Chad Bray, "Hartford Sets $1.7 Billion Charge To Boast Asbestos Reserve," *Wall Street Journal*, May 13, 2003.

⑦① Business Wire via NewsEdge Corp, Jan 14, 2003.

⑦② "St. Paul Travelers adding $1.63 billion to reserves," *Business Insurance*, July 26, 2004.

⑦③ "Reserving merry-go-round continues," *Reactions*, March 2005.

⑦④ Diane Dietz, "Liberty Mutual smoothes bumps with rising insurance premiums," Lexis Nexis Academic, *Knight Ridder/Tribune Business News*, October 26, 2004.

⑦⑤ Shaheen Pasha, "ACE Boasts Reserves by $788 Million," *Wall Street Journal*, January 7, 2005; Judy Greenwald, "Reserve boast raises concerns," *Business Insurance*, June 6, 2005.

⑦⑥ *Fuller-Austin Insulations Co. v. Fireman's Fund Ins. Co.*, No. BC 116835 [Cal. Super. Ct. LA Cnty., 2002]; Christopher Oster, "Payout Timelines for Insurers On Asbestos Claims May Shrink," *Wall Street Journal*, April 23, 2002.

⑦⑦ Stacy Shapiro, "Lloyd's Forecasts Return to Profitability," *Business Insurance*, May 29, 1995; Stacy Shapiro, "A Tough Juggling Act for Lloyd's," *Business Insurance*, August 28, 1995; Sarah Goddard, "Equitas Project is Top Priority," *Business Insurance*, August 28, 1995; Brendan Noonan, "Lloyd's Costly Victory," *Best's Review*, P/C Edition, December 1996; Stacy Shapiro, "Audit Questions Validity of Equitas' First Financials," *Business Insurance*, April 14, 1997.

⑦⑧ Meg Fletcher and Gavin Souter, "Zurich May Beef up Home Offer," *Business Insurance*, February 6, 1995; Gavin Souter, "Zurich's Plan for Home Viable," *Business Insurance*, April 10, 1995; Gavin Souter, "The Home in Supervision," *Business Insurance*, March 10, 1997.

⑦⑨ Dave Lenckus, "Court Hears Challenge to CIGNA Reorganization," *Business Insurance*, December 16, 1996; Dave Lenckus, "CIGNA Reorganization Plan Unleashes Criticism," *Business Insurance*, December 23/30, 1996; Dave Lenckus, "CIGNA to Fight New Round of Hearings," *Business Insurance*, March 10, 1997.

⑧⁰ *World Corporate Insurance Report*, October 21, 1994; *Business Insurance*, September 19, 1994; *Business Insurance*, December 12, 1994.

⑧¹ "The St Paul pays ＄1bn settlement," *Reactions*, July 2002.

⑧² Susan Warren, "PPG Agrees to Pay ＄2.7 Billion To Resolve Asbestos Litigation," *Wall Street Journal*, May 15, 2002.

⑧³ Standard & Poors, "Insurers and Reinsurers: The Context for Conflict," January 29, 2004.

⑧⁴ 同上。

⑧⁵ Dan R. Anderson, "Financial and Organizational Impact of Superfund – Mandated Hazardous Waste Liabilities on the Insurance Industry," *CPCU Journal*, Vol. 49, No. 1, Spring 1996, pp. 22 – 39.

⑧⁶ 同上。

⑧⁷ Lorraine Woellert, "Why An Asbestos Deal May Go Up In Smoke," *BusinessWeek*, June 2, 2003; Shailagh Murray and Kathryn Kranhold, "Asbestos Factions Struggle to Settle Their 30-Year War," *Wall Street Journal*, October 15, 2003; Douglas McLeod, "Asbestos reform bid renewed amid debate over plan's terms," *Business Insurance*, February 2, 2004; Mark A. Hofmann, "Asbestos fund plan draws insurers' ire," *Business Insurance*, April 19, 2004; Mark A. Hofmann, "Doubts emerge as asbestos bill fails," *Business Insurance*, May 17, 2004.

第7章
新型可持续风险：
全球变暖和气候变化

人造气体是导致气候变暖的主要原因，这一点不会再有人怀疑。能量的失衡就是我们一直在寻找的"确凿证据"。

——詹姆斯·汉森（美国宇航局戈达德太空研究所负责人）

这种状况只会更加坚定我们把可持续发展作为公司战略重要组成部分的决心。我们已经把与水和气候有关的重大问题纳入到了我们的"前沿问题应对计划"中，并以再保险人的身份参与到公众对这些问题的争论中。整个瑞士再保险集团都将可持续发展作为一个商业模型纳入到再保险、投资和内部运作过程中，并在其广阔的社会政治实践中加入了企业家因素。我们相信这种主动性将会提高我们长期的竞争力，从而创造新的商业机会，并增强我们作为可靠的投资对象和优秀雇主的吸引力。

——沃尔特·基洛茨（瑞士再保险集团首席执行官）
布鲁诺·波罗（瑞士再保险集团首席风险官兼可持续发展指导委员会主席）

全球变暖指的是过去150多年来所记录到的地球大气的逐渐变暖。导致这种情况出现的原因可能是气候的自然波动，也可能是人为的因素。全球变暖的主要原因是温室气体浓度的提高，从而将太阳所散发的热量滞留在地球大气中。最主要的温室气体是二氧化碳，但也包括甲烷和氮氧化物。温室气体主要通过燃烧矿物燃料，例如石油、煤和天然气而生成。能源生产（38%）、汽车和飞机、轮船等其他交通工具（32%）和家庭日常生活（10%）都要燃烧矿物燃料并排放温室气体。①关于人类活动导致的温室气体排放总量和浓度的增加与全球变暖之间是否存在联系这一问题一直以来都存在着激烈的争论。全球变暖影响的另一个方面是气候变化以及由此导致的对于社会、财产、商业和环境的影响。②

7.1 人类活动导致全球变暖

关于第一个问题，科学数据清晰地表明，从 19 世纪中叶至今，全球平均气温已经提高了大约 0.6℃。自 1980 年以来，我们已经度过了有记载以来最热的 23 个年头中的 22 个。③海洋冰山在过去的 40 年间一直在融化，冰川在后退，湖泊的冰期也越来越短。④一份美国地质调查局的研究报告指出，美国冰川国家公园内冰川的数目已经从 1850 年的 150 个减少到了目前的 35 个。他们预测 30 年之内冰川将完全消失，而这些冰川正是公园名字的由来。美国地质调查局的另一份调查指出，阿拉斯加州所有的 11 个被冰川覆盖的山脉上的冰川都在缩减。乞力马扎罗山上的冰川可能会在未来 15 年内消失。⑤北极最大的冰棚——沃德·汉特冰棚在过去的几年里已经崩裂。⑥北冰洋上的浮冰在变薄，规模也在缩减。⑦南极冰川也在变薄，并加速滑进海洋。⑧阿尔卑斯山、喜马拉雅山和南美洲的冰川也在后退。安第斯山脉冰川的退却问题尤其棘手，因为这将给秘鲁和玻利维亚等国带来严重的水源短缺问题。⑨

在过去的 150 年间，二氧化碳这种与全球变暖关系最大的温室气体在大气中所占的体积已经从百万分之 280 增加到了 2003 年的百万分之 379。⑩位于夏威夷茂纳洛亚岛的气候监测和诊断实验室的记录显示，2004 年二氧化碳的含量连续第 47 年持续增长。⑪保存在数英里深的冰核里面的大气变化的记录显示，目前二氧化碳在大气中的含量比过去 40 万年间任何时候的含量都高。⑫此外，目前大气中二氧化碳浓度的增长速度至少在过去的 2 万年间都是空前的。⑬

第7章

新型可持续风险：全球变暖和气候变化

关于到底是自然原因还是人为原因导致了二氧化碳浓度的增加以及这种增加是否与全球变暖相关这些问题在过去存在着激烈的争论，但确凿无疑的科学证据逐渐证明，日益增加的温室气体浓度很大程度上是由人为原因导致的。例如，政府间气候变化专门委员会[14]、国家科学院气候变化研究委员会[15]以及国家评估分析小组[16]都明确表示，人类活动、日益增加的二氧化碳含量和全球变暖之间存在某种联系。世界上最大的地球、海洋及气候科学家组织——美国地球物理学联合会在一份立场陈述中宣称，现在事实上可以肯定全球变暖是由温室气体的排放所引起的，而且变暖的趋势将会持续下去。[17]国家大气研究中心的高级研究员杰里·马尔曼博士建立了一系列气候模型，这些模型无一例外地表明二氧化碳的排放很有可能导致了全球变暖。[18]

全球变暖的趋势很有可能会在下一个世纪表现得更加显著。政府间气候变化专门委员会的第三份评估报告估计，从1990年到2100年间气候变暖的最大范围为1.4~5.8℃，中间值估计为3℃。预计的变暖率要大大高于20世纪所观测到的比率，而且，根据古地质数据，这一变暖率很有可能是过去至少1万年间所从未出现的。[19]如果不采取任何控制措施的话，21世纪末由人为因素所导致的二氧化碳浓度将会增加到前工业化水平（百万分之280）的2~3倍（百万分之560~百万分之840）。[20]

甚至连布什政府的环保机构发表的报告都认为人类越来越多地燃烧矿物燃料是导致全球变暖问题日益严峻的主要原因。这份名为《美国气候行动报告——2002》的文件被递交到了联合国。[21]受保守的政治势力影响，布什总统对这份报告嗤之以鼻，"我已经读过了这份由官僚们炮制出来的报告"。

最近的两项研究提供了迄今为止最为有力的证据，表明温室气体排放与全球变暖之间密切相关。来自美国宇航局、能源部和哥伦比亚大学的十四位科学家于2005年4月份在《科学》杂志上撰文指出全球能量存在着失衡的现象。[22]通过测量海水的温度，研究者们发现，与反射回太空的热量相比，地球正在吸收更多的太阳能。这种能量的失衡正在使大气升温，而且研究人员所设计的气候模型表明，日益增加的温室气体的排放与这种失衡存在着密切的关系。正如首席研究员——美国宇航局戈达德太空研究所的负责人詹姆斯·汉森所指出的那样，"人造气体是导致气候变暖的主要原因，这一点不会再有人怀疑。能量的失衡就是我们一直在寻找的'确凿证据'"。[23]科学家们还研究了地球气候系统的热量传递，发现即使以目前的温室气体排放量为上限，蓄积在海洋中的多余的能量也会在本世纪内导致大气温度提高6℃。

他们的研究结果有力地证实了斯克利普斯海洋研究所即将发表的研究报告。与美国宇航局所领导的研究团队一样，斯克利普斯研究所的科学家们也发现海水温度的提高只可能是由人造的温室气体的累积所造成的。斯克利普斯项目的负责人提姆·巴尼特指出，"至少对于理性的人们来说，关于是否存在全球变暖的信号的辩论已经结束了"。[24]

这两项近期的研究，连同以前发表的许多可靠的科学报告一起，似乎终结了有关全球变暖的部分争论。全球变暖确实正在发生，并且会在下个世纪继续下去。全球变暖主要是由温室气体浓度的日益增大所造成，而这些温室气体来自人类所燃烧的越来越多的矿物燃料。尽管这些观点很清晰，但是对于全球变暖到底会导致何种气候变化及其后续影响以及如何正确应对全球变暖等问题仍然存在着激烈的争论。本章接下来将集中讨论这些问题。

7.2 全球变暖与气候变化的益处

导致全球变暖的二氧化碳气体主要来自能源加工、机动车、工厂、家庭和森林砍伐。日益提高的二氧化碳浓度反映了日益膨胀的经济以及日益提高的工作和生活水平。这为抵制《京都议定书》和其他控制措施提供了最常用的借口。例如，布什总统在阐述拒绝签署《京都议定书》的理由时指出，它将会"对经济造成负面的影响，从而导致工人失业以及消费品价格的上升"。[25]

一些研究已经表明，农业和林业将会从全球变暖中受益。比如，美国国家评估分析小组的报告指出，全球变暖很可能会在未来几十年间提高美国农作物的生产能力。当然，在给消费者带来福利的同时，不断下降的农产品价格和竞争压力也很可能会给一些农民带来压力。美国国家评估分析小组的报告还指出，随着树木对于高二氧化碳环境的适应，森林的生产能力很可能会在未来几十年间得到提高。冬季气温的提高也会缓解一些地区的寒冷状况。[26]国家科学院对这些利好因素也表示赞同。[27]

第 7 章
新型可持续风险：全球变暖和气候变化

7.3 全球变暖与气候变化的风险

全球变暖问题引发了一系列的风险，我们将在下文对此予以分析。至于这些风险在下个世纪将会如何进一步发展，目前还存在着众多的不确定性和不可预知性。

7.3.1 特定风险

全球变暖带来的最明显的特定风险之一就是由飓风肆虐和海平面上升所导致的日益严重的财产损失。慕尼黑再保险公司发布报告称，在过去 50 年间，与气候相关的自然风险的数目正在稳步上升，总损失和承保损失也在同步上升。[28]20 世纪 60 年代以来，气象灾害的频率已经提高了 2 倍，而承保损失也增加了 10 倍。慕尼黑再保险公司估计，2004 年由自然灾害导致的总损失超过了 900 亿美元，其中承保损失 350 亿美元。而 2003 年和 2001 年的总损失分别为 600 亿美元和 350 亿美元，承保损失分别为 150 亿美元和 115 亿美元。[29]在过去的几年间，美国（1992 年 8 月的安德鲁飓风）、波兰（1997 年 7 月的河水泛滥）、加拿大（1998 年 1 月的冰暴）、澳大利亚（1999 年 4 月的雹灾）、法国（1999 年 12 月的风暴）、中国（1998 年夏天的洪水）、中欧（2002 年 8 月的洪水）以及韩国（2003 年 9 月的台风"鸣蝉"）都曾因气象灾害而遭受了空前巨大的损失。[30]尽管目前还不能肯定地说这些与气候有关的自然灾害的增加就是由全球变暖引起的，但两者之间具有相关关系则是确定无疑的。

美国国家评估分析小组的报告估计，21 世纪全球的降雨量很可能会增加；突发灾害增多的趋势将会持续；飓风所导致的最高风速和降雨量很可能会显著提高；海平面预计会提高 5~37 英尺（13~95 厘米），估计的中间值为 20 英尺（50 厘米）。[31]世界水资源委员会的报告称，有确凿的证据表明全球的水循环正在加速，由此将造成更加频繁和严重的风暴、洪水和干旱等问题。该委员会引用气候专家的预测称，气候变化将会在下一个世纪导致一些地区雨季缩短，但降水强度提高，同时也会导致另一些地区的旱季延长。[32]干旱的气候会加剧发生森林火灾的风险,这在西部各州尤其严重,2003年和2004年加州的森林大火就是很好的证明。

风暴发生频率的提高这一问题更加棘手,因为由此导致的损失并不是线性的。把风速从时速200公里提高10%,损失就会提高150%。[33]因此,财产保险公司、巨灾再保险公司、风险经理以及在危险地带拥有财产的个人需要对日益严重的风暴和洪水威胁提高警惕。

全球变暖也加剧了热浪对人类的危害。2003年8月席卷欧洲的热浪波及了数个国家,仅在法国就造成14 802人死亡,而总的死亡人数估计在20 000~35 000人之间。[34]热浪的威胁以及由烟雾导致的呼吸系统疾病的发病率在一些主要城市将会提高。北方地区的变暖将会加速疟疾等疾病的传播。全球变暖也会改变一些由昆虫、虱子、啮齿动物等所传播的疾病的影响范围。

对于全球变暖风险的讨论很少涉及责任问题。因为要想确定某个特定公司的行为是全球变暖的近因,并由此对第三方造成了人身伤害和财产损失,这一过程是非常困难的。但是如果将某一个产业或者某一个国家作为导致全球变暖的最直接的责任方,这一过程就会容易一些。在第2章中,我们曾经提到国际地球之友协会就曾对起诉生产矿物燃料的公司及美国政府来为全球变暖所造成的损失寻求补偿的可行性进行过研究。[35]其他环保组织也在探索诉讼的相关策略。[36]学者们当然也不例外。例如,威德勒大学法学教授安德鲁·施特劳斯在2001年撰写的题为《以漠视全球变暖起诉美国》的论文中就讨论了起诉策略的多种可能性。[37]

岛屿国家尤其容易遭受全球变暖所导致的海平面上升的威胁。许多岛屿国家近年来都遭受了因风暴和大潮所导致的严重水灾。2002年2月,图瓦卢共和国总理科洛阿·塔雷克表示,图瓦卢连同基里巴斯、马尔代夫很可能会因某些西方国家和企业在当地所造成的生命和财产损失而对其提起诉讼。[38]

因纽特人(爱斯基摩人)计划向美洲人权委员会提起诉讼,状告美国造成全球变暖从而威胁到他们的生存。因纽特人的案件目前是由地球正义组织和国际环境法中心所代理的。尽管美洲委员会并没有强制执行的权利,但是它裁定美国政府正在侵犯因纽特人的人权,而这一裁决

第7章

新型可持续风险：全球变暖和气候变化

可能会为接下来的国际法庭诉讼或者在美国联邦法庭提起的针对美国企业的诉讼奠定基础。[39]一个拥有5 000年历史的因纽特部落的领袖希拉·瓦特-克卢捷在一次讲话中讲述了他们所面临的困境并对未来的风险提出了警告：

"作为一个民族，我们一直都在奋斗以求得生存并保持我们本土的智慧和传统。我们是一个善于适应变化的民族，但是适应性是有限度的。灾难正处于萌芽阶段，而且已经开始在北极有所表现，我们正向世界其他地区传递这一预先的警告。"[40]

在讨论相关的诉讼努力之前，让我们回想一下前一章所讨论的石棉和超级基金的问题，它们所导致的赔偿责任远远超出了任何人的预期。同时也不要忘记就在过去的十年间，首例针对烟草公司的诉讼获得了成功。这一诉讼导致了连锁反应，从而使得烟草业向各州联盟支付了2 460亿美元的赔偿。

7.3.2 文化、伦理和地区差异风险

如果全球变暖的收益和风险都是在特定的地域内发生的话，那么从全球变暖中受益的人也会面临相应的风险。然而事实并非如此。工业化国家享受了由二氧化碳浓度升高和全球变暖所带来的绝大部分经济利益，而全球变暖的风险则经常会转移到很少因此受益的发展中国家。例如，1998年10月，飓风"米奇"以时速180英里的风力袭击了尼加拉瓜，造成大约1万人在洪水和泥石流中丧生。100年来首次出现四个飓风同时在大西洋肆虐的情景。2000年2月，莫桑比克遭受了连续五整天不合时令的暴雨袭击，造成该国历史上最严重的水灾，10万人被迫逃离家园。安全饮用水的缺乏又导致疟疾和霍乱爆发。1997年印度尼西亚的干旱天气使得自然和人为森林火灾的发生次数显著增多，进而引发呼吸道疾病并导致粮食减产。[41]根据世界银行的估计，发展中国家人均自然灾害损失占人均GDP的比重是发达国家的20倍。[42]2000年莫桑比克的水灾导致其国内生产总值下降了45个百分点。[43]

全国健康海滩活动的负责人史蒂芬·莱泽曼指出，"全世界70%的海滩正在遭受侵蚀"。[44]小岛国家尤其容易遭受全球变暖和海平面上升的危害。正如一项研究所指出的：

企业生存
可持续风险管理

加勒比海、印度洋、太平洋和地中海中地势低平的岛屿国家和环礁尤其容易受到海平面上升的影响,这些国家包括巴哈马、马尔代夫、基里巴斯、马绍尔群岛、马耳他和塞浦路斯。假如海平面上升 0.5~1 米,这些国家将失去大片的土地。一些地势高的岛屿也会受到严重影响,因为他们的居民点和基础设施大都集中在沿海地区。

随着气候的变化和海平面的上升,海水入侵和降水类型的变化将会使得岛屿国家面临更加严峻的淡水短缺问题。热浪、霍乱、登革热和疟疾等疾病将会给大多数小岛国家本已不堪重负的医疗系统带来更大的压力。随着压力的增加和国土的缩减,作为许多岛屿国家主要收入来源的旅游收入很有可能会下降。[45]

一个国家或地区的脆弱性不仅取决于气候变化,还取决于相关系统的敏感性以及人们的适应能力。一份由政府间气候变化委员会发布的地区脆弱性报告显示,富国一般都有相应的基础设施来应对气候变化,而贫穷的地区所要遭受的损失将大大超过富国。[46]发达国家拥有更加严格的建筑标准、更加先进的保险保障以及政府的灾害救济项目来减轻自然灾害的危害程度。

即使在美国这样特定的地域内,全球变暖对各地的影响也不尽相同。据一些模型预测,大平原等半干旱的地区有加速走向干旱的趋势。[47]许多作物的分布地区将会改变,而这将会损害一部分农民的利益,但同时也会使得另一部分农民受益。那些经营地方小农场的农民所要遭受的损失将会尤其严重。干旱将会加重森林火灾爆发的风险,也会导致积雪的减少以及融化季节的提前。美国西部那些高度依赖积雪融水的地区将会遭受损失。与此同时,美国西部的持续干旱也进入了第五个年头,科罗拉多盆地的水量也降至了历史最低值。参与美国地质勘测的科学家们说,西部地区正面临着 500 年来最严重的干旱。[48]其他一些生态系统,例如落基山脉草场、一些珊瑚礁和堰洲岛等将很有可能彻底消失。[49]

在阿拉斯加,永久冻土带的消融以及对云杉树造成致命危害的甲虫的肆虐都与气候变暖有关。20 世纪 70 年代以来,阿拉斯加夏季的平均气温上升了 5 度,冬季的平均气温更是升高了 10 度,远远超过了全球平均气温上升的速度。永久冻土带的融化,尤其是海洋浮冰的减少加剧

第7章
新型可持续风险：全球变暖和气候变化

了海岸生物群落遭受侵蚀的危险。冻土和冰层覆盖的公路在夏季变得不再可靠。野生动物的迁徙模式也在改变，而这将影响到以狩猎为生的人们的生活。[50]阿拉斯加大学费尔班克斯分校的气候变化专家格伦·朱代达博士说道，"毫无疑问，我们正在经历气候变暖。由此带来的正面效应的显现需要很长的时间，但负面效应却很快地发生了"。[51]

全球气候变暖带来的损失分布不均匀，这一情况加重了针对那些导致全球变暖的国家和地区的责任索赔。正在承受着全球变暖的大部分危害的国家和人民却通常是那些最为贫穷且拥有最少资源来应对这种危害的人们，这在国际上是一种不公平的现象。即使责任索赔的数额并不庞大，但由联合抵制和股东行动所带来的声誉的损失将会在石油、煤炭和汽车等行业发生。保险业也将遭受这一损失，因为它既是这些行业的保险提供者也是它们的投资者。工业化国家，尤其是美国也将面临严重的伦理问题，因为美国公民的消费形式对于这些气候变化负有重要责任（占世界不到5%的人口却排放了占全球将近25%的温室气体）。

7.3.3 生态和环境风险

生态系统尤其容易受到全球气候变化的危害。富裕国家将会集中资源来减轻气候变暖对于人类及食物和水资源生产系统的危害。在美国，预期降雨量的增加将会加快污染的排放并改变动植物的生活习性。气候变化会给诸如湿地、森林、草场、河流以及湖泊等许多生态系统带来危害。尽管生态系统明显具有它独特的价值并提供生态服务，但由于因果关系不明显，这一作用经常得不到重视。贫穷国家的生态系统尤其脆弱，试图减轻气候变化对人类的危害并建立相关支持系统的努力经常受到资源的限制。[52]

全球变暖将导致大量物种的灭绝。一个由19名科学家组成的国际研究小组对全球的研究结果进行了分析，得出结论认为，全球变暖对"大量的物种造成了非常严重的危害，其危害程度至少与对于动植物栖息地的破坏等同"。这篇发表在《自然》杂志上的论文预测，如果这一趋势持续下去的话，他们所研究的1 103个物种中的15%~30%将会在2050年之前灭绝。[53]北极气候影响评估小组发布的报告称，气候变暖对北极熊和环斑海豹的生存以及驯鹿的迁徙模式造成了威胁。[54]

企业生存
可持续风险管理

一份题为《气候变化对于澳大利亚大堡礁的影响》的研究报告指出，由于全球变暖的影响，大堡礁正面临着在 2050 年前丧失掉大部分珊瑚并有可能在 2100 年前崩溃的危险。2004 年的这项调查是由经济学家汉斯·赫·古尔贝尔和暗礁专家赫芬·赫·古尔贝尔所主持的，研究得到了世界野生动物基金驻澳大利亚代表处和昆士兰州旅游行业的资助。根据估计，为了使珊瑚礁能够从未来可能遭受的破坏当中恢复，全球气温的上升幅度必须控制在 2℃ 以内。在这种最好的情形下，珊瑚礁的覆盖率仍然会在 2100 年前显著降低，但会在下个世纪随着全球气候的稳定而得到恢复。[55] 政府间气候变化委员会的研究估计，下个世纪全球气温的升高幅度的中值是 3℃，除非做出重大的改变，否则珊瑚礁很有可能会被破坏掉。

生态系统的破坏也会加剧全球变暖。亚马孙雨林是一直是二氧化碳的天然接收器，但是过度的森林采伐将会降低亚马孙雨林吸收二氧化碳的能力，并有可能将亚马孙雨林变成一个二氧化碳的净制造者。[56] 土壤退化会导致碳元素的释放，因为土壤是碳元素的吸收器。[57] 荒漠土黑色的硬壳会降低对光线的反射，对这些硬壳的严重破坏会加剧对于阳光的反射，从而会提高空气的温度。[58]

全球变暖的不确定和不可预测的因素很多。正如美国国家评估分析小组的报告中讲到的：

> "气候变化也有可能在 21 世纪带来意想不到的影响。这些'意想不到的影响'有可能来自自然气候系统不可预知的变化，比如主要海洋环流、云层分布或暴风雨的变化以及由这些变化所带来的生物学上的后果，比如物种的大规模分布混乱或者虫灾的大爆发。"[59]

这些大量的生态风险的存在意味着人类和所有其他生物所赖以生存的环境有可能从根本上被改变。某些意想不到的影响可能是无法控制和不可避免的。消除这些影响的唯一方法就是减轻导致这些影响的全球气候变暖。

7.3.4 消费者/非政府组织的联合抵制

消费者或非政府组织向导致气候变暖的企业进行联合抵制或者施加压力的商业风险是真实存在的。认定具体是哪些企业导致了全球变暖进

第 7 章
新型可持续风险：全球变暖和气候变化

而决定抵制它们的产品并不容易，但是近期形势的发展表明这些风险有可能会对特定的企业和行业造成显著的影响。

福特汽车公司是美国国会国际商业组织的成员，这一组织支持布什总统抵制《京都议定书》的决定。福特控股的沃尔沃公司在 1999 年被福特收购之前曾公开支持《京都议定书》。沃尔沃公司位于瑞典，这是一个总体上具有很强环保意识的国家。绿色和平组织对于福特和沃尔沃互相矛盾的姿态表示抗议。另一个名为"反对布什家庭联盟"的环保组织在其网站上将沃尔沃列为"可买"，而将福特列为"拒买"。由于福特可能会由于其对于《京都议定书》的态度而面临丢失市场份额的危险，该公司一名发言人将这两个环保组织称为"测试水污染情况的金丝雀"。[60]

可口可乐公司也遭到了这两个环保组织的抵制。可口可乐公司也是美国国会国际商业组织的成员，但它在西班牙的分公司却公开支持《京都议定书》。由于欧洲国家强烈支持《京都议定书》，可口可乐在欧洲的公司面临困境。[61]另外，2005 年爆发的对埃克森美孚公司的全国性的抵制活动也源于该公司对于全球变暖的风险没有尽到应有的责任（参见第 3 章）。

以上这些例子体现了全球变暖可能带来的潜在的商业风险，即消费者可能会因为某一公司对于减少温室气体排放的协议的消极姿态而拒买该公司的产品。这些例子也表明经济全球化和跨国公司的兼并收购会增加全球变暖的商业风险。

7.4 《京都议定书》及政策风险

作为国际协议的《京都议定书》于 1997 年在日本通过，旨在要求工业化国家降低温室气体的排放。该协议要求温室气体总的排放量要降到比 1990 年排放水平低 5.2%。各个国家所分担的减排量不尽相同，其中美国需要减少 7%，欧洲国家 8%，日本 6%。发展中国家，主要是中国和印度，则被豁免。2000 年 12 月，各国代表齐聚荷兰海牙商讨进行下一步的行动，以便使《京都议定书》获得批准。本轮会谈没有达成任何协议。2001 年春，布什总统否决了这项协议，理由是它将使

企业生存
可持续风险管理

美国经济遭受重大损失,同时全球变暖的科学证据仍然缺乏。澳大利亚也否决了该协议。

2001年7月,在美国缺席的情况下,178个国家的代表在德国波恩达成协议,其主旨仍然是2012年以前实现温室气体排放量比1990年的水平下降5.2%。欲使协议生效,占1990年温室气体排放量55%以上的至少55个工业化国家必须批准该协议。

2001年11月,各国部长齐聚摩洛哥马拉喀什,就《京都议定书》的可操作性的关键细节达成了共识。俄罗斯、加拿大和日本由于其国内森林吸收二氧化碳的能力而在它们的气体排放目标上赢得了广泛的信任。这三个国家还力主建立温室气体排放的交易体系。[62]

2002年7月,欧盟15国一致通过了《京都议定书》。日本在几天后也通过了该项协议。加拿大在2002年底批准了该项协议。在俄罗斯于2004年11月批准《京都议定书》之后,使占1990年温室气体排放量55%以上的至少55个工业化国家批准该协议的目标已经实现。[63]

最初,人们都认为俄罗斯会通过该协议。但在2003年12月,俄罗斯总统普京表示俄国对批准该协议持保留态度,他援引布什政府的理由,即该协议可能会损害俄国的经济。2004年5月,普京总统在与欧盟进行的俄罗斯加入世界贸易组织的谈判中改变了立场。经过多年的谈判之后,俄罗斯和欧盟就俄国入世的相关条款达成了协议。尽管否认与欧盟谈判相关,普京总统做出了他对《京都议定书》最为明确的承诺,"欧盟在我们入世的问题上已经满足了我们一半的要求,这对我们在《京都议定书》问题上的立场将产生积极影响。"[64]最终在2004年12月,普京总统签署法案批准了《京都议定书》。

在得到了140个国家的批准之后,《京都议定书》于2005年2月16日正式生效。企业由此面临着有可能被要求降低温室气体排放量的政策风险。显然,这只是对那些批准了《京都议定书》的国家的企业而言的。但是那些没有批准该协议的国家的企业,尤其是美国的企业会怎么样呢?

即使美国政府没有批准《京都议定书》,美国企业也面临着州政府的各种法规的约束。加利福尼亚最近通过了一项法案,要求包括运动型多功能车、小型货车在内的轿车和轻型卡车减少尾气排放量。该项法案要求由州长任命的空气资源委员会在2005年之前制定一项计划来评估

第7章
新型可持续风险：全球变暖和气候变化

轿车和轻型卡车所排放的温室气体的最大减少量。这项计划将由立法机关批准，相关的执行措施将会在2009年生效，旨在于2015年之前减少30%的温室气体排放量。[65]汽车生产厂商受到的冲击最大，因为它们需要提高燃料的利用效率以便减少燃料的使用以及温室气体的排放。该州40%的温室气体排放量是由这些车辆产生的。[66]

加州的做法同样适用于其他州。由于加州早在20世纪70年代通过《联邦空气清洁法案》之前就颁布了最初的空气清洁法规，因此它被允许可以遵守自己的规定，其他49个州也获得许可可以不必遵守联邦标准，而去遵守加州的标准。纽约州、马萨诸塞州、佛蒙特州和缅因州已经采用了加州的标准，此外，新泽西州、罗得岛州和康涅狄格州也表达了要采用加州标准的愿望。[67]甚至连加拿大政府都表示要采用加州的法案。[68]一封由11个州（马萨诸塞州、纽约州、康涅狄格州、新泽西州、加利福尼亚州、阿拉斯加州、缅因州、马里兰州、新罕布什尔州、罗得岛州和佛蒙特州）的首席检察官签署的致布什总统的信件鼓舞了更多的州加入这一计划的热情，这封信要求联邦政府采取有效措施来限制温室气体的排放。[69]2003年6月，缅因州成为首个通过立法要求在整个国民经济中减少特定温室气体排放量的州，它规定在2010年之前，将把温室气体的排放量降低到1990年的水平，2020年将会比1990年的排放量减少10%，这甚至超出了《京都议定书》的规定。[70]新泽西州和伊利诺伊州已经建立了降低二氧化碳排放量的志愿项目，马萨诸塞州也建立了公共事业二氧化碳排放量的规范标准。其他像新罕布什尔州、北卡罗来纳州和佛罗里达州也正在讨论通过立法来降低二氧化碳的排放量。[71]

那些没有采取相应措施来降低温室气体排放量的企业将面临政策风险。如果美国日后通过《京都议定书》的话，这些企业将会落后于它们的国际竞争者，也将落后于先期实行自愿降低排放量项目的美国企业。落后的企业也将面临巨额的潜在损失。一份由碳披露工程发布的报告估计一些碳物质的重点排放单位的市场份额可能会降低40%。[72]另一份由伊诺万斯投资策略价值顾问公司发布的报告阐述了类似的观点，根据这份报告，这些重点排放单位45%的收入以及35%的市场份额将面临威胁。[73]这种情况将如我们在第4章中讨论的那样引发股东的抗议活动。即使没有美国的参与，那些在不同国家经营的跨国公司，比如在美国和欧洲营业的公司也将会面临政策风险。

7.5 对风险管理和保险的启示

与全球变暖相关的风险管理和保险问题非常具有挑战性。建立风险评估、风险控制和风险融资的技术来应对全球变暖的风险再一次带来了极大的挑战，同时也孕育着巨大的商机。

全球变暖所导致的最为明显的风险是财产损失风险。那些管理着容易受到飓风、暴风雨和洪水袭击的财产的风险经理、向屋主和企业财产提供保险的保险公司、联邦洪水保险负责官员、巨灾再保险公司以及财产保险经纪人和顾问都需要警惕全球变暖所带来的变化。适当的减轻损失的措施、融资战略以及灾害应急计划都需要建立起来。涉及巨灾债券、巨灾期权和巨灾互换、关于天气的金融衍生品以及碳交易系统都会受到全球气候变化的影响。尽管不是那么明显，但是潜在的损失，尤其是当严重的损失和伤亡与全球气候变化相关的时候，还会凸现出来。如果温室气体的主要排放单位受到起诉，那么责任保险人就需要介入。由于温室气体是否会被视为污染源仍然存在疑问，所以一般责任保险中的保障范围不会受到污染除外责任条款的影响。

另外一项责任风险可能会影响董事高管责任险。作为承保过程的一部分，至少瑞士再保险公司已经开始收集气候变化对董事高管责任险保单持有人的影响的信息。那些反对股东们寻求抑制温室气体的排放以缓解全球变暖行动的公司尤其受到关注。如果这些公司因无视股东们的要求而遭受财务损失的话，公司股东可能会针对公司管理者提起诉讼。尽管目前为止，该保单尚未被取消，也没有加收保费，但鉴于瑞士再保险公司已经开始在承保过程中收集董事高管责任险保单持有人应对温室气体排放的战略的信息，类似的措施可能会在将来采取。[74]

环境教育和研究中心 2002 年的一篇题为《在险价值》的报告指出，气候变暖给工业领域带来了普遍的财务风险。报告声称，公司管理者可能会因未能应对这些风险而承担受托责任。环境教育和研究中心在投资者所面临的环境风险领域的研究非常活跃。而投资者的风险可以转化为公司管理者的风险。读者可以去它们的网站上阅读相关的文献，包

第7章
新型可持续风险：全球变暖和气候变化

括《投资者气候风险指南》和《投资者进展报告：2003 年机构投资者气候风险峰会以来的成果》等。[75]其中，第二篇报告发表在 2005 年 5 月在联合国召开的机构投资者气候风险峰会上。此次峰会提出了十点行动倡议：

> "美国的企业、华尔街的金融机构以及美国证监会应该努力为投资者提供因气候变化所带来的财务风险的综合分析和信息披露服务。"[76]

保险业针对全球变暖的讨论大多集中在财产责任领域，然而人寿和健康保险行业也可能会受到影响。布什政府环保署的一份经过检测的报告指出，全球变暖会损害人类健康，这是它最主要的潜在影响之一。这些不利的健康因素包括水生疾病、热浪袭击、空气污染以及由昆虫、啮齿动物和扁虱所传播的疾病等。[77]

《科学》杂志的一项研究发现，气候变暖正在加速疾病在植物、动物和人类之间的传播。[78]这一研究基于现有的全球变暖的数据以及通常的假设，即病原体和它们的携带者在温暖的气候里传播得更快更远。此外，由于能够控制害虫族群规模的严冬正在变暖，更多的病菌和寄生虫得以存活。

这些不利的健康因素极有可能导致人寿和健康保险索赔数量的增加。这些增加的索赔可能会给保险公司以及为健康保险融资的政府和雇主带来沉重的负担。这些系统目前已不堪重负，而人口老龄化将会进一步加剧这一状况。如果全球变暖的不利影响中的任何一项演变成一场流行病的话，局势将会更加不可收拾。

全球变暖所带来的道德风险、商业风险、声誉损失风险以及政策风险给许多企业和行业带来了严重挑战。这些风险影响了商业组织经营的核心——它的未来收入和利润。除董事高管责任风险以外，风险融资非常困难，因为这些风险很难被转移或者对冲，风险规避和风险控制成为唯一有效的风险管理工具，而且经济全球化进一步加剧了这些风险。美国的企业不能仅仅依据美国的监管规定、文化和消费者偏好来制定可持续风险管理的政策。风险管理的战略必须涵盖该公司所开展业务的所有国家和地区。

7.6 保险业的反应

保险业，尤其是财产保险公司和再保险公司是全球变暖所导致的各种风险的主要承担者，但它们对于这些风险的忽视达到了令人惊讶的程度，这一情况在美国尤为严重。一份对于保险公司态度的综合调查和分析发现，"许多保险公司为有关这一问题的互相矛盾的报道所困惑，从而对气候变化的政策和科学评估表示怀疑"。尤其明显的是"美国企业尚未就气候变化的风险规避和风险控制所带来的商业机会进行公开的讨论"。[79]

美国主要的保险业组织——美国保险协会在一份题为《财产和责任保险以及关于气候变化的争论》的白皮书中认为，"那些积极号召采取措施以应对气候变化的行为低估了美国财产和责任保险业应对气候变化的能力"。[80]其作者戴夫·昂尼韦尔高级研究员指出：

"绝大多数的气候影响都是可以被预测的，保险业可以通过承保、索赔管理并支持减损等措施来适应这些变化。气候变化是保险业非常熟悉的领域，因为它是财产保险承保过程的一个基本组成部分。"[81]

美国的保险公司已经形成了一种观望的态度，与布什政府的观点并无二致。在美国环保署所发布的报告中，尽管承认全球变暖确实正在发生并有可能造成严重的后果，但却没有提出任何建议来应对，只是表示将在这些变化发生的时候去调整和适应。一篇由德鲁戈列茨基和齐哈合写的论文支持这一观点，认为国际保险公司主要的关注点一直都是减损和被动地适应。[82]一篇由维贾雅·维斯万然撰写的发表在《经济学家》上的文章在谈及全球变暖的问题时，提出了一个论证了这种消极态度的合理性的观点：

"……有关这一问题的证据可能在未来几十年内都存在疑问；最坏的影响可能会在一个世纪后才出现，但是解决这一问题的行动成本却会立即发生。简单地说，这是应对气候变化的一个两难的困境。它需要众多的政治家代表他们那些甚至尚未出生的选民来采取行动。"[83]

第 7 章

新型可持续风险：全球变暖和气候变化

与美国保险业的态度相反，欧洲的保险业在瑞士再保险公司、慕尼黑再保险公司、思道布兰保险公司和英杰华保险公司的带领下已经对全球气候变化产生了浓厚的兴趣。[84]例如，1995 年根据《联合国保险业环境倡议》而制定的《保险业环境宣言》拥有来自 27 个国家的 86 个签约保险公司以及 5 个保险组织。签约保险公司按国别的分布情况是，德国 20 家，瑞士和英国各 10 家，俄国 8 家，瑞典和日本各 2 家。与此形成鲜明对比的是，美国只有雇主再保险公司和 HSB 保险集团参加。联合国环境规划署于 1996 年就气候变化问题发布倡议，要求大量减少温室气体的排放。[85]

7.7 瑞士再保险公司

瑞士再保险公司在全球变暖和气候变化领域尤为活跃。研究瑞士再保险公司的活动可以为保险业介入这一领域树立一个典范。作为全球领先的再保险人之一，瑞士再保险公司在全球气候变化方面有着清晰的利益动机，即全球变暖提高了自然灾害发生的频率和强度。然而，除了明显的利益动机之外，瑞士再保险公司似乎还在全球变暖、全球气候变化以及相关的可持续发展问题方面具有更加开明和广阔的视野。

除了在全球变暖问题上表现活跃之外，瑞士再保险公司有着一整套的公司可持续战略。瑞士再保险公司自 1998 年以来每年发布一篇环境报告。其 2001 年的报告，题为《环境和社会报告》，开始把内容扩展到除环境问题之外的社会责任领域。这份报告由公司首席执行官沃尔特·基洛茨、首席风险官兼可持续指导委员会主席布鲁诺·波罗签发。瑞士再保险公司的环境管理战略采用自上而下的方式并得到了公司最高管理层的支持。由瑞士再保险公司的这两位高级管理者在报告序言中写的一份声明可谓抓住了可持续在其公司战略中的全部重要性：

"这种状况只会更加坚定我们把可持续发展作为我们公司战略重要组成部分的决心。我们已经把与水和气候有关的重大问题纳入到了我们的'前沿问题应对计划'中，并以再保险人的身份参与到公众对这些问题的争论中。整个瑞士再保险集团都将可持续发展作为一个商业模型纳入到再保险、投资和内部运作过程中，并在其广阔的社会政治实践中加入了企业家因素。我们相信这种主动性将会提高我们长期的竞争力,从而创造新的商业机会,并增强我们作为可靠的投资对象和优秀雇主的吸引力。"[86]

瑞士再保险公司把对于可持续发展的关注贯穿到了整个业务流程中。它是美国责任保险市场上领先的再保险人。大概有2%的瑞士再保险公司股份由那些以环境和社会领域为投资导向的机构投资者所持有。此外,它还向员工和客户提供有关可持续管理的技术培训项目。瑞士再保险公司已经建立起了一个内部管理系统来为所有的企业活动和部门来制定、实现和评估可持续目标,并且建立了环境和社会状况报告的流程。只要在经济上和技术上具有可行性,旨在节约能源和减少二氧化碳排放量的MIERERGIE标准就会被应用于瑞士再保险公司的投资者们所拥有的财产上。瑞士再保险公司还是很多致力于环境和可持续发展问题的国内和国际组织的非常活跃的成员,这些组织包括世界可持续发展企业理事会和联合国环境规划署金融委员会。

瑞士再保险公司在全球变暖和气候变化领域表现尤为活跃。1995年,瑞士再保险公司正式发布了针对气候变化风险的公司政策,内容如下:

我们通过遵循经济准则并承担与气候变化风险相关的责任来应对日益增长的对于再保险保障的需求,同时也分享我们在风险和索赔管理方面的经验。我们通过适当的经济和政治承诺来支持环境友好型的经济模式。我们有选择性地参加到与气候保护相关的知识的创造和传播活动中去。[87]

此外,瑞士再保险公司还支持下述基本的战略。必须实施地区性的综合保护计划,同时,应将气候波动和损失的最大可能性考虑在内。为了将可能的损失后果降低到可以控制的程度,可以实施以下两个战略:

(1) 采取一致措施规避该项风险。

(2) 制定切实可行的计划以应对损失事件。

将潜在的风险降低到可控制的程度,这被称为预防性的全球气候保护政策。瑞士再保险公司积极地参与到国际气候谈判当中,并且支持旨在降低温室气体排放的最新举措。此外,它还与联合国保险业环境倡议项目保持紧密的合作。[88]

瑞士再保险公司的温室气体风险解决方案适用于各类金融产品,包

第7章
新型可持续风险：全球变暖和气候变化

括投资、担保、项目融资以及与降低温室气体排放有关的保险。许多金融工具都与碳物质的排放有关，瑞士再保险公司估计这项业务能够发展到每年 750 亿~1 450 亿美元的规模。瑞士再保险公司温室气体风险应对部门的负责人克里斯·沃克阐述了瑞士再保险公司集团的战略逻辑：

  "这是我们长期的风险管理战略。在瑞士再保险公司，我们不仅将气候变化和减少温室气体的排放视为一种风险，更视为一种机遇，因此我们可以参与到任何业务当中去。"[89]

  2001 年 10 月，瑞士再保险公司邀请了 130 位来自政界、科学界、企业界和非政府组织的人士举办了主题为"降低温室气体排放"的国际会议。[90] 2002 年 7 月，它又赞助了题为"降低排放：从小城市到华尔街——北美的气候问题"的后续会议。[91] 2003 年 10 月到 11 月，瑞士再保险公司又赞助了另外一个题为"告别碳物质——生态服务的新兴市场"的会议。瑞士再保险公司于 1994 年发布了有关这一问题的第一份报告，题为《全球变暖：风险因素》，[92] 接着又于 2002 年发表了题为《全球变暖的机遇与风险》的报告，[93] 最近的一篇题为《应对气候变化》的报告完成于 2004 年。[94] 这些会议和报告提升了公众对于保险业和整个社会所面临的重要问题的关注和讨论，而其《西格玛》杂志见证了这一过程。

7.8 稳定温室气体排放量并不能阻止全球变暖

  相当数量的美国企业、保险公司、个人以及联邦政府似乎都持有这样的态度，即"让我们坐等情况恶化，然后再采取紧急措施来稳定温室气体排放量并抑制全球变暖"。在此，我要澄清一个最为公众所接受的错误观念，即认为"稳定温室气体排放量就能够阻止全球变暖"。

  根据政府间气候变化委员会的《排放量情景分析特别报告》的预测，从 1990 年到 2100 年间全球变暖的幅度为 1.4~5.8℃。图 7-1 反映了这些情景分析及预测结果。假定经济继续保持增长而不采取任何降低二氧化碳排放量的措施，气温的升高幅度将达到 5.8℃ 的最高值。然而，即使我们采取断然措施并在 2100 年前逐步将温室气体的排放量降低到当前水平的50%左右，气温仍会在本世纪末升高大约2.0℃。如果2100年的排放量高于当前水平的50%，温度将升高3.0℃，这也是政府间气候变化委员会估计的中值。

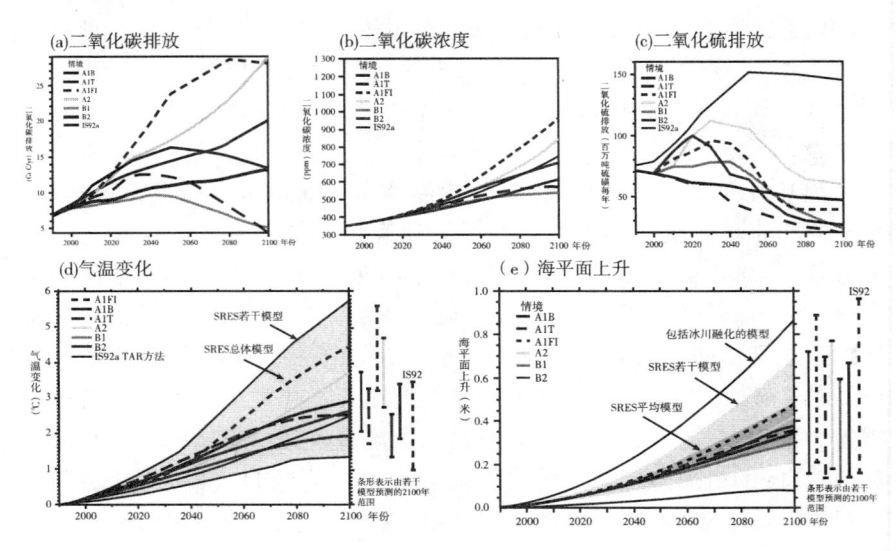

图7-1　21世纪的全球气候

资料来源：政府间气候变化委员会，Y. T. 霍顿、Y. 丁、D. J. 格瑞斯、M. 诺格、P. J. 林登、X. 黛、K. 马斯科尔和C. A. 约翰逊，《2001气候变化：科学依据——政府间气候变化委员会第三次评估报告第一工作组报告》，剑桥大学出版社，英国剑桥和纽约，美国，纽约州，2001年。

二氧化碳的排放量与二氧化碳的浓度不同。即使排放量得到稳定，大气中二氧化碳的浓度提高以及由此导致的全球变暖也会在未来持续很长时间。目前二氧化碳的排放量是大气中二氧化碳消散速度的近两倍。为了将二氧化碳的浓度稳定在一个特定的水平，温室气体的排放量需要降低到大大低于《京都议定书》规定的标准。此外，即使二氧化碳的浓度得到了稳定，由于气候系统中的热能惯性，气温仍会在未来几个世纪内缓慢地上升。

因此，坐等全球变暖及气候变化带来不良后果后再采取措施将为时已晚。当前正在造成的所有负面的影响将会持续并极有可能更加恶化。基本的问题是气温将会升高而气候也会随之变化。对此，我们最为实际的应对策略是延缓气温升高的速度以使我们有更多的时间来适应。在气温升高的情况下保持气候的稳定是有可能的，但这需要付出几百年的努力。

7.9　急剧的气候变化

急剧的气候变化会缩短适应期并将给社会以及企业系统造成严重的损失。国家研究委员会于 2002 年发表了一份题为《急剧的气候变化：不可避免的突袭》的研究合集，书中收录了关于过去气候变化的最新研究成果。[65] 过去气候变化的数据可以从冰核钻探（例如在格陵兰地区）、海洋和湖泊沉积物、树木的年轮以及陆地沉积物中获取。

国家研究委员会指出这一研究成果显示"重大的、影响广泛的气候变化正在以惊人的速度发生"。例如，气象记录显示，一些地区过去十年间的气温变化幅度达到了 10℃。最为惊人的是：

"自从上个冰期以来，北大西洋地区大约一半的温度上升是在最近十年间发生的，与之相伴的是全球范围内气候的显著变化。"[66]

一旦渐进变化突破了某个极限，剧烈的气候变化就会发生。棘手的是，一旦这一极限被突破，就很难或者根本不会再回到原来的水平了。这就是"让我们坐等情况变坏"这一战略之所以冒险的原因。此外，正如国家研究委员会所指出的那样，"地球气候系统的更快的变化……很有可能会增加突破另外一个极限从而引发更为迅速的气候变化的可能性"。

解释急剧的气候变化的最前沿的理论是建立在洋流循环的突然变化上的。图 7-2 描述了全球的洋流系统，即巨大的海水输送带的概况。如果全球变暖破坏了大洋环流，就将会触发气候变化且很有可能是急剧的气候变化。最有意思的是北大西洋暖流即湾流所带来的变暖效应，正是由于它的存在，才使得格陵兰、英国、斯堪的纳维亚以及其他西欧国家拥有比世界其他同纬度地区更为温和的气候。令人惊讶的是，挪威的奥斯陆、瑞典的斯德哥尔摩、苏格兰北部竟然与中哈得逊湾西北部地区、加拿大、安克雷奇、阿拉斯加和中西伯利亚位于同一纬度上。

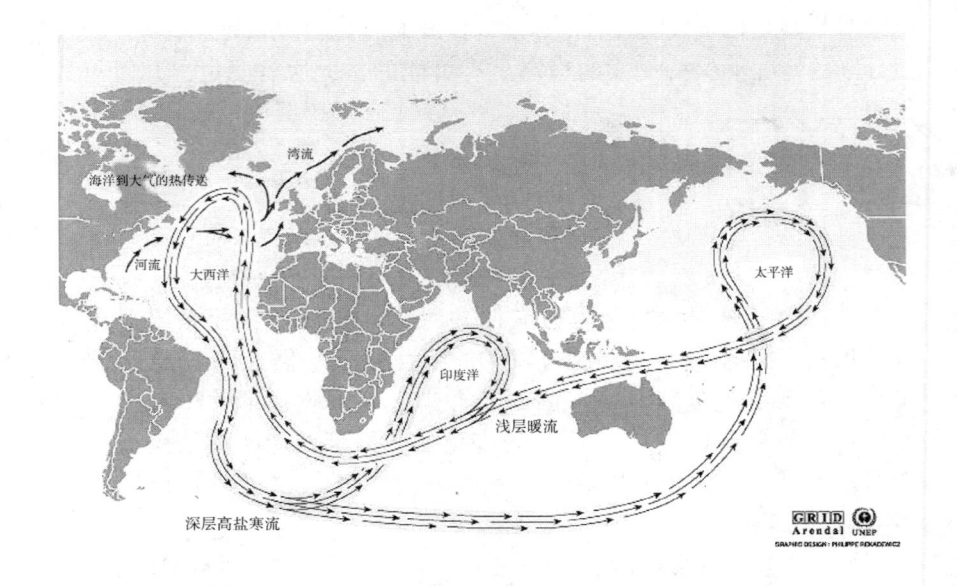

图7-2 巨大的洋流输送带

资料来源：布洛克，1991，1995年气候变化会议，《气候变化的影响、适应和缓解方法的科学分析——政府间气候变化委员会第二次评估第二工作组报告》，联合国环境规划署和世界气象组织，剑桥大学出版社，1996年。

从图7-2可以看到，北大西洋暖流源自太平洋温暖的海水，一路流经南美洲、加勒比海、美国东南部，然后上行至北大西洋地区。随着洋流继续向北推进，它逐渐变冷，含盐度和密度增大并最终导致它于格陵兰南部下沉。随着它的下沉，它看起来好像在拉着后面的洋流，非常像是一架自动扶梯或是一条传送带。这条位于深海的冰冷的高盐度洋流最终会流回太平洋，然后在那里重新变暖从而完成洋流的循环。全球各大洋的洋流都是由这种温度、盐度和密度的对比变化所控制和维系的。

全球变暖不仅会使北大西洋的海水变暖，而且还会使北极地区和格陵兰的淡水冰河和大冰原融化，使得这些水域的盐度降低。这些更加温暖的、盐度变小且重量较轻的海水将会减慢洋流下沉的速度。研究数据表明，这一情况正在北大西洋发生着。如果北大西洋暖流或湾流的速度显著降低甚至停止的话，欧洲和北美东部的气候将会急剧地变冷，一些地区还会发生严重的干旱。除了严谨的科学家们在研究这一情况之外，美国五角大楼也于最近公布了一项研究结果，该研究分析了欧洲北部的人们大量逃往南欧

第 7 章
新型可持续风险：全球变暖和气候变化

以躲避严寒或墨西哥人大量涌入美国以躲避干旱所带来的安全问题。[97]

从上次冰期以来的温度变化可以在数年、而不是几十年或几个世纪间完成，这一对过去气候变化的最新研究成果引起了广泛的关注。导致这种急剧变化的最主要的原因是洋流的停止。正如《古代阳光的最后余晖》的作者汤姆·哈特曼所描写的那样，这些变化：

> "非常像一个电灯开关，在你缓慢地掀起它而未触及簧片之前，它一直保持关闭的状态，而一旦触及簧片，电灯就会骤然亮起。"[98]

因此，电影《后天》中描写的场景尽管夸大了事实，但也是建立在理论和实证的基础上的。

2005年1月，某国际气候保护组织发布了一份报告。该报告指出，全球变暖正在逼近极限，一旦突破，大范围的干旱、粮食歉收和海平面上升将不可避免。这份报告是由英国公共政策研究所、美国发展中心和澳大利亚研究所共同完成的。尽管没有任何研究可以准确预测到这一临界点，该组织还是提出了将全球平均气温的上升幅度控制在2℃以内的长期目标。[99]值得指出的是，这一温度值恰好是政府间气候变化委员会对于21世纪全球气温升高预测范围的最低值。

最近关于两极地区的研究为上述环保组织的担忧增添了新的证据。2004年11月，《北极气候影响评估报告》发布。在题为《正在变暖的北极的影响》的综述部分总结到：

> "北极地区正在经历全球最为迅速和严重的气候变化。在未来的100年里，由于自然的、生态的、社会的和经济环境的改变，气候变化的速度还会加快，不幸的是，许多改变已经开始。北极地区的气候变化会加速全球变暖和海平面的升高，进而影响世界其他地区。"[100]

在过去的几十年里，北极地区平均气温的增速几乎是世界其他地区的两倍。在某些地区，气温在过去的50年里已经升高了2.2~4℃，而且预计在下个世纪还将进一步升高4~7℃。这些气候变暖的趋势降低了北极地区人类的生存能力，威胁了北极熊、海豹和其他物种的生存，破坏了动物迁徙的路线和系统，而且由于海洋冰盖和冰河的融化，海平面也被抬高。[101]

2004年秋季发表在《科学》杂志上的一篇关于南极的研究论文指出南极地区的冰河正在变薄，并加速滑入海洋。[102]无数的冰架在过去的10年间崩塌，其中包括拉森A冰架（1995年）、威尔金斯冰架（1998年）和拉森B冰架（2002年）。这些冰架的瓦解会使冰河加速向海洋滑动，并在最终融化之后抬高海平面。在这一点上，冰河的融化只是一个警告。而南极洲西部冰雪覆盖的大陆的任何显著的缩减或崩溃、或过量的融化都将导致海平面的灾难性上升。[03]

7.10 缓解的措施

在接受《京都议定书》的基础上，世界上大多数国家都认为减缓全球变暖是一项重要的缓解措施。按照《京都议定书》的方针，将温室气体的排放量在1990年的水平上再降低5.2%不能阻止全球变暖，但无疑会减缓变暖的速度。由于对新气候环境的适应需要花费大量的时间、金钱和心血，延长适应期将会缓解全球变暖的压力并减少损失。

7.10.1 企业对于排放量的自愿限制

工业企业的温室气体排放面临被管制的现实威胁。对于那些在批准了《京都议定书》的国家开展业务的企业来说，这种威胁是切实存在的。即使是在美国，各州的法律也可能会影响到企业经营。联邦政府行政机关或立法机关人员或态度的变更都会改变美国在《京都议定书》问题上的立场。那些总部位于美国却在拥有不同监管规则的多个地区内运作的跨国公司将会在公司经营战略上面临决策困难。

世界资源研究所于2004年对9个公司进行研究后发布的报告称，"对于企业来说，提前采取措施衡量自身的温室气体排放量并将未来的政策风险降到最低水平比'日后临时抱佛脚'要划算得多"。[04]报告中提到了强生公司提高能源使用效率的计划，并且表示强生已成为全国第二大利用太阳能来发电的公司。

由于这些原因，许多企业都制定了自愿减少二氧化碳排放量的计划。这一做法为那些同时在美国和欧洲或日本开展业务的跨国公司为其子公司和分支机构制定统一的排放标准提供了一条很好的途径。例如，包括皇家荷兰壳牌集团和英国石油公司在内的全球石油巨头，以及包括辛辛那提能源公司、美国电力公司和新奥尔良能源公司在内的电力企业，都已采取措施减少自身的排放量。[05]杜邦公司已经将其分布在全球

第7章
新型可持续风险：全球变暖和气候变化

的工厂所排放的温室气体的数量减少到了1990年水平的35%以下。⑩美国铝业公司宣布计划将2010年温室气体的排放量降低到1990年水平的75%。⑩施乐公司通过循环利用以及提高其复印机的能源利用率等措施将二氧化碳的排放量降低了50%。⑩这些措施除了缓解公司的政策风险和声誉损失风险之外，还降低了能源成本，同时也提高了能源利用率。

　　除了上述公司之外，很多企业反应都很缓慢。环境责任经济体联盟发布了2003年度的研究报告，题为《公司治理和气候变化》，作者是投资者责任研究中心的道格拉斯·科根。该报告发现，全球前20大企业中大多数没有明确形成和披露减少温室气体排放量的战略。⑩2003年，碳披露工程针对全球500强的调查发现，尽管有80%的企业将气候变化视为一种财务风险，却只有35%~40%的企业当前正在采取措施来缓解这一风险。⑩

　　迄今为止最有效的项目之一是由皮尤全球气候变化中心建立的。该项目于1998年启动，目的是支持研究工作并为全球变暖提供信息和创新解决方案。38家公司通过商业环境领导委员会向该中心派出了管理人员，这些公司中多数位列全球500强。该委员会的成员必须支持下列原则性陈述：（1）接受全球变暖的科学证据并承认全球变暖的后果已经足以令企业采取行动；（2）减少温室气体排放并投资于新的更加有效的技术；（3）支持《京都议定书》以及建立在市场基础上的后续机制；（4）通过实施合理的政策、项目和过渡措施可以在保持经济增长的同时应对气候变化的挑战。⑪

　　有意思的是，即使是美国议会里那些原本反对《京都议定书》和《麦凯恩—李伯曼气候管理法》的共和党人也开始对全球变暖的影响愈发关注起来。阿拉斯加和北极地区超过平均水平的变暖速度已经引起了阿拉斯加州两名共和党参议院特德·史蒂文斯和利萨·穆克夫斯基的关注。当谈及降低二氧化碳排放的问题时，参议员史蒂文斯称，"这是我作为本州参议员感到压力最大的挑战"。穆克夫斯基参议员表达了类似的观点："我需要对当前正在发生的气候变化予以关注。如果这些变化部分地是由于人类对于大气的破坏所引起的话，那么就应该采取适当的应对措施。"⑫曾反对批准《京都议定书》的内布拉斯加州共和党人查克·黑格尔在2005年提议通过新法案，以向那些进口或投资于降低二氧化碳排放的设备的企业提供财政支持。⑬

　　我只是一名业余的政治观察者，而非相关领域的专家。但是我坚信即使共和党人控制了白宫和两院，一个类似《京都议定书》的旨在降低二氧化碳排放量的法案将会在不远的将来获得通过。很难再继续忽视越来越多的有关气候变化的证据和由此带来的负面影响了。

如果全球变暖的潜在负面影响随着时间的推移变成现实的话，那些没有采取措施自愿限制温室气体排放且反对监管的企业则有可能面临严重的声誉损失。相反，那些支持自愿减排及限制措施的企业的声誉将会大大提高并有可能因此而占据极为有利的竞争优势。

7.10.2 避免在高危地区发展

实际上，所有预测都表明，气候变化将带来降水强度和降水频率的增加、飓风所带来的最高风速的提高、降水密度的增加以及海平面的上升。美国东南部和墨西哥湾滨海地区尤其容易受到侵害。因此，审慎的做法是避免在这些地区进行大规模建设。然而不幸的是，情况正好相反。

国家海洋和大气管理局的报告称，有1.53亿人口，约占全国总人口的54%，居住在美国滨海地区。而另据预测，2030年以前，将会有25%的人口居住在加利福尼亚、佛罗里达和得克萨斯。[114]这三个处于高危地区的州在1980~1993年间的经济增长速度是全国平均水平的两倍，并将继续以高于平均水平的速度增长。[115]美国地球物理学联盟的一份研究发现，处在高危地区的各州所接纳的新增人口以富人居多。[116]这些人倾向于建造更加昂贵的不动产，而这无疑加大了风险。在英、日、韩等国家，实际上所有的人口都居住在离海岸线不远的地方，此外，世界上最发达的城市群也都位于沿海地区。

前面本章曾提到，慕尼黑再保险公司的数据表明，与气象灾害相关的总损失及购买保险保障的损失在过去50年里都有所增加。通能太平精算公司的精算咨询师道格拉斯·柯林斯制定了一套调整飓风承保损失的方法以反映通货膨胀、住房密度、财富和风灾保险的影响。其中，滨海地区住房密度的长期增加是最重要的因素。佛罗里达滨海地区住房密度的提高尤为明显，而且据估计这一趋势还会持续至少25年。[117]

对自然灾害所导致的财产损失进行补偿的财产保险和补偿计划同样恶化了美国所面临的局势。在以前的一篇研究论文中，我检验了国家洪水保险项目和联邦灾害救济项目补偿滨海地区灾害损失及帮助实施灾后重建的

第 7 章
新型可持续风险：全球变暖和气候变化

方式。[118]为沿海高危地区的财产提供保障的州剩余风险计划也同样存在着实际保费低于精算公平保费的情况。理智的人可能不会同意限制滨海地区的发展。但没有理由允许以低于公平精算保费的代价为这些财产提供保险保障。

图 7-3 清晰地表明了不顾全球变暖而在滨海地区进行建设的长期潜在后果。图中显示了佛罗里达的海岸线在 2 万年前、当前以及未来假设南极洲西部冰盖或格陵兰冰盖融化时的情况。在最后这种情况下，保险保障也毫无帮助，因为这些保单不可避免将会被取消掉。

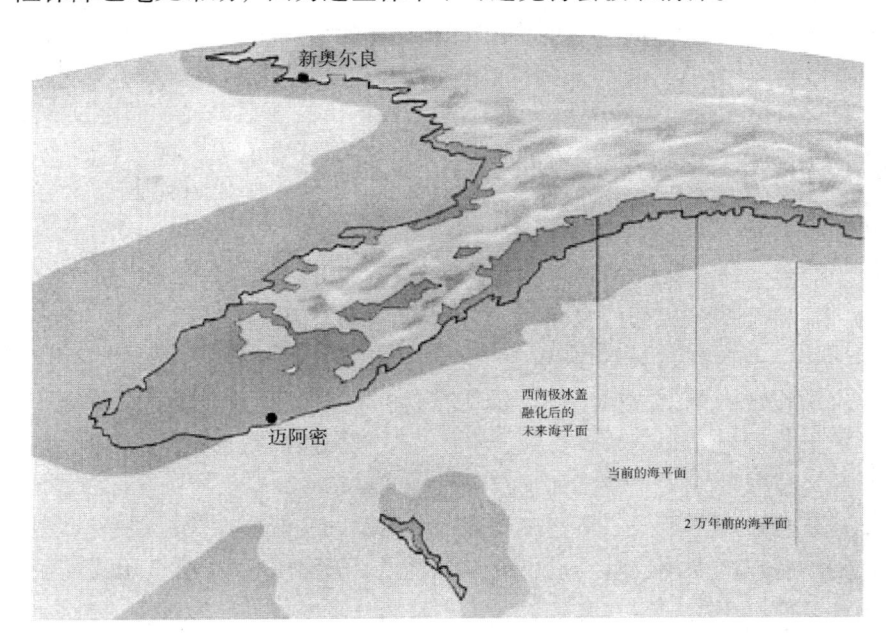

图 7-3

资料来源：气候剧变委员会，海洋研究委员会，极地研究委员会，大气科学和气候委员会，地球和生命研究中心，国家研究委员会，《不可避免的气候剧变》，华盛顿特区，国家科学院出版社，2002 年。

7.11 商业机遇

在我们对全球气候变化的逐步适应过程中，减损的商业机会将会非常巨大。根据美国国际减灾十年委员会的统计，花在灾害预防上的费用

企业生存
可持续风险管理

仅为灾害救援费用的1%。[119]由于具有灾害及危机管理方面的专业知识，保险公司和风险管理行业的其他相关主体应该在制定减损策略方面成为领导力量。

减损策略需要具有弹性，因为涉及灾害发生的准确时间、地点及受到影响的人群等因素的气候变化后果是不可预测的。而且，由于各个复杂系统对于当前气候变化的反应是不可预测的，因此，气候变化的某些方面及其影响很有可能也是完全不曾预料到的。[120]

所有新兴产业部门都将围绕着这些减损战略来发展。一份由碳披露工程于2003年发布的报告估计，可再生能源市场的交易额将会从2010年的2.34亿~6.25亿美元发展到2020年的1.9万亿美元[121]。英国石油公司在阿尔及利亚的新的天然气加工工厂已经开发出了一项每年向地下回注100万吨二氧化碳的技术。这相当于一座500兆瓦的风力或太阳能发电站所减少的温室气体排放量。[122]

二氧化碳排放的交易将会在包括保险业在内的资本市场创造出巨大的商业机会。排放量交易是由《京都议定书》所倡议的。欧盟已经制定出相关的计划并于2005年生效。欧盟范围内数以千计的工厂和电站将会被设定一个排放量上限。最初，这一上限仅会被应用于12 000个矿物燃料发电站和钢铁、石油、水泥、造纸等能源密集型企业。而这些企业所排放的二氧化碳占到了欧盟总排放量的45%。[123]

一旦设定了上限，那些排放量超出配额的企业就需要花钱来升级它们的设备以减少排放量，也可以从那些低于配额的企业那里购买配额。由此，交易市场便建立起来了。这一市场鼓励发展那些能够有效减少排放量的技术。通过降低总体的配额，政府就可以降低总的排放量。一个有关二氧化硫排放的类似的交易体系已经在美国成功运行了若干年。这一体系是应1990年《清洁空气法修正案》降低二氧化硫排放量的要求而建立起来的。

按照每吨二氧化碳的排放指标价值15欧元计算，欧盟将形成一个年交易额达300亿欧元的市场。[124]实际上，一个自愿交易的市场已经形成并在2003年总计交易了7 100万吨的二氧化碳排放许可。[125]按照欧盟的计划，这一数字将会跃升至20亿吨，因此机遇是明显的。

尽管美国不存在对二氧化碳排放量的限制，拥有28家注册大公司的、旨在交易温室气体排放配额的芝加哥气候交易所还是在2003年由

第 7 章

新型可持续风险：全球变暖和气候变化

理查德·桑德尔创建。该交易所之所以能够成功建立，主要是基于美国政府最终将设立温室气体减排项目的预期。[126]

根据《京都议定书》的规定，最多可以有六种工业所产生的温室气体可以用来交易。排放配额交易将变成一个重要的商品市场。坎托·菲茨杰拉德公司旗下的科思网络公司的温室气体经纪业务常务董事史蒂夫·德拉蒙德表示："排放配额市场非常类似于证券市场。这是一个非常重要的商业机遇。"[127]

作为保险业所面临机遇的一个例子，瑞士再保险公司的温室气体风险解决方案开发出了一种叫做"减排交易远期合约"的新产品。该产品通过"在将来必要的时候保证将排放指标的价格稳定在一个特定的范围内并确保将剩余的配额转让出去"这一途径来平抑排放配额市场价格的波动。[128]

一篇由德鲁戈列茨基和洛斯特合写并发表在《日内瓦风险与保险期刊》上的题为《气候变化与金融服务业》的优秀论文总结了由联合国环境规划署金融委员会主持的一项研究的成果。这篇文章及研究课题讨论了包括保险业在内的金融服务业所面临的各种各样的商业机遇。[129]

7.12 结论

如果存在着动态的难题，那么全球气候变化无疑算是其中之一。这是一个国际性的挑战。由它引发的无数风险将影响居民的日常生活以及政府、产业和企业的正常运作。在 2002 年达沃斯世界经济论坛上，商界和政府的领袖们将气候变化称为"人类所面临的最为紧迫的难题"。[130] 不去建立有效的可持续风险管理方法来应对气候变化将会导致灾难性的后果。

在作者看来，全球气候变化或许是可持续风险管理所面临的最严重的风险。除了传统的财产、责任、人寿和健康风险外，全球气候变化还产生了一系列额外的风险，包括伦理、文化、商业抵制、声誉和政策风险。在这些更加广泛的风险面前，风险转移、风险融资和风险对冲机制往往受到限制，这就使得风险规避、风险控制和其他减损措施受到了更多的关注。全球气候变化风险有可能会损害企业的信誉，从而威胁企业的核心利益——在未来产生的收入和利润。

迄今为止,欧洲的再保险公司和企业已经抢占了全球变暖和气候变化相关讨论的领导地位。美国保险公司、再保险公司以及持有它们保单的企业将会面临越来越大的压力,尤其是在《京都议定书》被批准之后。正如伊利诺斯大学气候研究中心主任麦克尔·施莱辛格博士所指出的那样,"长期以来一直存在的重大气候风险的不确定性正是当前采取适当措施以减少温室气体排放的原因"。[131]我认为企业会推动对温室气体排放实行某种形式的限制,因为市场需要确定和公平的竞争环境。即使美国拒绝批准《京都议定书》,跨国公司也会迫于竞争压力而自愿采取措施以减少温室气体的排放。对于保险企业和非保险企业来说,采取超前的主动姿态会带来巨大的竞争优势和商业机遇。正如瑞士再保险公司董事长彼得·弗斯特莫撒博士在2001年降低温室气体排放会议上所指出的那样:

> "环境问题已经改变并将继续改变企业运作的模式。哪里有变化,哪里就有机会。"[132]

本 章 附 注

① 能源公司主席 Bob Luft, September 10, 2003, in "Southern Utility Charges Ahead on Climate Issues," In Common, Fall 2003。

② 我在以前的两篇文章中研究了全球变暖和气候变化的风险问题,它们是: Dan R. Anderson, "Global Warming/Climate Change: Implications for the Risk Management and Insurance Industry," CPCU Journal, Vol. 56, No. 1, January 2003; Dan R. Anderson, "Environmental Risk Management: A Critical Part of Corporate Strategy," The Geneva Papers on Risk and Insurance, Vol. 27, No. 2, April 2002. 写作本章的过程中借用了这两篇文章中的部分资料。

③ www. cru. uea. ac. uk 网站的气候研究专题(Climate Research Unit)。

④ C. Lazaroff, "Global Warming is Real, Council Tells Bush," Environment News Service, June 7, 2001; John L. Magnuson, et. al., "Historical Trends in Lake and River Ice Cover in the Northern Hemisphere," Science, 289, September 8, 2000.

⑤ Lester Brown, "Earth's Ice Melting Faster than Projected," Population Press, April/May 2002.

⑥ Andrew C. Revkin, "Huge Ice Shelf Is Reported to Break Up In Canada," New

第 7 章
新型可持续风险：全球变暖和气候变化

York Times, September 23, 2003.

⑦ "Impacts of a Warming Arctic," *Arctic Climate Impact Assessment*, Cambridge, MA: Cambridge University Press, 2004.

⑧ Richard A. Kerr, "A Bit of Icy Antarctica is Sliding Toward the Sea," *Science*, Vol. 305, September 24, 2004; Robert Thomas, et. al., "Accelerated Sea – Level Rise from West Antarctica," *Science*, Vol. 306, October 8, 2004.

⑨ Juan Foreno, "As Andean Glaciers Shrink, Water Worries Grow," *New York Times*, November 24, 2002.

⑩ Charles J. Hanley, Associated Press, "Carbon Dioxide hits record level," *Wisconsin State Journal*, March 21, 2004.

⑪ "As the World Turns – For the Worse," *Business Week*, April 18, 2005.

⑫ NAST – National Assessment Synthesis Team, *Climate Change Impacts on the United States: The Potential Consequences of Climate Variability and Change*, Report for the U. S. Global Change Research Program, Cambridge, U. K.: Cambridge University Press, 2001.

⑬ IPCC – Intergovernmental Panel on Climate Change, *Climate Change 2001: The Science Basis*, Third Assessment Report, Cambridge, U. K.: Cambridge University Press, *2001*.

⑭ 同上。

⑮ Committee on the Science of Climate Change, *Climate Change Science: An Analysis of Some Key Questions*, Washington D. C.: National Academy Press, *2001*.

⑯ NAST – National Assessment Synthesis Team, *Climate Change Impacts on the United States: The Potential Consequences of Climate Variability and Change*, Report for the U. S. Global Change Research Program, Cambridge, U. K.: Cambridge University Press, *2001*.

⑰ Antonio Regalado, "Global Warming Report Cites Gases," *Wall Street Journal*, December *17*, *2003*.

⑱ Claudia Dreifus, "A Conversation with: Jerry Mahlman; Listening to the Climate Models, And Trying to Wake Up the World," *New York Times*, December *16*, *2003*.

⑲ IPCC – Intergovernmental Panel on Climate Change, *Climate Change 2001: The Science Basis*, Third Assessment Report, Cambridge, U. K.: Cambridge University Press, 2001.

⑳ NAST – National Assessment Synthesis Team, *Climate Change Impacts on the United States: The Potential Consequences of Climate Variability and Change*, Report for the U. S. Global Change Research Program, Cambridge, U. K.: Cambridge University

Press, 2001.

㉑ U. S. Environmental Protection Agency, U. S. Climate Action Report – 2002, *Third National Communication of the United States of America Under the United Nations Framework Convention on Climate Change*, www. epa. gov/globalwarming/publications/car/index. html, May, 2002.

㉒ James Hansen, et. al. , "Earth's Energy Impalance: Confirmation and Implications," *Science*, April 28, 2005.

㉓ " 'Smoking Gun' on humans and global warming claimed," MSNBC News Service, April 28, 2005.

㉔ Clive Cookson, " 'Global warming real' says new studies," *Financial Times*, February 18, 2005.

㉕ D. Sanger, "Bush Will Continue to Oppose Kyoto Pact on Global Warming," *New York Times*, June 12, 2001.

㉖ NAST – National Assessment Synthesis Team, *Climate Change Impacts on the United States: The Potential Consequences of Climate Variability and Change*, Report for the U. S. Global Change Research Program, Cambridge, U. K. : Cambridge University Press, 2001.

㉗ Committee on the Science of Climate Change, Climate Change Science: An Analysis of Some Key Questions, Washington D. C. : National Academy Press, 2001.

㉘ E. Mills, E. LeComte and A. Peara, *U. S. Insurance Industry Perspectives on Global Climate Change*, Berkeley, CA: Lawrence Berkeley National Laboratory, MS90 – 4000, February 2001; Munich Re, *Annual Review of Natural Catastrophes*, 2000, Munich, Germany: Munich Re Group, 2001.

㉙ www. munichre. com

㉚ www. ECES. org, "New research finds that the droughts and record floods that have ravaged Central Europe in the last few years will become more common due to global warming," February 19, 2003; Vijay Joshi, Associated Press, "Powerful typhoon slams South Korea's Coast: Thousands flee as worst storm in century hits," *Seattle Times*, September 14, 2003; A. F. Dlugolecki, "Climate Change and the Insurance Industry," *The Geneva Papers on Risk and Insurance*, Vol. 25, No. 4, 2000.

㉛ NAST – National Assessment Synthesis Team, *Climate Change Impacts on the United States: The Potential Consequences of Climate Variability and Change*, Report for the U. S. Global Change Research Program, Cambridge, U. K. : Cambridge University Press, 2001.

㉜ www. ECES. org, "Water Council report...," February 27, 2003.

㉝ A. F. Dlugolecki, "Climate Change and the Insurance Industry," *The Geneva Papers on Risk and Insurance*, Vol. 25, No. 4, 2000.

㉞ Pamela Sampson, Associated Press, "Heat wave in Europe killed more than 19 000," *Wisconsin State Journal*, September 26, 2003; Anita Weier, "Prof warns of global warming health impacts," *The Capital Times*, February 22, 2005.

㉟ B. Hansen, "Friends of the Earth Considers Legal Action to Curb Global Warming," *Environmental News Service*, September 15, 2000.

㊱ K. Q. Seelye, "Global Warming May Bring New Variety of Class Action," *New York Times*, September 6, 2001.

㊲ Andrew Strauss, "Suing the United States for Global Warming Omissions," Red Conference, London, July 10, 2001.

㊳ Kim Moore, "Turning up the Heat," *Reactions*, July 2002.

㊴ Andrew C. Revkin, "Eskimos Seek to Recast Global Warming as a Rights Issue," *New York Times*, December 15, 2004; "The Inuit Struggle for Survival," *In Brief*, Earth Justice, Spring 2005.

㊵ "The Inuit Struggle for Survival," *In Brief*, Earth Justice, Spring 2005.

㊶ O. Cowell and J. Karas, Gathering Storm: *The Human Cost of Climate Change*, Amsterdam, The Netherlands: Friends of the Earth, September 2000.

㊷ J. Linnerooth – Bayer and A. Amendola, "Global Change, Natural Disasters and Loss – sharing: Issues of Efficiency and Equity," *The Geneva Papers on Risk and Insurance*, Vol. 25, No. 2, 2000.

㊸ ECES. org, "Water Council Report...," February 27, 2003.

㊹ Don Harrison, "It's No Day at the Beach," *Parade*, June 6, 2004.

㊺ O. Cowell and J. Karas, *Gathering Storm*: *The Human Cost of Climate Change*, Amsterdam, The Netherlands: Friends of the Earth, September 2000.

㊻ IPCC – Intergovernmental Panel on Climate Change, *The Regional Impacts of Climate Change*, Cambridge, U. K.: Cambridge University Press, 1998.

㊼ NAST – National Assessment Synthesis Team, *Climate Change Impacts on the United States*: *The Potential Consequences of Climate Variability and Change*, Report for the U. S. Global Change Research Program, Cambridge, U. K.: Cambridge University Press, 2001.

㊽ "Drought in West tops Dust Bowl," *Capital Times*, June 18, 2004.

㊾ U. S. Environmental Protection Agency, U. S. Climate Action Report – 2002, *Third National Communication of the United States of America Under the United Nations Framework Convention on Climate Change*, www. epa. gov/globalwarming/publications/

car/index. html, May, 2002.

50 John J. Fialka, "Senators Warm Up to Emissions Curbs," *Wall Street Journal*, February 22, 2005.

51 Timothy Egan, "Now, in Alaska, Even the Permafrost is Melting," *New York Times*, June 16, 2002.

52 Committee on the Science of Climate Change, Climate Change Science: An Analysis of Some Key Questions, Washington D. C.: National Academy Press, 2001.

53 C. D. Thomas, et al., "Extinction Risk from Climate Change" *Nature*, 427, 145 – 148, January 8, 2004.

245 54 "Impacts of a Warming Arctic," *Arctic Climate Impact Assessment*, Cambridge, MA: Cambridge University Press, 2004.

55 Hans Hoegh – Guldberg and Ove Hoegh – Guldberg, *The Implications of Climate Change for Australia's Great Barrier Reef*, World Wildlife Fund Australia and the Queensland Tourism Industry, 2004.

56 Larry Rohter, "Deep in the Amazon, Vast Questions about the Climate," *New York Times*, November 4, 2003.

57 David Barboza, "Plan Gives Farmers a Role in Fighting Global Warming," *New York Times*, November 24, 2003.

58 Elizabeth Royte, "Don't Spoil the Soil," *Onearth*, Fall 2003.

59 NAST – National Assessment Synthesis Team, *Climate Change Impacts on the United States: The Potential Consequences of Climate Variability and Change*, Report for the U. S. Global Change Research Program, Cambridge, U. K.: Cambridge University Press, 2001.

60 J. Ball, "Global – Warming Treaty Opens Corporate Rifts, and Activists Jump In," *Wall Street Journal*, August 27, 2001.

61 同上。

62 A. C. Revkin, "Deals Break Impasse on Global Warming Treaty," *New York Times*, November 11, 2001.

63 Eileen Claussen, "The Global Warming Dropout," *New York Times*, June 7, 2002; Steven Lee Myers, "Putin Ratifies Kyoto Protocal of Emissions," *New York Times*, November 6, 2004.

64 Guy Chazan, "EU Backs Russia's WTO Entry As Moscow Supports Kyoto Pact," *Wall Street Journal*, May 24, 2004.

65 Danny Hakim, "At the Front on Air Policy," *New York Times*, July 3, 2002.

246 66 Fred Krupp, "Cars Can Get Much Cleaner," *New York Times*, July 20, 2002.

第 7 章

新型可持续风险：全球变暖和气候变化

㊻ Danny Hakim, "Several States Likely to Follow California on Car Emissions," *New York Times*, June 11, 2004.

㊼ Danny Hakim, "Canada Says It May Emulate California on Auto Emissions," *New York Times*, March 12, 2004.

㊽ James Sterngold, "State Officials Ask Bush to Act on Global Warming," *New York Times*, July 17, 2002.

⑦ Jeffery Ball, "States Feel Heat on Global - Warming Steps," *Wall Street Journal*, November 23, 2003.

⑦ John J. Fialka, "States Are Stepping in to Reduce Levels of Carbon Dioxide," *Wall Street Journal*, September 11, 2001.

⑦ CNN. com, "Climate Change to thump markets," February 17, 2003.

⑦ Matthew Kiernan, "Taking Control of Climate," *Financial Times*, November 24, 2002.

⑦ Inside Washington Publishers, "Insurance Industry Worries Climate Resolutions Will Prompt Suits," Clean Air Report vs News Edge Corporation, February 12, 2004.

⑦ www. ceres. org

⑦ "2005 Summit Press Release," Institutional Investor Summit on Climate Risk, at United Nations, May 10, 2005.

⑦ U. S. Environmental Protection Agency, U. S. Climate Action Report - 2002, *Third National Communication of the United States of America Under the United Nations Framework Convention on Climate Change*, www. epa. gov/globalwarming/publications/car/index. html, May, 2002.

⑦ C. Drew Harvell, Charles E. Mitchell, Jessica R. Ward, Sonia Altizer, Andrew P. Dobson, Richard S. Ostfeld and Michael D. Samuel, "Climate Warming and Disease Risks for Terrestrial and Marine Biota," *Science*, Vol. 296, June 2002.

⑦ E. Mills, E. LeComte and A. Peara, *U. S. Insurance Industry Perspectives on Global Climate Change*, Berkeley, CA: Lawrence Berkeley National Laboratory, MS90 - 4000, February 2001.

⑧ AIA - American Insurance Association, *Property - Casualty Insurance and the Climate Change Debate: A Risk Assessment*, 1999.

⑧ Ann Deering and Jared Wade, "Climate Control: Global Warming Hits the Insurance Market," *Risk Management*, August 2002.

⑧ Andrew Dlugolecki and Mojdeh Keykhah, "Climate Change and the Insurance Sector: Its Role in Adaptation and Mitigation," *Greener Management International*, Greenleaf Publishing, Issue 39, 2002.

⑧ Vijay Vaitheeswaran, "A Survey of the Global Environment," *The Economist*, July 6, 2002.

㉘ E. Mills, E. LeComte and A. Peara, *U. S. Insurance Industry Perspectives on Global Climate Change*, Berkeley, CA: Lawrence Berkeley National Laboratory, MS90 - 4000, February 2001.

㉙ E. Mills, E. LeComte and A. Peara, *U. S. Insurance Industry Perspectives on Global Climate Change*, Berkeley, CA: Lawrence Berkeley National Laboratory, MS90 - 4000, February 2001; Saria Labatt and Rodney R. White, *Environmental Finance*, Hoboken, NJ, John Wiley & Sons, 2002.

㊱ Swiss Re, Environmental and Social Report, www. swissre. com, 2001.

㊲ Swiss Re, "Corporate Policy Statement on Climate Risks," www. swissre. com, 1995.

㊳ 同上。

㊴ Joanne Wojcik, "Reinsurers aiding efforts to address climate change," *Business Insurance*, September 1, 2003.

㊵ Swiss Re, *Reducing Greenhouse Gas Emissions*, Swiss Re Conference Report, www. swissre. com, 2001.

㊶ Swiss Re, *Emission Reductions: Main Street to Wall Street*, - "The Climate in North America" at The American Museum of Natural History in N. Y., www. swissre. com, July 17 - 18, 2002.

㊷ Swiss Re, *Global Warming: Element of Risk*, www. swissre. com, 1994.

㊸ Swiss Re, *Opportunities and Risks of Climate Change*, www. swissre. com, 2002.

㊹ Swiss Re, *Tackling Climate Change*, www. swissre. com, 2004.

㊺ National Research Council, *Abrupt Climate Change: Inevitable Surprises*, Washington D. C.: National Academy Press, 2002.

㊻ 同上。

㊼ David Stipp, "The Pentagon's Weather Nightmare," *Fortune*, February 9, 2004.

㊽ Thom Hartmann, "How Global Warming May Cause the Next Ice Age," CommonDreams. org, January 30, 2004.

㊾ The Institute for Public Policy Research, The Center for American Progress, and the Australian Institute, *Meeting the Climate Challenge: Recommendations of the International Climate Change Task Force*, January 2005.

㊿ Arctic Climate Impact Assessment, *Impacts of a Warming Arctic*, Arctic Council and the International Arctic Sciences Committee, Cambridge: Cambridge University Press, 2004.

[101] 同上。

[102] Richard A. Kerr, "A Bit of Icy Antarctica is Sliding Toward the Sea," *Science*, Vol. 305, September 24, 2004; Robert Thomas, et. al., "Accelerated Sea - Level Rise

from West Antarctica," *Science*, Vol. 306, October 8, 2004.

⑩③ Larry Rohter, "Antarctica, Warming, Looks Ever More Vulnerable," *New York Times*, January 25, 2005.

⑩④ John J. Fialka and Jeffery Ball, "Companies Get Ready for Greenhouse – Gas Limits," *Wall Street Journal*, October 26, 2004.

⑩⑤ A. C. Revkin and N. Banerjee, "Energy Executives Urge Voluntary Greenhouse – Gas Limits," *New York Times*, August 1, 2001.

⑩⑥ "A Wake – up call from the Arctic," *Solutions*, *Environmental Defense*, Jan – Feb, 2005.

⑩⑦ K. Bradsher and A. C. Revkin, "A Pre – emptive Strike on Global Warming," *New York Times*, May, 15, 2001; Douglas G. Cogan, *Corporate Governance and Climate Change*, CERES, IRRC, June 2003.

⑩⑧ Katrin Bennhold, "New Limits on Pollution Herald Change in Europe," *New York Times*, January 1, 2005.

⑩⑨ Barnaby J. Feder, "Report Faults Big Companies on Climate," *New York Times*, July 10, 2003; Douglas G. Cogan, *Corporate Governance and Climate Change*, CERES, IRRC, June 2003.

⑩⑩ CNN. com, "Climate Change to thump markets," February 17, 2003.

⑪⑪ Pew Center on Global Climate Change, www. pewclimate. org.

⑪② John J. Fialka, "Senators Warm Up to Emissions Curbs," *Wall Street Journal*, February 22, 2005.

⑪③ 同上。

⑪④ "Buffet Warns of Mega-Catastrophes Threat to Reinsurer, Insurers," *Advisen Front Page News*, March 8, 2005.

⑪⑤ George B. Jones, IV, "Alternative Reinsurance: Using Catastrophe Bonds and Insurance Derivatives as a Mechanism for Increasing Capacity in the Insurance Markets," *CPCU Journal*, Vol. 52, No. 1, Spring 1999.

⑪⑥ American Geophysical Union, "Why the United States Is Becoming More Vulnerable to Natural Disasters," *EOS*, November 3, 1998.

⑪⑦ Douglas J. Collins, "So Much for Global Warming," *Contingencies*, March/April 2002.

⑪⑧ Dan R. Anderson, "Catastrophe Insurance and Compensation: Remembering Basic Principles," *CPCU Journal*, Vol. 53, No. 2, Summer, 2000.

⑪⑨ J. Linnerooth-Bayer and A. Amendola, "Global Change, Natural Disasters and Loss – sharing: Issues of Efficiency and Equity," *The Geneva Papers on Risk and Insur-*

ance, Vol. 25, No. 2, 2000.

⑳ NAST – National Assessment Synthesis Team, *Climate Change Impacts on the United States: The Potential Consequences of Climate Variability and Change*, Report for the U. S. Global Change Research Program, Cambridge, U. K.: Cambridge University Press, 2001.

㉑ CNN. com, "Climate change to thump markets," February 17, 2003.

㉒ Jeffery Ball, "Deep in the Sahara, BP Tries to Put Dent in Global Warming," *Wall Street Journal*, February 4, 2005.

㉓ Jeffery Ball, "In Europe, Clues to Kyoto's Impact," *Wall Street Journal*, October 10, 2003.

㉔ 同上。

㉕ John J. Fialka, "Emissions Credits see Brisk Trading Tied to Kyoto Pact," *Wall Street Journal*, December 5, 2003.

㉖ "The Chicago Climate Exchange," *Economist New Paper Limited*, October 17, 2002.

㉗ Otto Pohl, "U. S. Left Out of Emissions Trading," *New York Times*, April 10, 2003.

㉘ Joanne Wojcik, "Reinsurers aiding efforts to address climate change," *Business Insurance*, September 1, 2003.

㉙ Andrew Dlugolecki and Thomas Loster, "Climate Change and the Financial Services Sector: An Appreciation of the UNEPFI Study," *The Geneva Papers on Risk and Insurance*, Vol. 28 No. 3, July 2003; UNEPFI, "Climate Change and the Financial Services Industry," 2002. Work carried out by Innovest Strategic Advisers with Andrew Dlugolecki as advisor.

㉚ Matthew Kiernan, "Taking Control of Climate," *Financial Times*, November 24,2002.

㉛ Andrew Revkin, "Deciding How Much Global Warming Is Too Much," *New York Times*, February 1, 2005.

㉜ Swiss Re, *Reducing Greenhouse Gas Emissions*, Swiss Re Conference Report, www. swissre. com, 2001.

第 8 章

新型可持续风险：转基因作物

> 不要把转基因作物的生产体系与普通的生物科技应用混为一谈，因为后者不会导致作物的质变。如果认为我们什么都懂，这简直是科学狂妄症，因为我们并不懂得一切。这一问题就是如此复杂难懂。
>
> ——查尔斯·本布鲁克（国家科学院农业委员会前主任）
>
> 由于是一种全新的情形，目前尚不清楚应用这一技术会产生什么责任问题以及这些责任应该由谁来承担。
>
> ——NFU 相互保险公司发言人（该公司为英国 2/3 的农民提供保险保障）

转基因作物是生命科学技术领域的前沿问题。在一篇发表在《哈佛商业评论》的文章中，恩里克斯和戈德伯格讲到：

> "基因工程技术的进步不仅会对人类社会产生巨大的影响，而且也会重塑世界经济中诸多领域的秩序。许多曾经界限分明的行业，从农业到化学工业、医疗保健和药品行业再到能源和电子工程，它们之间的界限将会变得模糊，并将从中整合出世界上最庞大的行业：生命科学产业。"[①]

转基因作物在带来巨大利益的同时也存在着极大的风险，因而备受争议。风险经理、经纪人、保险高管人员以及受影响工业部门的顾问人员必须要正视这一新兴技术的风险。不过，风险管理和保险业内人士可以从转基因作物问题的复杂性和重要性以及潜在的损失等方面来获取一些经验和教训。

转基因作物的风险远远超出了单纯的产品责任和召回风险，其影响范围涉及商业风险和声誉损失以及环境、伦理、文化、社会甚至宗教问题。关于转基因作物的争论随着经济全球化的开展而日益激烈，引发世贸组织的争端并导致欧盟国家和美国之间产生严重分歧。转基因作物的风险管理是当今日益广泛的可持续风险管理的一个生动例证。[2]

8.1 转基因的基础知识

活性有机体的细胞中存在着能够控制该有机体生命的染色体束。染色体由基因组成，每一个基因都是一段 DNA 序列，其中包含了制造某一特定蛋白质的密码，而这一密码会反过来向细胞下达行动指令。数百年来，农民们有选择地种植作物并驯养家畜以便使其达到更优的基因组合来增加产量或增强抗病性。19 世纪中期，奥地利僧侣和植物学家格里哥·孟德尔的研究和实验将这一育种实践建立在了更加科学的基础之上。孟德尔从豌豆实验中发现了遗传学的基本定律并开启了基因科学的大门。在 20 世纪，玉米和其他主要作物的杂交变得日益重要并取得了商业上的巨大成功。然而，所有这些努力都仅涉及在相同或相似的有机体之间交换或改变基因的组合。

当詹姆士·沃森和弗朗西斯·克里克发现 DNA 分子结构的时候，一扇通向基因工程和转基因技术的大门被打开了。印第安纳大学副教授马莎·克劳奇博士将基因工程做了如下定义：

"……通过改变有机体内的基因来改变蛋白质结构的过程。加入新的基因，或改变现有的基因……由于所有物种的基因密码是相似的，从一只老鼠那里取来的基因可以在一株玉米体内发挥作用。"[3]

第8章
新型可持续风险：转基因作物

正是这种可以将基因从一个物种转移到另一个物种的能力才如此引人注目，并且在事实上揭示了转基因技术的无限潜力。有机体通过处理可以呈现出新的性状。经过基因处理，作物可以抵抗虫害、旱灾甚至是杀虫剂的危害。作物甚至人类体内有缺陷的基因也可以被修复从而减轻或根除疾病。

也正是这种超越生物学边界的能力引发了极大的恐慌。自然界进化了几百万年才产生了生命体，而我们却正在篡改这一进程。扰乱这一进程可能会产生不可预测甚至灾难性的潜在风险。问题是，我们目前尚未了解，但当我们真正了解的时候，再来扭转或控制这些未知风险的后果也许就太晚了。这听起来像是科幻小说，但却是真实存在的状况。风险管理组织——实际上是全社会——都要面对并处理基因工程的风险。正如康奈尔大学动物科学教授布鲁斯·柯里尔博士所讲到的那样：

"最大的关注点在于改变基因结构所带来的不确定性的程度。尤其在处理那些具有多种功效的多效性基因的时候，可能会产生令人惊讶的副作用。没有简便的方法来预测这些不确定性。"④

检测转基因作物能否用来廉价地生产特定的药品和化学品的实验正在进行。最近完成的人类基因图谱的绘制工作将基因工程潜在的收益和风险带给了人类自己。人类基因图谱是指对人体细胞内所包含的大约30 000个DNA进行排序。距离人类基因被真正改造还会有一段时间，但目前植物的基因正在被改变，我们在下文中将会就这一情况展开讨论。通过研究转基因作物的收益和风险，不仅可以了解转基因作物本身的相关知识，更可以从中展望基因工程在人类学、药品和化学品领域的潜在应用。

转基因作物于1997年由孟山都公司率先引进。事实上，世界范围内的转基因作物也仅包括大豆、玉米、棉花和改良油菜籽。2003年，全球转基因作物的播种面积是1.6亿英亩，其中美国占1亿英亩即总面积的62%，阿根廷占20%。其他种植转基因作物的国家包括加拿大、巴西、中国、南非和西班牙。在美国，85%以上的大豆和略少于80%的棉花都是转基因作物，40%以上的玉米需依赖转基因技术。全球转基因作物的市场价值估计高达47.5亿美元。尽管大规模的实验已经展开，但目前转基因作物还仅限于两种类型——抗病虫和抗除草剂——我们将会在下一部分进行介绍。⑤

企业生存
可持续风险管理

8.2 转基因作物的收益

由于具有优于传统作物的特质，转基因作物受到种子公司的青睐并被农民们广为应用。这些特质包括抗病虫性和仅需较少农药。Bt 基因玉米和抗除草剂大豆是两种典型的获得成功的转基因作物。

Bt 基因玉米是普通玉米经过基因改造而成，具有抗病虫害尤其是抗玉米螟虫的特点。在玉米中加入土壤细菌的基因、杆状菌或 Bt 基因就会获得这种抵抗力。最明显的好处就是减少了用来控制玉米螟虫的农药使用量。Bt 基因玉米还进一步被改造为具有抗螟蛉和食虫的特性。作为一种天然的土壤有机物，Bt 被种植有机农作物的农民直接使用。Bt 基因棉花也被开发出来。如果仅考虑到优点，Bt 基因作物显然是对环境有益的。

除草剂和杀虫剂使用过程中的难题之一就是如何在杀死杂草和害虫的同时避免损害农作物。农药必须在不同的时机使用而不能在所谓的最佳时机集中使用，目的就是为了保护农作物免受伤害。通过基因改良，孟山都公司培育出了具有内在磷酸盐免疫力的大豆品种，而磷酸盐恰是除草剂中的活性成分。有了这些转基因大豆，农民们可以通过单纯使用除草剂来控制杂草，而这些除草剂之前对农作物都有着致命的危害。这就减少了更加有毒和长效的除草剂的应用，也降低了对土壤的损害程度。抗除草剂大豆受到美国农民如此的追捧，以至于在其引入仅 3 年之后的 1999 年，美国一半以上的豆田都播种了转基因大豆。[6]同时，一种抗除草剂的玉米也被培育了出来。[7]

还有其他一些转基因作物的例子。弗拉弗·莎弗西红柿中含有一段被修改过的基因，目的是减缓老化的过程从而延长保存期限。另一种转基因西红柿被加入了比目鱼的一个抗冻基因片段从而获得了抵抗霜冻的能力。[8]未来有可能生产出有利于健康的低胆固醇奶酪、抗过敏花生以及代替注射用疫苗来增强免疫力的香蕉。[9]于是，我们又一次看到了转基因作物事实上所具有的无限可能性和潜在收益。

由于发展中国家具有数量庞大且通常高速膨胀的人口，转基因作物在这些国家有着广阔的应用前景。据估计，全世界有 8 亿人口长期营养

第 8 章
新型可持续风险：转基因作物

不良，而且这一数字正在快速增长。[10]在作物中内置抗干旱、病虫害和贫瘠土壤的基因，可以增加粮食产量并减少化学制品的使用。潜在的收益还包括在食品中注入疫苗以及培育出营养更加丰富的作物品种。其中一种被广为引用的例子就是金米，它是一种包含了维他命 A 的抗失明的大米品种。联合国粮农组织在 2004 年一篇题为《满足穷人需要的农业生物科技》的报告中号召发展中国家扩大转基因作物的种植面积。[11]

8.3 转基因作物的风险

转基因作物存在着多种风险，我们将会在下文进行讨论。正如它的收益一样，转基因作物潜在的风险也大大超出了已有的风险水平。面对收益和风险并存的情况，我们正身处未知的王国里。巨大的不确定性和不可预测性切实存在着，而这本身又会带来新的风险。除了传统的人身伤害和财产损失之外，转基因作物的潜在风险还包括文化、伦理和宗教上的风险，不可预测同时又不可避免的基因环境污染以及声誉风险、政策风险和消费者拒买转基因产品的风险。

8.3.1 有形的风险

过敏反应是一种被频繁提及的有形风险，这种反应可能是由于食用了含有其他物种基因的作物所致。内布拉斯加大学的朱莉·诺德利博士及其同事进行了一项研究并将其成果发表在《新英格兰医学期刊》上。研究发现，包含有巴西坚果基因的转基因大豆会引发过敏反应。[12]在英国约克营养实验室所进行的另一项研究中，研究者们发现，转基因大豆引入英国大大提高了豆类过敏的发病率。[13]

上文我们讨论了抗除草剂大豆、Bt 基因玉米和棉花等转基因作物的收益，但这些作物潜在的危害也广为人知。如果抗除草剂的大豆将此特性转移给了四周的杂草，一种"超级杂草"可能会横空出世。

Bt 基因玉米在消灭玉米螟虫的同时也可能会危害对作物有益的昆虫。随着 Bt 基因玉米的种植，其体内含有的毒素可能会改变土壤的化学特征和有机物组成。的确，没有人了解食用 Bt 作物对人类健康带来的长期影响。当农民或其他人将 Bt 作为一种天然除草剂播撒于作物表面的时候,它很容易被阳光杀死,其残留物也会被雨水洗刷一空。但是通过转基因技术,Bt 基因被植于作物的 DNA 中,阳光或雨水就对其无可奈何了。Bt 作物的广泛种植还增加了进化产生一种对抗此类毒素的"超级害虫"的可能性。这种可能性对于农民来说简直是晴天霹雳,因为他们将 Bt 作为一种天然除草剂来使用。如果 Bt 在抗 Bt 害虫面前失效,农民们将会处于非常危险的境地。

1999 年 5 月,昆虫学家约翰·洛西、行为生态学家琳达·瑞耶和生物学家莫林·卡特在《自然》杂志上发表其研究成果,发现 Bt 基因玉米的花粉对于帝王蝶毛虫有着致命的危害。[14]这一研究发现立即引起了人们对于帝王蝶毛虫的关注,因为帝王蝶在年度迁徙中带着它们穿过了整个美国玉米带。帝王蝶毛虫会在它们最喜爱的食物——乳草——的叶子上接触到 Bt 基因玉米的花粉,而乳草就生长在玉米田里或其周边地区。

这项研究因其意义重大而引起了相当大的关注,因为它是转基因作物的花粉可以伤害非害虫物种的首例证据。它还证明转基因作物可能会对环境产生不可预测的危害。后续的研究表明这一风险并不严重。[15]例如,圭尔夫大学安大略分校的马克·康力斯发现,Bt 基因玉米的花粉并不会落到远离玉米田的地方,帝王蝶毛虫在露天环境下不可能摄取足够致命的剂量。[16]2000 年 9 月,美国环保署的初步报告认为,Bt 基因玉米不会对帝王蝶造成严重威胁。随后在 2001 年 7 月发表的一篇报告也得出了同样的结论。[17]类似的研究成果还发表在 2001 年 10 月份的《国家科学院学报》上。[18]

2004 年 7 月,国家科学院发表了题为《转基因食品的安全问题:评估意外健康影响的方法》的研究报告。这一报告发现,转基因作物并不会引发传统作物所不能引发的健康风险。报告作者们认为,不需要制定专门的食品安全标准,但是同时也指出,转基因技术可能会对食物的组成成分产生意外的有害影响。[19]

8.3.2 文化风险

正如前面所提到的那样,转基因作物的生产主要集中在北美,而北美相当一部分的作物用作出口。美国农民所生产的 25% 的玉米、

第8章
新型可持续风险：转基因作物

大豆和棉花以及超过半数的小麦和大米被出口到国外。[20]因此，这些作物的生产方式会影响到其他国家。欧盟国家强烈反对进口转基因作物并对其施加严厉的进口限制。这种反对意见的原因之一即为文化的差异。例如，法国人将食品的配料、制作和食用过程视为他们生活的一部分。法国人将其称之为厨房主权，因此变革他们的食品就等于变革他们的文化。在印度，棉花螟蛉的肆虐造成了严重的损失，而一种抗螟蛉的转基因棉花在实验过程中表现出了很强的抗病虫性，但是当地的农民由于担心这些生物科技会威胁到他们的生活方式而将试验田焚毁以示抗议。[21]

然而转基因作物的潜在收益对于发展中国家却有着巨大的吸引力。批评家们指出，生产足够的粮食并不是问题，真正的问题在于贫穷和缺乏足够资源来购买这些食品，这是导致饥荒和营养不良的根本原因。当前全世界人均粮食产量比以往任何时候都多，足够为每人每天提供4.3磅的食品：2.5磅的谷物、豆类和坚果，大约1磅的肉、蛋、奶以及1磅的水果和蔬菜。[22]问题在于分配体系缺乏足够的资金将这些食物运送到需要的地方，此外，许多人因贫穷而无力购买这些食品。发展中国家的农民通常无力购买发达国家所生产的转基因产品。

在公司化经营、种子控制和农业产业等问题上也存在着诸多问题。尽管孟山都公司取消了发展无繁殖力种子的计划，但这种"终结性"的技术却增强了人们对这些问题的关注。[23]对于储存种子以备明年播种是否违反许可、专利和知识产权的分歧仍然存在。孟山都公司已经从对农民的诉讼中赢得了数百万美元的赔偿金。一位遭孟山都公司起诉的农民的话代表了此类诉讼中农民的核心立场：

> "农民留取种子是上帝赋予的权利。我们只是从黄土中刨食的庄稼汉而已。"[24]

孟山都公司在阿根廷以及最近在巴西都遇到了异常复杂的难题。阿根廷是仅次于美国的世界第二大转基因大豆的生产国。阿根廷的监管环境非常宽松，在那里农民们自由地留取大豆种子从而削减了孟山都公司的利润。[25]巴西的情况更为复杂，因为2003年9月以前巴西一直立法禁止转基因作物的种植，但黑市交易和执法不严使得大量转基因作物被引入国内。[26]2003年9月，巴西总统卢拉颁布临时法令，允许转基因作物的种植。[27]2004年12月，巴西上议院批准引入转基因作物，2005年3月，下议院也通过了这一法令。获得总统的签字后，这一法案正式成为巴西法律。[28]

贫穷国家存在的多种营养缺乏问题将淡化转基因作物——例如金米——的优势。批评者指出，营养不良将会使金米中所含有的维他命A失效，并有可能产生其他营养问题。[29]关于向发展中国家销售转基因作物的利润能否足以维持商业运转的问题已经引起关注。当前全世界的粮食生产主要集中于大豆、棉花、玉米和改良油菜籽等可供大量出口的作物，而未必是发展中国家小农环境下生产的对当地最有价值的作物。

联合国粮农组织在2004年5月发表的一篇报告中论及转基因作物时指出：

"尽管有着巨大的前景，这一技术在养活全世界的穷人方面并没有做出多大贡献，这是因为它并没有被应用于发展中国家所广泛种植的作物上，例如土豆、木薯、大米、小麦、粟和高粱。"[30]

其他一些组织认为应该抵制转基因作物，并把重点放到发展本地化、可持续的并且与所在地文化相协调的农作物上面。正如一名非洲代表向联合国陈述的那样：

"我们不相信这些公司或基因技术能够在21世纪帮助我们的农民生产所需要的粮食。相反，我们认为它会破坏我们的农民在千百年间发展起来的多样性、本土智慧以及可持续性的农业体系，从而会削弱我们自给自足的能力。"[31]

8.3.3 伦理和宗教风险

基因工程的发展也引发了伦理问题，我们是否应该改变自然成为一个争论的焦点。尽管传统的育种技术培育出了杂交作物，但这些作物原本也应该会经由自然进化产生。基因技术产生以后，生物物种的界限就不再分明了。在自然环境下，Bt细菌的基因决不会跑到玉米细胞内，而鱼类的基因也不会在番茄体内安家落户。上述情况只可能在生物科技实验室中用基因技术来实现。鉴于转基因作物是在实验室中诞生的，它们能否适应自然界的环境就成为一个疑问。许多团体或个人出于伦理的考虑，都在质疑转基因技术的合理性。

转基因生物的出现甚至还引发了宗教问题。许多宗教都相信自然界是圣洁的，即人类是自然界的一部分，应该和谐地融入自然而不应该人为地改变它。教皇保罗二世曾敦促那些正在研究生物技术的科学家要与自然保持一种"健康的平衡关系"，以免把人类置于危险的境地。他力主实行科学和伦理方面的严格约束以避免农业新科技可能造成的"危及人类健康和地球未来的灾难"。他进一步说到：

> "如果大部分的先进技术不与自然界保持一种健康的平衡关系，人类将面临比业已棘手的风险更为严重的挑战。"㉜

8.3.4 基因环境污染风险

基因环境污染或许是转基因技术目前最不为人知的领域。化学品泄漏等传统污染是可以被清理干净的，有缺陷的汽车等产品也是可以被召回的，但如果转基因作物导致一些未知的、不可预测的负面影响，那么这些影响将会是不可控制的、永久性的且不可逆的。有缺陷的转基因作物将会在自然界生存繁衍，而且多半是不可能被修复的。

一些负面影响可以在实验室或控制性实验环境下得到验证。例如，澳大利亚的科学家们意外地发现他们可以创造一种通过破坏老鼠的免疫系统而置老鼠于死地的病毒。科学家们原本打算在老鼠的免疫系统中加入一种基因来让老鼠获得对于麻疹病毒的免疫性，然而这一控制性实验却得到了出乎意料的结果，使得通常对于此病毒具有免疫力的老鼠死于非命。由于先前的研究表明转基因病毒的毒性会比源病毒低，这一实验结果令科学家们更加震惊。㉝

即便负面的影响在实验室测试中延迟出现或未被预料到，当转基因作物在不受控制且不可逆转的自然环境下被种植的时候，它也可能会出现。正如国家科学院农业委员会顾问、前主任查尔斯·本布鲁克所讲到的那样：

> "不要把转基因作物的生产体系与普通的生物科技应用混为一谈，因为后者不会导致作物的质变。如果认为我们什么都懂，这简直是科学狂妄症，因为我们并不懂得一切。这一问题就是如此复杂难懂。"㉞

当前的研究正逐渐发现基因环境污染存在的证据。2003年秋，英国政府针对转基因作物所进行的一次现场研究的成果获得发布。据此项研究的参与者之一——莱斯·弗班克称，这些结果表明"与传统状况下相比，抗除草剂的转基因作物对于生物多样性的影响显著不同"。特别地，这项研究还发现，"一些生物科技作物的种植会导致作为野生动植物食物链重要一环的昆虫的数量显著降低"。[35]

2004年，国家科学院研究委员会发布了一份题为《转基因作物的生物学控制方法》的研究报告。[36]这份由美国农业部委托撰写的报告检验了对于转基因作物进行生物学控制的方法。报告断定目前尚不存在完全有效的方法。正如该委员会成员——来自威斯康星大学的安妮·卡普希钦斯基所讲到的：

> "从这份报告中我们所能得到的最有用的信息之一就是：有效的生物学限制方法极其有限。"[37]

2004年2月，由科学家关注联盟发布的一份报告称，在普通玉米、大豆和改良油菜籽种子中发现了少量的转基因作物的种子。[38]这种混合可能是由农民或种子公司造成的，也有可能是与临近的转基因作物交叉传粉的结果。此项研究的负责人玛格丽特·梅隆指出，倘若药用植物的基因进入到粮食作物体内，那么人类将面临前所未有的健康危机。正如梅隆博士所说：

> "如果种子的来源受到污染，就好比药用植物的基因直接同食物一起被端上我们的饭桌一样可怕。"[39]

爱荷华州立大学利奥波德可持续农业研究中心主任弗雷德里克·基尔申曼在评论这篇报告时指出，农民们在获得无转基因作物污染的种子方面正面临着困难。他进一步说道：

> "如果当前的种子污染趋势持续下去的话，那些向严禁转基因产品进入的市场提供农产品的农民将会失去这些市场。"[40]

2004年9月发表的《国家科学院学报》中的一项研究使得转基因作物向非转基因作物传粉的问题有了新的突破。这项研究测量了转基因草的花粉所能传播的距离。研究发现，转基因草对于同类测试植物传粉的最远距离可达13英里，而自然生长的野草对于同类植物的传粉距离最远只有9英里。这些结果完全出乎意料，因为先前的研究表明最远的传粉距离只有1英里。[41]

在2004年4月《新科学家》杂志发表的一篇报告中，研究者们断定阿根廷的转基因大豆正在制造一场环境危机，它危害了抑制蔬菜病虫害所必需的土壤细菌，使得抗除草剂的杂草肆意生长。具有讽刺意味的是，农民们现在对抗除草剂大豆所施用的除草剂数量是传统大豆施用量的两倍。最为棘手的是，转基因作物的主要种植者——当地的大农业集团已经将 15 万小自耕农驱离土地。当地需要的牛奶、大米、玉米、土豆和扁豆的产量则有所下降。[42]

8.3.5 商业风险——消费者拒绝购买

从商业发展的角度来讲，以上所讨论的所有风险都会增大消费者和市场拒绝购买转基因食品的商业风险。从本质上来说，消费者拒绝购买某一商品就相当于对该产品的联合抵制。从转基因食品的早期发展阶段起，欧洲消费者就对其持怀疑的态度。1996 年，就在欧洲市场刚开始禁止转基因食品进口的同时，第一次疯牛病恐慌席卷了欧洲。尽管转基因食品与疯牛病无关，但它使消费者们产生了新的食品安全方面的担忧。由于英国负责公共卫生的官员曾向消费者保证食用患病牛肉不会产生危险，这次恐慌也降低了消费者对于监管部门和科学见解的信任度。[43]尽管疯牛病或称牛绵状脑病早在 20 世纪 80 年代就在英国发现，但直到 1996 年公众才被告知疯牛病与克—雅氏病之间可能存在关系，而克—雅氏病是一种在人类之间传播的罕见却致命的疾病。[44]疯牛病已经传播到了欧洲其他国家以及加拿大、美国等国家，目前正造成严重的消费者恐慌及经济损失。

1999 年 5 月，比利时农场的牲畜被发现食用受到二噁英污染的饲料。这项发现导致比利时出产的鸡肉、蛋类、猪肉和牛肉从整个欧洲市场上消失。1999 年 6 月，数百名法国和比利时的居民在饮用遭到污染的可口可乐后病倒。最近，在牛身上所发现的口蹄疫尽管没有传染给人类，但也引起了欧洲居民的强烈关注。鉴于这些食品恐慌的历史和经历，欧洲居民对于包括转基因食品在内的任何对于食品的改造持怀疑态度就不足为奇了。这些恐慌也严重损害了欧洲居民对其食品安全部门的信任。[45]

与欧洲居民相比，美国消费者对于转基因食品相当不关注。例如，美国 70% 的加工食品中含有转基因成分。美国人也更加信任政府的食品监管部门如美国食品与药品管理局。[46]但随着反对转基因食品的活动及监管措施在其他国家受到越来越多的关注,美国消费者的态度可能会发生转变。

8.3.6 声誉风险

与消费者拒买转基因食品的商业风险紧密相关的是企业的声誉风险。面临声誉损失风险的企业和团体包括转基因技术公司、农民、粮食商以及食品加工商、制造商和批发商。声誉对于任何组织都是非常重要的,而有着强大品牌优势的食品企业因声誉风险所受到的损失会更大。

当消费者消费食品的时候,尤其是消费装在密封的袋子、瓶子或铁罐里的食品的时候,他们假定这些食品是安全的。假如其中的一批食品对消费者造成了伤害,由此带来的负面舆论和声誉损失将会非常严重。回想几年前邦·维万蒂公司的倒闭就是由于该厂生产的一批罐装汤导致波特淋菌中毒而引发的。举一个更近的例子,上文所提及的可口可乐公司在法国和比利时销售受到污染的可乐事件,尤其是该事件对于学生的影响,对于可口可乐公司在世界范围内的形象和声誉都造成了损失。尽管不是食品公司,燧石和福特公司在因所产运动车存在轮胎缺陷导致翻车事故这一事件中所遭受的声誉损失,即可证明此类事件可以导致严重的财务后果,并最终使这两家美国历史最悠久、最被认可的品牌遭到重创。

尽管类似于"超级害虫"、"超级杂草"、严重的过敏或中毒反应或其他严重的基因污染事件还没有大规模地出现,但此类事件一旦发生,对于任何企业的声誉都将是一个灾难性的打击。而且,此类事件发生之前的警告、批评及反对意见只会造成更为严重的声誉损失和潜在的赔偿责任。

8.3.7 政策风险

企业面临着转基因产品有可能会被禁止或遭到严密控制的政策风险。美国对于转基因产品的监管一直都相对比较宽松,尤其与欧洲相比更是如此。1992年5月,美国食品与药品管理局发布了一项政策声明:"本部门尚未得到任何信息表明利用这些新技术所生产的食品与传统食

第 8 章
新型可持续风险：转基因作物

品之间存在着任何值得关注的或普遍性的不同"。此项政策的出台使得企业无须获得政府批准就可以出售所生产的转基因食品。转基因作物被认为与那些用传统的杂交方法培育的作物"在相当程度上是等同的"。[47]

由于公众对于转基因食品的争论日益升级，美国食品与药品管理局于 2001 年 1 月做出规定，强制要求新的转基因食品在上市之前进行安全性备案。这些规定不会给企业带来多少新的负担，因为它们已经自愿地向食品与药品管理局通报并提供了测试数据。政策指南还建议食品公司自愿在使用了基因技术的食品上贴注标签。尽管这些规定和政策指南表明监管措施向前迈进了一步，许多股东仍预期，新的转基因食品将会面临诸如强制性许可——而不是仅仅予以备案——以及强制性标注等政策风险。[48]

美国的农民和食品生产商强烈反对标注转基因食品。他们害怕消费者在购买贴有转基因标签的食品的时候产生顾虑。美国大豆联盟的一位名叫鲍勃·卡拉南的发言人指出："我们认为这相当于在包装上印上骷髅旗，说：这些东西是不健康的。"[49]而另一方面，美国消费者强烈支持标注。2001 年由皮尤食物和生物技术项目组织所进行的一项抽样调查发现，有 75% 的人希望知道他们的食品中是否含有转基因产品。[50]

与美国相反，欧盟的法律要求转基因作物在种植之前必须获得批准（1990 年欧盟决议），同时要求所有含转基因玉米和大豆的包装食品必须予以标注（1998 年欧盟决议）。英国更进一步要求所有的饭店、备办宴会者和面包师列出所有的转基因成分，否则将面临最高可达 8 400 英镑的罚款。1998 年 4 月，欧盟停止批准新的转基因作物在欧盟种植或进口到欧盟。[51]文化的不同、对政府监管机构缺乏信任以及上文讨论的与食品相关的恐慌都使欧盟国家在转基因作物和食品的监管问题上面临着比美国更大的社会压力。

过去的几年里，欧盟一直在研究制定对于转基因产品的更为严格的监管措施。欧盟一直以来面临着美国和其他出口转基因作物的国家的强大压力，要求解除对于新的转基因产品的暂禁规定。2003 年 5 月，美国向世贸组织提出正式申诉。美国的玉米种植者尤其沮丧，因为据美国全国玉米种植者联盟估计，每年出口到欧洲的玉米所遭受的损失高达 3 亿美元。大豆种植者受到的影响没有这么严重，因为一些转基因大豆在暂禁政策生效之前就已经获得了许可。最终，新的监管规定于 2004 年

4月18日获得通过，随后，有关禁令在2004年5月19日解除。新的监管措施对转基因产品提出了更为严格的标注要求，并实行了苛刻的追踪系统。如果超市货架上的产品中含有0.9%及以上的转基因成分，就要标注警告标签。如果转基因食品最终变为欧洲消费品的组成成分，农民和食品包装者就必须予以追踪并记录。[52]

其他一些国家也采取了严格的监管措施。日本和韩国加强了对转基因产品的审查程序并要求所有转基因种子或食品必须予以标注。澳大利亚和新西兰也于1999年宣布他们将要求所有转基因食品予以标注。[53]泰国在1999年中宣布除非证明对人类无害，否则转基因种子不准进入该国。除了欧盟国家之外，大概有36个国家已经建立了对转基因产品的标注体系。[54]一些发展中国家也支持对转基因食品施加更加严格的限制，因为他们担心大企业的实力太过膨胀从而控制育种技术。生产无繁殖力种子的终极农作物就是一个很好的例证，因为它阻止了农民留取种子以备来年耕种。

《卡塔赫纳议定书》是在2000年1月国际生物多样性会议蒙特利尔回合谈判中所达成的协议。大部分观察家认为该协议支持了美国及其盟国境内的环保主义者以及转基因产品的反对者的主张，协议同时还包含了一项预防原则。该预防原则规定，如果一国担心对某一产品的进口——在此特别指转基因产品的进口——可能会对生物多样性甚至对人类健康有害，该国可以对该产品的进口予以限制。[55]所有转基因产品必须首先证明是安全的，否则不准交易。证明产品安全性的责任在于出口商，对转基因产品来说，主要是指美国的企业和农民。上文所述例子中，欧盟正是用这一预防原则来证明其禁止进口及要求标注的规定是正当的。

有趣的是，这一预防原则与世贸组织的规则恰好相反，后者规定除非有充分的科学证据表明某产品是不安全的，否则，任何国家不准禁止对该产品的进口。证明产品不安全的义务由进口国承担。[56]蒙特利尔协议规定，一国对于转基因产品的进口禁令必须建立在可靠的科学证据之上，这表明该协议并非要取代世贸组织的规定。[57]但是可以确信的是，对于《卡塔赫纳议定书》和世贸组织规定之间这一明显分歧的调和还会经历更进一步的争论。

8.4 风险管理和保险策略

与转基因风险相关的风险管理和保险问题非常具有挑战性。上述讨论已经表明了转基因风险存在的广泛性，这些风险有可能会导致严重的长尾责任事件。为了应对与转基因风险相关的风险评估、风险控制和风险融资问题，风险管理和保险策略需要创新，而这一过程将蕴涵着巨大的商机。

在处理转基因产品的问题上，风险评估和控制技术至关重要。转基因风险包括前述不可知、不可逆、不可控风险所导致的潜在后果。尽管美国、欧盟、生物多样性会议和世贸组织之间就预防原则的使用存在争议，但本书作者建议所有参与这些论坛的风险管理者应该达成一项基本共识，即预防原则是管理转基因风险的最适当的方法。生产转基因产品的企业的CEO们应该将可持续风险管理列为他们整个发展战略的关键一环。

8.4.1 风险规避

作为一种风险管理的手段，风险规避常常因一些明显的现实原因而不能被使用。例如，假如你是一名汽车制造商，只要你想涉足汽车行业，你就不能规避产品责任风险。规避这项风险的唯一方式就是不去生产汽车，但这显然与你想要涉足这一行业的初衷相违背。但另一方面，由于企业拥有选择权，风险规避对于转基因技术的开发商和使用者来说都是非常实用的风险管理手段。

为了应对对于转基因作物和产品的关注，一些公司已经决定拒绝采用该项技术以避免潜在的损失，尤其是声誉和商业损失。1999年夏，戈博和亨氏公司先后宣布它们的婴儿食品将只采用非转基因成分。[58] 2000年1月，菲多利食品公司宣布将停止在其薯条等产品中使用转基因玉米。[59] 2000年春，麦当劳悄然告知它们的炸薯条的供应商停止使用孟山都公司生产的马铃薯，而孟山都是唯一一家商业化生产转基因马铃薯的公司。[60]

另外的例子还包括日本的两家主要酿酒厂——麒麟和札幌酿酒公司、

食品巨人联合利华、雀巢、施格兰以及墨西哥最大的玉米粉圆饼制造商马塞卡集团。[61]英国主要的食品制造商和零售商森斯伯瑞于1999年制定政策，禁止在其生产的产品中使用转基因成分。英国的另外两家公司——玛莎和斯宾塞——也于1999年规定严禁在其商店中销售转基因食品。[62]美国最大的三家天然食品连锁店——野麦片超市公司、全食市场公司和乔氏超市——也计划禁止转基因产品在其商店中出售。[63]在所有这些情形中，之所以存在其他可行的选择，是因为存在可替代的非转基因成分。

除了食品制造商和零售商之外，美国农业部门对于是否在其他作物上应用转基因技术一直犹豫不决。例如，孟山都公司已经研制出了转基因小麦（抗除草剂转基因小麦），但由于小麦种植者的担心，公司决定不予推广。小麦种植者遭到了国内外消费者的反对。北美面粉企业联盟副主席吉姆·贝尔表示，"用生物技术生产的小麦给面粉和面包的制造商和零售商带来了许多风险"。[64]这一风险是指一旦面包或其他用小麦制造的产品的生产中使用转基因小麦，消费者可能会拒绝购买这些产品。半数的美国小麦用于出口。[65]包括日本和欧盟在内的主要进口市场对于转基因小麦的担忧使得美国小麦联盟——一个由出口小麦的农民出资建立的交易团体——等组织支持孟山都公司的决定。一些小麦购买者表示他们将拒绝购买转基因小麦，而另一些人则威胁不会购买任何小麦，因为很难避免转基因小麦与非转基因小麦的混合。[66]

《纽约时报》的记者安德鲁·波拉克曾经对转基因作物进行过深入的报道。他指出除了大豆、玉米、棉花和改良油菜籽等四种主要的转基因作物外，其他转基因作物很难卖得出去。波拉克解释说，"这些作物除了供直接食用外，还大量用于喂养牲畜，制作衣物，榨油或作为加工食品的组成成分。这帮助它们获得了大众的接受。"而小麦却大部分用于制作食物直接供人类食用。也正是因为担心遭到消费者的抵制，大量的水果和蔬菜的转基因品种已经在实验室和试验田中获得成功但却没有被投放市场。[67]

8.4.2 风险融资

由于现有索赔案例有限，转基因风险对于风险融资的影响只能依靠估计。下面将要讨论两个最著名的转基因风险案例，即安万特/星联玉

第 8 章
新型可持续风险：转基因作物

米和埃德瓦塔/油菜案例，同时也会做一些推广性的讨论。大量的转基因风险会被自留而不是由转基因企业来转移或购买保险。尽管大型企业的免赔额会高达数百万美元，大部分企业还是选择购买产品责任保险。如果转基因种子、作物或食品造成了人身伤害或财产损失，假如不考虑某些不标准的除外责任的话，这些索赔损失就将获得产品责任保险的保障。尽管存在产品召回保险，但由于大多数企业并没有购买这一险种，因此此类索赔中仅会有极少数获得保险保障。对于消费者拒买转基因产品的风险，目前尚无相应的险种。企业的声誉损失风险也面临同样的问题。

星联玉米的案例即为转基因产品的商业化运作导致负面的财务影响及其他相关风险的最典型的例证。据估计，此案的损失将会高达数亿美元。数起责任索赔案件已经提起诉讼。星联玉米的开发商安万特公司的管理人员已经被解雇，企业的声誉也受到了打击。

星联玉米是一种用基因技术植入名为 Cry9C 的杀虫细菌蛋白的转基因作物。它与 Bt 基因玉米类似，都是经过基因改造从而具有制造杀虫剂的能力。美国环保署仅批准星联玉米用作喂养牲畜。1997 年，环保署决定禁止安万特公司的技术被用于制造人类食品，因为实验室检测表明该种蛋白可能会导致食物过敏。[68]星联玉米是美国唯一一种被禁止用于制造人类食品的转基因玉米。

2000 年秋，至少两家食品制造商——卡夫食品公司和麦西恩食品公司所生产的塔可钟牌玉米面豆卷和其他产品中被发现含有星联玉米。这次发现是由地球之友协会所资助的实验室基因检测项目做出的。2000 年 9 月 18 日，该项发现在由环保和消费者团体的联合组织——警惕转基因食品组织所召开的记者招待会上被公之于众。[69]这些发现被披露之后，两家制造商从杂货店的货架上撤回了它们的玉米面豆卷和其他玉米产品。一些玉米磨房主也被迫停产以便清洗设备。[70]凯洛格公司关闭了位于田纳西州孟菲斯市的几条谷物生产线，因为它的一名供货商所供玉米中可能含有转基因玉米。[71]在卡夫食品公司的玉米面豆卷被发现含有星联玉米的随后两个月时间里，相继有 35 份报道累计称有 44 人因食用星联玉米而使健康受到损害。[72]

作为法国制药和农业公司安万特在美国的子公司，安万特农作物科技公司正在因星联玉米而招致巨额损失。尽管安万特仅收到了不足百万美元的星联玉米许可费,但据估计它解决这一问题的花费将会高达数亿美元之巨。由于安万特撤销了未来销售该玉米的许可,将来也不会再有进一步的收入。[73]那些农作物遭到污染的农民正获得由安万特出资支持的、美国农业部在17个州开展的补偿项目的赔付。安万特承诺为星联玉米寻找新的市场,同时农民们也正获得每蒲式耳高于市价25美分的补贴。安万特还宣称要对谷物加工商和交易商因星联玉米退出市场而遭受的损失予以补偿。[74]

未来安万特公司面临着巨额的损失。一宗涉及数十万农民的集体诉讼已经获得受理,这些农民种植清洁玉米,但是宣称他们因美国玉米供应系统的损失而丧失了海外的收入。[75]另外一个没有种植星联玉米,但其玉米却受到星联玉米污染的农民团体也在因所受损失而展开诉讼。[76]2004年6月,一起针对安万特公司的集体诉讼被判由安万特公司向一些受到影响的农民支付1.12亿美元的赔偿金。[77]一些声称因星联玉米而导致过敏症状的消费者也提起了诉讼。[78]几乎所有主要的食品和农业公司都在检测源于星联玉米的Cry9C成分,因此未来将会产生更多的产品召回等费用。

为减少进一步的召回和测试费用,安万特向美国环保署寻求对于星联玉米的临时性批准。由联邦科学家顾问委员会举行的听证会及所撰写的报告称星联玉米即为潜在过敏源的可能性大概有50%。报告建议进行更进一步的测试,环保署采纳了这项建议,因此即使给予许可也是将来的事。[79]在星联玉米事件发生之后,安万特解雇了美国分公司的负责人和其他两名高级经理。[80]

星联玉米案例对于风险融资有着许多启示。除非卡夫食品公司和麦西恩食品公司购买了产品召回保险,否则它们的巨额召回费用不会获得保险保障。卡夫和麦西恩可能会状告安万特,但由于对于财产损失定义的限制以及损失财产的除外规定,安万特的产品责任保险保障是不太可靠的。安万特对于农民、谷物所有者和交易者因所种非星联玉米中掺有星联玉米而遭受的损失所给予的自愿赔偿似乎并不在产品责任保险和产品召回保险的保障范围之内。消费者因出现过敏反应而提起的诉讼很明显属于产品责任保险的保障范围。农民因其所种非星联玉米被临近农民所种的星联玉米污染而提出的索赔可以由临近农民的营业场所和业务运作保险或安万特的产品责任保险予以赔付。卡夫公司召回受到星联玉米

第 8 章
新型可持续风险：转基因作物

污染的玉米面豆卷一事在美国尚属首次，因此我们显然才刚刚开始了解并着手解决此类风险融资问题。

欧洲最著名的埃德瓦塔/油菜案例也发生在 2000 年，情形与星联玉米案例类似，即一家荷兰种子供应商于 5 月 17 日宣布其所拥有的一些从加拿大进口的油菜籽（也称改良油菜籽）被检出含有微量（不足 1%）的孟山都公司的 RT73 转基因油菜籽。英国、瑞典、法国和德国已经播种了这批种子。瑞典和法国政府命令农民销毁受到影响的农作物，同时英国的食品零售商也拒绝采购使用受影响的油菜生产的产品。英国政府表示农民不可能销售这些作物。为 2/3 的英国农民提供保障的 NFU 相互保险公司的一名发言人发表声明称："这一事件的责任是什么以及由谁来承担尚不清楚，因为这是一种全新的情况。"埃德瓦塔的一位发言人表示，"我们一直都在同我们的保险人进行交涉，但这是一个新的领域"。[31]

这些声明再次强调，从风险融资和责任保险的角度来讲，我们正面临着全新的挑战。尽管埃德瓦塔的产品责任保险是否适用尚存在疑问，但农民们可以对埃德瓦塔提起诉讼。由于种子已经种入地下，召回产品已经不可能。农民们状告埃德瓦塔的案件可能会非常复杂，因为油菜种子中含有不足 1% 的转基因成分，而这是需要标注的最低标准。当然，埃德瓦塔也可能会状告孟山都公司。同样，许多责任和保险保障问题需要解决。

8.4.3 长尾的基因污染风险

从风险融资的角度来讲，长尾的基因污染风险可能是最具破坏性的潜在风险。与化学物品和石油的泄漏不同，基因污染的后果将会是不可逆转和不可控制的。最坏的情况要算是产生了某种超级害虫、超级杂草或其他形式的基因污染，而要发现它们却要花费很长的时间。如果真如此，那么风险融资索赔的数额将会是惊人的。前面章节中讨论的石棉和超级基金风险案例向我们展示了严重的基因污染事件可能会导致的后果。

正如在烟草诉讼中的情况一样，基因技术公司将会面临众多利用它们自身的数据或记录而提起责任诉讼的威胁。鉴于基因产品所受到的广泛的反对、警告和质疑，一旦此类事件发生，转基因产品企业将极有可能被判犯有过失。保险人某种程度上会受到索赔责任制保单的保护，因为这限定了保险公司的责任期限。由于很多基因技术公司都是化学和制药企业，它们很可能都已经购买了索赔责任制而非事故责任制保单。

由严重的基因污染事件导致的大的责任索赔诉讼会给转基因技术开发或使用企业带来巨大的损失。这可能会导致企业的破产，尤其是考虑到上文讨论过的各种保险保障范围的局限后更是如此。显然，企业的声誉损失无法投保，而财务损失将会非常严重。如果转基因技术企业高管的错误行为给股东或消费者带来了损失，则可适用董事及高管责任保险。由于所有这些风险状况都是从未遇到过的，投保以及未投保企业的辩护费用将会极为庞大。

8.5 对未来的展望

转基因技术的风险管理是一个动态的过程。若要全面地衡量转基因作物的风险和收益则需要更多的信息、数据和评估。过去几年里，在此领域进行了三项本文尚未提及的科学研究。2000年4月，国家科学和工程院研究委员会发布了一份题为《转基因抗虫害作物：科学与监管》的研究报告。[82]2000年12月，美国环保署的生态学家勒瑞莎·沃尔芬伯格博士和国务院物种保存生物学家保罗·费法博士将其研究成果在《科学》[83]杂志上发表，并被一些科学家认为是对公开发表的转基因作物相关数据进行全面总结的第一篇论文。2001年2月，由伦敦皇家学院生态学家米克·格劳利博士主持的历时十年的对转基因作物的环境威胁的宏大研究项目成果在《自然》杂志上发表。[84]读者有必要阅读一下这些文章，其主要观点认为目前转基因技术对人类健康和环境造成的危害还非常小。但这三项研究都号召进行进一步的调查、检测和监控。从根本上说，尽管目前尚未发生大规模的转基因风险，但却不能肯定这些风险不会在未来发生。

如果政府和转基因食品和作物的生产商能够切实地向消费者分配一些利益，转基因技术的发展将会更加成功，尤其在发达国家更是如此，

第8章
新型可持续风险：转基因作物

这一建议经常被提及。但迄今为止大部分的收益都被转基因技术企业和农民们拿走，因此一旦消费者面临风险，他们很容易会转向消费非转基因食品。如果发展中国家要在转基因作物和饥饿之间做出选择，前者的收益显然会超出其潜在的风险。

除了安万特/星联玉米和埃德瓦塔/油菜籽两个案例外，目前尚未发生涉及转基因产品的大规模风险事件。正如上文讨论的那样，由于责任和保险保障问题，这两个案例还远未获得解决。尽管一些险种很可能会适用，但估计相当一部分的财务损失将不能获得保险保障。开发和使用转基因技术的企业的风险经理需要关注这两起事件并时刻注意将来可能发生的其他类似事件。风险管理人员还需要时刻关注有关转基因风险的研究成果，比如说上文所提及的三大研究项目。

国内外对于转基因产品的监管也是一个不断变化的过程。上文所提及的国家科学院的报告呼吁美国环保署、农业部和食品与药品管理局尽快达成协议，以便明确它们在监管转基因产品的问题上各自的职责。农业部规定转基因食品不能标注"有机食品"标签，这就相当于变相地对非转基因产品进行了标注。要求对转基因食品进行标注的法案已经提交到了国会和一些州的立法机关。[85]国际监管措施也会对标注问题施加更大的压力。此外，一个叫做"美国—欧盟生物科技咨询论坛"的国际专家委员会也建议对转基因食品进行安全评估和强制标注。[86]

"顾客就是上帝"的古老格言将会在转基因产品的发展和监管政策制定上发挥重要作用。欧洲人对于转基因产品的怀疑态度已经在上文有所提及。威斯康星大学消费者学教授利迪亚特·塞佩达认为美国有机食品销售量的飙升很大程度上是源自消费者对于不含转基因成分的食品的需求。她还呼吁采用国际统一的标注标准，认为这对两类食品都会有所帮助。[87]正如在任何情况下一样，风险经理需要时刻关注不断变化的监管规定及其对公司的风险管理战略的影响。

转基因产品的风险管理问题及其教训应该为相关的生物技术，如医药技术和人类基因组项目所吸取。相对于转基因食品来说，转基因技术在药品发展和人类基因组排序方面的应用给消费者带来的好处更为明显：消除对于生命的威胁、治疗疾病或减轻其后果都是非常明显的好处。然而相关的风险也更大，例如新药对于人类健康的副作用以及与修改人类基因相关的伦理风险。此外，宾夕法尼亚大学人类基因治疗研究所一名病人的死亡表明基因治疗会造成伤害。[88]

生物科技风险的可持续风险管理涉及传统的风险领域，例如产品责任风险和产品召回风险，但它也包括涉及伦理、文化和宗教问题的更大范围的潜在风险。与化学品和石油泄漏事件不同，基因污染的潜在环境风险也许将不可逆转同时也无法控制。在基因污染面前，传统的清理和修复技术可能会失去效用。声誉风险和商业风险对所有的经济部门都会产生影响，但对生物技术公司的影响尤为突出。

应对生物技术风险必须要有全球视野，各种国际贸易准则和协议必须得到遵守。生物技术企业面临着来自国内和国际两方面的监管压力。最后，生物技术是一个动态的不断发展的科学和商业领域。由于生物科技处于前沿领域，因此可持续风险管理战略和手段也必须要不断创新。

本章附注

[1] Juan Enriquez and Ray A. Goldberg, "Transforming Life, Transforming Business: The Life-Science Revolution," *Harvard Business Review*, Vol. 78, March/April 2000.

[2] 我在以前的两篇文章中研究过转基因作物的风险管理问题，它们是：Dan R. Anderson, "Biotechnology Risk Management: The Case of Genetically Modified Organisms (GMOs)," *CPCU Journal*, Vol. 54, No. 4, Winter 2001; Dan R. Anderson, "Environmental Risk Management: A Critical Part of Corporate Strategy," *The Geneva Papers on Risk and Insurance*, Vol. 27, No. 2, April 2002. 写作本章时引用了这两篇文章的部分材料。

[3] Phillip Frazer, "The Genetically Engineered Food Fight," *News on Earth*, December 1998.

[4] "Risk Reporter: Trendy Genes," *Risk Management*, Vol. 45, No. 11, November 1998.

[5] 部分资料引自 Andrew Pollack, "Narrow Path for New Biotech Food Crops," *New York Times*, May 20, 2004; Scott Miller, "EU's New Rule will Shake Up Market for Bioengineered Food," *Wall Street Journal*, April 16, 2004.

[6] Robert Paarlberg, "The Global Food Fight," *Foreign Affairs*, Vol. 79, May/June 2000.

第 8 章
新型可持续风险：转基因作物

⑦ Scott Miller, "EU's New Rules Will Shake Up Market for Bioengineered Food," *Wall Street Journal*, April 16, 2004.

⑧ Niki Denison, "Harvestng the Double Helix," *On Wisconsin*, Fall 1999.

⑨ Joanne Jacobs, "Fear Is Killing the Future of Food," *Wisconsin State Journal*, March 8, 2000; Andrew Pollack, "We Can Engineer Nature. But Should We?" *New York Times*, February 6, 2000.

⑩ David Stipp, "The Voice of Reason in the Global Food Fight," *Fortune*, Vol. 141, February 21, 2000.

⑪ United Nations Food and Agriculture Organization, "Agricultural Biotechnology Meeting the Needs of the Poor," 2004.

⑫ Julie A. Nordlee, Steve L. Taylor, Jeffrey A. Townsend, Laurie A. Thomas, and Robert K. Bush, "Identification of a Brazil-Nut Allergen in Transgenic Soybeans," *The New England Journal of Medicine*, Vol. 334, No. 11, March 14, 1996.

⑬ Niki Denison, "Harvestng the Double Helix," *On Wisconsin*, Fall 1999.

⑭ John E. Losey, Linda S. Rayor, and Maureen E. Carter, "Transgenic Pollen Harms Monarch Larvae," *Nature*, Vol. 399, May 20, 1999.

⑮ Carol Kaesuk Yoon, "Biotech Corn Isn't Serious Threat to Monarch Butterflies," *New York Times*, September 26, 2000.

⑯ "Biotech Foes Experience a Setback," *Wisconsin State Journal*, November 8, 1999.

⑰ U. S. Environmental Protection Agency, "Bt Plant-Pesticides Biopesticides Registration Action Document," Washington D. C.: USEPA, July 2001.

⑱ Mark K. Sears, et. al., "Impact of Bt corn pollen on monarch butterfly populations: A risk assessment," *Proceedings of the National Academy of Sciences*, Vol. 98, No. 21, October 9, 2001.

⑲ Andrew Pollack, "Panel See No Unique Risk From Genetic Engineering," *New York Times*, July 28, 2004; Institute of Medicine and National Research Council of the National Academies, *Safety of Genetically Engineered Foods: Approaches to Assessing Unintended Health Effects*, Washington D. C.: The National Academies Press, 2004.

⑳ Robert Paarlberg, "The Global Food Fight," *Foreign Affairs*, Vol. 79, May/June 2000.

㉑ 同上。

㉒ Peter Rosset, "Why Genetically Altered Food Won't Conquer Hunger," *New York Times*, September 1, 1999.

㉓ "The Outcry Over 'Terminator' Genes," *Business Week*, July 14, 2003.

㉔ Adam Liptak, "Saving Seeds Subjects Farmers to Suits Over Patent," *New York Times*, November 2, 2003.

㉕ Tony Smith, "Argentina Soy Exports Are Up But Monsanto Is Not Amused," *New York Times*, January 21, 2004.

㉖ Alan Clendenning, "Brazilian farmers get rich using illegal soybean seeds," Associated Press printed in *Wisconsin State Journal*, December 21, 2003.

㉗ Larry Rohter, "Planting-Time Soy Quandary for Brazil," *New York Times*, October 13, 2004.

㉘ Todd Benson, "Brazil Passes Law Allowing Crops with Modified Genes," *New York Times*, March 4, 2005.

㉙ Andrew Pollack and Carol Kaesuk Yoon, "Rice Genome Called a Crop Breakthrough," *New York Times*, January 27, 2001.

㉚ Andrew Pollock, "Narrow Path for New Biotech Food Crops," *New York Times*, May 20, 2004; United Nations Food and Agricultural Organization "Executive Summary: Report of the Expert Consultation on Environmental Effects of Genetically Modified Crops," Rome, Italy, 16 – 18 June 2003.

㉛ Statement of 24 African delegates to the Food and Agriculture Organization of the United Nations, June 1998.

㉜ Frances D'Emilio, "Pope Is Wary of Bio-Farming," *Wisconsin State Journal*, November 13, 2000.

㉝ William J. Broad, "Australians Create a Deadly Mouse Virus," *New York Times*, January 23, 2001.

㉞ Niki Denison, "Harvestng the Double Helix," *On Wisconsin*, Fall 1999.

㉟ Scott Miller, "Biotech Crop Study May Stir Critics," *Wall Street Journal*, October 17, 2003; L. G. Firbank, "The Farm Scale Evaluations of spring-sown genetically modified crops: Introduction." *Philosophical Transactions of the Royal Society of London B* 358, Nov. 29, 2003.

㊱ National Research Council of the National Academies, "Biological Confinement of Genetically Engineered Organisms," Washington D. C., The National Academies Press, 2004.

㊲ Andrew Pollack, "No Foolproof Way Is Seen To Contain Altered Genes," *New York Times*, January 21, 2004.

㊳ Union of Concerned Scientists, "Genetically Engineered DNA Found in Traditional

Seeds," February 23, 2004.

㊴ Andrew Pollack, "Modified Seeds Found Amid Unmodified Crops," *New York Times*, February 24, 2004.

㊵ 同上。

㊶ Lidia S. Watrud, et. al., "Evidence for landscape-level, pollen-mediated gene flow from genetically modified creeping bentgrass with *CP4 EPSPS* as a marker," *Proceedings of the National Academy of Sciences*, September 24, 2004; Andrew Pollack, "Genes From Engineered Grass Spread for Miles, Study Finds," *New York Times*, September 21, 2004.

㊷ Paul Brown, "GM Soya Miracle turns sour in Argentina," *The Guardian*, April 16, 2004.

㊸ Robert Paarlberg, "The Global Food Fight," *Foreign Affairs*, Vol. 79, May/June 2000.

㊹ Mark A. Pollack and Gregory C. Shaffer, "Genetically Modified Organisms: Why the United States Is Avoiding a Trade War," *LaFollette Policy Report*, Vol. 11, No. 2, Fall 2000.

㊺ 同上。

㊻ "Business: Hybrid Rigour," *The Economist*, *London*, Vol. 352, September 11, 1999. 279

㊼ Federal Drug Administration, Policy Statement on GM Products, May 1992.

㊽ Andrew Pollack, "F. D. A. Plans New Scrutiny in Areas of Biotechnology," *New York Times*, January 18, 2001.

㊾ Elizabeth Becker, "Battle Over Biotechnology Intensifies Trade War," *New York Times*, May 29, 2003.

㊿ Lee Bergquist, "More genetically modified foods cropping up," *Milwaukee Journal*, April 27, 2003.

(51) Robert Paarlberg, "The Global Food Fight," *Foreign Affairs*, Vol. 79, May/June 2000.

(52) 部分资料引自 Scott Miller, "EU's New Rules Will Shake Up Market for Bioengineered Food," *Wall Street Journal*, April 16, 2004; Andrew Pollack, "Narrow Path for New Biotech Food Crops," *New York Times*, May 20, 2004.

(53) Mark A. Pollack and Gregory C. Shaffer, "Genetically Modified Organisms: Why the United States Is Avoiding a Trade War," *LaFollette Policy Report*, Vol. 11, No. 2, Fall 2000.

(54) Bill Lambrecht, "Food & Gene Giants Dread New EU Labeling Laws on GMOs," *St. Louis Post-Dispatch*, April 18, 2004.

(55) "Global Deal on GM Food Trade," *Geographical*, Vol. 72, April 2000.

(56) Ron Sullivan, "Biosafety Protocol Compromise," *Earth Island Journal*, Vol. 15, Summer 2000.

(57) Frederick H. Buttel, "The World Trade Organization and the New Politics of GMOs:
280 Will GMOs Be the Achilles' Heel of the Globalization Regime?" Presented at the annual meeting of the Rural Sociological Society, Washington, D. C., August 2000.

(58) Gerald C. Nelson, et. al., "The Economics and Politics of Genetically Modified Organisms in Agriculture: Implications for WTO 2000," University of Illinois at Urbana-Champaign, College of Agricultural, Consumer and Environmental Sciences, Office of Research, Bulletin 809, November 1999.

(59) David Barboza, "Modified Foods Put Companies in a Quandary," *New York Times*, June 4, 2000.

(60) Scott Kilman, "McDonald's, Other Fast-Food Chains Pull Monsanto's Bio-Engineered Potato," *Wall Street Journal*, April 28, 2000.

(61) Mark A. Pollack and Gregory C. Shaffer, "Genetically Modified Organisms: Why the United States Is Avoiding a Trade War," *LaFollette Policy Report*, Vol. 11, No. 2, Fall 2000.

(62) Gerald C. Nelson, et. al., "The Economics and Politics of Genetically Modified Organisms in Agriculture: Implications for WTO 2000," University of Illinois at Urbana-Champaign, College of Agricultural, Consumer and Environmental Sciences, Office of Research, Bulletin 809, November 1999.

(63) David Stipp, "Is Monsanto's Biotech Worth Less than a Hill of Beans?" *Fortune*, Vol. 141, February 21, 2000.

(64) Bill Tomson, "Retreat on Gene-Altered Wheat Relieves U. S. Millers, Exporters," *Wall Street Journal*, June 1, 2004.

(65) Scott Kilman, "Monsanto Drops Plans for now to make Bioengineered Wheat," *Wall Street Journal*, May 11, 2004.

(66) Andrew Pollack, "Monsanto Shelves Plan for Modified Wheat," *New York Times*, May 11, 2004.

(67) Andrew Pollack, "Narrow Path for New Biotech Food Crops," *New York Times*, May 20, 2004.

281 (68) Barnaby J. Feder, "Company Says Tracing Problem Corn May Take Weeks," *New*

第 8 章
新型可持续风险：转基因作物

York Times, November 24, 2000.

⑥⑨ Matt Crenson, "StarLink Just Slid Through Cracks," *Wisconsin State Journal*, December 3, 2000.

⑦⓪ Phillip Brasher, "Biotech Corn Clearance Urged," *Wisconsin State Journal*, October 26, 2000.

⑦① Lisa Collins, "Cereal Production Cut," *Wisconsin State Journal*, October 22, 2000.

⑦② Andrew Pollack, "Plan for Use of Bioengineered Corn in Food Is Disputed," *New York Times*, November 29, 2000.

⑦③ David Barboza, "Gene Altered Corn Changes Dynamics of Grain Industry," *New York Times*, December 11, 2000.

⑦④ Michael Bradford, "Farmers Sue over Modified Corn," *Business Insurance*, January 1, 2001.

⑦⑤ 同上。

⑦⑥ David Barboza, "Negligence Suit Is Filed over Altered Corn," *New York Times*, December 4, 2000.

⑦⑦ "U. S. Farmers to Get \$112 Million for GE Starlink Corn Contamination," www. organicconsumers. org, July 16, 2004.

⑦⑧ Betsy McCay, "Cost of StarLink Corn Recall May Reach Hundreds of Millions as First Suit Is Filed," *Wall Street Journal*, November 3, 2000.

⑦⑨ Andrew Pollack, "Federal Panel Is Wary on Gene-Altered Corn," *New York Times*, December 6, 2000.

⑧⓪ Vanessa Fuhrmans, "Three Top Officials of Aventis Division in U. S. Are Fired," *Wall Street Journal*, February 12, 2001.

⑧① Carolyn Aldred, "Tainted Seed Uproar Yields New Questions on Liability," *Business Insurance*, June 5, 2000.

⑧② National Research Council, National Academies of Sciences and Engineering, *Genetically Modified Pest-Protected Plants*: *Science and Regulation*, Washington, D. C. , National Academy Press, 2000.

⑧③ L. L. Wolfenbarger and P. R. Phifer, "The Ecological Risks and Benefits of Genetically Engineered Plants," *Science*, Vol. 290, No. 5499, December 15, 2000.

⑧④ M. J. Crawley, S. L. Brown, R. S. Hails, D. D. Kohn, and M. Rees, "Transgenic Crops in Natural Habitats," *Nature*, Vol. 409, February 8, 2001.

⑧⑤ Brian Mattmiller, "Labeling Genetically Modified Food Could Boost U. S. Farm Economy," *Wisconsin Week*, February 28, 2001.

㊏ Sarah Lueck and Scott Kilman, "Gene-Altered Food Needs Labels, Safety Reviews, Committee Says," *Wall Street Journal*, December 19, 2000.

㊐ Brian Mattmiller, "Labeling Genetically Modified Food Could Boost U. S. Farm Economy," *Wisconsin Week*, February 28, 2001.

㊑ Chris Adams, "Gene-Therapy Death Sparks Investigations," *Wall Street Journal*, January 24, 1999.

第 9 章
可持续风险管理

> 过失是指你明知一件事是危险的、愚蠢的或错误的，却不断重复这个错误。现在我们已经了解到了这一点，是做出改变的时候了，否则明天就会出现过失。
> ——比尔·麦克唐纳和迈克尔·布劳恩加特
> （《从摇篮到摇篮》的作者）
>
> 英特菲斯会在环境方面保持可持续发展。但我们的目标更为宏大。我们在财务方面也要实现可持续发展，原因很简单，公司必须要生存下去，同时还要保证我们的生计和所有利益相关者的投资。我们在社会方面同样要做到可持续发展，尊重所服务的社区，给我们工作所涉及人士的生活带来正面影响，并注意及时鼓舞我们赖以生存的员工士气……我们的财务、社会和环境各个可持续发展目标之间是密不可分的，这也是为什么我们强调通过做有益的事情来实现良好业绩的原因。
> ——雷·安德森（英特菲斯首席执行官）

制定和实施可持续风险管理计划是一项具有挑战性的过程。传统上，风险经理处理的是界定得更为合理的风险。例如，风险管理行为可能包括建造一座符合高预防风险标准的建筑以降低火灾的危险，或是采用工作安全系统来控制工伤赔偿成本，或是强制实行防卫性驾驶课程以减少交通意外。而管理可持续风险时，人们常常需要与非常复杂的问题打交道，例如温室气体排放对气候变化的影响、小剂量接触某种化学品对人类健康的影响、发展中国家雇员的工作条件，或是生态系统中生物多样性下降的影响。这些都是长期的、跨领域的、全球性的、困难的风险情况。没有简单明了的调查表或流程图可供公司及其风险管理部门进行可持续风险的评估、控制和融资。每个公司都需要花费时间和精力来制定适用于自身特定情况的风险管理系统。

接下来的两章介绍的策略将能为制定可持续风险管理系统提供一般性的指南，并介绍大量的实例、信息来源和可持续促进组织。其目的在于为风险经理及其他相关人士对自身公司可持续风险管理系统的设计提供一个整体框架。本章将集中关注风险管理过程，包括可持续风险评估和风险控制。第10章则将讨论可持续风险融资，包括保险和其他风险融资技术。

9.1 可持续风险管理过程

长期以来，企业和社会都忽视了环境风险和社会公正风险，直到约35年前情况才有所改善。在环境领域，人们无节制地开采自然资源，企业恣意污染环境。人们一般认为自然系统有无尽的能力可以提供资源并吸收污染物和废弃物，没有人需要承担破坏环境的成本，环境成本被外部化了。事实上，涉及环境质量维持的生产成本和风险成本为零，实践意义上的环境风险管理并不存在。

社会公正领域也存在类似情况，外国政府对劳工人权的侵犯、海外供应商工厂雇员的工作条件和薪酬水平、男女薪酬及升迁的差异以及盈利之外的公司责任的欠缺通常都不会给企业带来任何风险后果。许多这些问题都被认为是政府而非企业的责任。社会公正风险成本接近于零，也根本不存在社会公正风险管理。

今天，与环境质量和社会公正相关的风险的重要性显然已经成为风险经理、他们的保险人、高管人员及董事会关注的前沿领域。应对这些风险要求制定并执行健全的可持续风险管理制度，这给公司带来了巨大

第9章
可持续风险管理

的挑战。但对风险经理和他们所工作的公司来说,伴随着挑战而来的还有无穷的机会。

风险管理过程非常适合管理本书所讨论的各种可持续风险。尽管这些风险并非新近才出现的,人们却是最近才意识到公司需要为此负责并承担其财务后果。应对这一挑战给风险经理带来了巨大的机会,如果他们能像自己的职责所要求的那样带头致力于建立有效的可持续风险管理制度,那么他们在公司内的责任和地位无疑都将得到提升。风险经理的专业技能使得他们最具备降低可持续风险成本的能力。向企业和组织提供风险服务和风险产品的保险人、经纪人以及咨询顾问也都会从中发现巨大的商业机会。

风险经理及其他相关人员在制定可持续风险管理制度过程中发挥创造性和主动性是十分重要的。许多风险经理似乎并没有参与到环境问题中来。据1997年的《风险成本调查》研究指出,所调查的公司中只有31%的风险经理对环境风险控制/工程承担主要责任,只有39.7%的风险经理对该领域的理赔管理负主要责任;只有23%的风险经理对安全/保安部门负主要责任,只有12.8%的风险经理对该领域的理赔管理负主要责任;只有27.6%的风险经理对运营部门负主要责任,只有12.4%的风险经理对该领域的理赔管理负主要责任;只有11%的风险经理对法律领域负主要责任,只有26.6%的风险经理对该领域的理赔管理负主要责任。[①]

韦莱经纪公司风险管理服务部前总经理、著名环境风险顾问大卫·迪布达尔的经验也证实了这一结果,即风险经理通常没有参与到环境领域中。[②] 即使风险经理不直接参与到他们公司与环境和社会公正相关的领域中去,我还是认为风险经理仍然负有对一切可能对公司造成不利影响的风险做出预估的职责,而不仅仅是应对他们负有主要责任的风险。这一职责意味着风险经理有很大的机会进一步参与公司的整体战略管理。

率先有效应对可持续风险的公司将能获得竞争优势、最小化声誉损失、降低成本并增加长期利润。可持续性要求以不同于从前的方式来经营企业,需要新的生产、分销、制造和营销体系。制定并执行可持续风险管理制度能带来双赢的商业机会。公司能保持长期的增长和盈利,环境质量和社会公正状况也能得到改善。

9.2 可持续风险评估

风险经理使用风险评估技术来识别和评价公司所面临的潜在损失。风险评估是风险管理过程的第一步。如果不能恰当地识别和评价潜在损失情况，就不能运用损失控制和损失融资工具来降低这些风险。风险经理经过专业训练会使用流程图、事故树分析、问卷、财务报表清单、检查、访谈和过往损失记录等风险评估技术。他们往往和高管人员一样最了解公司运作的范围和多样性。

评估环境风险和社会公正风险要求极大的创造性。首先，风险评估过程必须优先考虑可持续风险。正如英国保险人协会的一项研究"社会责任投资：风险与机遇"中所提到的："社会风险、伦理风险和环境风险是管理层所面临的挑战的一部分，但在大多数公司里他们通常并没有被纳入既有的风险评估工作中去。"③

除了那些评估更为传统的风险所使用的工具之外，我们还需要新的工具来评估可持续风险。为慎重起见，让我们回顾一下本书的前五章。在第1章中，我们集中讨论了海洋、渔业、淡水、森林等地球主要生态系统不断恶化的状况，也探讨了生物多样性的丧失、暴露于化学品的风险及社会公正风险。第2章至第5章分别研究了新兴的责任风险、联合抵制风险、投资和股东相关风险、董事高管风险等。尽管所有企业都受这些不断变化的风险的影响，风险经理还是应集中关注评估对本公司财务状况和声誉有最直接影响的风险，至少在风险评估的初期应该如此。风险经理还应关注他们的竞争对手和其他相关的公司。在风险评估中有一句老话：如果意料之外的损失发生的话，你总希望它先发生在另一家企业。

通过回顾第6、7、8章，我们也可以看到对石棉、超级基金等传统风险和全球变暖、转基因作物等新兴风险的评估如何应用于具体公司的运营。可以预期，大多数公司都会受到危险废弃物处理决策（超级基金）和全球变暖/气候变化风险的影响。这三章中讨论的大量例子、研究和参考文献都有助于风险经理进行风险评估。

随着环境风险和社会公正风险日益内部化为公司风险，他们需要被

第9章
可持续风险管理

纳入到公司的风险评估过程中来。理想情况下，这一举措应在损失发生之前完成，但有时直到损失发生后才能得以实现。一个著名的例子是博帕尔大灾难之后，联合碳化物公司对所有重大泄漏事故进行"深层原因分析"以防再次出现类似悲剧。④

其他一些情况下，潜在损失的发展更加缓慢，从而给风险经理以更多的时间来反应和制定计划。一位退休的保险公司高管、前保险监督官乔治·雷德提出了合理的建议：

"第二个问题，即行业如何更快地应对新兴的责任风险，是最难解决的问题。过去几十年中出现了许多责任风险，这些风险正在逐渐演变，而非发生突变。许多环境领域的问题正是如此。问题的答案应当是去探索未曾预见的前沿领域，快速地研究和评估每一个可能产生麻烦的问题。这不仅能为制定防御性措施赢得时间，更重要的是能为制定预防性措施赢得时间。"⑤

正如雷德先生所说的，风险经理和公司可以利用在风险情况物化为实际损失之前的充裕时间发现和预测出现问题的领域，并在发生实际损失前采取预防性措施。这正描述了可持续风险的特征。我还要补充的是，本书的写作目的之一就是帮助风险经理和保险公司认识到可持续风险带来的大量潜在损失，并协助他们采取风险防范措施。

在评估某事件发生的可能性和后果时，某些风险情况下可能需要使用强大的数学模型来分析复杂的系统。一个例子就是概率风险评估，该方法用于分析诸如核事故、飓风、地震或太空船损失等发生概率小、损失程度严重的风险事故。这些技术不仅能估计损失发生的几率，还能比较事态发展的许多不同路径，能协助工程师最有效率地配置资源、防范风险。⑥

涉及化学品和其他有毒物质的风险评估十分复杂。这类评估需要公司内部专业人士或外部咨询公司所提供的专业技能支持。柯蒂斯·黑摩尔在《环境风险管理》一书中的"风险评估过程"一文对此类风险评估给出了很好的一般性描述。⑦化学品风险影响方面的两本重要著作——《遗失的未来》和《生活在下游》对评估这些不同的风险也很有帮助。科学发现，人造化合物会带来多重风险，任何在处理、分销或销售产品过程中涉及人造化合物的制造业企业或公司的风险经理都应对此保持警惕。这些物质的有害特性使得责任诉讼中辩护证据的获得变得越来越困

企业生存
可持续风险管理

难。在过去,这样的辩护常常被使用,但是如果将来仍然依赖于此,就不能实现健全或有效的风险管理。

涉及化学品和其他有毒物质的风险评估过程的一大问题就是我们对此知之甚少。人们进行了大量的科研工作研究这些物质对动物和人体的影响,但对环境所受的影响研究较少。因此,黑摩尔先生得出结论,"并不存在一套行之有效、易于管理、并被普遍接受的生态破坏衡量标准"。⑧约翰·汉斯科学、经济与环境研究中心一项名为"国家生态系统状况"的五年研究发现,评估生态系统健康状况所需的数据中约有一半都不充足。环境系统极其复杂,因此有关化学品和其他有害物质的影响及环境破坏程度的问题将层出不穷。⑨

风险经理也可以雇用专业组织来进行环境风险评估。例如,成立于1989年的国际风险分析协会致力于"促进和推动有关环境污染物、人类群体和活动以及生态系统的风险分析科学"。⑩风险经理能利用这些组织的技术知识来提高他们的风险评估水平。

在生产领域,公司可以使用生命周期评估标准和环保设计标准来评估产品从原材料提取、生产、分销到回收或废弃的整个过程中对环境的负面影响。《工业生态学》的作者格雷德尔和艾伦比认为,生命周期评估能"确定产品、工艺或设备中哪些环节对环境不利,并对这些具体情况对环境的影响进行排序"。⑪斯图尔特·哈特在《哈佛商业评论》中这样描述环保设计:

> 环保设计会在产品的设计阶段就考虑产品可能给环境造成的所有影响。从摇篮到坟墓的分析起止并不限于公司的运营范围——它包括对所有生产投入品的全面评估,也会调查消费者如何使用和处置产品。环保设计过程中涉及技术人员、环境专家、终端客户,甚至包括社区代表,因此有着广阔的外部视角。⑫

ISO 14001 认证要求公司建立一套风险评估程序。例如,该认证要求"所认证的组织应识别其活动、产品和服务中涉及环境的方面,并确定其中对环境有潜在重大影响的部分。"⑬ ISO 14001 认证的运作体现了与环境风险评估之间的大量协作。ISO 14001 认证也可以用于评估供应商网络的风险。现在,包括福特、通用汽车、IBM、施乐和百时美施贵宝在内的许多公司都要求他们的供应商必须通过 ISO 14001 认证。⑭这样公司就可以确保他们的供应商满足上文列出的 ISO 风险评估要求。

《国际商会可持续发展商业章程》和世界可持续发展工商理事会（见下文介绍）鼓励环境责任经济联盟等组织的成员与其他公司沟通合作——例如由美国化学品制造商协会发起的责任关怀计划[15]和美国石油学会设立的今日环境合作战略[16]——并交流可持续风险评估的经验。一些具体的商业计划可能对该行业内的公司更为有益。

一项有效的可持续风险评估策略就是准备一份可持续报告。第2章中我们讨论了在不断增加的透明度要求下对可持续报告的应用日益增多。这些报告通常会检查公司所面临的各种可持续风险和公司的风险控制系统。准备报告的过程本身就有助于收集、组织公司内部可持续数据和相关工作情况。多年的积累之后，可持续报告就能为衡量公司一段时期内的进步以及相对于竞争对手或领先的公司的进步提供基准。可供利用的优秀资源包括《毕马威企业可持续报告国际调查》和提供9 000家公司非财务报告的企业信息记录公司。[17]

可持续风险评估是一个动态过程。风险经理需要将新的科研进展和法规、监管动态信息整合到他们的风险评估方法中去。一旦可持续风险得以评估并确定优先级，风险管理过程就能进入到风险控制阶段。

9.3　可持续风险控制

风险控制包括防损和减损。在没有保险的情况下，风险控制是减少损失唯一可用的工具。有保险时，在合理的风险控制成本假设下，预防损失的发生也总是优于在损失发生后获得保险金赔偿。即使所有的损失都由保险承保，仍会伴随有种种不便，需要花费时间来协助理赔，还可能产生情绪上的成本。我常常告诉我的学生们"我希望永远不要动用我的保险"，因为要动用我的保险就意味着我一定遭受了损失。当然，即使有最好的损失控制系统，也不可能预防所有的损失，因此我们仍然需要保险这一风险管理工具。

风险控制系统是多种多样的，往往需要工程学和行为学方面的专业技能。一些风险控制的例子包括：

- 能大大降低火灾风险的高预防风险结构；
- 保护工人免受有毒物质、噪音、粉尘和其他有害物质伤害的工业卫生系统；
- 机器防护装置；
- 防卫驾驶项目；
- 人体工学；
- 产品质量项目；
- 危机管理计划。

大量损失控制措施是由立法强制要求的。美国著名的例子有：
- 《职业安全与健康法》；
- 《消费产品安全法》；
- 《机动车和高速公路安全法》；
- 《易燃织物法》；
- 《国土安全法》。

咨询公司和保险公司均可提供风险控制服务。对保险公司来说，成本往往附加在保费之中。企业也有安全和保安领域的内部雇员。有关风险控制的读物汗牛充栋，包括标准的大学教材、咨询和保险组织精心出版的书籍以及公司安全手册，等等。

在环境领域，风险控制在早年是由监管要求来驱动的，包括《清洁水法》、《清洁空气法》、《资源保护与回收法》、《综合环境应对、赔偿和责任法》和《有毒物质控制法》。虽然本书讨论了监管的某些方面，我并不打算描述这些法律所强制实施的风险控制系统。感兴趣的读者可以参考罗滕贝格和泰里格的《环境风险管理》、美国政府研究所出版的《环境法规手册》等文献。另外一些法规则主要处理社会公正风险，包括工伤赔偿法律、《职业安全与健康法》和失业津贴。另外，感兴趣的读者可以参考约翰·伯顿的《工伤赔偿资源》、彼得·布尔特和阿兰·洪特的《工伤赔偿和职业疾病》、约翰·沃勒尔的《安全和劳工》以及乔治·雷德的《社会保险和经济保障》。

一些公司和咨询机构致力于发展超出环境质量和社会公平标准要求的可持续风险控制技术。这些新的可持续风险控制技术和计划也将是我讨论的核心。我并不打算涉及工程和操作的细节，而将主要基于概念性和一般的信息进行讨论，并给出大量的实例。每个公司需要根据自身业务特点制定他们自己的可持续风险控制计划。我希望以下的叙述能够提供战略框架和风险管理的基本原理，以鼓励公司制定和改善他们自身的可持续风险管理战略。

执行可持续风险管理计划需要花费成本。我将说明在大多数情况下，未来的环境、社会公平和声誉风险成本的降低将超过这些计划的执行成本。这章的例子将表明，即使不考虑风险成本的降低，效率增加所带来的成本降低也常常超过风险控制计划本身的成本。如果想了解更多成本削减系统执行方面的实例和方法，感兴趣的读者可以参考保罗·霍肯、埃默里·洛文斯和亨特·洛文斯的《自然资本主义》，克劳德·富斯勒和彼得·詹姆斯的《推动生态创新》。

可持续风险管理的一个关键点是在可持续风险成本的降低与维持环境质量、解决社会公平问题的积极战略计划之间建立协同促进关系。采用对环境友好的产品和运作方式，公正平等地对待劳工和其他利益相关者，减少导致责任诉讼、抵制、负面舆论、股东行动、声誉损害的风险。减少包括可持续风险成本在内的总体风险成本是最高管理者的一般职责和风险管理者的特定职责，因此可以通过制定和执行强有力的环境质量和社会公正风险管理计划来履行这些职责。简而言之，健全的可持续风险管理可以改善环境质量和社会公正条件，执行有效的减少环境损害和劳工、社区不平等待遇的策略可以提高公司可持续风险管理实践的效率。这两方面齐头并进、相辅相成，可以强化三条底线。

9.4 企业对可持续问题的态度

企业对可持续问题的整体态度是风险控制计划成功与否的重要决定因素。以石油行业及业内最重要的三家公司，壳牌、英国石油和埃克森美孚为例。如前所述，20 世纪 90 年代中期，壳牌因布伦特斯巴事件和支持尼日利亚强权政府备受谴责。这两个事件促使壳牌转变了它对环境和社会公正风险的态度。现在壳牌在可持续问题上处于行业领先地位。尽管不如壳牌事件广为人知，英国石油为了在哥伦比亚钻油而支持当地强权政府的行为也使之陷入了困境。英国石油作为普拉德霍湾最主要的石油公司，也是石油工业游说集团一分子，提倡在北极圈国家野生动物保护区开采石油，并质疑全球变暖的真实性。今天，正如它对待全球变暖的态度所体现的，英国石油已经采用了一种完全不同的方法。英国石

企业生存
可持续风险管理

油的首席执行官约翰·布朗爵士是第一个公开承认全球变暖真实发生，且与人类活动关系最为密切的石油公司首席执行官。英国石油脱离了工业游说集团全球气候联盟，该集团反对主流科学家所承认的全球气候变暖的事实。英国石油还离开了推动在北极圈国家野生动物保护区开采石油的游说集团。最后，英国石油正在开发太阳能服务，目前已经拥有了10%的世界太阳能市场份额[18]，预期在2010年之前能从其太阳能投资中获利10亿美元。[19]英国石油与壳牌目前在可持续问题上都是行业内的领先者。

与它们相比，埃克森美孚很少主动采取可持续措施，至少是不为人所知。2002年，埃克森美孚资助了斯坦福大学1亿美元，用于支持斯坦福的全球能源和气候研究计划，除此之外很难找到它致力于可持续问题的证据。该公司现在仍试图不支付1989年因埃克森瓦尔迪兹事故导致的大笔赔偿，在这次事故中，该公司的油轮泄漏了1100万加仑的原油进入阿拉斯加的威廉王子海峡。受漏油影响的32 000名渔民、阿拉斯加的土著居民、土地所有者、小商人和城市居民发起了诉讼。在第9次上诉巡回法庭将之前50亿美元和40亿美元赔偿金的判决发回重审之后，联邦地区法官罗素·霍兰德于2004年1月判定了45亿美元的惩罚赔偿金。埃克森目前已经对此最新判决提出了上诉。埃克森已经支付了30亿美元的清理和其他成本，并向联邦和阿拉斯加州政府支付了9亿美元的民事赔偿。但是，埃克森美孚可能需要动用低于2003年利润210亿美元的一半，或者是其2004年第四季度利润84亿美元来支付漏油事故引起的所有损失，包括45亿美元的惩罚赔偿金。[20]也有人称2003年12月《科学》杂志的研究表明，漏油事故对该海峡的损害仍在继续，埃克森美孚需要额外的资金用于赔偿。[21]尽管我不是石油行业的专家，我仍能预感到在未来的几年中，壳牌和英国石油在可持续问题上做出的努力将转化为他们相对于埃克森美孚的资金和竞争优势。

9.5 供应链管理

在风险评估部分，我们讨论了如何利用ISO 14001认证来识别公司所面对的来自于供应商的可持续风险。ISO 14001认证也可用于协助可

第9章
可持续风险管理

持续风险控制。一个组织在设定目标和指标的过程中需要考虑六个因素:"环境政策、法律要求、潜在的重大影响、商业考虑、技术选择和利益相关方的观点。"[22] 与获得独立第三方 ISO 14001 认证的供应商合作可以确保减少供应商给公司带来的可持续风险。

一些公司正在采取更为直接的控制措施以促使供应商致力于可持续问题。约翰·埃尔金顿,欧洲著名的可持续咨询公司的主席和《餐叉食人族》的作者,就此给出了包括沃尔沃和森斯伯瑞在内的大量例子。瑞典汽车制造商沃尔沃已经制定了一个环保供应挑战计划。在该计划下,环境因素被赋予与沃尔沃长期坚持的两个核心价值——安全和质量——同样的优先级。在宣布该计划时,沃尔沃营销部副总裁汉诺洛夫·奥尔松称,日后沃尔沃将同时使用安全、质量和环保这三个因素来审查其供应商。[23]

森斯伯瑞是英国最大的食品公司,它在全世界有 6 500 个供应商。它的金枪鱼产品要求捕鱼时采用对海豚友好的技术。森斯伯瑞也在"能源效率、一体化农作物管理、有机农产品、动物试验、牧业、木材和林产品、泥炭"等领域向其供应商施加压力。[24] 供应商运营成本的降低可以帮助降低森斯伯瑞的成本。另外,森斯伯瑞的行动不仅减少了潜在的声誉损害,还提高了它的声誉。

第 3 章中讨论的家得宝曾因为使用原始森林砍伐的木材而成为非政府组织抗议和抵制的目标。现在家得宝不仅改变了这一做法,转而购买获得森林管理委员会认证的木材,还积极向供应商施压。他们的策略是可行的,因为他们意识到仅仅购买获得森林管理委员会认证的木材是无法满足自身需求的。他们开始要求世界各地的木材供应商改变原来破坏森林的做法。如果供应商不对此做出回应——例如印度尼西亚和加蓬的情况——家得宝就会取消其订单。家得宝甚至还协助环保组织与阿罗科和纸张及纸板生产公司这两家智利最大的纸浆公司合作达成了一项森林协议。在协商过程中,"伐木公司同意采用更有力的保护措施,环保主义者也同意不再以阿罗科和纸张及纸板生产公司作为联合抵制的目标"。[25]

商学院的研究也证明,可持续供应链管理不仅能增进整体社会福利,还对公司绩效有着正面影响。马里兰大学的克雷格·卡特和亚利桑那州立大学的玛丽安娜·詹宁斯从五个方面考察了物流社会责任:

环境问题、多元化、人权和工作生活品质、慈善以及安全。履行物流社会责任的正面效果包括改善与供应商和消费者之间的信任，增强利益相关者的绩效，并潜在地改进财务绩效。有关购买决定和财务绩效的研究数据表明物流社会责任与商品成本和净收入之间存在明显的关系。[26]

9.6 减少危险废弃物

减少废弃物是一项强有力的可持续风险控制方法。之前关于超级基金的讨论中提到，运营系统产生的废弃物都不应随意排放，这样就不会产生未来清理的责任。比尔·麦克唐纳和迈克尔·布劳恩加特在他们突破性的著作《从摇篮到摇篮》中列举了实现生态效益的五个步骤，其中第一步就是"免受已知元凶的伤害"。在产品设计或生产系统中，人们应尽全力去除聚氯乙烯、镉、铅和水银等物质。他们指出，例如，如果所有的水银体温计都被淘汰，那么估计每年将有超过4吨用于制造温度计供应美国医院和消费者的水银从产品周期中消失。[27]

一些知名企业大量减少了废弃物和污染物的排放。例如，杜邦在1987~1993年间减少了74%的有毒物质排放和一半需填埋的废弃物，并使其每年高达10亿美元的废弃物处理费用降低了2亿美元。[28]1987年以来，杜邦还减少了近70%的致癌化学物质排放。[29]另一个例子是3M公司1975年实施的污染防范计划。这是世界上最早的从公司层面减少废弃物而不是进行事后清理的努力之一。在头20年里，3M公司消除了15亿磅的空气、土地和水污染物，总共节省费用达7.9亿美元。[30]大型芯片制造商英特尔在10年里减少了一半的危险废弃物，同时使其收入翻了九番。[31]

环境咨询顾问琳达·巴戈乃什强调："从风险管理的角度来看，从源头减少废弃物优于回收和处理废弃物，因为这样做对环境造成的风险最低。"[32]尽管杜邦、3M和英特尔采取这些行动的动力只在于降低环境风险成本，他们也同时实现了总成本的削减。

第9章
可持续风险管理

9.7 废弃物管理

在废弃物管理计划中集中关注危险废弃物是合乎逻辑的。如果包括危险废弃物和非危险废弃物在内的所有废弃物都能得到有效的管理，那么企业就会节省大量的资金。据估计，美国为制造耐用品而提取的原料中超过 90% 几乎立即成为废弃物。产品本身只包含整个制造和销售过程中所用原材料的 5%。在《从摇篮到摇篮》一书中，比尔·麦克唐纳和迈克尔·布劳恩加特引用这些估计来支持建立更为有效的废弃物管理系统。他们从产品包装和系统的设计阶段开始，就要求"消除废弃物的概念……从一开始就抱着没有废弃物的理念进行产品设计。"[33]

麦克唐纳和布劳恩加特描述了地球上两套代谢循环——生态代谢即自然循环，以及技术代谢即工业循环。自然系统是完全循环的。任何污水或废气都会被系统完全吸收——不存在废弃物。麦克唐纳和布劳恩特希望设计出的工业系统也能使一项产品中所未使用的原料全部进入生态循环或技术循环。进入生态循环的原料是可被生物降解为生物营养成分的，例如可生物降解的包装。其他的原料仍然留在技术循环中，形成一个闭合的系统。[34]雅尼内·拜纽什在《仿生学》这一有趣的著作中也提到了类似的理念，她探讨了人类如何利用大自然的方法。[35]

麦克唐纳和布劳恩加特还讨论了应当多使用升级回收而非降级回收。降级回收会使原料的质量随时间推移而下降。例如，回收循环塑料制品时会将不同的塑料混在一起，制造出质量较低的混合物。这种质量较低的混合物会被制造成比原产品更低廉的产品。在升级回收的情况下，回收循环的最终产品的质量不低于、甚至高于原产品。他们以他们的书作为例子，该书印刷所使用的并非纸张，而是一种可以溶解用来再造高质量聚合物的物质。

麦克唐纳和布劳恩加特描述了一个来自于客户真实项目的惊人案例。瑞士纺织厂诺拿儿为废弃室内装饰织物碎料付出了巨大的代价，因为政府监管将该材料定为危险废弃物。作为顾问的作者负责设计一种满

企业生存
可持续风险管理

足监管要求、在磨损后可以作为生物营养成分安全处置的织物。最后被选择的原材料是含有羊毛、苎麻等安全、不含农药的植物纤维和动物纤维的混合物。染色、修正和其他工艺所使用的化学品是最大的挑战所在。他们淘汰了数千种可能的化学品，最终使用了 38 种没有任何突变、致癌物质、荷尔蒙或持续性毒素的成分。这种混合物事实上比纺织厂之前所使用的原料更为廉价。

当监管者来到纺织厂检测污水时，他们震惊于仪器居然检测不出任何污染物，甚至也检测不出水在流入工厂之前就已含有的元素。事实上，流出工厂的水跟流入工厂的水一样清洁，甚至要更为清洁。他们设计出了一种可以在其使用寿命结束时安全降解为生物营养成分的室内装饰织物，工厂排出的水事实上达到了饮用水的标准。[36]

这个项目为可持续风险管理和财务绩效之间的协同作用提供了极佳的例子。最终所得的产品成本更低、利润更大，并且不含危险废弃物。其制造过程对环境更为有利，也降低了废弃物处置的风险成本和潜在的产品责任。雇员的工作环境变得更为安全，进而降低了工伤赔偿成本。监管成本也有所下降，因为除了不定期的监控之外，不再需要进行监管。

值得注意的是，这形成了使高管层、风险经理、雇员、环保主义者、监管者和消费者都满意的结果。如此看来，即使是反对党派的成员都会同意支持此类工作。

在制造、生产以及分销过程中进行此类设计改变的可能性是无穷的。这只需要一种新的思维方式。公司可以雇用像麦克唐纳、布劳恩特、埃尔金顿、保罗·霍肯、埃默里·洛文斯和亨特·洛文斯（《自然资本主义》的作者）这样的顾问，也可以依靠自身员工发挥创造性提出创新的解决方案。关键在于在设计过程的最初阶段就融入一些基本的原则。除了以上提到的优势，麦克唐纳和布劳恩特还总结出了废弃物管理更为一般的优势：

- 不会产生无用的、并有潜在危险的废弃物；
- 随着时间的推移，能为制造商节省数十亿美元的宝贵原材料；
- 减少原材料的开采和具有潜在破坏性的材料的运用，最终予以完全淘汰，给制造商带来更多节余，也对环境十分有利。[37]

我还要补充一点，就是废弃物管理能极大地降低可持续风险成本。

第9章
可持续风险管理

9.8 伟大发现变成罪魁祸首

因对环境有害而退出商业使用和产品的物质包括氯氟烃（CFCs）、双对氯苯基三氯乙烷（DDT）和多氯联苯（PCB）。对这些物质的淘汰要求直接的监管介入，因为很难确定对环境和人类健康造成危害负责的具体当事人。氯氟烃（CFCs）、双对氯苯基三氯乙烷（DDT）和多氯联苯（PCB）的例子能为可持续风险管理提供许多真知灼见。

9.8.1 氯氟烃（CFCs）

小托马斯·米德雷于1928年首度合成了CFCs。他用CFCs取代了有毒、易燃的化学品来作为安全的冰箱制冷剂。他因此在1941年获得了化学界最高奖项普利斯来奖。CFCs被认为是安全的，试验也证实了它并不会分解为有毒的化合物危害人类健康或环境。

20世纪40年代后期，后来以盖亚假说而著名的詹姆斯·拉弗洛克发明了电子捕获探测器，使得气相色谱的敏感度提高了一千倍。他在各地旅行并记录新设备读数后发现，DDT、CFCs和氧桥氯甲桥萘等其他化合物存在于从北极圈到南美洲冰峰的所有被测大气中。[38] 其他人的测试则发现在人类母乳和南极企鹅脂肪层中都发现了这些化学品。[39]

1974年，受拉弗洛克的发现所激发，化学家舍伍德·罗兰和马里奥·莫利纳罗在《自然》杂志上发表了一篇论文，描述了CFCs如何从低层大气上升到平流层破坏臭氧层，并因此获得了1995年的诺贝尔奖。[40] 臭氧保护我们免受紫外线B的伤害。他们的研究被出现在南极洲和其他南半球国家上空著名的臭氧空洞所证实。[41]

1987年，35个国家签署了一项前所未有的协议，通过了《蒙特利尔议定书》，通过国际合作淘汰CFCs和其他破坏臭氧的化学品。[42] 对CFCs的淘汰也说明业界有能力做出巨大改变，尽管也可以选择对这些改变进行坚决抵制。世界资源研究所对这一过渡进行了研究。它估计约有价值1 000亿美元的设备依靠CFCs工作，而美国占有了全球产能的1/3。但是几乎所有CFCs的使用都找到了替代物。该研究报告得出结论,大多数情况下"公司都以较以往想像更快的速度、更低的成本淘汰了 CFCs,或是取得了比预期更大的改善。"[43]

9.8.2 双对氯苯基三氯乙烷(DDT)

合成 DDT 的保罗·穆勒也在 1948 年获得了诺贝尔奖。这种杀虫剂能杀死包括传播疟疾在内的蚊子等昆虫,拯救了上百万甚至上千万的生命。多年以来,DDT 似乎对人类没有直接的威胁。雷切尔·卡森于 1962 年出版的《寂静的春天》一书中的研究改变了人们的这一印象。DDT 和其他化合物对鸟类种群的负面影响以及作者对这些化合物与人类癌症之间关系的担忧颠覆了 DDT 无害的印象。美国国家癌症研究所的后续研究也发现,老鼠接触 DDT 后患肝癌的几率增大。1972 年,环保局负责人威廉·拉克尔肖斯限制了大多数情况下 DDT 的使用。[44]

尽管 20 世纪 70 年代早期,包括美国在内的发达国家就禁用了 DDT,拉美、非洲和亚洲热带地区的一些发展中国家仍然在使用 DDT。在这些国家,DDT 通常被用来控制蚊子传播的疟疾。当工业国家使用 DDT 来控制蚊子时,从来没有出现疟疾的问题,因此较容易做出禁用 DDT 的决定。要在发展中国家减少 DDT 的运用,采用新的疟疾控制方法就显得十分重要。

9.8.3 多氯联苯(PCBs)

PCBs 在 1929 年首度被合成。该成果并没有获得任何奖项或诺贝尔奖。PCBs 的运用极其广泛,超出了 CFCs 和 DDT。PCBs 难燃且极为稳定,最常见的用途是作为变压器等电器设备的绝缘制冷剂,也被用作润滑油、液压油、切削油和液体封印。PCBs 能使木材和塑料制品变得难燃,可以作为漆、清漆、油墨、农药和无碳复写纸的成分。

与 CFCs 和 DDT 的情况一样,早期的测试并没有发现 PCBs 的毒性。后来的测试发现,暴露于 PCBs 中与各种身体、神经问题之间存在关联,包括生殖问题、免疫系统受损和学习障碍。PCBs 很稳定,而且和 CFCs、DDT 一样无处不在,世界各个角落都能发现其踪影。1976 年,美国禁止了 PCBs 的生产,其他工业化国家也逐渐追随美国的做法。[45]

CFCs、DDT 和 PCBs 的例子有以下共同点：

- 这三种物质都是重要的科学发现，出于良好的目的而合成的。它们的使用改善了产品的安全性能，增进了人们的福利。
- 最初合成时，这三种物质都被认为是无害的，没有任何对人或动物有毒作用的证明。
- 最初合成和早期使用这三种物质时，并没有预期到后来会传播到世界各地并对人类和动物产生危害。
- 这三种物质最终在美国和其他工业化国家被禁用。但考虑到其稳定性，这些国家仍面临相应的问题。在继续使用这三种物质的国家，它们的危害仍然是重大问题。

我们不能要求事先禁止合成 CFCs、DDT 和 PCBs。但是将来类似化合物的合成应该被禁止，或是仅能在经过谨慎测试、且不存在更加无害的替代物的情况下才予以许可。对此应采取最高的风险控制技术。比尔·麦克唐纳和迈克尔·布劳恩加特在《从摇篮到摇篮》一书中简要地概括了可持续风险管理策略的精髓："过失是指你明知一件事是危险的、愚蠢的或错误的，却不断重复这个错误。现在我们已经了解到了这一点，是应当做出改变的时候了，否则明天就会出现过失。"[46]

9.9 重新设计以消除有害混合物

比尔·麦克唐纳和迈克尔·布劳恩加特在《从摇篮到摇篮》一书中讨论了他们消除破坏性混合物的策略。他们以传统皮鞋为例进行描述：

> 以前，鞋子的鞣制过程中使用植物化学品，相对比较安全，生产过程中的废弃物也并不构成真正的问题。鞋子的使用寿命结束后可以生物降解，或是能被安全地焚毁。但植物性的鞣制要求从树木中提炼单宁，这使得制鞋非常耗时且造价昂贵。过去四十年间，植物鞣制已经被更快、更便宜的铬鞣制所代替。但铬很稀有，对行业的价值很大，某种程度上还会致癌。现在，鞋的鞣制通常在发展中国家完成，几乎没有保护人和生态系统免于铬暴露的措施。生产废弃物可能直接排放进附近的水体或是焚化，两种方式都会放出毒

素，往往不均匀地排放在低收入地区。此外，传统的橡胶鞋底往往含有铅和塑料，随着鞋子的磨损，这些颗粒就进入到空气和土壤中去。无论是人还是环境，都不能安全地消费这一产品。在使用之后，鞋子在生物上和技术上有价值的材料通常都被填埋了。㊼

鞋是有使用价值的产品，制鞋也为消费者提供了必要的服务。在生产过程中，会产生一系列环境和社会公正风险。作者也将这类产品描述为副产品，买类似于鞋、涤纶衬衫或塑料水瓶这样的产品时，你得到了"你所想要的物品或服务，以及你没有要求、也不知道被包含其中、可能对你或你亲近的人有害的添加物"。㊽

麦克唐纳和布劳恩加特强调要合理设计产品，以避免产生破坏性混合物或附加产品。设计中必须考虑并尽力消除有害投入品和产出，必须要生产对工人和消费者都安全的产品，并必须采取在产品报废时回收或妥善处理的策略。麦克唐纳和布劳恩加特所强调的优秀设计在风险控制上有立竿见影的效果。在产品生命周期中去除有害物质和工艺也会消除所有由产品引起的损害带来的责任风险，工伤赔偿成本将得以降低，联合抵制、声誉风险以及和股东行动相关的风险也将消失。好的设计就是好的风险管理。

麦克唐纳和布劳恩加特也提到好的设计能降低对监管的需求。作者提出监管"表明了设计的失败……我们称监管为实施伤害的执照：政府向行业颁发的许可，使得行业能在一个'可接受的比例水平上'引致疾病、破坏和死亡"。好的设计消除了这些疾病、破坏和死亡及其给公司带来的风险。确实，正如他们所说的，"好的设计可以完全不需要监管"。㊾

9.10　生命周期评估与环保设计

上文讨论了作为风险评估工具的生命周期评估和环保设计。这些策略也与麦克唐纳和布劳恩加特对优秀设计的强调关系密切。生命周期评估的目的在于评估产品或服务的整个生命周期内的环境或社会成本，它考察以下五个阶段：原材料制造、产品制造、包装和运输、使用以及废弃物管理。材料利用率的提高和回收策略的使用在生命周期评估中占有重要地位。[50]

埃尔金顿再次给出了宝洁等著名案例。宝洁是全球范围内使用生命周期评估的领先者。宝洁欧洲环境事务董事彼得·汉德的表述抓住了生命周期评估的精髓,并说明了这一策略中强有力的可持续风险管理因素:

"社会期望所购买和使用的产品与服务对人类和环境都是安全的,也期望产品生产者或服务提供者享有安全的工作条件,并且生产过程对环境无害。

对于洗衣粉、去污粉、洗涤剂、婴儿尿布、洗发液、牙膏、护肤霜和彩妆等日常消费品来说,人们期望在使用以及合理可预见的不正当使用情况下这些产品都是安全的。这包括了劳工安全、用户安全和环境安全。"[51]

环保设计是一个类似的项目。格雷德尔和艾伦比在《工业生态学》中提出,环保设计是工业生态学中仅次于污染预防的最受关注的活动。环保设计策略"通常是指一种具有价值的行为或考虑,并鼓励将其与产品和流程设计相结合"[52]。斯图尔特哈特在《哈佛商业评论》中将环保设计描述为"创造更加易于回收、再利用或循环利用的产品的工具,其重要性日益增加"[53]。在产品的设计阶段就应考察产品可能对环境产生的所有影响,包括评估所有的投入品和消费者如何使用和处置产品。

关注可持续风险的各界人士都强调了优良设计的重要性。例如,《企业发展的自然之步》一书中写到:

"今天,世界各地有越来越多的人开始担心我们整个工业社会的基本设计对人性所梦想的长远航程来说是有误的、不足的。"[54]

作者还指出,企业和社会不一定要在维持利润和减少可持续风险之间做出选择:

"如果商业设计与自然界所固有的设计相一致的话,在商业利润和环境健康、人类及其他生命形式之间就不会存在冲突或者妥协。"[55]

在《遗失的未来》的最后一章中,科尔伯恩、杜迈洛斯基和迈尔斯得出结论:

"未来半个世纪中我们遇到的问题就是重新设计。当我们因

CFCs 的被淘汰而不得不重新考虑电路板制造中溶剂的使用时，美国的一项研究发现，只要重新设计焊接过程就可以不再需要 CFCs 或其他溶剂。这样的例子告诉我们，我们不仅需要重新设计草坪、食品包装和去污剂，也需要重新设计农业、工业及其他化学时代产生的制度安排。我们必须要找到更好、更安全、更聪明的方法来满足人类基本需求和其他可能的诉求。这是不进行人工合成化学品试验的唯一方法。"[56]

产品责任风险一直是给企业造成最大损失的风险。产品责任控制计划是风险管理计划中处理产品责任风险的关键组成部分。产品责任控制计划可以和优良设计、生命周期评估、环保设计合理结合，使生产出的产品能同时最小化产品责任索赔和环境及社会公正风险。很明显，风险经理不得不依赖于这些领域内的专家，例如麦克唐纳和布劳恩加特、埃尔金顿、格雷德尔和艾伦比等。[57]但风险经理至少能够、并且应该成为设计班子的一分子。风险经理在产品责任领域的丰富经验对实现有效的产品和服务的生命周期设计极为有利。当然，也正如上文所述，好的设计项目能极大地增强可持续风险控制。

9.11 服务导向而非产品导向

降低公司所面临的风险的另一个办法是提供服务而非销售产品。地板/地毯业就是一个很好的例子。人们在购买地毯、尤其是商业地毯时，往往考虑样式、触感、舒适度、保暖等特征和相关服务。除了东方地毯等特例，一般地毯磨损后会被丢弃并由新地毯替代。为了最大化循环利用和提高效率，一些地毯公司会出租地毯，并在需要时上门回收旧地毯、铺设新地毯。他们的客户得到了不间断的地毯服务，而公司也保留了旧地毯的重新利用价值。原材料中一部分可以循环利用，一部分可能不得不丢弃，但这时控制权在公司而非客户。这一过程节省了能源、原材料和处置成本，并降低了客户和地毯制造商在这些领域的潜在风险成本。使用对人类和环境都安全的材料来制造地毯可以降低可持续风险成本。

强调提供服务而非产品能促进循环利用及对产品原材料的有效重新

利用。如果再结合实施回收法，服务的提供就能惠及整个行业。回收法源于德国的包装废弃物处理，后来扩展到整个欧盟内的汽车、家用耐用品、电子产品和计算机。在这些法规下，产品制造商被要求在消费者决定丢弃产品时进行回收。事实上，制造商还负责产品的循环利用或废弃处理。这一过程与服务提供类似，只不过消费者在持有产品的期间拥有所有权，而非仅仅只是租赁产品。与服务提供相同的是，回收法给予了制造商大量的财务激励，以鼓励他们设计出能更有效地循环利用或更安全地废弃的产品。

英特菲斯公司的故事是一个有关公司将服务提供作为其扩大的可持续战略关键部分的令人振奋的例子。该商业地毯公司由雷·安德森于1973年创立，1996年实现了年销售额10亿美元。英特菲斯在商业上是成功的，同时也是可持续运营的最好例子之一。我曾听安德森在自然之步的一次会议上谈及他有关可持续问题看法的转变。他曾被要求提供资料以便就他的公司在维持环境质量方面做出的努力做一份报告。在思考如何回应时，他阅读了保罗·霍肯的《商业生态学》一书，正如他所描述的——如同醍醐灌顶。于是他定下了将英特菲斯建成一家真正可持续公司的目标。他对环境可持续的描述是："不从地球取走任何不可再生的东西，也不对生物圈做出任何伤害"。[58]

在建设可持续公司的过程中，英特菲斯提出了"常青租赁"的概念，将地毯从实物型产品转变成了服务型产品。消费者租赁地毯，但不拥有所有权，也无须为地毯的维护、废弃或循环利用负责。英特菲斯此后还开始在运营中消除废弃物，在地毯生产过程中杜绝任何有毒投入品或产出品，最大限度地进行循环利用，并提高运输和能源效率。英特菲斯还通过"以人为本"等许多计划来改善工作条件和雇员文化。

这些计划同时最小化了消费者和英特菲斯的可持续风险成本。消费者可以免于承担与使用及废弃地毯相关的任何责任。英特菲斯的努力也降低了它的工伤赔偿风险、废弃处理风险和社会公正风险。相关各方都降低或消除了他们的长期责任风险。

雷·安德森并不满足于仅仅改善英特菲斯的可持续工作。他每年向各类公司和团体做约100场演讲，分享自己的经验，鼓励别人开展可持续工作。他在一次演讲中描述了他的公司理念的一些要点：

"英特菲斯会在环境方面保持可持续发展。但我们的目标更为宏大。我们在财务方面也要实现可持续发展,原因很简单,公司必须要生存下去,同时还要确保我们的生计和所有利益相关者的投资。我们在社会方面同样要做到可持续发展,尊重所服务的社区,给我们工作所涉及人士的生活带来正面影响,并注意及时鼓舞我们赖以生存的员工士气……我们的财务、社会和环境各个可持续发展目标之间是密不可分的,这也是为什么我们强调通过做有益的事情来实现良好业绩的原因。"[59]

要更进一步了解英特菲斯的故事,读者可以参考布赖恩·纳尔特拉斯和玛丽·奥尔托毛雷所著的《企业发展的自然之步》一书。[60]该书介绍了英特菲斯、宜家、斯堪迪克饭店和柯林斯松木公司等四个例子。这四家公司都在建立可持续的经营模式,减少可持续风险。此外,作者的另一本书《与虎共舞》[61]给出了更多公司的例子。自然之步在帮助以上所有公司进行可持续工作的过程中发挥了重要作用。

9.12 自然之步

1989年,在瑞典由卡尔·罗伯特博士创建的自然之步是一个非营利性的环境组织。罗伯特博士是一位医生和癌症治疗研究者。在创建自然之步之前,罗伯特博士主要关注环境恶化问题,尤其对经他所治疗的癌症儿童数目之大感到不安。在他看来,不断恶化的环境状况是不可持续的,在环境压力和儿童癌症的增加之间存在着某种联系。他想要知道能对这种状况做出什么改变,以及如何实现这些变化。

罗伯特博士认为,解决问题的第一步是为建立可持续系统制定一套必需的广泛适用的基本条件或首要原则框架。在一次由自然之步主办的研讨会上,他讲述他曾给许多著名科学家和名人写信,询问他们是否能就可持续发展的一系列必要基本条件达成一致。几经修改之后,工作组一致认为,四项关键条件对建立可持续系统十分必要。这四项系统条件及其简要描述如表9-1所示,它们后来成为自然之步建立的基础。

表 9-1　　　　　　　　自然之步系统条件的理论基础

系统条件	含义	理念
1. 存量	在可持续的社会中，从地壳中采掘的物质的集中度不会系统地增加	这要求开采相对富裕的自然资源以替代某些稀有资源，并高效利用所有开采出来的矿物	如果这一条件未能得到满足，生态圈内物质的集中度增加，最终达到极限——通常是不知不觉中达到的——超过这一极限将产生不可逆转的变化，一切都会灭亡
2. 合成化合物及其他人造物质	在可持续的社会中，自然界中人造物质的集中度不会系统地增加	这要求用存量富裕且容易分解的自然物质来替代一些稳定的人造化合物，并有效利用所有人造物质	如果这一条件未能得到满足，生态圈内物质的集中度增加，最终达到极限——通常是不知不觉中达到的——超过这一极限将产生不可逆转的变化，一切都会灭亡
3. 生态系统管理	在可持续的社会中，自然界不会在物理上出现系统的恶化	这要求只在管理良好的生态系统内获取资源并加以有效利用，减少不必要的空间占用活动，在所有影响自然界的活动中提高警觉	我们的健康和繁荣依赖于自然界分解废弃物、重新生成资源的能力。人类活动应当与自然界的周期规律保持一致
4. 社会经济	在可持续的社会中，人类的需求在全球范围内都能得到满足	这要求有效率、公平并有责任地利用所有资源，以保证最大可能地满足所有利益相关者的需求——包括顾客、员工、邻居、世界其他地区的人们以及尚未出生的人	除非全球范围内的人类基本需求能通过资源的公平有效利用来实现，否则很难在全球范围内实现前三个条件

资料来源：布赖恩·纳尔特拉斯和玛丽·奥尔托毛雷，《企业发展的自然之步》，加比奥拉岛，加拿大，新社会出版社，1999年。

罗伯特博士认识到，要把现有系统改造得符合自然之步组织的系统条件，监管和私营企业的参与都是十分必要的。他首先在祖国瑞典获得了国王的支持，得以将自己的理念写信发给所有的瑞典家庭。第一个在公司战略发展中整合了自然之步系统条件的企业是瑞典家居用品及家具巨头——宜家。发源于瑞典的自然之步，已经发展到了世界各地，包括美国、澳大利亚、日本、新西兰、英国和南非。许多大公司都将自然之步的理念纳入了自身的战略规划，包括宜家、英特菲斯、斯迪克酒店、柯林斯松木公司、耐克、星巴克、家得宝、诺姆汤姆森服装公司和西图公司、惠斯勒、西雅图、圣莫尼卡等城市也采取了类似做法。布赖恩·纳尔特拉斯和玛丽·奥尔托毛雷在《企业发展的自然之步》和《与虎共舞》两书中对此进行了详细介绍。卡尔·罗伯特也出了自己的书——《自然之步的故事》。[62]

自然之步系统条件的吸引力在于它们为公司制定可持续战略提供了坚实的框架。即使是在最简单的情况下，都要从是否满足四项系统条件的角度来考察每一个商业决策、过程和产品。如果不能满足系统条件，则必须做出改变以实现可持续发展。每一个组织有完全的自由、创造力和灵活性来做出必要的改变，为自身运营制定合适的策略。尽管自然之步有协助企业做出改变、制定策略的技术和方法，但最终做出建立可持续系统决定的仍然是公司本身和它的雇员及利益相关者。

当然，自然之步不是唯一实现可持续发展的管理策略，但是它对一系列基本原则和管理层及利益相关者的创造性的结合使之成为了非常实用有效的方法。自然之步也关注企业的盈利——三条底线的所有三个元素都得到了强调。确实，如果没有经济能力，那么对环境质量和社会公正状况有所贡献的公司就不可能维持其影响。一些公司可能会问："我们怎样制定可持续策略？"或是"我们如何进一步提高可持续工作的主动性？"自然之步为此提供了有力的指导和协助。

自然之步的结构也极好地说明了可持续策略和可持续风险管理是如何互相促进的。保证自然之步系统条件的满足显然会带来环境质量及社会公正状况的改善。此外，环境和社会公正风险也会大大降低。第一项系统条件将从地壳中开采的物质降低到了一个可持续的水平。采矿采油等采掘业通常都是工伤频繁、污染严重、废弃物大量积累的高风险行业，这些行业也大量消耗很多供给有限的原材料。降低这些行业的开采率将降低与这些行业相关的可持续风险。

第二项系统条件要求不断增加的社会产生的有毒物质数量得到稳

第 9 章
可持续风险管理

定。重点在于稳定的物质，尤其是那些不会自然分解的危险物质。本书讨论了许多类似于石棉、铅、汞、DDT、PCBs、CFCs、镉、PVCs 和有害废弃物堆放点的各种物质及其相关风险。对这些物质的集中度不系统增加的要求显然会降低与这些物质相关的各种环境风险和人类健康风险。

第三项系统条件要求不会发生系统性加剧的自然生态系统恶化。本书第 1 章提供了大量生态系统恶化及其相关风险的例子。执行可持续策略、修复并维护自然生态系统，将能降低生态系统恶化带来的各种风险。

第四项有关可持续社会的系统条件要求人类的需求在全球范围内都能得到满足。如果资源消费和一般生活条件的不平等在国家和民族之间极为严重的话，那么社会不稳定、责任诉讼、联合抵制及其他声誉损害风险将继续增加。如果能更多地考虑世界各地利益相关者之间和代际的平等和公平，那么就能更有效地控制这些社会公正风险。

正如这里和全书所说明的，改善环境质量和社会公正状况有助于控制可持续风险。由此也可以推出，建立健全的可持续风险管理系统不仅能控制公司的可持续风险，也能使公司的产品和系统对环境更加友好，更加有利于社会的公正平等。

9.13 回收法

创造性的监管能为可持续风险管理工作提供有力支持。回收法或延伸的生产者责任法，就是一个很好的例子。这些法规在降低有毒废弃物、增加循环利用、促进产品重新设计以防治污染、提高资源利用效率等方面十分有效。尽管公司可能不喜欢这些法规，但政府设立强制性的最低要求、并允许公司在满足这些要求的细节方面发挥创造性的做法是很有效的策略。关键在于，一旦制造商认识到他们需要在产品使用寿命终结时回收产品，就会有强大的财务动力去减少废弃物和产品中的有毒物质，并增加产品中可供再利用的材料。前面讨论的生命周期评估、环保设计和服务导向策略都能为回收法要求的举措提供支持。

9.13.1 欧洲和亚洲

生产者延伸责任制度在 1991 年首先通过"绿点"以及杜绝包装浪费和包装再循环法规被引入德国。包括瑞典、瑞士、荷兰在内的其他国家相继开始了这项制度。2000 年，欧盟通过了一项针对包装和包装浪费的法令。如今，25 个欧洲国家和 8 个亚洲国家拥有包装法。欧盟法规要求其成员国"建立包装废料再循环目标，并将这项任务需要的成本分摊给包装原料供应商、包装生产商、发行商以及包装货品零售商——而不是消费者和纳税人"。[63]这些包装再循环法令减少了包装的用量，带来了更低的包装成本，同时也减轻了对环境的影响。

继稍前法国、德国、意大利和荷兰的尝试之后，2000 年的欧盟车辆报废法令将回收的概念扩展到了汽车制造商。这一法令要求到 2006 年汽车制造商在汽车报废时重新利用或循环利用其重量的 85%，这一比例在 2015 年将上升到 95%。2002 年之前出产汽车的循环利用成本必须由汽车制造商承担。而 2002 年之后出产的汽车会附加一项税收，为报废后的循环利用融资。[64]汽车制造商显然对该法令要求他们承担 2002 年前出产汽车的循环利用成本的追溯性感到不满，这个例子再一次说明了公司不能期望新的法规会允许他们获得祖父条款下的豁免。回收法是污染者付费原则的应用，这一原则要求"自然资源的污染者和使用者承担他们活动的全部环境成本和社会成本"。[65]

日本法律设立了更高的目标。目前大约有 80% 的汽车已经循环利用了零部件和报废价值。日本希望通过循环利用汽车废屑、气囊和空调产生的臭氧破坏气体来集中处理剩下的 20%。汽车废屑主要由塑料和纤维组成，带来了固体废弃物填埋的重要问题。[66]

最新、最全面的回收法集中关注电子设备及电子废弃物。2003 年 8 月 13 日，欧盟废旧电器法令生效，要求 15 个成员国在 2004 年 8 月 13 日之前予以实施。日本、中国台湾和韩国也出台了类似的法规。大量增长的电脑、监视器、电视、手机、计算器、电器等给废弃物填埋和环境带来了很大压力，尤其是电子设备废弃物中所含的有毒材料。目前，这些废弃物中有超过 90% 被送进垃圾处理场所，而没有被重新利用或循环利用。

第 9 章
可持续风险管理

欧盟废旧电器法令覆盖范围很广，几乎包括所有的供消费者或专业人士使用的电器和电子设备，还包括了在欧盟销售的进口产品以及通过电子渠道销售的产品。法令涉及以下十个产品类别：

（1）大型家用电器（电冰箱、洗碗机、烤箱等）；
（2）小型家用电器（真空吸尘器、烤面包机、电吹风等）；
（3）信息和通信设备（电脑及配件、手机、计算器等）；
（4）消费设备（收音机、电视机、音响等）；
（5）照明设备（荧光灯、钠灯等）；
（6）电气和电子工具（电钻、电锯、缝纫机等）；
（7）玩具、休闲及运动器材（电动火车、游戏机等）；
（8）医疗器械（呼吸机、心脏及放射仪器等）；
（9）监测仪器（烟雾探测器、恒温器、控制面板等）；
（10）自动售货机（销售热饮等产品的电器）。[67]

制造商承担回收废旧产品并按照法令要求进行管理的财务责任。妥善管理的一个主要特点就是将电器和电子设备的收集、废弃与其他废弃物分离开。这十类产品的强制回收率从70%到80%不等，重新利用/循环利用率从50%到75%不等。例如，电脑及相关设备的最低回收率要求为75%，最低重新利用/循环利用率要求为65%。这些目标比率应在2006年年底前实现，但这一日期可能被推后。零售商被要求提供基于"以旧换新"的免费回收服务，即购买新电脑的消费者可以退回一台旧电脑。

为了避免生产商将废弃物出口到其他国家以逃避执行法令要求的成本，任何废旧电器和电子设备的出口处理都必须符合欧盟的监管要求。这要求出口商证明进口国对废弃物的处理方法符合法令的要求，其目的在于实现目标回收利用率。

欧盟废旧电器法令的实施成本被内部化地由生产商承担了。在2005年8月13日之前上市的产品，其废弃物管理成本采取分摊形式。生产商可以收取8年的单独"可见"费用用于弥补这些成本（大型家用电器的收费年限为10年），进而将成本转移到除家庭之外的其他最终用户。对于2005年8月13日之后上市的新产品，生产商将承担管理自身产品的成本责任。这些新产品不再允许为废弃物管理收费筹资。

为方便新产品的废弃物管理，2005年8月13日之后上市的产品必须贴有标签说明需单独收集，并注明生产商。生产商必须向消费者提供信息以方便收集过程。当生产商向市场投放新产品时，他们必须为产品的废弃物管理提供财务担保。生产商可以通过参加生产商责任组织来实现这一担保，因为生产商责任组织会购买循环利用保险或为此设立专门的银行账户。

在欧盟废旧电器法令获得通过的同时，欧盟也通过了另一项配套法令，即电器及电子设备有害物质限制法令。两项法令涉及同样的产品类别。电器及电子设备有害物质限制法令的理论基础在于即使实现了欧盟废旧电器法令中所有的回收、重新利用和循环利用目标，废弃物中的有害物质仍会给人体健康和环境带来风险。电器及电子设备有害物质限制法令要求使用更安全的材料替代有毒材料。特别的，从2006年7月1日开始，新上市的电器或电子设备中不再允许含有铅、汞、镉或六价铬（这一日期也可能推后）。多溴联苯和多溴联苯醚这两种防火材料也被禁止使用。新法令也有一些例外，例如，允许在荧光灯中使用汞、在阴极射线管显示器的玻璃中使用铅，以及在服务器和其他网络基础设施的焊剂中使用铅。[68]

9.13.2 美国

美国并没有参与到欧洲和亚洲的回收法浪潮中来。佛罗里达、明尼苏达和新泽西三个州通过了法律，要求制造商回收处理他们所生产的充电电池。罗德岛州和佛蒙特州的充电电池制造商必须确保实施一套收集、运输和处理废旧电池的系统。五大电池制造商发起了一项循环利用充电电池的资源项目。该项目设立了充电电池回收公司来协调这一系统。由于这一项目并非强制性项目，它的效率遭到了质疑，因为负责收集废旧电池的零售商店店员缺乏这方面的意识。[69]

尽管包括加利福尼亚、马萨诸塞、明尼苏达、罗德岛、得克萨斯、佛蒙特和华盛顿在内的各州都引进了与电子产品回收相关的法律，只有加利福尼亚一个州真正通过了一项法律，规定对新的监视器和电视机征收6~10美元的废弃物循环利用费，并要求制造商告知消费者如何循环利用或丢弃这些产品。[70]

美国与欧洲和一些亚洲国家之间的区别给在美国国内和国外均有销售的美国跨国公司带来了挑战。当美国公司向国外销售时,他们的产品必须符合生产者责任延伸法规的要求。他们不得不决定是为美国和国外市场的销售制造两种不同的产品,还是为所有的市场都提供符合回收标准的同一产品。由于重新设计产品以符合回收标准的成本较高,公司最初的反应可能是制造两种不同的产品。这些更高的成本,如果体现在他们美国境内产品的价格上,会使他们在美国的产品价格变高、竞争力下降。另一方面,沃尔沃、梅塞德斯和宝马等公司发现它们重新设计过的汽车产品实际上节约了资金、减少了废弃物,并为它们的工人创造了新的工作机会。[71]此外,遵循欧盟废旧电器法令和电器及电子设备有害物质限制法令还大大降低了与有害材料的不当废弃有关的损害引致的责任风险。

美国的一些公司和组织正在通过尝试改变设计、与回收商建立合作关系、开展针对消费者的活动等,自愿地将产品和生产过程朝回收法的目标靠拢。例如,消费者将旧电脑捐赠给慈善机构或提供给回收商,就能在购买新电脑时获得盖特韦公司提供的 50 美元的优惠。苹果电脑对产品进行了重新设计,以降低拆卸和回收的成本。佳能、惠普、索尼和东芝都赞助了在大型消费电子设备零售商百思公司进行的废旧电器回收活动。戴尔提供了回收服务,负责将其商店中的旧电脑打包直接运至回收商。戴尔和诺基亚、惠普等其他公司与知名回收商建立合作关系以确保妥善处理废旧电脑。IBM 拥有自己的回收中心,接受任何来源的废旧电脑,进行翻新、捐赠或循环利用。据美国商会之一的电子行业联盟报告,电子产品的设计者正试图通过一些设计上的改变来降低产品在使用寿命终结时给环境造成的风险。[72]

在汽车领域,福特和通用汽车建立了循环利用和保险杠回收项目。福特在其项目中与通用电气合作,提供并回收福特汽车保险杠所使用的塑料。[73]

从可持续风险管理的角度来说,所有这些变化都体现了完善的风险控制方法。未来的人类健康风险、环境风险和产品责任风险都得到了降低。这些努力,尤其是非强制性的努力,起到了良好的公众宣传作用,提高了公司的声誉。联合抵制会倾向于将目标集中在没有采取任何行动的公司身上。许多公司都发现这些努力事实上降低了整体成本。施乐实施了回收复印机、翻新零件加以重新利用的项目，带来了上百万美元的节余，远远走在了行业的前列。[74]

最后，美国也有可能在将来通过回收法。那些已经在努力降低废弃物和产品中有害物质、使产品更便于回收利用和妥善丢弃的公司，将在符合任何新法规要求方面远远领先于其竞争者。

在之前讨论对破坏性混合物进行重新设计的章节里，我们引据说明了不恰当的设计是很多健康和环境风险问题的原因所在，我们需要的是一个全新的设计方法。生产者责任延伸法为更好地设计产品以降低废弃产品带来的环境和健康风险提供了强大的动力。关注产品废弃要求是一项强有效的政策策略，因为"许多回收和处理成本是产品材料和组装技术、产品设计和制造过程中所作决定的函数"。[75]更重要的是，制造商在需满足特定目标或指标的同时，仍在改善产品和工艺方面保有利用自身创造性和自有资源来做出设计决策的自由。正如欧盟废旧电器法令草案的解释备忘录所指出的：

"电器和电子设备的生产商对产品进行设计，确定其规格并选择原材料。只有生产商能找到合适的产品设计和制造方法以实现尽可能长的产品使用寿命和最佳的废弃产品回收处理方法。"[76]

回收法的主要目标在于降低有害废弃材料、改善人类健康、增加回收再利用方法的应用、缓解废弃产品对环境造成的损害，这些都是可持续风险管理所要求的风险控制目标。未来责任诉讼的风险得到了降低，联合抵制的风险也和潜在声誉损失风险一样得到了缓解，股东行动也实现了最小化。回收法说明了在过去被外部化的环境和健康风险成本能突然内部化由公司承担，这一转变甚至可能在回溯的基础上实现。尽管公司和个人可能对实现回收法要求所需的成本有所争议，但没有一个理性的公司或个人会质疑回收法改善了环境质量和劳工及其他公民的健康，并提高了资源利用效率。从现实角度来看，由于存在"搭便车"现象和其他一些限制，以及采取行动的迫切性，要达到回收法的目标，要求监管是强制性而非自愿性的。从与完善的可持续风险管理保持一致的角度来说，我建议公司在设计、制造产品以及管理废弃产品时按照回收法已生效的标准来运作。在我看来，类似欧盟的回收法规在美国获得通过只是一个时间问题。

第9章
可持续风险管理

9.14 检测化学品的健康和环境风险

欧盟还提出了另一项名为《关于化学品注册、评估、许可和限制制度》的法案，支持可持续风险管理策略。该法案要求对上千种化学品进行测试、注册和授权。法案的初稿对约3万种化学品提出了监管要求。化工行业进行了大量游说后，美国、德国、法国、英国等国政府通过排除塑料中常见的聚合物降低了这一数字，并减少了对全球产量低于1万吨的化学品的审查（这可能影响所有化学品的2/3左右）。但是，即使是精简后的测试项目也包括约1万种化学品，其范围远远大于已有项目。

在目前欧盟和美国的监管下，现在所使用的化学品中仅有1%～2%的微小比例会接受有毒作用检测。在欧盟规则下，1981年后引进的化学品或新合成的化学品必须向制造商注册国当局进行注册。大约有3 000种新化学品进行了注册，但1993年以来只有约140种被挑出来进行了风险评估。1981年之前已存在的7.5万～10万种化学品并不需要经过自动检测。美国的《有害物质控制法案》和其他监管对约1 000～1 500种化学品提出了有害作用检测要求。1976年的《有害物质控制法案》允许使用3万种在检测要求出台前已存在的化学品。

《关于化学品注册、评估、许可和限制制度》不仅适用于欧盟内部生产的化学品，也适用于进口到欧盟的化学品，因此，与欧盟有业务往来的美国和亚洲公司都会受到影响。检测的责任和成本从政府转移到了制造商。目前对化工行业未来11年内这一成本的估计高达23亿欧元即28亿美元，大大低于最初120亿欧元的估计。而化学品使用者的成本估计为28亿～36亿欧元（34亿～44亿美元）。因此总成本的估计值在51亿～59亿欧元（62亿～72亿美元）之间。这一监管使用预警逻辑，事实上使生产商承担了证明化学品安全性的责任，即证明化学品对个人或环境都没有伤害，而不是由政府承担证明化学品危险性的责任。

化工行业和某些政府认为该提案会导致额外的成本、建立起庞大的政府官僚机构、将专业化公司逐出竞争、妨碍创新。如果要消除产品中的有毒物质，所做的改变会使成本上升。欧盟的化学品制造和进口业规

企业生存
可持续风险管理

模巨大。欧盟是世界上最大的化学品制造者，占全球产量的约28%。化工业是欧洲第三大制造业。美国的化工业则是美国最大的出口产业，每年的4 600亿美元总收入中有200亿美元来自于对欧盟国家的出口。

该法案必须要得到欧盟15个成员国和欧洲议会的批准才能获得通过。预期其修订和批准过程将耗时两年，于2005年年底结束。虽然化工业还有时间去做出计划和调整，通常的预期是该法案将最终获得通过。

《关于化学品注册、评估、许可和限制制度》的主要目标在于通过识别和消除目前用于生产产品或其他用途的最有害的化学品，来保护并改善人们和环境的健康状况。本书前面的章节已经讨论了化学品风险对人类健康和环境的负面作用，包括不断增多的癌症、内分泌系统紊乱、生殖问题，以及许多性质稳定的化学品向全球扩散的问题。此前所提到的著作，包括《寂静的春天》、《遗失的未来》和《住在下游》，以及其他的研究都证实了这些负面作用。责任诉讼和类似于超级基金计划的监管措施使得化学品生产商和使用者承担了一部分成本。但大多数成本还是被外部化了，由受影响的个人、环境、人寿及健康保险业和政府社会计划来承担。《关于化学品注册、评估、许可和限制制度》的支持者认为，现有的市场机制不能使这些成本被充分地内部化，从而无法为化学品生产商自愿按照法规行事提供激励。

那么，对于化工企业和其他可能受《关于化学品注册、评估、许可和限制制度》影响的行业来说，完善的可持续风险管理策略会提供什么样的建议呢？一项完善的策略将会对该法令采取支持的行动。如果暂时忽略遵守法令的成本，我相信人人都会认可这一法令对人类及环境健康的改善作用。如果所有人都认为改善人类及环境健康的目标很重要，那么该法令就能带来一个强有力的风险控制和防范系统。尽管化工业可能声称他们在自愿系统下能做得更好，但是过去的经验并不支持这一说法，无视自律要求的"搭便车"问题仍然存在。

即使化工业成功地阻挠了法令的出台，他们也只是推迟了为损害人类和环境健康而付出代价的时间。如果没有一套政府强制体系，未来将很可能出现责任诉讼和消费者联合抵制不断增加、迫使化工业承担这些成本的情况。这一过程的代价将无疑更为昂贵，其效率也低于该法令所建议的监管体制。欧洲官员估计，三十年内这一监管体制将带来 180 亿～540 亿欧元（206 亿～617 亿美元）的收益，主要通过医疗成本的降低来实现。这些预期收益远远超出了化工业遵守监管要求所需付出的 23 亿欧元（28 亿美元）的预期成本。即使考虑到化学品使用者所承担的 28 亿～36 亿欧元（34 亿～44 亿美元）的额外成本，实施这一法令的收益仍大大高于成本。

如果不实行监管，那么这些预期收益的丧失将可能转变为责任诉讼的罚金。烟草诉讼的例子与此有很多相似之处。烟草业的高管们长期认为烟草对健康无害，并且抵制监管措施。最终的结果是美国若干个州的诉讼判决烟草业支付约 2 500 亿美元的巨额罚金。这 2 500 亿美元的罚金主要体现了各州为与烟草相关的伤害所支付的医疗成本。不管人们是否同意这一判决结果，我都认为如果没有《关于化学品注册、评估、许可和限制制度》法案拟实施的监管措施，类似的判决结果很可能发生在化工业身上。如果化工业将 30 亿～37 亿欧元的估计成本看做是为未来 11 年内大幅削减诉讼风险而支付的一笔保险费，那么就会对拟实施的监管采取更加支持的态度。通过减轻对个人和环境造成的伤害，他们的风险会大大降低。同时，如果他们还能表现出合作、支持的态度，就不仅能减轻声誉风险损失，还能增加他们在日后的责任诉讼中辩护成功的可能性。

与此策略相反的情况是，如果该监管措施没能获得通过，或是严重缩水，那么人类健康和环境健康都会继续因暴露于化学品中而恶化。本书已经引用的大量现有科学研究成果表明，化学品暴露对人类和环境都是有害的，未来也必将有更多的科学研究证实这一点。如果现在不对此采取行动，也只能起到推迟面临这一风险的作用，并且会在将来导致更为严重的后果。这一后果的承担者不仅包括化工业，也包括致力于取消或削弱相关监管的政客和政府当局。

尽管单个的化学品企业不能控制其他企业和政府的行为，但却可以控制本企业的策略。正如本书中反复建议的，率先管理可持续风险的企业会获得巨大的优势。虽然当期成本可能会增加，但推迟行动所面临的不可避免的长期成本几乎一定大于这一增加额。商誉的增加和声誉的改善会带来巨大的竞争优势。最后，考虑到未来监管立法的必然性，尽早采取行动能给企业在制造工艺、产品和其他流程等方面进行重新设计、消除现用有害化学品赢得宝贵的时间。[77]

9.15 合作

企业与各种利益相关者进行合作是一项有效的可持续风险控制策略。传统上,企业和非政府环境/社会公正团体分属不同阵营,僵持在冲突的状态中。过去,企业可以忽略非政府组织的看法,但最近,联合抵制的压力和非政府组织的其他一些做法产生了实质性的负面冲击,使得非政府组织的影响力大增。许多企业都在和非政府可持续团体合作,寻求共同点。非政府组织在选择合作伙伴时应保持谨慎,但很多情况下双方确实找到共同点实现了双赢。要说明这一风险控制的趋势,最好的办法就是考察有建设性的例子。这些合作关系降低了责任诉讼的可能性,使企业免受联合抵制和股东行动带来的声誉损失。他们促进了可持续工作,降低了成本。

9.15.1 麦当劳—美国环保协会

美国环保协会是著名的环境保护团体,已经与包括通用汽车、庄臣公司、麦当劳在内的多家公司建立了合作关系。在与麦当劳这一世界上最大的肉类产品购买者的合作中,美国环保协会减少了家禽、牛肉和猪肉中抗生素作为促生长剂的使用。医学研究表明,农业中抗生素的过度使用会导致细菌的耐药性,最终有害人类健康。通过与美国环保协会合作减少抗生素的使用,麦当劳不仅获得了良好的宣传效果,提高了自身声誉,还降低了未来的诉讼风险。麦当劳还与美国环保协会在减少废弃物、增加循环利用方面开展了合作。[78]

9.15.2 环保创新联盟

美国环保协会还与皮尤慈善信托基金会合作创立了环保创新联盟。联盟的目的在于发展美国环保协会和麦当劳所建立的合作方式。联盟整合了几项核心策略,包括定义新的最佳环境实践、供应链绿化、为更严格的管制铺路,以及展示环保主义所带来的商业利益。目前该联盟的业务合作者和开发的项目包括：
- 百时美施贵宝——在新产品开发中执行《环境资源管理指南与评估》；
- 花旗——降低复印纸对环境的影响；
- 联邦快递——创造未来的货运卡车；
- 诺姆汤姆森服装公司——改善产品目录用纸；
- 庄臣公司——实行环保设计；
- 星巴克咖啡公司——咖啡服务的重新发明；
- 联合包裹运送服务公司——重新设计一日快运包装。[79]

9.15.3　卡夫食品—雨林联盟

卡夫食品，美国最大的食品与饮料公司，于2003年10月宣布了其与国际环保组织——雨林联盟的有关支持墨西哥、哥伦比亚、巴西和中美洲可持续咖啡生产的新合作。卡夫会购买并销售经雨林联盟认证为在环境和社会方面可持续的咖啡产品。卡夫也会资助改善咖啡农场生活、工作条件的技术支持和培训。通过这一策略，卡夫避免了联合抵制的风险，获得了良好的宣传效果，并能享有主要竞争者所不具备的重要市场营销优势。过去十几年间，卡夫一直支持可持续的咖啡业创新，这在新的合作关系中得到了延续，并被整合进了卡夫的整体策略规划。合作双方董事的发言表明，曾经对立的双方之间的合作和相互尊重达到了新的高度：

"我们很高兴能与雨林联盟合作，将我们的可持续工作与这样一个拥有完善的认证程序、在主要咖啡种植区影响深远的广受尊重的组织联系在一起。"

——安妮·米耶克（卡夫食品商品可持续项目高级董事）

"卡夫食品这一举措有力地说明，过去只局限于特定细分市场的可持续咖啡的概念即将进入主流市场。我们的合作在促进可持续咖啡种植方面迈出了很大的一步，我们很高兴能在这一重要开端上与卡夫食品合作。"

——藤西·维兰（雨林联盟执行董事）[80]

9.15.4　欧迪—美国大自然保护协会、自然服务及保护国际

欧迪办公用品公司在 2004 年宣布与美国大自然保护协会、自然服务及保护国际三大环保团体结成了联盟。这一新成立的森林与生物多样性保护联盟的目的在于促进森林管理研究和濒危物种保护。研究结果将用于加强欧迪办公用品公司的采购条款,该条款证明欧迪办公用品公司已尽力避免在产品制造中使用来自稀有保护森林的纤维。[81]

9.15.5　家得宝—美国大自然保护协会

家得宝曾经遭遇联合抵制和社会压力,被要求减少使用来自原始森林地区的木材。后来,家得宝做出了一项被视为对抵制活动表示妥协,甚至是感谢的行为,即在美国大自然保护协会会刊上用一整页刊登以下这则消息:

> "种子已经种下。家得宝认识到了被提出的问题,并且衷心地感谢帮助我们改变了木材采购方式的人们,感谢过去两年半内教育我们、指引我们成为更加负责任的林业企业的人们。我们的事业在不断发展。谢谢。"

广告页的底端列出了 19 家团体,包括美国大自然保护协会、雨林联盟/精明木材认证计划、世界自然基金会、世界资源研究所、认证森林产品委员会、保护国际、自然之步环境基金会、热带森林信托基金、美国农业部林务局国际项目及耶鲁森林论坛等。家得宝的举措平息了联合抵制,也消除了由其导致的销售损失。此后,家得宝一直积极致力于可持续工作(见本章稍前部分及第 3 章介绍)。能受益于原始森林的未来一代将通过购买保护原始森林的产品来支持家得宝。

9.15.6　KB 住宅建筑公司、史泰博、海沃德伐木—自然资源保护协会

自然资源保护协会还与 KB 住宅建筑公司、办公用品提供商史泰博以及大型建材供应商海沃德伐木就老龄林区保护开展了新的合作。在环

第9章
可持续风险管理

保团体和股东的压力下,这三家公司与自然资源保护协会合作,制定了减少老龄林区木材使用量的政策。自然资源保护协会说服三家公司向布什政府写信反对在阿拉斯加州通加斯国家森林修新路和伐木。公司代表致美国森林管理局信件的摘要说明,至少某些公司经过巨大转变采纳了目前支持可持续理念、降低可持续风险的新态度:

"我们可以在其他地方找到充足的木材供应,没有必要破坏我们最为宝贵的自然资源。"

——安德鲁·亨德森(KB住宅建筑公司政府及公共事务部董事)

"通加斯等国家宝藏是必须为后代们保护好的国家信托财产。"

——马克·巴克利(史泰博副总裁)

"建筑商、发展商和原材料供应商继续被指责为剥削者和掠夺者,考虑到他们过往的行径,这一定位并非没有根据。"

——史蒂文·布劳奈斯(海沃德伐木可持续事务董事)[②]

不幸的是,他们和其他人的努力并没有成功,布什政府一意孤行,仍将通加斯国家森林划在了禁修新路的保护区之外。尽管受影响的区域仅占通加斯总面积的5%(占森林面积的15%左右),但仍包括了大多数通加斯最古老的植群。

从长期来看,许多伐木公司,以及美国现任森林管理当局所持的支持继续砍伐原始森林的态度是令人费解的。由于树龄往往高达几百年乃至上千年,这些林区实际上是不可再生的。老龄林区有极高的旅游价值,能提供有价值的栖息地,为游客带来美的体验甚至是精神上的体验。在现行政策下,我们实际上剥夺了我们的孩子和后代享有这些体验的权利。那些在伐木上获利的人士会支持继续砍伐,但在不远的将来他们的获利机会将随着树木的消失而消失。伐木公司即使今天不停止伐木,将来也会因无树可伐、被迫停业而面临同样的财务问题。如果今天停止砍伐,我们就能以伐木业短期经济收益丧失的低代价永久保有这些老龄林区及其巨大的价值。当然,受停止砍伐原始森林影响的工人、当地社区和公司都应能获得财务帮助。但这些资金应部分来源于修路费用及政府纵容原始森林砍伐而产生的其他成本的节省。通过学习家得宝、欧迪、卡夫、KB、史泰格、海沃德隆伯、劳氏、威克斯伐木、本垒、金考、宾恩和巴塔哥尼亚等公司的合作与可持续工作，我应采取更为明智的策略来保护原始森林，降低可持续风险成本。

9.15.7 地役权和土地信托

一项相关的合作涉及非政府环境团体和伐木企业之间协商使用地役权。地役权可以用来出售土地开发权，要求保护林地用于狩猎、捕鱼、露营、徒步旅行，甚至是有限制的伐木。例如，华盛顿州斯波坎外的一家伐木公司——波特拉奇公司就将60万英亩私有森林的开发权以4千万美元的价格出售给了公共土地信托基金会。缅因州的大北方纸业公司将20万英亩缅因州私有林地的开发权出售给了美国大自然保护协会，美国大自然保护协会也同意购买并重组已有的5千万美元贷款来保证公司的运营。如果没有这一重组措施，大北方纸业公司将不得不将土地卖给开发商。保护基金会向国际纸业公司支付了950万美元，用于购买田纳西州坎伯兰高地7.5万英亩私有森林的开发权。在这一安排下，一个名为再生资源的私营组织以950万美元购得了伐木权，并将土地转归田纳西州控制。一些全国性和地方性的环保组织以及土地信托基金在加利福尼亚州沿海地区尤为活跃。2003年，州立机构加州沿海管理局提供了1.68亿美元的种子基金用于保护5.3万英亩沿海土地。

据土地信托联盟估计，美国有260万的土地通过生态环保地役权得到了保护。这比10年前增加了5倍。作为这些条约的一部分，伐木企业通常同意采取环境稳健的土地使用措施，例如限制彻底砍伐和在伐木区和河床间设置缓冲带。联邦基金通常通过森林遗产计划对私营非政府团体的资助提供补充，每年为生态环保地役权提供最高6 500万美元的补助。2000年和2002年，州委员会通过决议授权发行111亿美元的州债券，用于购买土地空地保护、修复湿地及野生动植物栖息地以及设立新的城市公园。[83]

9.15.8 世界资源研究所

世界资源研究所是1982年由詹姆斯·古斯塔夫·斯佩思创立的独立运营的非营利智囊机构，以"为保护地球和改善人类生活创造解决

第 9 章
可持续风险管理

方案"为目的。[84]世界资源研究所与全球 50 个国家的 400 家公司、政府及非政府组织进行了合作。世界资源研究所的工作集中关注四项关键目标：

- 保护地球的居住环境；
- 增强信息的可及性；
- 创造可持续的企业和机会；
- 逆转全球变暖。

世界资源研究所在商学院中也以其商业——环境学习与领导项目和"超越灰色地带"调查而著称。这一项目与商学院教授合作，向他们提供可持续企业所使用的教育工具。世界资源研究所调查了商学院的研究生院，并对他们在环境和社会影响管理方面的工作进行了排名。结果公布在《超越灰色地带 2005——培养具有环境和社会责任感的 MBA》中。[85]

2001 年，世界资源研究所召集了美国 12 家大公司，并说服他们保证截止到 2010 年，他们所使用的能源中至少有 1 000 兆瓦来自风能、太阳能、沼气和氢能源电池等可再生能源。这些公司包括通用汽车、道氏化学、杜邦、强生、IBM、金考和史泰博。其中金考和史泰博公司目前使用的电力中约有 10% 来自于可再生能源。[86]在美国，约有 2% 的电力来自于可再生能源。在致力于利用非可再生能源、减轻全球变暖压力之外，开发可再生能源的多元化策略也能用于对冲大幅波动的天然气价格、国际争端可能引发的石油供应中断以及未来不可避免的资源枯竭等风险。

9.15.9 塞拉俱乐部

一些公司与塞拉俱乐部合作，出售标有塞拉俱乐部品牌的环境友好产品。参与合作的公司包括亿思达和皮娄特斯纺织公司，涉及的产品有帽子、手套、夹克、床上用品和咖啡等。环境友好产品的一个常见问题是他们额外的成本。市场营销专家库尔特·阿舍曼引用的研究表明，如果某产品与消费者所关心的非营利团体有关，那么有 3/4 的消费者愿意为之支付更高的价格。[87]这段合作关系展示了一种以环境友好的方式销售产品的市场营销策略。除了为自己的产品设立分销点之外，与塞拉俱乐部合作的公司还避免了可能伴随危害环境产品的销售而产生的潜在责任风险和联合抵制风险。

9.15.10 花旗集团—雨林行动网络

2004年1月，花旗集团与雨林行动网络达成协议，就其项目融资的环境影响评估建立新的框架。与花旗集团和其他9家主要银行于2003年支持的赤道原则相比，该协议设定的标准要更高一些。协议指南要求花旗集团拒绝向任何位于重点自然栖息地内的项目提供融资服务，除非借款方能证明该项目"不会使重点自然栖息地的环境严重恶化或改变"。花旗集团也不会向任何热带雨林中的商业伐木运作或任何非法伐木提供融资服务。[88]花旗集团的融资策略已经面临着非政府可持续团体日益增大的压力（见第3章）。雨林行动网络曾是对花旗集团最猛烈的抨击者之一，此次与之达成的合作协议能降低花旗集团未来的压力及其负面影响。2004年4月，美国银行紧随花旗集团，也与雨林行动网络在稳定地球气候、保护濒危森林、尊重土著居民权利等方面达成了协议。[89]正如可预见到的，雨林行动网络将矛头转向了美国最大的银行摩根大通，后者一直没有全面的环保政策，也未签署赤道原则。雨林行动网络通过与花旗及美国银行的合作增强了影响力，能给银行业的竞争者带来更大的压力。2005年4月，摩根大通与雨林行动网络达成协议，制定了全面的环保政策，以在气候变化、保护森林和土著居民权利等方面采取行动。[90]

9.16 认证和标准项目

认证和标准项目可以促进可持续风险管理实践的发展。这类项目要求企业拥有一定最低限量的标准和程序来控制环境风险和社会公正风险。如上所述，在为公司供应链挑选供应商、满足一定环境和社会绩效要求方面，这些认证和标准能发挥最大作用。下面将简要介绍三个著名的项目：ISO 14001，社会责任标准 SA 8000 和社会责任会计标准 AA 1000。

9.16.1　ISO 14001

前文讨论过的 ISO 14001 标准是由国际标准化机构为构建环境管理体系而制定的。环境管理体系被定义为"全面管理体系的一部分,包括制定、实施、实现、评估和维护环保政策的资源所需的组织结构、活动策划、职责、惯例、程序和过程"。[91]

自 1996 年该标准诞生以来,已有 112 个国家的 36 765 家公司通过了 ISO 14001 认证。

在 ISO 14001 标准下,公司必须有:
- 环保政策;
- 环境评估;
- 法律义务和自愿义务评估;
- 管理系统;
- 一系列提供给公司高管的定期内部审计报告。

尽管 ISO 14001 标准在评价对环境的承诺方面很常用且有效,但仍因为缺乏绩效标准而遭到批评。这导致了 2001 年由欧洲议会和欧盟理事会制定的生态管理与审核计划的出台。除了与 ISO 14001 相似的要求之外,生态管理与审核计划还要求公司公开披露经独立认证人认证的环境绩效。[92]

9.16.2　社会责任标准 SA 8000

社会责任标准 SA 8000 是用于衡量企业社会责任的体系。这是一项全球化的可检验的标准,结合了国际标准化机构的管理体系与国际劳工组织的惯例。其主要目的在于使工作环境更加人性化。工会、公司、非政府组织及学术机构都参与了认证标准的制定和监督。管理体系方面的要求意味着社会事务已经整合进了公司政策和运营的方方面面。已有 36 个国家的 36 个行业中的公司通过了该认证,受影响的劳工达到 171 307 名。与 ISO 14001 标准一样,社会责任标准 SA 8000 认证也能在供应链中供应商的选择问题上协助公司做出恰当的决定。大多数寻求社会责任标准 SA 8000 认证的公司都属于制衣、制鞋、玩具及农业等问题行业。[93]

9.16.3 社会责任会计标准 AA 1000

社会责任会计标准 AA 1000 定义了社会与伦理方面的审计、会计和报告的最佳实践。社会责任会计标准 AA 1000 是 1999 年由社会与伦理责任研究所制定的框架，该研究所的专业成员致力于推动问责制作为实现可持续发展的手段之一。2003 年，该研究所发布了 AA 1000 保证标准。与社会责任标准 SA 8000 一样，多方利益相关者都参与了标准的制定，从而增加了其可信度。公司责任通常是一个难以衡量的模糊概念，而社会责任会计标准 AA 1000 则为建立质量体系带来了准则、专业认证、培训和具体方法。[94]

9.17 商业协会

过去 10～15 年间成立了许多致力于环保、社会公正和可持续工作的商业协会。对于在制定可持续策略方面仍处于初级阶段的公司来说，这些自愿团体的帮助尤为重要。通过交流经验，努力实现共同的目标，这些团体能推进可持续风险管理进程。

9.17.1 环境责任经济联盟

环境责任经济联盟是 1989 年创建于美国的非营利组织。该组织为其成员设立了 10 条环保原则，其中一些原则在可持续风险管理上有直接的应用，包括废弃物的减少与处理、风险降低和安全产品及服务。环境责任经济联盟原则最初被称为瓦尔迪兹原则，因为他们制定于埃克森石油公司瓦尔迪兹油轮在阿拉斯加的泄漏事故之后。这十项原则的标题如下：

- 保护生物圈；
- 可持续地利用自然资源；
- 减少和处理废弃物；
- 节约能源；
- 降低风险；

第 9 章
可持续风险管理

- 提供安全的产品与服务；
- 恢复环境；
- 让公众知情；
- 管理承诺；
- 审计和报告。

环境责任经济联盟在回应全球变暖问题上尤为活跃，做了大量研究工作，还和公司进行合作，并支持股东决议（见第 4 章和第 7 章）。环境责任经济联盟的成员包括通用汽车、福特、美国航空、联合爱迪生电力、ITT、耐克、伯利恒钢铁、宝丽莱、美国银行、可口可乐和美体小铺。[95]

9.17.2 国际商会

1991 年，国际商会在鹿特丹制定了《可持续发展商业章程》。该章程提出了 16 项环保管理的原则，已被译为超过 20 种语言出版，包括所有的联合国官方语言。国际商会鼓励成员公司表达对章程的支持，并执行章程及其原则。[96]

9.17.3 世界可持续发展工商理事会

世界可持续发展工商理事会是由超过 120 家跨国公司在对环保的承诺和对经济增长及可持续发展原则的认可下组成的联盟。其成员来自 35 个国家和超过 20 个主要行业部门。15 个国家级的商会与发达国家各地区级的商会及合作组织共同组成了联盟的全球网络。[97]

9.17.4 赤道原则

一个更近的商业协会项目是围绕 2003 年制定的赤道原则来开展的。该协会由世界最大的 10 家银行倡导建立，致力于应对他们融资的项目给社会和环境带来的影响。截至 2004 年 9 月，全球共有 27 家银行加入了该协会，涉及的项目占全球所有项目融资的约 80%。赤道原则的签字通过支持了基于世界银行的私营融资分支国际金融公司所使用的保障政策的一系列项目融资处理指南。该协会的成立动力主要来源于诸如土耳其伊利索大坝等著名项目对这些银行声誉的负面影响。[98]这些项目引致了非政府组织的抗议和巨额环境及社会成本。[99]

9.18 联合国项目

联合国发起了世界上最早的一些可持续项目。自20世纪70年代初起，联合国就发起了许多自愿项目，参与项目的公司同意遵循各种环保、可持续和社会责任原则、标准及指南。参与并支持这些项目能充实公司的可持续风险管理策略。

9.18.1 联合国世界遗产项目

1972年开始的联合国世界遗产项目指定并帮助保护"对人类有重大价值"的文化和自然遗址。一旦遗址得以确定，170个国家都承诺对遗址保护提供帮助。鉴于预算和执行的困难，公司仍然可能在被指定的地区进行开发。2003年8月，荷兰皇家/壳牌石油和代表全球15家最大的矿业公司的国际采矿与金属委员会公开承诺不再在世界遗产地区勘探和开采资源。其中，壳牌石油在已被联合国教科文组织评估为世界遗产的阿拉斯加北极国家野生动物保护区有着自身的商业利益。一位投资集团的高管人员、亨德森全球投资者公司在伦敦的公司治理董事罗伯·雷克对此评论到："壳牌石油和矿业公司认识到与在世界遗产地区开采资源相比，他们的声誉更具有股东价值。"[100]

9.18.2 联合国环境规划署

联合国环境规划署1975年创立了工业与环境中心。该中心与公司、行业、国家及地区政府、国际团体和非政府组织都开展了合作，"作为一种催化剂，提供对话平台，帮助化冲突为合作，并付诸行动"。中心的目标是：

• 就通过更清洁和更安全的工业生产和消费实现预防性环境保护达成共识；

- 就政策和策略的制定提供帮助,以实现更清洁和更安全的生产及消费模式,并促进其实施;
  - 定义并鼓励工业生产中环保标准的整合;
  - 促进有关环境无害技术及其工业应用的信息交流。[101]

9.18.3 全球报告倡议组织

1997年,环境责任经济联盟与泰勒斯研究所、联合国环保规划署合作提出了全球报告倡议(GRI)。2002年,全球报告倡议组织作为永久性的全球组织成立了。通过为经济、社会和环保报告建立规范,该组织引领了可持续报告工作,以"提高报告的可比性、一致性和实用性"为己任。[102]确实,全球报告倡议组织致力于将可持续报告提高到与财务报告相同的水平。来自超过50家公司的约1万名利益相关者参与了GRI指南的指定。因此,该指南也获得了来自全球各地的公司和非政府组织的广泛支持。2003年,31个国家的313家公司公布了GRI报告,其中大部分是欧洲公司。GRI报告的透明度、一致性、完备性及其审计能力提高了公司在与关注其可持续工作进展的非政府组织、股东及其他利益相关者打交道时的声誉和可信度。[103]

尽管提供GRI报告的公司可能因所提供的信息而遭到批评,但他们也可能因此而获益,尤其是在公司为改善可持续绩效而努力时。GRI报告是自愿性的,因此,提供报告这一行为本身就有利于公司的声誉。与责任诉讼、联合抵制、股东行动和声誉损失相关的可持续风险都能通过GRI报告得到降低。GRI报告还可与本章稍前提到的社会责任标准SA 8000和社会责任会计标准AA 1000结合起来使用。

9.18.4 《世界人权宣言》

1948年,联合国大会通过并颁布了《世界人权宣言》,宣言广泛涉及了政治、经济和社会等各方面的人权。包括英杰华、英国石油、英国电信和壳牌石油在内的越来越多的跨国公司都在其原则声明中提到了《世界人权宣言》。因为《世界人权宣言》不仅涉及社会及经济事务,还涉及政治问题,因此,要在商业原则中体现宣言精神具有很大的挑战性。丹麦人权研究中心正在与企业及利益相关者合作,将《世界人权宣言》转述为商业原则。[104]

9.18.5 全球契约

联合国全球契约项目建于 2000 年。该项目致力于确保公司行为遵循基本的环境、人权及劳工权益标准。全球契约由联合国秘书长科菲·安南所倡导,标志着秘书长任内针对公司责任的努力的开端。来自于 50 个发起国的超过 1 700 家公司参与了这一项目,通过年报、可持续报告等外部报告披露其执行全球契约九项原则的工作进展。据麦肯锡公司近期一项研究显示,约有 25 家全球性非政府组织和劳工团体加入了全球契约,使之成为全球最大的自愿性企业组织。已有 20 家左右的金融机构承诺在其股权价值评估中考虑企业的环保和社会工作。全球契约的 9 项原则来源于《世界人权宣言》、国际劳工组织《劳动基本原则与权利宣言》和《里约热内卢环境与发展宣言》,包括:

(1) 人权。
- 原则 1:企业应在其影响范围内支持并尊重国际人权的保护;
- 原则 2:确保自身公司不践踏人权。

(2) 劳工。
- 原则 3:企业应维护结社自由并有效承认集体谈判权;
- 原则 4:消除一切形式的强迫和强制劳动;
- 原则 5:有效消除童工;
- 原则 6:在雇用和职位安排方面消除歧视。

(3) 环境。
- 原则 7:企业应支持应对环境挑战的预警措施;
- 原则 8:采取行动提升环境责任;
- 原则 9:鼓励开发并推广对环境友好的技术。

尽管从成员数量增加的角度来说,全球契约取得了巨大的成功,但其效率还是遭到了一些非政府组织的质疑。考虑到并不存在透明的体系可供非政府组织证实公司的声明,也没有清晰的标准可以衡量公司的绩效,并不能排除有关某些公司可能利用全球契约的成员身份进行公关的疑问。[105]

第 9 章
可持续风险管理

9.18.6　责任投资倡议

2004 年 7 月，联合国环境规划署宣布正在与基金经理合作制定责任投资倡议。该倡议在社会、环境与公司治理等方面将为社会责任投资提供一系列指南，供经纪人和资产管理者使用，尤其是资产组合受长期环境和社会发展所影响的养老金基金经理。倡议的提出基于 2004 年 7 月完成的一项历时 14 月的研究，该研究发布了名为《社会、环境与公司治理问题对于股价的实质效应》的报告，包含了经纪人分析师应联合国环境规划署金融倡议机构资产管理工作组的邀请对 11 个行业进行的研究。其关键成果包括：

- 环境、社会与公司治理问题对长期股东价值的影响得到了一致认可，某些情况下这种影响可能是深远的。
- 大多数分析师都注意到，由于环境、社会与公司治理报告所涉及的风险及机遇的范围很广，要进行比较分析存在着一定困难。
- 政府在环境、社会与公司治理问题方面的清晰立场能极大地支持财务研究。某些情况下，由于政府政策缺乏确定性，分析师无法提供有深度的研究报告。[106]

此外，报告的作者指出："这些研究结果独立而有力地支持了有关此类事务的有效管理有助于增加股东价值的理论。[107]因此，我们认为应在基本财务分析和投资决策中予以考虑。"针对基金的指南将在 2005 年 9 月完成。

在撰写以上有关认证项目、商业组织和联合国项目的章节时，我发现德博拉·莱布茨格所著的《企业责任准则手册》一书尤为有用。当然，本书的附录和附注都提到了该书，但我还想再在正文中引起读者的关注。任何在可持续风险管理领域负有责任的人都会希望拥有该书。

9.19　声誉风险管理

对任何全面的风险管理策略来说，保护并提高公司的声誉都是一个关键的组成部分。塞内公司的总裁吉姆·卡塔里亚将声誉定义为"综

企业生存
可持续风险管理

合公司所有利益相关者的意见——包括投资者、客户、消费者、雇员、供应商、合作伙伴、销售商、媒体、金融分析师、特殊利益团体、政治家、工会、股东活动家和监管者。"[108]

声誉通常由公司品牌价值来衡量。这一价值数额可以很大，由英特品牌等机构组织进行评估。我们回顾一下表3-1，该表给出了世界前十大品牌公司的品牌价值和市值。以可口可乐为例，它的品牌价值高达689亿美元，等于其市值1 130亿美元的61%，是最有价值的品牌。分列第八位和第九位的福特和麦当劳的品牌价值分别相当于其市值的66%和71%。

由于公司的声誉取决于多方意见，影响这些意见的负面事件就会损害公司的声誉。这些事件可能包括产品性能缺陷给消费者造成的伤害，例如凡士通轮胎在高速运转时的分离。另一个例子就是联合抵制。与产品质量相比，联合抵制更为关注产品生产过程对环境或劳工的负面影响。负面事件通常总是伴随着负面宣传。公司的声誉受损可能造成严重的财务后果。典型的后果之一就是销售额的降低及由此引致的利润下滑。这些损失最终会导致公司股价的下跌和股东价值的降低。

与其他会带来财务损失的负面事件不同，声誉风险的管理并不能通过购买保险来实现。由声誉下降所导致的销售额、利润及股东价值降低无法通过购买保险来弥补损失。保险的缺位是令人不安的，因为声誉损失的发生可能极快，并且可能是灾难性的，安达信会计事务所的倒闭就证明了这一点。风险评估和风险控制工具因此承受了更大的压力。幸运的是，对高层管理者来说，公司声誉的保护属于第一要务。朱迪·拉金的《声誉风险战略管理》一书中提到了希尔和诺尔顿/扬克洛维奇为《首席执行官杂志》进行的一项研究，该研究发现，96%的首席执行官都认为公司声誉非常重要。[109]

我在前面的章节提到了本书的写作目的之一就是为风险管理和保险行业的高管及其他有兴趣的人士提供大量可持续风险管理方面的信息资源。在声誉风险管理方面，朱迪·拉金2003年出版的《声誉风险战略管理》是一本优秀的著作。该书在制定全面可持续风险管理策略、实施有效的声誉风险管理措施方面可以提供重要的参考。

声誉风险管理是可持续风险管理的一个关键组成部分。本书讨论的大多数可持续风险都对公司声誉有重大影响。这应当为公司高管制定并

第 9 章
可持续风险管理

维护有效的可持续风险管理措施提供强大动力，而不仅仅是风险经理的职责。

9.20 小结

本章集中讨论了风险经理和公司管理层所能使用的可持续风险管理策略。这里所讨论的信息和策略都与标准风险管理所涉及的不同。此前的章节证明了可持续风险成本在不断上升，本章则讨论了评估并降低这些风险成本的方法。

环境和社会公正风险在风险评估过程中往往被忽视，这被证明是代价高昂的错误。尽管明显需要做出一定的努力，但风险经理肯定能凭借自身在风险评估方面的专业技能做好这类风险的评估。该工作会需要采用一些上文提到的新方法，但在风险评估过程中整合环境和社会公正风险的积极效应值得为之付出努力。

本书并没有为建立特定的可持续风险评估和控制程序而给出详细的蓝图或方法。每家公司都需要有自己特有的可持续风险评估方法和技术。威廉·麦克唐纳、迈克尔·布劳恩加特和约翰·埃尔金顿等咨询顾问显然能在有效制定并执行可持续风险评估及控制策略、方法及技术方面提供巨大的参考价值。甚至普华永道和毕马威等会计师事务所也通过提供可持续服务进入了可持续风险管理咨询领域。

本书还讨论了公司高管层态度和支持的重要性。希望本书，尤其是本章所介绍的信息和策略能为公司高管层提供动力，帮助那些不愿意参与可持续发展的公司改变做法。帮助董事和高管免于诉讼的商业判断规则要求他们通过搜寻相关的可获得的信息来保持对情况的了解。如果对可用于制定可持续风险管理策略的大量材料采取回避和忽略的态度，那么他们将丧失商业判断规则所给予的保护。此外，随着透明度的增加，公司的不作为将更容易为各方利益相关者所知。

尽管预警原则的采用存在着很大的争议，我仍然十分支持这一概念。确实，我认为大多数学习风险管理的人都会在其策略考量中纳入预警原则——当然我就是这么做的。预警原则是可持续风险管理体系的一部分，其关键元素包括：第一，监管者可以基于某一物质或行动可能产生伤害的证据而采取行动；第二，举证责任已经从监管者对某产品/行动不安全的证明转化为了公司对产品/行动安全无害的证明。我建议读者参考近期出版的《20世纪的预警原则》，该书由波尔·哈雷莫埃斯等人编辑，通过大量真实的例子完美地诠释了这一原则。[110]

本章所讨论的欧盟《关于化学品注册、评估、许可和限制制度》法案和第8章讨论的欧盟对转基因作物的监管说明预警原则的应用越来越广泛。我认为监管压力和竞争压力将会促进预警原则的推广，尤其是在美国更是如此。在公司战略中整合预警原则的需要证明了制定可持续风险评估及控制策略的重要性。可持续风险成本将得以降低，公司也将实现利润的增加和声誉的提高，并获得更为有利的竞争地位。

本 章 附 注

① *Cost of Risk Survey*, 1997, Stamford, CT: Tillinghast, 1997.

② David J. Dybdahl, Managing Director of Willis Corroon's Environmental Risk Management Services, Interview, 1997.

③ Association of British Insurers, *Investing in Social Responsibility: Risks and Opportunities*, London: ABI, 2001.

④ Paul A. Hilton and Alice Tepper Marlin, "The Role of the Nonprofit in Rating Environmental Performance," *Corporate Environmental Strategy*, 1997.

⑤ George M. Reider, "Liability Claims – A Point in Time," *Insurance Economics*, Geneva: Geneva Association, January 2003.

⑥ Seth Schiesel, "What Are the Chances?" *New York Times*, February 6, 2003.

⑦ Curtis Haymore, "Risk Assessment Process," *Environmental Risk Management*, editors Eric B. Rothenberg and Dean Jeffery Telego, Alexandria, VA: RTM Communications, Inc., 1991.

⑧ 同上。

⑨ www.heinzcenter.org; Jon Christensen, "Fiscal Accountability Concerns come to Conservation," *New York Times*, November 5, 2002.

⑩ ISEA, 1998: www.iit.edu/~butler/isea.

⑪ T. E. Graedel and B. R. Allenby, *Industrial Ecology*, Englewood Cliffs, New Jersey: Prentice Hall, 1995.

⑫ Stuart Hart, "Beyond Greening: Strategies for a Sustainable World," *Harvard*

第 9 章
可持续风险管理

Business Review, January-February, 1997.

⑬ James H. Schaarsmith, "ISO 14001 Lowers Environmental Risks," *Business Insurance*, July 10, 2000.

⑭ 同上。

⑮ M. S. Baram, "Multinational Corporations, Private Codes, and Technology Transfer for Sustainable Development," *Environmental Law Reporter*, 24, 1994.

⑯ STEP, *American Petroleum Institute Environmental, Health and Safety Mission and Guiding Principles*, 1996.

⑰ *The KPMG International Surveyof Corporate Sustainability Reporting*, KPMG; www.corporateregister.com, 2002.

⑱ Catherine Arnst, John Carey, Stanley Reed, Gary McWilliams, and De'Ann Weimer, "When Green Begets Green," *BusinessWeek*, November 10, 1997.

⑲ Ross Gelspan, "A Good Climate for Investment," *Atlantic Monthly*, June 1998.

⑳ Thaddeus Herrick, "Judge Tells Exxon to Pay ＄4.5 Billion," *Wall Street Journal*, January 29, 2004; "Time for Exxon to Pay," *New York Times*, January 30, 2004; www.exxonmobil.com.

㉑ Charles H. Paterson, et. al. "Long-Term Ecosystem Response to the Exxon Valdez Oil Spill", *Science*, Vol. 302, December 19, 2003.

㉒ James H. Schaarsmith, "ISO 14001 Lowers Environmental Risks," *Business Insurance*, July 10, 2000.

㉓ John Elkington, *Cannibal with Forks*, Gabriola Island BC, Canada: New Society Publishers, 1998.

㉔ 同上。

㉕ Jim Carlton, "Once Targeted by Protestors, Home Depot Plays Green Role," *Wall Street Journal*, August 6, 2004.

㉖ "Socially Responsible Management of the Supply Chain," Robert H. Smith School of Business-University of Maryland, Research@Smith, Spring 2003, Vol. 3, No. 2.

㉗ William McDonough and Michael Braungart, *Cradle to Cradle*, New York: North Point Press, 2002.

㉘ Catherine Arnst, John Carey, Stanley Reed, Gary McWilliams, and De'Ann Weimer, "When Green Begets Green," *BusinessWeek*, November 10, 1997.

㉙ William McDonough and Michael Braungart, *Cradle to Cradle*, New York: North Point Press, 2002.

㉚ Catherine Arnst, John Carey, Stanley Reed, Gary McWilliams, and De'Ann

Weimer, "When Green Begets Green," *BusinessWeek*, November 10, 1997.

㉛ John Elkington, *Cannibal with Forks*, Gabriola Island BC, Canada: New Society Publishers, 1998.

㉜ Linda Bagneschi, "Pollution Prevention, The Best-Kept Secret in Loss Control," *Risk Management*, July 1998.

㉝ William McDonough and Michael Braungart, *Cradle to Cradle*, New York: North Point Press, 2002.

㉞ 同上。

㉟ Janine M. Benyus, *Biomimicry*, New York: Perennial, 1997.

㊱ William McDonough and Michael Braungart, *Cradle to Cradle*, New York: North Point Press, 2002.

㊲ 同上。

㊳ Theo Colborn, Dianne Dumanoski and John Peter Meyers, *Our Stolen Future*, New York: Plume Penquin, 1997.

㊴ John Elkington, *Cannibal with Forks*, Gabriola Island BC, Canada: New Society Publishers, 1998.

㊵ Sherwood Rowland and Mario Molina, "Stratospheric Sink for Chlorofluoromethanes: Chlorine Atom-Catalyzed Destruction of Ozone," *Nature*, June 28, 1974.

㊶ Theo Colborn, Dianne Dumanoski and John Peter Meyers, *Our Stolen Future*, New York: Plume Penquin, 1997.

㊷ 同上。

㊸ Elizabeth Cook (editor), *Ozone Protection in the United States: Elements of Success*, World Resources Institute, 1996; Reported in John Elkington, *Cannibal with Forks*, Gabriola Island BC, Canada: New Society Publishers, 1998.

㊹ Theo Colborn, Dianne Dumanoski and John Peter Meyers, *Our Stolen Future*, New York: Plume Penquin, 1997.

㊺ 同上。

㊻ William McDonough and Michael Braungart, *Cradle to Cradle*, New York: North Point Press, 2002.

㊼ 同上。
㊽ 同上。
㊾ 同上。

㊿ John Elkington, *Cannibal with Forks*, Gabriola Island BC, Canada: New Society Publishers, 1998.

(51) 同上。

(52) T. E. Graedel and B. R. Allenby, *Industrial Ecology*, Englewood Cliffs, New Jersey: Prentice Hall, 1995.

(53) Stuart Hart, "Beyond Greening: Strategies for a Sustainable World," *Harvard Business Review*, January-February, 1997.

(54) Brian Nattrass and Mary Altomare, *The Natural Step for Business*, Gabriola Is- 342
land, BC Canada: New Society Publishers, 1999.

(55) 同上。

(56) Theo Colborn, Dianne Dumanoski and John Peter Meyers, *Our Stolen Future*, New York: Plume Penquin, 1997.

(57) Patrick D. Eagan and Wayne Pferdehirt, "Expanding the Benefits of Environmental Management Systems through Design for the Environment," working paper, 1997; Agis Veroutis and Vital Aelion, "Design for Environment: An Implementation Framework," *Total Quality Environmental Management*, Summer 1996.

(58) Brian Nattrass and Mary Altomare, *The Natural Step for Business*, Gabriola Island BC, Canada: New Society Publishers, 1999.

(59) 同上。

(60) 同上。

(61) Brian Nattrass and Mary Altomare, *Dancing with the Tiger*, Gabriola Island, BC Canada: New Society Publishers, 2002.

(62) Karl-Henrik Robèrt, *The Natural Step Story*, Gabriola Island, BC Canada: New Society Publishers, 2002.

(63) Michael W. Toffel, "Closing the Loop: Product Take-Back Regulations and Their Strategic Implications," *International Journal of Corporate Sustainability*, Vol. 10, Issue 9, October 2003.

(64) 同上。

(65) OECD, "Guiding Principles Concerning International Economic Aspects of Environmental Policies," Paris: Organization for Economic Co-operation and Development, 1972.

(66) Michael W. Toffel, "Closing the Loop: Product Take-Back Regulations and Their 343
Strategic Implications," *International Journal of Corporate Sustainability*, Vol. 10, Issue 9, October 2003.

(67) European Union, "Electrical and Electronic Products Directives," INFORM, Inc., July 2003, www. informinc. org.

(68) Information for WEEE and RoHS Directives from "European Union (EU) Electri-

cal and Electronic Products Directives", INFORM, Inc., July 2003, www.informinc.org; Jon Farber, "E-waste disposal a growing problem" *Business Insurance*, May 19, 2005; Jared Wade, "Easy Being Green," *Risk Management*, July 2005.

⑥⑨ Jason West, "The Afterlife of Batteries," *Onearth*, Fall 2003.

⑦⓪ Michael W. Toffel, "Closing the Loop: Product Take-Back Regulations and Their Strategic Implications," *International Journal of Corporate Sustainability*, Vol. 10, Issue 9, October 2003.

⑦① www.unnaturallaw.ca.

⑦② Michael W. Toffel, "Closing the Loop: Product Take-Back Regulations and Their Strategic Implications," *International Journal of Corporate Sustainability*, Vol. 10, Issue 9, October 2003.

⑦③ Gary A. Davis, "Automotive Take Back and Recycling Programs," *Extended Product Responsibility: A New Principle for Product-Oriented Pollution Prevention*, http://eerc.ra.utk.edu/ccpct/EPR.html.

⑦④ Michael W. Toffel, "Closing the Loop: Product Take-Back Regulations and Their Strategic Implications," *International Journal of Corporate Sustainability*, Vol. 10, Issue 9, October 2003.

⑦⑤ 同上。

⑦⑥ 同上。

⑦⑦ 本节部分来源于 Elizabeth Becker and Jennifer Lee, "Europe Plan on Chemicals Seen as Threat to U.S. Exports" *New York Times*, May 8, 2003; Paul Meller, "Europe Proposes Overhaul of Chemical Industry," *New York Times*, October 30, 2003; "EU Narrows Scope of Plan to Check Chemicals' Safety," *Wall Street Journal*, October 24, 2003; "U.S. Opposes EU Effort to Test Chemicals for Health Hazards," *Wall Street Journal*, September 9, 2003; Samuel Lowenberg, "Old Europe's New Ideas," *Sierra*, January/February 2004; Hannah Karp and John W. Miller, "Chemical Rules Face Possibility of Dilution in E.U.," *Wall Street Journal*, October 1, 2004; Carolyn Aldred, "E.U. Chemical Makes Fight Proposed Rule Changes," *Business Insurance*, June 13, 2005; Jared Wade, "Easy Being Green," *Risk Management*, July 2005; Sandra Steingraber, *Living Downstream*, New York; Vintage Books, 1997.

⑦⑧ www.environmentaldefense.org.

⑦⑨ www.environmentaldefense.org/alliance.

⑧⓪ Press Release, Kraft Foods, October 7, 2003.

⑧① Ann Carrns, "Office Depot, 3 Conservation Groups Form Alliance," *Wall Street*

Journal, March 22, 2004.

㉒ Jim Carlton, "Big Businesses Oppose Logging in Alaska Forest," *Wall Street Journal*, August 25, 2003.

㉓ Jim Carlton, "Saving Private Wildlands," *Wall Street Journal*, November 13, 2002; Jim Wasserman, "A Trust in the Land," Associated Press in *The Capital Times*, March 24, 2004.

㉔ www. wri. org.

㉕ 同上。

㉖ H. Josef Herbert, "More Corporation Turn to Green Power," *Daily Journal of Commerce*, Seattle, WA, September 18, 2003.

㉗ Claudia H. Deutsch, "Green Marketing: Label with a Cause," *New York Times*, June 15, 2003.

㉘ "Citigroup, Environmental Group Reach Pact," *Wall Street Journal*, January 22, 2004.

㉙ "RAN Breaks the Bank," Action Alert, RAN, Spring 2004.

㉚ RAN Action Alert, Fall 2004; "Victory! J. P. Morgan Chase Adopts Green Policies," memo to members, RAN, May 10, 2005.

㉛ www. ISO14000. com

㉜ Deborah Leipziger, *The Corporate Responsibility Code Book*, Sheffield, UK: Greenleaf Publishing, 2003; www. iso. org

㉝ 同上。

㉞ 同上。

㉟ www. CERES. org.

㊱ www. ICCWHO. org.

㊲ www. wbcsd. ch.

㊳ Roz Bulleid, "Putting principles into practice," *Environmental Finance*, June 2004; Mark Nicholls, "Push and pull at the IFC," *Environmental Finance*, June 2004; "IFC consults on new social and environmental policy," *Environmental Finance*, September 2004.

㊴ www. equator-principles. com.

⑩⓪ Heather Timmons, "Shell to Avoid Oil Drilling at Sites Listed by Unesco," *New York Times*, August 31 2003.

⑩① www. unepie. org.

⑩② www. globalreporting. org.

⑬ Deborah Leipziger, *The Corporate Responsibility Code Book*, Sheffield, UK: Greenleaf Publishing, 2003.

⑭ 同上。

⑮ Deborah Leipziger, *The Corporate Responsibility Code Book*, Sheffield, UK: Greenleaf Publishing, 2003; Peter Engardio, "Global Impact, Little Impact," *BusinessWeek*, July 12, 2004.

⑯ *The Materiality of Social, Environmental and Corporate Governance Issues to Equity Pricing*, New York: UNEP Finance Initiative, June 2004.

⑰ 同上。

⑱ Jim Kartalia, "Reputation at Risk?" *Risk Management*, July 2000.

⑲ Judy Larkin, *Strategic Reputation*, Risk Management, Houndmills Basingstroke, Hampshire, England: Palgrave MacMillan, 2003.

⑳ Poul Harremoës, et. al., editors, *The Precautionary Principle in the 20th Century*, London: Earthscan Publications Ltd., 2002.

第 10 章
可持续风险融资

> "可以推测,在保单中使用这种条款的保险人也不会愿意为未能在财务报表中充分披露环境风险……(或是)谎称已就环境风险管理采取了适当内控措施的被保险人提供针对这方面索赔的保障。"
>
> ——肯·安德森(加拉格尔保险经纪公司环境风险与保险部总经理)
>
> 唐娜·费拉拉(加拉格尔保险经纪公司高管与职业服务部副总裁)
>
> "购买足够的环境保险产品来限制新披露环境责任能为公司及其董事提供某种程度的保护,降低他们对股东的潜在责任,最小化或减少股东对披露事宜的不满。"
>
> ——杰弗里·舒马赫(萨诺夫韦弗律所律师)

本书讨论了许多重大环境和社会公正风险。这些风险包括增加的责任、联合抵制、股东行动和声誉损失。此外也讨论了与全球变暖/气候变化和转基因作物等新发展有关的风险。公司高管会倾向于声称这些新的发展中的风险一直存在于商业运作中——确实,这是商业运作必要的特征和成本。高管们可能还会声称这些风险的影响能通过购买保险来消除,这正是企业内部风险经理和保险公司存在的理由——确保意外的风险被承保。这种想法尽管可能很普遍，却是不正确的。由可持续风险，尤其是环境领域的风险所导致的负面财务后果往往都是不为保险所覆盖的。保险业曾在环境领域遭受巨大损失，并已经开始将这些风险排除在标准的一般责任险保单之外。当然，这些风险中有一部分是有保单承保的。尽管我建议许多公司购买现有覆盖环境和社会公正风险的保单，但事实上大多数公司都没有这样做。

本章中，我将分析保险业通过将许多可持续风险列为除外风险来限制其一般责任险保单的原因。我也会考察现有可持续风险融资市场和产品，讨论为什么很少有公司选择通过现在可获得的产品来保护自己。讨论还会涉及从公司的资产负债表上去除超级基金、石棉责任等风险的新风险融资机制。最后，本章会提供加强可持续风险融资计划的方法。

10.1 一般责任险保单的限制和除外条款

保险业在责任险保单中加入限制和除外条款的主要原因就是石棉和超级基金责任过去和现在所带来的巨大损失（见第 6 章）。对于石棉和超级基金这样较为传统的可持续风险的讨论为下文的论点提供了有用的视角。

除了雷切尔·卡森等有识之士以外，20 世纪 70 年代之前，包括保险业在内的整个商业社会都很少考虑环境领域所蕴含的风险。随着美国《国家环境保护法》和《清洁空气和水法案》的出台，商业社会不得不开始应对环境风险。尽管保险业并不直接为这些法案的要求所影响，保险业的管理者们开始思考环境风险会如何影响责任险保单。问题涉及持续的系统性污染，例如一家公司经常任意向空气和水体中排放污染物——当然，经常性地任意排放污染物的做法在今天很普遍——保险人开始意识到他们的责任险保单可能给他们带来巨大的责任，导致高额的损失。

保险业一致认为这些损失应该被排除在保单范围之外。美国北美保险公司总裁查尔斯考克斯 1970 年某次演讲中的一段话总结了保险业的态度：

"我们将不再承保故意排放废弃物的公司。在我们看来，这种重复行为，尤其是违反某些法律的重复行为，并非可保风险。此外，我们倾向于认为向这种风险提供保险是与公共政策相违背的。北美洲保险公司希望我们反污染的除外条款能有助于鼓励许多公司迈出改善生产过程的关键步伐——这将为所有人带来更清洁、更健康、我们希望也是更幸福的生活。①

从另一方面来说，由容器突然破裂或者爆炸所导致的污染物泄漏的风险要小一些。尽管仍然可能产生责任损失，但事故被认为是偶发的，并可以通过适当的承保和精算技术来加以控制。因此，20世纪70年代，保险业决定在一般责任险保单中加入污染除外条款时将逐渐污染风险列为除外，但仍保留了对突然和意外泄漏相关风险的承保。该条款也被称为逐渐污染除外条款。第6章中有该条款的详细措辞。

保险业管理层声称逐渐污染除外并不完全是一项除外条款，更多的是保险业态度的一个澄清。他们的理由是，保单中"发生"这一重要术语的定义限制了保险保障范围仅限于被保险人预料之外的、非故意的损失。在他们看来，即使没有特定的除外条款，逐渐污染也不应该属于责任保险保单的覆盖范围，因为该行为是可预期的和故意的。

至于我个人的看法，我于1972年发表了我的第一篇环境风险方面的文章，来反对保险业给出的解释。我认为保险业事实上是通过逐渐污染除外条款限制了对污染的保障范围，而不仅仅是澄清了保障范围。保险人的论证中暗含的论断是，所有逐渐污染都是故意的、可预期的。但是，如果一家公司在不知不觉的状态下造成了逐渐污染，那么对此除外的事故发生制保单仍应为其提供保障。逐渐污染除外条款则去除了这一保障，而不是仅仅加以澄清，因为引发不可预期的、非故意的损失的逐渐污染并不属于突发事件。②

一般责任险保单对逐渐污染的除外呼唤新的保单来为逐渐污染事故提供保障。新出现的保单被称为环境损害责任险保单。环境保险市场的长期参与者、著名经纪人和咨询顾问大卫·迪布达尔解释道，新保单最初于1974年在美国试点推出，次年承保了第一单。保单最初几年的保障额度为每笔索赔400万~500万美元、总索赔额800万~1 000万美元。③总限额是保险人在任意保单期限内（通常为1年）所赔付的最大金额。

1976年通过的《资源保护和恢复法》要求公司对危险废弃物的储

藏、处理和处置设施承担财务责任。通常，这一要求通过购买保险来得到满足。因此，1977年保险市场开始通过环境损害责任险保单提供对逐渐污染的保障，以满足《资源保护和恢复法》的财务责任要求。1980年美国《超级基金法案》的通过激发了人们对环境损害责任险更大的兴趣。

据迪布达尔估计，1977~1984年间美国和伦敦市场上有超过50家保险人提供了环境责任损害险产品。单个保险公司所能承保的最大额度增加到了每笔索赔3 000万美元和总索赔6 000万美元。随着时间的推移，大多数保险人对污染风险欠缺了解的事实逐渐暴露，尤其是对在核保和定价方面的困难不够了解。1980年通过的《超级基金法案》大大增加了他们的风险。该法案使得责任方对过去危险废弃物排放的清理和自然资源的损害负有追溯性责任。这使得向责任方提供环境损害责任险的保险人也负有了追溯性责任。在1985~1987年保险市场恶化前，许多此类保险人就已经遭受了重大损失。这与全球范围内市场环境恶化引起的金融混乱一起导致了污染责任保险市场缩水，最后仅剩两大保险集团：美国国际集团和污染责任保险协会，后者是承保污染责任险的保险人集合。④

20世纪70年代早期引入逐渐污染除外条款之后，保险人发现并没有起到预期的自我保护效果。许多法律判决都认为"突然和意外"的措辞可以解释为覆盖逐渐污染事故。法庭认为这些事故只要是预料之外的就可以获得保障，不需要任何临时限制（见第6章）。这些决定与逐渐污染保险的承保人不愉快的理赔经验、1985~1987年整体保险市场环境的不佳一起，导致保险业于1986年推出了新的除外条款。这一所谓的"绝对污染"除外条款将逐渐污染和突发污染事故都列为除外。这项除外是对几乎所有企业都会购买的一般综合责任险（CGL）保单的全面检查调整的一部分。尽管仍然为产品责任、完工项目责任和机动车责任提供有限的保障范围，保险业还是试图将所有类别的污染排除在现有责任险保单之外，并通过单独承保和定价的保单来提供相应的保险保障。

由于市场环境的恶劣，环境风险融资市场发展艰难。最初只有美国国际集团和污染责任保险协会两家保险人积极提供环境责任保险保障。1986年，美国国际集团提供的保险限额为每次事故1 000万美元、总限额1 000万美元，污染责任保险协会提供每次事故400万美元的责任限额，总限额为4 000万美元。由于承保的刚性和高费率，这一时期承保保单很少。⑤

10.2　环境风险融资市场的发展

20世纪80年代后期到90年代，环境责任保险市场有所缓和。保险市场的全面好转、不断加剧的竞争、对环境风险核保复杂性更深刻的认识和不断增加的保障需求都吸引了新的保险人进入环境保险市场。1987年，环境合规服务公司通过与诚信保险集团的合作关系进入了市场，承保限额为每次事故100万美元，总限额为200万美元。1988年初，污染责任保险协会没能为环境损害责任险安排再保险，丧失了继续提供保障的能力，不过此后几年它仍活跃于地下油罐保险市场。

1992年，苏黎世保险公司作为环境保险第三大承保人进入了市场。联合海岸保险公司是众多为细分市场提供专业化产品的保险人中的佼佼者。1996年，美国国际公司和环境合规服务公司/诚信保险集团提供每次事故限额和总限额均为4 000万美元的保险，苏黎世的每次事故限额和总限额均为3 000万美元，联合海岸的每次事故限额和总限额为1 000万美元。⑥

后来诚信保险集团陷入财务困境，最终导致偿付能力不足，环境合规服务承保集团被百慕大XL资本收购。XL资本是超额和董事高管责任险领域的主要保险人，于1986年为了满足财富500强公司这方面的需求而成立的。坚倍保险公司后来也是环境保险市场的主要参与者，但其内部组织问题最终导致坚倍向苏黎世保险公司出售了他们的环境业务。联合海岸保险公司也因财务困难退出了市场。2001年，丘博保险集团进入了环境保险市场。另外两家百慕大保险人，安达和雅克，以及利宝互助保险（利宝国际承保人）和圣宝罗旅行者是持续经营到21世纪的主要环境保险承保人。⑦许多其他保险人，包括昆塔、哈德森和安富来再保险公司在试着提供更为专业化的环境保险产品。⑧

上述讨论简要总结了过去三十多年中环境保险的发展，这对理解目前的市场状况非常重要。保险业在污染索赔领域有着非常不愉快的经历。几十年前签发的旧的一般责任险保单（见第 6 章）已经为《超级基金法案》指定的危险废弃物清理索赔支付了数十亿美元，并仍然在继续支付更多的赔款。由于这些负面的经历，许多保险人不愿意加入到现在的市场中，这有助于解释环境保险的积极提供者数量之少。同时，标准责任险保单将污染风险列为除外的事实意味着只有积极购买相应保险产品的公司才会获得保障。许多企业没有意识到在标准保单下他们并没有污染责任保险保障。这和许多屋主及小业主直到发生了洪水或地震损失后才发现标准屋主保单和标准财产险保单并不承保洪水及地震的情况是类似的。如果环境索赔如我在本书中所预计的那样继续增加，许多公司高管将感到惊诧。

10.3　环境风险融资市场现状

据估计，目前环境保险市场的年保费收入约为 20 亿美元。⑨ 1990 年，这一数字仅为 1 亿美元，1995 年的环境保险保费收入为 9 亿美元。截至 2005 年，市场上主要的环境保险人有美国国际集团、XL、苏黎世、安达、丘博、圣保罗旅行者、利宝互助、昆塔和雅克。这些保险人的规模多数很大，资本金很充足。环境保险领域的进入成本和一般风险水平之高使得只有资本充足的保险人才能够开展此类业务。类似地，主导环境保险经纪领域的也都是达信、怡安、加拉格尔和韦莱等大型国际经纪人。据迪布达尔估计，尽管新出现的专业环境保险批发经纪人正通过集合独立代理人满足其客户保险需求来不断增加自己的市场份额，目前全球环境保险市场中仍约有 80% 的业务被仅约 0.5% 的经纪人/代理人所控制。⑩

韦莱的主要环境经纪人阿兰·布雷斯勒介绍说，主要保险人通常每家能提供每次事故限额和总限额均为 1 亿美元的保险，如果有临时分保安排，这一数字可能更大。如果要获得更大的保单限额，可以通过向不同保险人投保来实现。此外，对于任意一项投保来说，全球再保险的能力超过 5 亿美元。⑪

由于公开数据的缺乏，很难对有关环境保险市场盈利情况进行证实。据大卫·迪布达尔称，20 世纪 70 年代末和 80 年代初承保的环境损害责任保险亏损巨大,损失率高达百分之几百。他估计,过去15年中,由于保险人学会了更好地承保、定价、提取准备金和控制风险,美国环境保险实现了较大的利润。但是仍然有些环境保险产品的损失率高达500%。[12]

10.4 环境保险保单类型

环境保险保障可以覆盖几乎所有的工业、商业或机构的风险。目前有超过100种不同的环境保险保单为被保险人提供了多种应对污染风险的选择。下文的讨论将囊括主要的保障类型。由大卫·迪布达尔撰写的美国特许财产和意外保险承保人协会的教材《商业责任保险与风险管理》中第11章《环境保险》对这些保障类型及其共同特征进行了出色的讨论。[13]本书的部分讨论正是基于这部分材料。有关这些保单的更具体的信息,可以从上文提到的主要环境保险提供商及达信、怡安、韦莱和加拉格尔等经纪人处获得,还可参考环境风险资源协会(ERRA)的网站。[14]

10.4.1 特定场所环境损害责任险

特定场所环境损害责任险是最早承保的一类环境保险,可以追溯到20世纪70年代。这些保单的设计目的就在于填补几乎所有企业都会购买的商业一般责任险对污染除外所造成的空白(请注意1986年该保单的名字从综合一般责任险改成了商业一般责任险)。他们承保突然或逐渐的污染排放所造成的第三方人身伤害和财产损害,以及相关的辩护成本。此外,还可增加保费购买对污染场所清理、第三方场所污染排放索赔、既存污染等情况的保障,有时一份扩展保单也会包括这些额外的保障。

环境损害责任险保单处理的是涉及"污染状况"的损失情况。"污染状况"的典型定义如下:

"污染指的是烟尘、蒸汽、煤烟、废气、酸、碱、有毒化学品、液体或气体,废弃物或其他刺激物、污染物释放或泄漏排入或排经土地、大气或任何水道、水体。"

目前这一保单的购买者包括废弃物处置场所、工厂、化工公司、农场、市政当局、高尔夫球场、货仓及炼油厂。这些被保险人都面临着明显的环境责任风险。许多风险不甚明显的企业和行业也很可能没有投保环境损害责任险。本书的一大重点就是展示并证明未来环境责任风险会大大增加。许多企业可能直到问题发生时仍对此准备不足，没有充足的保险保障。据估计只有约1%的企业购买了某类环境损害责任保险保障。[15]风险经理、咨询顾问和经纪人都应该仔细检查自身公司及客户的潜在环境责任风险。保险人和经纪人在环境保险产品营销和环境损失控制专业服务的提供上有着巨大的机会。

10.4.2　承包商环境损害责任险

在超级基金指定的以及其他一些污染场所扮演纠正补救角色的承包商需要购买承包商环境损害责任险。这类保单最初出现于1987年。提供纠正服务的承包商可能会引发污染事故，导致第三方的人身伤害或财产损害，还可能导致清理成本的增加。承包商环境损害责任险承保这些索赔及相关辩护费用。这些保单与特定场所环境损害保险很相似，但其设计目的在于承保承包商在项目点的施工和活动，也承保承包商的完工项目责任风险和合同责任风险。

在废弃物处置或存放场所工作的承包商需要处理或储藏含有污染物的材料，也可能在工作中意外地接触会引起污染的材料，因此他们被建议购买这类保险。环保服务提供者也常常购买承包商环境损害责任险。与建筑物上下水系统打交道的水电及空调承包商正面临着越来越多的渗水发霉引起的索赔，这一风险也需要通过承包商环境损害责任险来提供保障。屋顶建筑商也面临同样的风险，因为屋顶漏水会引起针对发霉的索赔。[16]

10.4.3　环境职业错误与疏忽责任险

许多咨询顾问、工程师及其他环保服务提供者提供有关受污染场所评估及清理的专业建议和服务。环境职业错误与疏忽责任险保单承保因职业错误、过失行为或疏忽而导致的法律责任及辩护费用。此类保单最初出现于1989年。一般承保的风险包括：未能识别污染物、污染物定性及受污染场所评估中的疏忽、污染清理设计方案的缺陷、样本分析中的错误以及未能按照职业标准行事的一般失误。大多数保单都是以一揽子的方式承保，不仅承保由环境工作导致的职业责任风险，也承保工程师和咨询顾问非环境工作方面的传统错误和疏忽责任风险。

10.4.4 修复止损(成本上限)环境保险

修复止损环境保险，或称成本上限环境保险，以弥补完成工作所需超出预计成本的修复费用为目的。这些保单已被证明有助于受污染财产的销售，应用范围越来越广泛。保单承保第一方责任风险，但也可以通过增加保费来获得对第三方责任的保障。

当受污染的财产要出售时，卖方和买方对修复成本的估计通常差距很大。某些情况下修复工作只能在售出后完成，而修复成本会降低财产的价值。自然，卖方会希望降低成本估计以提高销售价格。买方则倾向于保守地高估成本，因为买方将负担售后的修复成本。修复成本越高，买方愿意出的价格就越低。考虑到环境的修复可能需耗时20年之久，完工所需成本的估计可能发生很大变化。此外，由于《超级基金法案》要求先后拥有所有权的各方都对清理成本承担连带责任，可以理解潜在的买家在购买受污染财产时的谨慎。止损保险可以弥补买卖双方对预期修复成本估计的差异。

例如，某受污染场所在未受污染的情况下估值为1 000万美元。对预期清理成本的最佳估计为300万美元，但最后完工时这一数字可能会翻番。卖方要价为700万美元，买方出价则为400万美元，双方僵持不下。如果买方购买了止损保险，交易就能顺利完成。保险人通常会要求一个高于修复成本最佳估计的免赔额。如果该免赔额为50万美元，那么保险人会在清理成本超出350万美元的时候进行赔付。买方可以支付700万美元减去保单保费和50万美元免赔额，并消除修复成本过高的风险。由于修复成本超支的可能，买方和卖方之间仍可能需要进行协商。但50万美元免赔额和保费已经远远小于300万美元的差价，打破了最初的僵局。

10.4.5 担保债权人环境保险

担保债权人环境保险的目的在于保护贷款人。该保单实际上是环境损害责任险中只对场所清理提供保障的简化部分，在借款人违约的情况下补偿环境损失给担保债权人带来的担保物价值的降低。这一保单不向借款人提供任何保障，因此不应与真正的环境损害责任险保障混淆，后者同时向借款人和贷款人提供保障。担保债权人保单常常用来替代新贷款项目的环境尽职调查，从而避免发生昂贵的评估费用。[17]

10.4.6 石棉和铅消减承包商一般责任保险

20 世纪 80 年代中期至末期，立法、公众对石棉和铅风险意识的增强和房地产市场的兴旺共同呼唤消减石棉和铅应用的服务。为应对从学校、公寓等建筑中去除石棉和铅的需求，石棉和铅消减承包商一般责任险应运而生。承包商需要这项保障以免于承担在去除石棉和铅的工作中可能产生的责任。该保单实际上是对污染除外条款进行了修正的商业一般责任险，将石棉和铅剔除在污染物的定义之外。这与承包商环境损害责任险不同，后者是填补污染除外条款造成的空白的独立保单。通常承包商同时需要一份商业一般责任险和一份承包商环境损害责任险，但石棉和铅消减承包商只需要一份经过修改的商业一般责任险。

10.4.7 地下储藏容器财务责任合规保险

地下储藏容器财务责任合规保险是为了满足《资源保护和回收法》对地下储藏容器所有人和经营者的财务责任要求而制定推出的。1986 年，《资源保护和回收法》进行了修订，对地下储藏容器的所有人和经营者提出了监管要求。当地下容器用于储藏燃料或有毒物质时，《资源回收和保护法》要求其所有人和经营者证明他们具有足够的财务能力可以支付容器中物质泄漏所引致的索赔。证明财务责任的一个通行办法就是购买地下储藏容器险。通常要求的限额为每次索赔 100 万美元，但大型石化产品零售商可能被要求购买每次索赔限额为 200 万美元的保险。

法规所要求的基本保险只承保地下储藏容器和地下管道。如果所有人或经营者还拥有地上储藏容器，也可以增加批单在保障范围中包含这些容器。对地下和地上的容器来说，保障范围都可以扩展到覆盖泵、阀门及其他与被保险容器直接相连的设备。

10.4.8 关停/关停后保险

关停/关停后保险用于满足有关危险废弃物及固体废弃物的处理、储藏和处置设施的财务责任要求。通常重度污染的场所都会在部分清理之后经历一个长期的监控过程。关停保险是针对第一方的保险，承保未来关闭和监控这些受管制场所的成本费用。它从财务上担保所有者/管理者按照终止计划关闭受管制场所，并在终止使用后进行30年或以上的监控。

10.4.9 时间因素保障

大型超额责任保险人，例如安达和XL，通过伞式保单或超额保险为污染物的突然泄漏提供保障，被称为时间因素保障。这项保障通常要求被保险人在污染事故发生的7天内发现事故，并自发现之日起30~45天内向保险人报告。这些高额超额保险要求有2500万美元的先顺位保险或自保，因此只有大型公司才会购买。

10.4.10 组合保险

组合保险是为需要多种环境保险的企业服务的。例如，一家环境咨询公司可能参与受污染场所的清理修复，将可能面临职业和承包商环境责任两种风险。职业和承包商环境责任保险正是为这类企业而制定的。另一个常见的组合是环境损害责任/商业一般责任险保单。基本上所有的企业都需要一份商业一般责任险。而对那些面临着环境风险的公司来说，这一组合能在一份保单下提供两方面的保障。

最近，美国安达保险推出了新的组合保险，在一份主伞式保单下提供建筑物污染责任保障。保单提供最高2500万美元的分别适用于两项保障的限额。考虑到最低保费为10万美元,该保单主要针对的是高风险。据安达保险称,其目标客户为能源、公用事业及化工公司。美国国际集团推出了环境及一般责任风险产品,通过一般责任险提供了1 000万美元的污染责任保障。[18]

组合保险在一份保单下提供了所有需要的环境保障,提供了极大的便利,通常会带来保费的节省。此外,两份保单之间可能出现灰色承保区域的问题也得到了解决。在组合保险保单下,被保险人必须谨慎选择充足的保单限额,因为不同保障范围内的损失往往适用同一个限额。

10.4.11 霉变风险

从2000年开始,业主、建筑商和保险人开始关注针对霉变的索赔。随着这类索赔的增加,人们开始考虑是否应在财产险保单或责任险保单中增加相应保障,或是在两类保单中都予以保障。在财产险保单中,由水害导致的发霉很可能被承保,但施工损害造成的霉变则不在承保范围内。在建筑商的责任险保单下,根据事故具体情况的不同判定,霉变可能受影响于污染除外条款和污染物定义,也可能不受影响。保险公司则由于害怕石棉案重演,迅速从财产和责任险保单中剔除了对霉变风险的承保。一些保险人在额外的保费下提供这一保障。具有讽刺意味的是,有效的节能施工技术加重了霉变的情况,而技术本身对环保来说却是正面的发展。如果建筑物与外界隔离、通风不佳,则空气循环不足会促进霉菌的生长。在大量使用空调的潮湿地区,大量冷凝水也为霉菌的生长提供了有利条件。业主、建筑商和工程师、建筑师等专业人士,甚至保险经纪人/代理人都需要注意到他们的保单现在包含了某种霉变除外条款。应当对覆盖霉变风险的独立保险保障进行研究,重视消除霉变损失的风险控制措施。[19]

10.4.12 其他常见保障

达信保险经纪公司的布雷斯勒指出了适用环境保险的一些其他风险情况。在并购中,环境保险保护收购方免于承担已知清理义务下意外的成本超支和并购前未知的污染问题。在"棕地"再开发中,发展商购买环境保险来保证开发项目的财务业绩不受已知或未知环境问题的影响，包括那些可能导致项目无法按时完工的风险。[20]

10.5 环境保险保单的共同特征

许多环境保险保单都具有一些共同特征。其中最重要的一项，也是除石棉和铅消减承包商一般责任保险外所有环境保险产品的特点所在，就是保障的提供基于索赔发生制。读者们可能会想起在石棉和超级基金领域，事故发生制保单给保险业带来的问题（见第6章）。事故发生制责任保单的问题在于，如果能证明伤害或损害发生于老保单的保单期限内，则过去承保的老保单可能在当期被触发，即产生当期的索赔。

而在索赔发生制的保单下，只有索赔发生在保单期限内时才会触发保单。一旦保单期限结束，保险人就不再需要为这些过期保单可能在将来发生的索赔而担心。通过每年支付额外的保费，也可以购买报告期延长或长尾保障，从而将保障范围扩展到未来有限的期间内，例如1年或5年。但像石棉和超级基金的情况下那样往前追溯几十年的情况在索赔发生制下是不可能的。显然，恰当的承保策略和定价策略还是很重要的。索赔发生制保单在保单期限内发生大量高额索赔也会给保险人带来重大损失。

环境保险的承保通常没有追溯日期，而商业一般责任险等保单中常常含有这一项内容。保单中有追溯日期时，以追溯日期为保单期限的开始日期。在此日期前发生的伤害或损害不能在索赔发生制保单下获得赔偿。追溯日期限制的去除使得保单期限内所有针对此前行为所导致的伤害和损害的索赔都能得到赔偿。唯一被除外的是由已知既存风险引发的索赔。这一除外十分合理，因为被保险人不能在已知即将在保单承保范围内发生索赔的情况下获得保障。

事故发生制保单的另一个问题是保单可能被理解为需向同一污染事故引发的多项索赔中的每一项支付最高限额的赔偿。假设一个保险人承保了每次事故发生限额为100万美元的保单，如果该限额分别适用于每一项索赔，那么保险人最终的支付额可能是100万美元的很多倍。当然，保险人可能仍能通过年度总限额来获得保护，但索赔可能在不同的保单年度提出。环境保险保单避免此类保障范围扩大的做法是在保单中以清晰的措辞声明一项污染事故所引起的所有索赔都被视为单一损失，受一个单次损失限额限制。

对于辩护成本，环境责任险保单通常会支付在保单限额内的辩护成本。一个主要的例外就是地下储藏容器保险，该保险为辩护成本提供单独的责任限额。在标准商业一般责任险保单下，辩护成本通常在保单限额之外。辩护成本在保单限额之内意味着，会将被保险人负有责任的第三方人身伤害、财产损害和相关辩护成本相加，以判断是否达到了保单限额。假设一份保单对单次索赔所设定的限额为100万美元，那么如果为保单持有人进行辩护花费了10万美元，则仅有90万美元能用于支付人身伤害和财产损害的赔偿。如果这是在商业一般责任险保单下发生的索赔，则即使花费了10万美元用于辩护，仍然有100万美元可对人身伤害和财产损害进行理赔。

将辩护成本包括在保单限额之内的主要影响就是降低了对人身伤害和财产损害的赔偿额。为环境索赔辩护常常需要技术专家的支持以及进行昂贵的测试，因而可能花费巨大，对可用于人身伤害和财产损害赔偿的金额的占用尤为厉害。这一负面影响可以通过购买额外的保单限额来解决。

除了单次索赔责任限额或单次事故责任限额之外，环境保险保单通常还有总限额，规定了保单期限内（通常为1年）保险合同会支付的所有金额。总限额能在被保险人提出一系列索赔时保护保险公司。如果保单只有单次索赔限额，那么保险人最终将不得不支付相当于每次索赔限额好几倍的赔付。总限额防止了这类情况的发生。有时总限额等于单次索赔（损失）限额，有时总限额是单次索赔（损失）限额的2~3倍。与辩护成本的情况一样，保单所有人需要购买更高的保单限额以免损失超过总限额时超额的人身伤害、财产损害和辩护成本无法得到赔付。

环境保险保单通常将惩罚性赔偿列为除外，同样列为除外的还有环保罚款。在允许承保惩罚性赔偿的州中，投保人需要支付额外的保费以增加对惩罚性赔偿的保障。环境保险还将被保险人故意违反任何现行环境法规所引起的损失列为除外责任。

环境保险保单通常都是非标准化保单。这意味着保险人和被保险人都能灵活地修改基本保单使之适应自身需求。有时候一种新的风险状况可能需要签发手写保单，即整份新保单都是从零开始制定的。对保险购买者来说，这既是好消息，又是坏消息。好消息是，被保险人可以有机会与保险人谈判以获得最能满足自身需求的环境保险保单；坏消息是，被保险人必须仔细检查保单以确定自身需求得到了满足。标准保单格式能保证被保险人获得保单中的各种条款、条件和保障范围。非标准化保单下则无此担保，未来的保单持有人有义务在保险人和经纪人的帮助下，确定保单的条款、条件、保障范围及其他部分，以符合自身的需求和期望。[21]

10.6 限制责任的损失组合转移

公司的资产负债表上常常有巨额的环境责任负债。这些负债会为公司及其投资者带来不确定性，妨碍了可能有兴趣进行收购的公司开展工作。要消除这些不确定性，环境领域最令人兴奋的风险融资技术之一就是通过创新风险融资合约转移责任风险或是限制责任风险。著名经纪公司塞奇维克（目前是达信的一部分）协助达成的两笔重大合约就说明了这一趋势。

英国的T&N公司曾是石棉制造商，现在生产汽车零部件，成功地通过有限风险再保险安排限定了石棉责任风险的上限。在这一安排下，T&N公司自留了大约11.4亿美元（6.9亿英镑）的未偿石棉责任索赔。当未来石棉索赔超出这一自留额的小概率事件发生时，塞奇维克与慕尼黑再保险、瑞士再保险和中央再保险一起提供超额部分8.25亿美元（5亿英镑）的赔付。再保险人收取1.51亿美元（9 200万英镑）的保费（18%的费率），其中一部分可能在将来基于良好的损失经验返还给T&N。该交易完成之日T&N的股价上扬了22%。[22]

在第二笔交易中，塞奇维克为英国建筑材料供应商汉森集团筹集了8亿美元用于提供环境清理保障。该保单是当时同类保单中金额最大的一单，为全国约200个污染点清理可能出现的成本超支提供保障，包括一些州所定的污染点和联邦超级基金所定的污染点。保费为2.75亿美元（费率为34%）。再保险由苏黎世集团成员中解再保险公司和瑞士再

保险集团成员欧洲再保险公司共同提供。该保单是一项纯粹风险转移和有限风险保险按50—50的比例进行的组合。㉓

这两例风险融资安排说明了保险人能表现出极大的灵活性和创造性。有限风险方法、自保自留、全风险转移和税收优惠等融资技术也都可用于创新的环境风险融资计划。

10.7　董事高管责任险保单的保障限制

第5章中对董事及高管在环境领域面临的风险进行了讨论。由于董事和高管通常会购买董事高管责任险，他们对风险可能采取颇为自得的态度，认为即使风险增加，他们也能获得董事高管责任险提供的保障。事实上，如下所述，董事高管责任险的保障范围是有限的。

董事高管责任险属于非标准化保单，因此，不同保险人提供的保障范围可能不同。保单承保董事及高管错误行为所引致的责任。下面是"错误行为"定义的一个例子：

"被保险人在担任公司的董事或高管期间所做出、尝试或涉嫌尝试的任何错误、误报、误导性陈述或行为、遗漏、疏忽或渎职行为。"㉔

董事及高管责任损失通常指股东、雇员、客户或竞争者所遭受的财务损失。人身伤害、财产损害或广告侵害的责任不在承保范围内，通常由公司的商业一般责任险和伞式/超额责任险保单提供保障。如果涉及某类污染物泄露，则商业一般责任险的保障范围会受污染除外条款的限制。

当董事和高管被起诉时，通常公司会报销或弥补所发生的一切损失。董事高管责任险可以弥补公司的这一支出。在公司无法补偿董事和高管时，例如，假设公司破产时，董事高管责任险会直接向董事及高管进行支付。董事高管责任险还可能包括第三项保险协议，即同意就公司遭受的索赔向公司本身提供保障。

股东所持股票的价值因可持续风险事故的不当管理而降低时，股东可能会提起对董事及高管的诉讼。例如，非政府组织的联合抵制可能降低销售额，进而引发股价下跌。而联合抵制所引发的销售下降和声誉损失是无法通过保险来弥补的。但如果董事、高管和/或公司因应对联合

第 10 章
可持续风险融资

抵制的策略实施不当而被股东起诉,则可以通过董事高管责任险得到补偿。因此,股东胜诉时保单的保障范围就间接地扩大到了股东。

如果董事和高管因污染物泄漏给股东造成财务损失而被起诉,则保障范围几乎一定会受到董事高管责任险中污染除外条款的限制。加拉格尔保险经纪公司环境风险与保险部董事总经理肯·安德森和加拉格尔保险经纪公司高管与职业服务部副总裁唐娜·费拉拉在最近的一篇文章中讨论了这些除外条款。他们举例提到了董事高管责任险主要承保人丘博保险集团所使用的一款典型污染除外条款:

"公司不为针对任何被保险人的任何索赔所造成的损失负责,如果这些索赔基于、源于或起因于:(1)污染物事实上、据称、或据威胁会释放、泄漏或排放至不动产、个人财产、水体或空气;(2)任何有关被保险人测试、监控、清理、去除、控制、处理、解毒或中和污染物的指令或要求,或是此类自愿行为;包括但不限于就基于、源于或起因于本除外条款所描述的事实所产生的财务损失向被保险人或组织或其证券持有人、债权人提出的索赔。"丘博14-0209-43(1/92)(盈利性公司适用)[25]

如果上面例子中的公司没有购买环境保险来覆盖人身伤害、财产损害、辩护费用和清理费用,那么董事和高管就可能因公司为此遭受的损失而被起诉。而几乎所有的董事高管责任险都不承保因未购买或持有相关保险而导致的索赔,这再次让董事和高管处于不利地位。当然,购买环境保险就能避免这类损失。

这些除外条款强调了购买合适的环境保险的重要性。承保污染事故造成的损害的环境保险能降低董事和高管被起诉的风险。此外,他们也不会再因没有购买或持有环境保险而被起诉。

《萨班斯—奥克斯利法案》要求公司高管对财务报表和内控进行担保。在应此法案要求进行担保的过程中所披露的环境责任被许多董事高管责任险列为除外。正如安德森和费拉拉在他们的文章中提到的:

"可以推测,在保单中使用这种条款的保险人也不会愿意为未能在财务报表中充分披露环境风险……(或是)谎称已就环境风险管理采取了适当内控措施的被保险人提供针对这方面索赔的保障。"[26]

首席执行官和首席财务官由于被要求在财务报告上签字担保而处于尤为

不利的地位。和其他董事及高管一样，他们可能会获得公司章程中补偿条款的财务保护。但是董事高管责任险并不为此提供任何保障，因此公司不能从保险人那里获得补偿，而必须自留损失。公司的财务状况可能恶化，可能进一步对股东造成影响。董事高管责任险的目的在于消除索赔给董事和公司带来的负面财务影响，但如果索赔涉及保单的除外条款，则公司和高管不得不自行消化这些损失。在更恶劣的风险情况下，如果公司被迫破产，董事和高管也不会获得任何补偿——他们将不得不个人承担这些财务损失。

10.8　保险人的风险控制服务

当决定选择购买环境保险来进行风险融资时，保单持有人会获得保险人提供的减损和风险工程服务，受益颇多。如果保险是通过具有内部工程技术能力的经纪人安排的，被保险人还可以获得经纪人的风险控制服务。在承保过程中，保险人在决定是否接受该风险时，也会向被保险人建议降低风险的措施。许多情况下，被保险人对这些建议的接受和实施构成保险人承保该风险的条件。承保过程还可能要求对承保财产进行一定的测试。

费率制定的精算过程也有助于降低损失。保险公司愿意为风险较小的被保险人提供较低的费率。被保险人能通过采取降低损失的风险控制措施来降低保费。例如，著名保险经纪公司韦莱就与美国化学品制造商协会的责任关怀计划合作，建立了一项风险与保费降低计划，以促进环保绩效。参与计划的公司如果损失经验良好，就能通过费率修正因子获得比原费率低30%的优惠环境损害责任险费率。[27]

一旦达成保险安排，保险人和保单持有人就都有财务动力来控制环境风险。我在1972年发表第一篇环境风险领域的论文时，[28]最关注的问题之一就是逐渐污染除外条款可能会降低保险人减损的动力，因为承保范围得到了限制。

环境保险，尤其是在与《资源保护及回收法》相结合的情况下，可以沿用锅炉机器险（B&M）的模式。在锅炉机器险下，风险控制的支出往往超过了用于支付索赔的金额。大部分保费都用于锅炉的检查，

第10章
可持续风险融资

以防止爆炸的发生。在锅炉机器险出现之前，常常发生爆炸事故。对防损的重视使得损失和总保费都保持在较低的水平。其他的例子包括电梯保险和高预防风险保险。人们搭乘电梯时很难不注意到经常检查的记录。这些检查维持了电梯的良好工作状态，减少了电梯事故的发生。满足保险人有关高预防风险定义的财产着火的风险非常之低，因为保险人会要求采取大量损失控制措施，如安装自动喷水消防系统等。环境领域的另一个例子是房地产环境责任高预防风险保险。该项目结合大量降低霉变风险的工程措施通过苏黎世为房地产提供霉变保障。[29]

如果更多的公司购买了环境保险，那么保险人和经纪人所提供的大量降低损失的服务就能得到越来越多的应用。保险的存在事实上可以起到监督体制的作用，因为被保险人需要满足一定的最低承保标准，还能在降低损失的过程中获得保费折扣。马丁·卡茨曼在《化学品巨灾：通过污染责任保险监管环境风险》[30]中，保罗·弗里曼和霍华德·孔鲁塞在《用保险管理环境风险》[31]中都举出强有力的例子说明环境保险对管理和监管环境风险的重要性。

所有环境保险的主要提供者都提供大量的工程、检查和控制服务。各大环境保险经纪人和环境风险管理咨询顾问也提供类似服务。

环境领域中的风险控制尤为重要，并且能降低成本，因为一旦有害物质进入了空气、水道或蓄水层，清理工作将变得极为困难、耗资巨大，甚至常常无法进行清理。环境咨询顾问琳达·巴格乃什强调说："从风险管理的角度来说，从源头上减少污染要优于循环利用和环保处理，因为它可以将环境风险降到最低水平。"[32]业界正在开发降低危险废弃物产生的新技术，越来越多的行业开始就地处理有害废弃物，而不是运至废弃物处理场。[33]环境保险的承保人能帮助企业和行业建立有效的减轻损失的方法。保险人的定价技术也能奖励采取了损失减轻措施、损失经验良好的被保险人。

10.9 理赔管理

企业购买环境保险后，保险公司和经纪人还提供理赔服务。咨询公司或公估公司也提供收费的理赔服务。尽管环境风险管理很重视风险控制，环境事故仍然会发生，所以要求保险人、公估人和咨询顾问提供理赔管理服务。环境理赔的管理常常要求采用创新方法。环境咨询公司地球科学良知咨询公司的总裁阿尔贝托·古铁雷斯认为，"保险人采取积极的理赔管理方法来控制成本是很重要的"。他进一步说明道，"与环境清理相关的复杂技术和监管问题使保险人不得不请大量咨询顾问来制定创新补偿策略以管理补偿过程，并建立保险人可以监控补偿过程、保护自身利益的程序。"[34]环境理赔咨询顾问兰达尔·霍布斯这样回应古铁雷斯的看法：

> "环境理赔复杂性之高给不具备适当资源的公司带来了难题。与传统侵权索赔问题不同，环境损失涉及的责任和损失并不总是界定清晰的。要解决这些问题需要大量的技术支持。"[35]

选择购买保险来进行环境风险融资的公司也会获得环境保险人和经纪人提供的专业化风险控制和理赔管理服务。考虑到环境风险和理赔的复杂性，这些服务对保单持有人十分有利。

10.10　欧洲环境保险市场

1998年我对欧洲环境保险市场状态进行了研究，研究结果发表在《国际保险协会论文集（1998）》[36]。下面的讨论基于对该研究的适当更新。

欧洲环境保险市场的发展慢于美国市场。最重要的原因可能在于欧洲保险人不愿在一般责任险保单中将污染保障列为除外。正如本章稍前所提到的，美国的保险人从20世纪70年代早期起就将逐渐污染剔出了一般责任险的保障范围，1986年以后将所有污染事故都列为除外。大多数欧洲国家的保险人最终也都会将逐渐污染列为除外，但这一过程耗时多年，并且各国进程不一。

范尼多夫在1985年的会议上说到："大多数国家的商业责任险通常都承保突发和意外的事故。实践中，保单将既非突发、也非意外的事故列为除外责任。"[37]巴鲁赫·贝利纳和于尔根·施皮勒1988年的报告说明欧洲绝大多数国家的保险人都在一般责任险保单中承保突发和偶发的污染事故。[38]因此，20世纪80年代中期至晚期，多数欧洲国

第10章
可持续风险融资

家的保险人跟随美国在20世纪70年代的做法，将逐渐污染排除在一般责任险保单之外，但他们并没有像美国那样将突发和偶发的污染事故列为除外。

《商业保险》的卡罗琳·奥尔德雷德指出，德国是一个值得注意的例外，直到1990年，德国的一般责任保险仍然向突发、偶发和逐渐污染事故提供事故发生制的保障。需要指出的是，德国的保单中，只有人身伤害的索赔才能在突发、偶发或逐渐污染的情况下都获得赔偿；财产损害的索赔只有在污染事故是突发、偶发时才能得到给付。另一个重要例外是英国，英国的许多一般责任险保单没有以任何形式提到（除外）污染损害，因此可以推测污染索赔是属于承保范围的。一些国家的一般责任险保单将所有污染都列为除外，这些国家包括意大利、丹麦（突发及偶发的污染可以通过为特殊批单支付额外费用来获得保障）和希腊（某些情况下可应要求增加对突发及偶发事故的保障）。[39]

10.10.1 市场

随着环境法规的健全以及一般责任险对逐渐污染的除外，专门的环境责任保险市场和产品开始在欧洲发展起来。1996年，瑞士再保险公司的一份报告显示，一些国家的保险人已经将所有污染事故都列为除外责任，这意味着需要单独的保单来为逐渐污染和突发及偶发污染事故提供保障。该报告特别提到了德国、意大利和法国。另一方面，瑞士再保险公司的报告也表明，除了这几个例外，其他的欧洲保险人仍然在承保第三方责任和产品责任的传统保单中向突发及偶发环境损害事故提供保障。[40]

1998年对美国国际集团、苏黎世美国公司和环境合规服务承保人等主要环境保险承保人的访谈表明，一般责任险保单对突发及偶发污染事故的覆盖妨碍了欧洲环境保险的承保。法国和西班牙等国内对索赔发生制承保能力的质疑也影响了环境保险的承保。与此相反，正如上文所提到的，美国自1986年起就将包括突发及偶发事故在内的所有污染事故都列为一般责任险的除外责任。因此，开发独立的环境保险产品和市场的压力和需求就更为迫切。索赔发生制常见于职业责任保险，美国的一般责任保险也适用这一基础，因此在环境保险中予以沿用也是顺理成章的。

10.10.2 共保体

五个国家建立了环境责任保险共保体：荷兰、法国、意大利、丹麦和西班牙。共保体由许多保险人共同组成，通过分享保费、分担损失来提供环境责任保障。尽管单个保险人也能在这些国家承保环境保险，但大多数环境责任保障是通过共保体来提供的。表 10-1 提供了五个共保体的基本信息。

表 10-1　　　　　　　　　环境责任保险共保体

国家	名称	起始年份	参与的保险人数目
法国	保险共保体（原名污染再保险共保体）	1977	50 家保险人 14 家再保险人
意大利	污染共保体	1979	76 家保险人
荷兰	MAS 共保体	1985	80 家保险人
丹麦	丹麦共保体	1992	15 家保险人
西班牙	PEC	1994	16 家保险人

资料来源：

卡罗琳·奥尔德雷德，《欧洲污染制裁》，《商业保险》，1990 年 10 月 8 日。

巴鲁赫·贝利纳、于尔根·施皮勒，《既存危险废弃物排放点管理的可保性问题》，《危险废弃物保险及风险管理整合》，霍华德·孔鲁塞、拉吉夫·高达编，波士顿，Kluwer 学术出版社，1990。

威廉·克罗嫩贝格，《美国和西欧环境保险市场：一个美国承保人的观察》，《日内瓦风险和保险期刊》，1995 年 7 月，第 76 期，第 336～347 页。

爱德华多·帕韦莱克，《西班牙环境风险池》，工程风险管理研讨会论文集《环境与可保性》，日内瓦，瑞士，日内瓦协会，1995 年 3 月。

埃里克·罗滕贝格、杰弗里·泰里格编，《环境风险管理》，亚历山德里亚，弗吉尼亚州，RTM 通讯公司，1991 年。

瑞士再保险公司，《承保环境损害责任险》，苏黎世，瑞士再保险公司，1996 年。

埃德温·昂斯沃思，《法国污染责任的集合解决方案》，《商业保险》，1996 年 10 月 21 日。

第 10 章
可持续风险融资

荷兰在环境保险方面采取了独特的方法。1985 年 MAS 共保体建立时主要向逐渐污染事故责任提供保障。一种责任险保单向突发环境风险提供保障。1998 年，荷兰引进了一种新产品即环境损害保险。它向第一方提供清理费用保障，既包括第一方现场清理费用，也包括在第三方场所进行清理的费用。尽管环境责任风险仍然存在，但预期环境责任保险会减少环境责任索赔。[41]

10.10.3 主要保险人

20 世纪 90 年代中期的主要环境保险承保人之一——环境合规服务公司的总裁和首席执行官威廉·克罗嫩贝格在 1995 年的一篇文章中谈到，"欧盟国家中多业务的环境损害责任保险市场并没有发展起来，只有两个例外"。他提到的第一个例外是英国。环境合规服务公司和美国国际集团在英国提供了多种环境保险产品。其他一些英国保险人，如劳合社和太阳联合保险集团，也提供第三方污染责任保障。第二个例外是德国，德国的许多私营保险人提供第三方污染责任保障。五个国家的共保体构成了欧洲其他地区的环境保险市场。[42]

瑞士再保险公司的报告讨论了 14 个国家的环境监管和环境保险：建立共保体的五个国家加上德国、卢森堡、比利时、英国、瑞典、瑞士、芬兰、挪威和奥地利。尽管无法获得承保保费和市场份额的数据，报告提到皇家比利时保险、法国安基保险、丰泰保险、瑞泰保险和皇家太阳联合保险集团在推广独立环境损害责任保险方面做出了巨大努力[43]

泰里格在稍早的文章中提到美亚保险（美国国际集团）、苏黎世保险、环境合规服务公司、瑞士再保险（第一份保单实际制定于 1975 年）、商联保险、太阳联合保险和劳合社都积极参与了欧洲环境保险市场。[44]1998 年一项针对美国国际集团、苏黎世美国公司和环境合规服务公司等著名环境保险承保人的访谈证实了上述事实，参与承保的还有安联保险和慕尼黑再保险、格宁再保险和科隆再保险等其他再保险人。

10.10.4 德国

德国的情况尤为值得注意。1991 年德国《环境责任法》的生效在责任险市场引起了很大反响。《环境责任法》要求那些被认为对环境尤为危险的工厂为他们对土地、空气和水体的环境影响所造成的伤害或损害负严格责任，仅前西德地区就有约2万家工厂受到影响。[45]

严格责任还包括由常规经营所带来的损害。这意味着经营者不能以政府已发放牌照允许排放污染物为索赔的抗辩理由。[46] 也就是说，即使经营活动符合当时法规监管的要求，经营者也有可能需要承担污染责任。[47] 基于技术概念的抗辩也不成立。这意味着经营者需要为过去对环境造成的影响负责，即使后来才发现该影响的危险性。[48]《环境责任法》实行连带责任，对单项环境影响造成的人身伤害和财产损害设有1.6亿德国马克的责任限额。[49]

《环境责任法》还要求受辖的工厂购买强制环境责任保险。这为德国财产保险人协会和其他市场参与者制定新保险产品提供了动力。一般责任险保单，至少是受《环境责任法》影响的工厂所持有的一般责任险保单，都将突发、偶发和逐渐污染事故列入了除外责任。事实上，这是一项绝对污染除外条款。新的独立环境保险保单被开发出来为所有污染相关的事故提供保障。[50] 当时，独立的环境保险保单在前瞻性基础上承保所有污染责任，但是保单限额低于《环境责任法》所要求的1.6亿德国马克。[51] 其他保险产品可及性上存在的问题使得强制保险的要求没有得到完全满足。尽管德国有强制保险的要求，但其保险市场仍然无法提供所需要的全面保障。[52]

德国的情况很好地体现了欧洲环境保险的核心特征——即，政府监管对环境保险的发展影响重大。如果没有《环境责任法》，环境保险市场就不会有什么发展，因为一般责任险已经能提供充足的保障。《环境责任法》的出台不仅增加了受监管工厂的环境风险，还促进了新的独立环境责任保险产品和市场的发展。德国《环境保护法》最重要的意义可能就是影响了下文讨论的欧盟环境保险法令的制定。

10.10.5 欧盟环境保险市场概要

基于可获得的公开信息和访谈，结合作者的判断，我们在踏入21世纪之际可以观察到欧洲环境保险市场的以下特征：

- 尽管欧洲环境保险市场十分活跃，但其发展程度仍然不及美国市场。

- 从发展程度来看，提供环境保险的组织主要包括几家欧洲保险人，参与五个共保体的保险人以及美国的各大环境保险人。由于共保体的缘故，欧洲参与环境保险市场的保险人数量要多于美国。
- 与美国的情况一样，几乎所有欧洲国家的保险人都在一般责任险保单中将逐渐污染事故列为除外。
- 与美国不同的是，许多欧洲国家的保险人仍然在一般责任险保单中为突发、偶发的污染事故提供保障。
- 一般责任险保单中对突发、偶发污染事故的保障相当程度上抑制了保单持有人对独立的环境责任保险保障的需求。因为即使在有逐渐污染保障的情况下，许多逐渐污染事故也可能不被承保（例如，常规经营导致的污染和故意的污染），所以被保险人可能认为大多数被承保的污染风险都源于突发、偶发污染事故，而这常常是由他们的一般责任险保单所覆盖的。
- 如果有更多类似于德国《环境责任法》的法规出台，就可以预期环境保险市场的发展会加快。
- 迄今为止，还没有证据显示与污染索赔相关的保险保障诉讼已在欧洲成为一大问题。除了英国之外，其余的欧洲国家都选择不实施追溯性责任。

最近的文章证实了我1998年的发现是对欧洲环境保险市场的准确描述。[53] 这些文章也指出，欧洲市场正面临潜在的扩张。怡安环境保险部的董事总经理吉姆·考克斯说："许多人认为未来五年内环境保险将发展为欧洲主流专业保险产品。"[54] 安达环境风险部的高级副总裁卡尔·鲁塞克指出，环境保险市场预期会有所扩张，"因为欧盟国家的公司正致力于整合欧盟新法规的风险管理效应，试图增加对追溯性责任的保障。"[55] 鲁塞克所指的欧盟新法规是下一部分将要讨论的《欧盟环境责任法令》。

他有关向追溯性责任提供保障的评论所涉及的问题是，尽管欧洲没有美国超级基金那样的体制，但也有危险废弃物排放点，其清理责任的归属也存在问题。鲁塞克与建筑及污染责任险专业经纪公司布里斯通公司总裁彼特·布里斯通、昆塔公司的吉姆·芬那莫尔和比尔·黑泽尔顿一致认为应该向欧盟的污染者施加更大的压力以促使他们为清理工作融资。这种压力也会带来对环境保险产品的需求。[56] 鲁塞克也预期澳大利亚、新西兰、日本和许多拉丁美洲国家对环境保险的需求将会上升。[57]

10.11 《欧盟环境责任法令》

《欧盟环境责任法令》可能对环境保险市场的发展产生重大影响。该法令也很好地说明了新的监管措施能大大增加业界潜在的责任风险。2004年春，欧洲议会和欧盟委员会最终同意通过了自20世纪80年代起就开始讨论的法令草案的最终版本。

该法令将增加公司的环境责任风险。凡是会引起环境损害或对环境造成威胁的公司，即参与危险或有害活动的公司，会被要求承担采取修复或预防措施所需的成本费用。环境损害包括水体和土地损害，以及对受保护物种和自然栖息地的损害。其中有关土地和水体损害的部分只是理顺了欧盟成员国的现有监管要求和最低标准。有关物种和自然栖息地的规定则带来了新的责任风险。这些损害与美国环境监管中的自然资源损害类似。危险活动须承担严格责任，而非危险活动则适用过错（过失）责任。

目前，现有保单尚不能为欧洲公司所面临的这一新的生物多样性风险提供保障。如前所述，大多数企业都在它们的一般责任险保单下拥有针对突发、偶发污染事故的保障。其他一些公司购买了承保逐渐污染事故的环境损害责任险。环境损害责任险保单承保的还有第三方的人身伤害和财产损害索赔，以及辩护费用，也常常包括清理成本。即使保单承保自然资源损害，也不一定能满足欧盟法令的责任要求。如果自然资源损害不被承保，则现有的保单对这些损害和成本的定义中将不包含物种和自然栖息地损害。我可以想像到一旦发生保障范围方面的问题，保险人会在保单中加入措辞清晰的除外条款，然后有选择地提供该保障并收取额外保费。

法令较早的草案版本中曾要求强制公司为法令涉及的新型责任购买保险，这一规定的去除让企业和保险人都松了一口气。双方都反对实行强制保险，公司担心保障难以获得、保障成本过高，保险人则质疑自身对此类新型环境责任风险的承保和准确定价的能力。显然，在该法令增加了公司的环境风险的前提下，许多公司都会寻求保险的保障，也需要其他方式的融资。预计保险人在提供此类保障时会相当谨慎，因为他们需要学习如何恰当地为这一新型风险承保和定价。

法令的最终草案也不再要求追究连带责任。这一要求同样遭到了企业和保险人共同的反对，他们成功地抵制了该条款的通过。在讨论为法令相关的责任提供承保时，丘博环境服务欧洲区经理东尼·列侬指出，不确定性与可能的环境损害严重程度相关，"问题的起源在于：法庭判决将给公司带来多大成本？这对经营者和保险人来说可能都是最可怕的问题"。[58]如果考虑到我在第1章中提出的生态系统受损问题，公司的风险经理和承保人可能会更加担心。

强制环境保险的问题仍将存在。法令通过后，成员国有三年的时间来将法令条款整合进本国法规。在之后的三年里，欧盟议会将考虑是否采用包括保险在内的某种强制财务责任来为法令相关的环境责任融资。这六年为保险业培养强制环境保险的承保能力提供了充足的时间。[59]

10.12　社会公正风险

社会公正风险的融资可能会引起很多问题。某些社会公正风险可以在标准的商业责任险保单中获得保障。例如，在强制工伤保险或自保计划下，遭受工伤的劳工可以获得医疗费用和工资损失的补偿。有关法规为企业营造安全工作环境提供了财务激励，因为所有的补偿成本都会由企业来承担。美国《职业安全与健康法》等联邦法规及其他国家的类似法规都强化了这种财务激励。为劳工争取充足工资和福利的工会以及最低工资法等法规为工伤保险提供了支持。

歧视员工、不当解雇员工或未采取保护员工免受性骚扰的措施的公司需要承担雇用责任。雇用责任险保单则为这类责任提供了保障。与工伤保险不同，雇用责任险（EPL）并非强制保险，也较少为公司所购买。第1章中讨论了一些大公司的雇用责任判罚/赔偿的例子，包括德士古、摩根斯坦利、波音和美林。全球最大的公司沃尔玛陷入了最大一宗集体诉讼，其歧视性的补偿和晋升政策涉及160万名女性员工。雇用责任风险的法律基础已经奠定，预期风险还会增加。有效的雇用责任风险控制和融资策略仍然是公司可持续风险管理计划的重要组成部分。

一般说来，从风险融资的角度看，发达国家的全职正式员工面临的社会公正风险较小，当然也存在例外。随着损失的增多，出现了大量的保险和融资计划为这类损失提供保险保障。但在公司雇用临时工、向独立承包商或境外企业外包、或在监管宽松的国家进行经营等情况下，公司对员工承担的责任较少，也缺乏财务激励来保证员工得到适当和公平的待遇。

大卫·纳吉布·佩洛和丽莎·帕克的新书《硅谷梦》是这方面的重要著作，提供了一个很好的例子。[60]作者对计算机行业进行了广泛的研究。尽管现代工厂中半导体、集成电路（芯片）和电容的制造在高度控制的系统中进行，但印刷电路板上芯片的组装、电缆的连接及其他工作通常都被外包给独立承包的个人、家庭或境外企业。佩洛和帕克证明这样的外包产生了广泛的社会责任风险，工伤后果基本上由受影响的工人承担，一般母公司无需承担责任或风险成本。

正如前文所解释的，与劳工待遇恶劣相关的联合抵制会影响公司声誉，由之引起的销售额及利润的损失无法通过风险融资来弥补。某些类型的索赔可能会在董事高管责任险保单下获得赔偿。随着新法规的制定出台，如果外包企业员工或境外员工受到不公正的待遇，公司可能需要承担更多的直接责任。《外国人侵权赔偿法》的最新发展就提供了一个极好的例子。

正如第5章中几个案例所指出的，《外国人侵权赔偿法》最近被援引用于指控美国公司给予境外员工的待遇恶劣。2004年6月，美国高等法院确认了非美国公民可以依《外国人侵权赔偿法》在美国联邦法院起诉美国公司对人权的侵犯。在2004年6月索莎诉阿尔瓦雷斯一案的审理中，高等法院以9票对0票认定涉案缉毒署警员对墨西哥公民的任意逮捕行为在《联邦民事侵权赔偿法》或《外国人侵权赔偿法》下不可诉。但是，法院也以6票对3票明确表示，对于被广泛认为违背国际法的其他犯罪行为，可以认定施罪人的责任。法院的意见使得受害人能够继续对虐待和种族屠杀等罪行提起诉讼，诉讼对象不仅可以是警察或军官等公务人员，也可以是跨国公司等私营实体。[61]

尽管目前尚未出现重大责任风险，那些过去几乎没有此类风险的国家正在为追究国际公司在其境内行为的责任构建法律基础。尤为重要的是，在《外国人侵权赔偿法》下，美国法院可能会采取行动，执行外国法院的判决，美国的劳工待遇和环境绩效标准也可能被用于发展中国家。这类诉讼，即使没有胜诉，其负面影响和可能引发的联合抵制都会对公司造成损害。与《外国人侵权赔偿法》有关的决议可能进一步引起董事会的分裂。

10.13　需要加强可持续风险融资

　　许多公司的可持续风险融资并不充足。据上文提到的大卫·迪布达尔估计，只有约有1%的企业购买了某种类型的环境保险。许多公司都没有认识到标准责任险保单已经将环境风险列为除外风险。另外一些公司认为自己没有面临重大环境风险。这很可能是因为他们的保险代理人/经纪人从来没有跟他们讨论过这个问题。据估计，0.5%的保险代理人/经纪人控制了80%的环境保险业务。因此，许多保单持有人和风险经理的代理人/经纪人对环境保险市场和环境风险并不熟悉，没有参与此项业务。[62]

　　尽管我不会建议所有的企业都购买环境保险，但我确实觉得许多企业都能受益于这些保单。我不附属于任何保险机构，也不会从更多公司购买环境保险中获利。本书的主题就是未来的环境责任风险将大大增加。如果没有适当的风险融资，许多公司都将遭受损失，财务能力变弱。石棉业中67家破产的公司大部分都购买了保险，只是保险仍不充足。我建议风险经理至少考虑与专营环境保险的经纪人面谈一次。通常，达信、怡安、加拉格尔和韦莱等主要的经纪公司中都有这样的经纪人。风险经理不一定要购买保险，但经纪人在提出建议的过程中会揭示公司环境责任风险的性质。有些经纪人还可能为风险经理提供详细的环境风险评估。

　　经纪人有销售保险产品的动力。要消除对客观性的疑虑，风险经理可以安排只向经纪人或独立咨询顾问购买与保险市场无关的环境风险评估咨询服务。风险经理应该为自己的公司进行环境风险评估，但经纪人或咨询顾问往往能提供另一个角度的意见，有助于实现更加全面的评估。风险经理也可以求助于环境风险资源协会等环境风险组织，它们的网站上提供了大量有关环境风险的信息。

公司购买了环境保险后获得的不仅仅是损失发生时的财务担保，还有保险人提供的全面的损失控制和工程服务。如上所述，环境保险将锅炉机器险和高预防风险保险系统紧密结合在一起，强调对损失预防和控制的重视。保费中很大一部分用于提供这些风险控制服务。理想情况下甚至不会发生损失。对几乎所有承保风险类型来说，不发生损失总是更好的。尽管保险能赔付损失和费用，但损失发生对业务的干扰和带来的不便仍然给公司带来了比不发生损失更重的负担。

环境保险有助于减少针对董事和高管的诉讼。现在，公司面临着更大的充分披露其环境责任的压力，因此环境保险变得尤为重要。股东有可能对环境责任的披露结果感到不满，进而提起诉讼指责董事和高管没有更早进行披露。为这些责任购买保险保障能缓和股东的怒气。正如萨诺夫韦弗的律师杰弗里·舒马赫所说的：

> 购买足够的环境保险产品来限制新披露环境责任能为公司及其董事提供某种程度的保护，降低他们对股东的潜在责任，最小化或减少股东对披露事宜的不满。[63]

此外，正如美国国际集团环境执行副总裁约翰·奥布里恩所说的，"对于因未能恰当披露信息而陷入环保问题的董事和高管，许多董事高管责任险的提供商都取消了保单对他们的保障"[64]。加拉格尔的安德森和费拉拉也提到了这一限制（见本章稍前部分）。

社会公正风险的风险融资较环境风险更为充足。强制的工伤保险覆盖了劳工受伤害的风险。公司可以购买雇用责任保险来应对歧视（性别、年龄、种族）、性骚扰和不法行为所引起的索赔。虽然不是所有的公司都购买了这一保险产品，但它越来越多地出现在企业的风险融资组合中。尽管社会公正风险的融资更充足一些，但伴随着高工伤率、歧视或性骚扰索赔而来的负面影响和声誉损失仍能给公司造成巨大损失。发达国家的劳工可能拥有各项保险保障，但发展中国家的劳工通常没有保险保障覆盖。

尽管保险是风险融资中极为重要的一个方面，但我总是告诉我的学生说，希望你永远不要动用你的保险。这么说的意思是我们应重视风险控制和防损，从根本上消除提出保险索赔的必要。对于环境风险和社会公正风险来说，这一建议尤为重要，因为这类风险索赔性质复杂，还往往伴随着负面的宣传效果和声誉损失。由此引致的财务损失，通常是收入和利润的下降，不能通过任何一种风险融资计划得到补偿。此外，通常根本就不存在针对可持续风险，尤其是环境领域的可持续风险的风险融资。这意味着风险控制拙劣的公司可能最终不得不自留风险或是在收入和利润的损失之外还得承担辩护费用、身体伤害和财产损失赔偿等负面财务后果。减轻这些负面影响要求具备完善的可持续风险管理策略与实践，包括可持续风险融资。

本 章 附 注

① Charles K. Cox, "Liability Insurance in the Era of the Consumer," a speech before The Annual Conference of the American Society of Insurance Management, Bal Harbour, Florida, April 9, 1970.

② Dan R. Anderson, "What Role Will the Insurance Industry Play in the Fight Against Pollution?" *CPCU Annuls*, Vol. 25, No. 1, March 1972.

③ David Dybdahl, Founder and Senior Consultant, American Risk Management Resources, LLC and Founder, Environmental Risk Resources Association, Interviews, 2005.

④ David Dybdahl, Founder and Senior Consultant, American Risk Management Resources, LLC and Founder, Environmental Risk Resources Association, Interviews, 2004; David J. Dybdahl, "EIL Coverage: Action and Reaction," *Risk Management*, September 1985; Robert S. Faron, "The Pollution Liability Dilemma," *Risk Management*, May 1985; Peter Huber, "The Environmental Liability Dilemma," *CPCU Journal*, December 1987; Donald V. Jernberg and Mark C. Furse, "Environmental Risk Insurance: Don't Count on It," *Risk Management*, July 1987; Bradford W. Rich, "Environmental Litigation and the Insurance Dilemma," *Risk Management*, December 1985; David A. Tweedy and Daniel G. Tracy, "Surviving the Pollution Liability Crisis," *Risk Management*, October 1985.

⑤ David Dybdahl, Founder and Senior Consultant, American Risk Management Resources, LLC and Founder, Environmental Risk Resources Association, Interviews, 2005.

⑥ 同上。

⑦ 同上。

⑧ David Dybdahl, Founder and Senior Consultant, American Risk Management Resources, LLC and Founder, Environmental Risk Resources Association, Interviews,

2004; Wallace L. Clapp, "Environmental Liability Markets Expand," *Rough Notes*, July, 1997; *Ctittenden's Environmental Liability News*, Oct 20, 1997; November 3, 1997.

⑨ David Dybdahl, Founder and Senior Consultant, American Risk Management Resources, LLC and Founder, Environmental Risk Resources Association, Interviews, 2004; Karl Russek, "Emerging International Issues for Environmental Liability," *Risk Management*, July 2005; "Sarbanes–Oxley, Exposures Drive Growth of Environmental Insurance Market", Advisen FPN, January 7, 2005.

⑩ David Dybdahl, Founder and Senior Consultant, American Risk Management Resources, LLC and Founder, Environmental Risk Resources Association, Interviews, 2005; Report by ECS in 1997 cited in "Sarbanes–Oxley, Exposures Drive Growth of Environmental Insurance Market," Advisen FPN, January 7, 2005.

⑪ Alan Bressler, "Navigating the U.S. Environmental Liability Market" (Part 1), March 2002 at www.irmi.com.

⑫ David Dybdahl, Founder and Senior Consultant, American Risk Management Resources, LLC and Founder, Environmental Risk Resources Association, Interviews, 2005.

⑬ David Dybdahl, "Environmental Insurance," Chapter 11 in Donald S. Malecki and Arthur L. Flitner, *Commercial Liability Risk Management and Insurance*, 5th Ed., Malvern, PA: American Institute, 2001.

⑭ Environmental Risk Resources Association, www.erraonline.org.

⑮ David Dybdahl, Founder and Senior Consultant, American Risk Management Resources, LLC and Founder, Environmental Risk Resources Association, Interviews, 2005.

⑯ 同上。

⑰ 同上。

⑱ "ACE Offers Lead Umbrella," Zurich RiskWire Headlines, April 19, 2004; "Sarbanes–Oxley, Exposures Drive Growth of Environmental Insurance Market," Advisen FPN, January 7, 2005.

⑲ David Dybdahl, Founder and Senior Consultant, American Risk Management Resources, LLC and Founder, Environmental Risk Resources Association, Interviews, 2005.

⑳ Alan Bressler, "Navigating the U.S. Environmental Liability Market" (Part 1), March 2002 at www.irmi.com.

㉑ 以上内容部分引自 Dan R. Anderson, "Development of Environmental Liability Risk Management and Insurance in the United States: Lessons and Opportunities," *Risk Management and Insurance Review*, Vol 2, No 1, Summer 1998.

第 10 章
可持续风险融资

㉒ "Asbestos Package on Its Way," *The Journal of Commerce*, June 20, 1996; Edwin Unsworth, "T&N Aiming to Cap Asbestos Liabilities," *Business Insurance*, December 9, 1996.

㉓ "$800 Million Placement Marks Largest Ever Pollution Program," *Business Insurance*, August 10, 1998.

㉔ Donald S. Malecki and Arthur L. Flitner, "Professional Liability Insurance, Part II," Chapter 10, *Commercial Liability Insurance and Risk Management*, 5th edition, Malvern PA: American Institute for CPCU, 2001.

㉕ Kenn E. Anderson and Donna Ferrara, "Disclosing Environmental Liabilities: Director, Officer and Insurance Issues," Arthur J. Gallagher & Co., August 2003.

㉖ 同上。

㉗ Willis Corroon, *Environment Impairment Liability Insurance Responsible Care Premium Modification Factor*.

㉘ Dan R. Anderson, "What Role Will the Insurance Industry Play in the Fight Against Pollution?" *CPCU Annuls*, Vol. 25, No. 1, March 1972.

㉙ Real Estate Environmental Liability with Mold Insurance, American Risk Management Resources, LLC, webmaster@ ARMR. net.

㉚ Martin T. Katzman, *Chemical Catastrophes: Regulating Environmental Risk through Pollution Liability Insurance*, Philadelphia, PA: University of Pennsylvania, Huebner Foundation Series, Wharton School, 1985.

㉛ Paul K. Freeman and Howard Kunreuther, *Managing Environmental Risk through Insurance*, Boston/Dordrecht/London: Kluwer Academic Publishers, 1997.

㉜ Linda Bagneschi, "Pollution Prevention, The Best-Kept Secret in Loss Control," *Risk Management*, July 1998.

㉝ Thomas M. Yuill, Director, Institute for Environmental Studies, University of Wisconsin-Madison, interview, 1997.

㉞ Alberto A. Gutierrez, "Claims Management Cuts Environmental Loss Costs," *Best's Review*, P/C Edition, April 2, 1996.

㉟ Randall E. Hobbs, "Don't Be Caught Off Guard: New Options in Managing Environmental Incidents," *Risk Management*, August 1996.

㊱ Dan R. Anderson, "Environmental Insurance Markets: Development and Strategies For Growth," *Proceedings of the International Insurance Society*, New York: International Insurance Society, 1998.

㊲ W. Pfennigstorf, "The Role of Insurance in Risk Spreading and Risk Bearing," *Insuring and Managing Hazardous Risks: From Seveso to Bhopal and Beyond*, Paul R.

Kleindorfer and Howard C. Kunreuther, editors, New York: Springer – Verlag, 1987.

㊳ Baruch Berliner and Juerg Spuehler, "Insurability Issues Associated with Managing Existing Hazardous Waste Sites," *Integrating Insurance and Risk Management for Hazardous Wastes*, Howard Kunreuther and M. V. Rajeev Gowda, editors, Boston: Kluwer Academic Publishers, 1990.

㊴ Carolyn Aldred, "Pollution Crackdown in Europe," *Business Insurance*, October 8, 1990; Carolyn Aldred, "U. K. Pollution Coverage to Shrink," *Business Insurance*, October 8, 1990.

㊵ Swiss Reinsurance *Company*, *Insuring Environmental Impairment Liability*, Zurich: Swiss Reinsurance Company, 1996.

386 ㊶ Michael Faure, ed., *Detterence*, *Insurability and Compensation in Environmental Liability*: *Future Developments in the European Union*, Tort and Insurance Law Vol. 5, European Centre of Tort and Insurance Law, Wien, New York: Springer – Verlag, 2003.

㊷ William Kronenberg, III, "The Environmental Insurance Markets in the U. S. and Western Europe: A U. S. Underwriter's Observations," *The Geneva Papers on Risk and Insurance*, 20, No. 76, July 1995.

㊸ Swiss Reinsurance Company, *Insuring Environmental Impairment Liability*, Zurich: Swiss Reinsurance Company, 1996.

㊹ Dean Jeffery Telego, "Risk Financing: Insuring Potential Pollution Exposures," *Environmental Risk Management*, Eric B. Rothenberg and Dean Jeffery Telego, editors, Alexandria, Virginia: RTM Communications, Inc., 1991.

㊺ Patrick Peugeot, "Evolving Environmental Impairment Liability: Is the EC Heading Toward a United States – Style Liability Crisis? How Will These Risks Be Written?" *Journal of Reinsurance*, Vol. 1, No. 1, Fall 1993.

㊻ Reiner Bellenbaum, "Reinsurance of Environmental Risk Pricing and Risk Assessment," *The Geneva Papers on Risk and Insurance*, 20, No. 76, July 1995.

㊼ Patrick Peugeot, "Evolving Environmental Impairment Liability: Is the EC Heading Toward a United States – Style Liability Crisis? How Will These Risks Be Written?" *Journal of Reinsurance*, Vol. 1, No. 1, Fall 1993.

㊽ Reiner Bellenbaum, "Reinsurance of Environmental Risk Pricing and Risk Assessment," *The Geneva Papers on Risk and Insurance*, 20, No. 76, July 1995.

㊾ Willis Corroon, *FAACT Country Information*, 1998.

㊿ Reiner Bellenbaum, "Reinsurance of Environmental Risk Pricing and Risk Assessment," *The Geneva Papers on Risk and Insurance*, 20, No. 76, July 1995.

387 (51) Willis Corroon, *FAACT Country Information*, 1998.

(52) Michael Faure, ed. , *Detterence*, *Insurability and Compensation in Environmental Liability*: *Future Developments in the European Union*, Tort and Insurance Law Vol. 5, European Centre of Tort and Insurance Law, Wien, New York: Springer – Verlag, 2003.

(53) Roberto Ceniceros, "EU cleanup laws may spur demand for stand – along pollution coverage," *Business Insurance*, June 13, 2005; Karl Russek, "Emerging International Issues for Environmental Liability," *Risk Management*, July 2005; "Environmental Insurance Comes of age in Europe," *IQ – Insider Quarterly*, Summer 2005.

(54) Roberto Ceniceros, "EU cleanup laws may spur demand for stand – along pollution coverage," *Business Insurance*, June 13, 2005.

(55) Karl Russek, "Emerging International Issues for Environmental Liability," *Risk Management*, July 2005.

(56) Roberto Ceniceros, "EU cleanup laws may spur demand for stand – along pollution coverage," *Business Insurance*, June 13, 2005; Karl Russek, "Emerging International Issues for Environmental Liability," *Risk Management*, July 2005; "Environmental Insurance Comes of age in Europe," *IQ – Insider Quarterly*, Summer 2005.

(57) Karl Russek, "Emerging International Issues for Environmental Liability," *Risk Management*, July 2005.

(58) Peta Miller, "Pollution Directive Adds Uncertainty," *Business Insurance*, March 8, 2004.

(59) 同上。

(60) David Naguib Pellow and Lisa Sun – Hee Park, *The Silicon Valley of Dreams*, New York: New York University Press, 2002.

(61) www. earthrights. org; Linda Greenhouse, "Human Rights Abuses Worldwide Are Held to Fall Under U. S. Courts," *New York Times*, June 30, 2004.

(62) David Dybdahl, Founder and Senior Consultant, American Risk Management Re- 388
sources, LLC and Founder, Environmental Risk Resources Association, Interviews, 2005.

(63) Dave Lenckus, "Governance law hasn't fueled big EIL interest," *Business Insurance*, June 16, 2003.

(64) "Sarbanes-Oxley, Exposures Drive Growth of Environmental Insurance Market," Advisen FPN, January 7, 2005.

第 11 章
希望与机遇

> 在未来的几十年里,经济活动将大大增加。从某种意义上说,这种增长能使环境得到保护、再生及恢复。我们还有充足的空间和时间来为世界上的穷人提供可持续的生计,实现所有人生活质量的大幅提高。但如果不立即坚定地采取行动的话,这一切将不会实现。
>
> ——古斯·斯佩思,耶鲁大学(《早晨的红色天空》的作者)
>
> 我们正处在一个提高能源效率、减少排放与赢利同等重要的关键时刻。
>
> ——杰夫·伊梅尔特(通用电气首席执行官)
>
> 合理支付雇员不仅是正确的做法,也具有很大的商业意义。
>
> ——詹姆斯·希奈格尔(思科公司首席执行官)

人们在讨论诸如恶化的环境和社会公平状况之类的问题时很可能会遭受打击并放弃希望。我写这本书的目的是为人们及其商业活动建立希望。在我看来,认知并理解这些恶化的状况是非常重要的一件事情,因为这可以促使我们采取行动。做出改变需要时间。我们要相信必要的改变是完全可能的,并且会有商机相伴而生。

在汉语中,"危机"是由两个字组成的,分别代表了

第 11 章
希望与机遇

"危险"和"机遇"。显然,如今的环境和社会状况中存在着危险。但是危机中所呈现出的机遇或许更为重要。可持续风险管理可以减少环境损害并改善社会公正状况。这一过程还能创造出新的商机。这些商机通常可以带来竞争优势、提高市场份额、实现产品和服务的差异化、降低成本并提高利润。

11.1 商业机遇

在整本书中,我已经给出了许多公司、个人和组织为应对不断恶化的环境和社会状况而提出新战略的案例。在接下来的一部分中,我会讨论更多的案例,并强调每一个案例所展现的重要商机。这些案例能产生积极的影响并可作为其他应对可持续问题企业的行为榜样。为了生存,我们必须改变做事的方式。关键在于创新。就像爱因斯坦的名言所指出的:"你无法通过制造问题的思维方式去解决该问题。"

11.1.1 通用电气

通用电气——最大的及历史最悠久的公司之一——于 2005 年 5 月宣布了一个重要的环境投资决定。通用电气的首席执行官杰夫·伊梅尔特在华盛顿大学商学院的一篇演讲中说道:

> "我会使通用公司在能源和环境技术方面的投资加倍,以使公司为我们所预见的巨大的全球市场做好准备。这些技术可以帮助其他公司以及像中国和印度这样的国家减少温室气体的排放量。"[1]

为采取这项新的称为"节能创新"的行动,伊梅尔特声称通用公司对新技术的研发和对环境友好型产品的营销投资都会在 2005~2010 年之间翻倍。新技术包括风力发电、太阳能电池板、煤气化发电站、以柴油发动机发电的混合型火车头、更有效的飞机引擎和配件、改进的水净化和保存系统以及可以降低喷洒农田所需的水和杀虫剂用量的农用硅。通用电气拥有全球风能市场约 15% 的份额,这一数字将会以每年 10%~15% 的速度增长。通用全球研究中心的总工程师詹姆斯·莱昂斯说:

"风能产业有很多大胆和疯狂的想法,但是这个产业也存在着不可思议的被抑制的需求数量。"②

伊梅尔特预期在 2015 年通用公司超过一半的产品收入将来源于环境友好型产品。他保证在 2012 年,通用电气的能源利用率将提高 30 个百分点,其世界范围内的温室气体排放量将降低一个百分点,但是如果不采取任何措施的话,该排放量将增加 40 个百分点。通用电气将会发表该公司的第一份《公民报告》,展示他们这项新行动的计划和相关问题。③

通用电气的战略行动会降低其经营对环境的负面影响。通用电气未来的责任风险和联合抵制风险也被降低了,同时其公司的形象和信誉均有所改善。通用电气希望其更加环境导向性的公司战略可以带来收入和利润的增加,以及竞争优势的提升。伊梅尔特对此做出的概括可能最为精辟:"我们正处在一个提高能源效率和减少排放与赢利同等重要的关键时刻。"④

11.1.2 芝加哥气候交易

芝加哥气候交易已在第 7 章讨论过。它是一种自愿交易碳排放执照的系统,该系统的建立是基于美国会在未来实行强制性碳排放限制和排放权交易计划的预期。作为进入交易所的条件,成员公司和组织必须保证在 2006 年减排 4% 的温室气体。这些成员公司包括福特、杜邦、摩托罗拉、IBM 和百特。这是一个新的可以帮助减缓全球变暖的商机。这一商机还会降低成员企业的全球变暖所带来的风险。

11.1.3 格蕾琴·戴利

格蕾琴·戴利是斯坦福生物保护中心热带研究项目的主管,她认为这些基于市场的体系能用于保护生物多样性和生态系统。戴利认为生态系统不应该被看做是一片未开发的空地,而是

"即使要补偿土地所有者为维持森林所付出的代价也绝不能随意浪费的实物资产。"⑤

她举出哥斯达黎加开创性的体系的例子。哥斯达黎加政府对土地所

第 11 章
希望与机遇

有者进行支付以使他们不砍伐森林。森林可以被认为是一种资产,而政府支付可以被认为是用来维持森林所提供的服务,包括清洁的水源、洪水控制、栖息地和生物多样性,并推动生态旅游。自从这个项目启动后,哥斯达黎加已经从森林砍伐率最高的国家之一变为该比率最低的国家之一。

她提到的另外一个例子是 2005 年 3 月份启动的生态系统市场。该市场是世界上第一个生态系统资产的清算所,为买方和卖方提供了交易平台。她举出一个开发商为购买一对啄木鸟而支付 10 万美元的例子。买方正在开发一片有啄木鸟生存的土地。卖方则拥有这对啄木鸟所栖息的土地,并将保护啄木鸟的栖息。虽然这一市场尚处于初级阶段,但可以想像一下 50 年前还没有股票期权市场的情况。[6]

在一篇同多人合作发表在《科学》上的一篇文章里,戴利总结了她理念的精髓:

"世界的生态系统是一种资产。如果这些资产得到合理的经营的话,它们可以提供一些重要的服务,这些服务包括产品的生产(如海产品和木材),生命支持过程(如授粉和水净化)和能赋予生命以意义和价值的条件(如美丽和平静)。而且,从保留选择权(如可供未来使用的基因多样性)的角度来看,生态系统也是有价值的。"[7]

随着生态系统及其服务的评估而发展起来的经济和市场体制提供了巨大的商机。特别是,这些生态系统的价值及其提供的服务过去被经济市场所忽略。这种状况正在开始有所改变,并将随着生态系统压力的增加和价值的提升而不断改善。

11.1.4 丰田

丰田是现今世界上最成功的公司之一。由于预期温室气体排放量的减少和可能出现的石油短缺,丰田于 1997 年在日本本土推广了其第一批大量生产的汽车普锐斯。在因普锐斯出名的同时,丰田也采取了一些其他的环保行动。比如,2000~2004 年间丰田所产汽车的平均能源消耗量减少了 17% 以上。丰田的 5R 计划——精炼、减少、再利用、循环和找回能源——目的在于减少浪费。丰田已经减少了 68% 的陆上废弃物排放量,并把目标定在了98%的减少量。丰田已经连续六年百分百地遵从了极具挑战性的危险废弃物监管要求,这可以使其未来免于承担超级基金责任。在遵守欧盟和日本的回收法及废弃物监管要求的同时,丰田还自愿地在其在美国的运营过程中沿用这些措施。

丰田还提出了一些社会公平计划。公司整合了数个项目以减少雇员工伤,其中包含一项将六种可能导致残疾和死亡的事故的发生率降低到零的计划。丰田组织对儿童进行交通安全教育,宣传安全带及儿童安全座的正确使用。丰田公司还向很多非政府组织和慈善团体进行捐赠。

作为世界混合技术的领头羊,丰田公司在2005年汽油价格上涨时在市场上的定位非常准确。由于福特和通用汽车一直重视发展大型运动型轿车和卡车,它们正在糟糕的财务业绩、大幅度裁员和债券定价接近垃圾债券的状况中挣扎。与此同时,丰田公司正创造破纪录的财务绩效。如果现在的局势持续的话,丰田将会取代通用公司和福特成为全球领先的汽车制造商。与丰田相比,通用汽车和福特面临的医疗和养老金成本异常地居高不下,而丰田减少可持续风险成本的努力合理地解释了其破纪录的财务绩效。确实,在2005年1月,在瑞士达沃斯举行的世界经济论坛上,《公司骑士》杂志公布了其世界上100个最可持续的公司名单,其中,丰田公司位居榜首。⑧

11.1.5 整体煤气化

由诸如太阳能和风能这些可更新能源带来的商机,已经在本书前面的部分讨论过(参见第7章)。虽然人们很重视发展再生能源,但煤将被用作发电站的重要能源物质仍是被广泛承认的事实。一种新的技术——叫做整体煤气化联合循环——可以将煤转换成为一种相对清洁的气体,这种技术运营更有效率(大约提高10%~15%)而且用水量更小(大约为以前的40%)。另外,该技术有潜力最终消除温室气体的产生。

整体煤气化是在产业上游寻求杜绝污染物的绝佳案例,这样就不必在下游清除污染物了。从未被燃烧的气化煤中用化学方法剥离污染物质要比从煤燃烧后的废气中去除污染物更为有效并且花费更少。一半的二氧化硫和氮化合物及95%的汞在燃烧前可以被去除。从抑制全球变暖的角度来看,整体煤气化技术能够在燃烧前捕获煤中的碳。那些被捕获的碳需要被固定下来，往往是在某种地质构造中被截存。

令人感到惊讶的是，这个技术10年前在坦帕电气的工厂就已经得到实行，但坦帕却是如今唯一在实施该项技术的商业性质的工厂。这种技术没有在其他工厂使用的主要原因是，与传统燃烧煤粉的工厂相比，坦帕工厂的修建成本要高出20%。一项联邦补助帮助他们支付了额外的成本。而碳汇过程将会增加更多的成本，因此，如果没有像《京都议定书》这样的条件带来的财务激励的话，简单的经济考量不能使这种工厂对厂商、纳税人或者政府官员产生足够的吸引力。

我们可以有力地证明整体煤气化技术可以通过减少汞、二氧化硫、氮氧化物和温室气体的排放量降低长期的可持续风险。假如美国采用强制性温室气体排放量限制，就一定会出现更多的整体煤气化工厂。诸如通用电气和柏克德这样的公司如今正在制定修建整体煤气化工厂的战略。商业机遇现已存在，而在未来的某一时刻，这种机会几乎肯定会增长。[9]

11.1.6 伟城工业有限公司

泰克高中辍学，一直到1989年还是一个卡车司机。他认为从新加坡垃圾堆里丢弃的电子元件中筛取有价值的金属能够挣到更多的钱，因此他辞去了工作，决定从事电子废弃物再加工。现在，他的公司——伟城工业有限公司——是世界上最大的公司电子废弃物的处理商。该公司占领了电子废弃物循环利用的公司市场的70%。这些公司客户包括英特尔、诺基亚和惠普。

因为位于新加坡，伟城工业需要接受非常严格的环境制度的监督。电子废弃物通常被运往亚洲贫穷的国家，在那里，工人不穿戴任何保护性的装备就对危险废弃物进行整理。诸如铅、镉和汞这样的有毒物质经常会污染水系。而在有严格的环境和劳工安全管制的高科技模式下处理这些废弃物可以降低可持续风险的成本。

德意志银行预测从2004年到2006年伟城的营业额会翻一番，利润会是以前的三倍。而伟城只是单一处理废弃电脑的公司。仅在美国，在2004年就有多达1亿部移动电话报废。在过去3年内，北美国家的移动电话更新周期从3年降到了18~24个月，而且该周期还在不断缩短。随着欧盟《废旧电器法令》和《电器及电子设备有害物质限制法令》的出台（参见第9章），以及中国台湾、日本和韩国，还有美国一些州（加利福尼亚、马萨诸塞、明尼苏达和缅因州）类似法律的颁布，各种形式的电子废物回收的潜在市场是巨大的。这些新的监管及自愿的措施，会使破坏环境的、危险的工作实践向现代高科技运营转变。正如伟城工业有限公司的例子所展示的，这些减少并消除可持续风险的努力将会带来商机。[10]

11.1.7 好事多

沃尔玛因为其员工工资和福利水平之低而遭到强烈的谴责。由160万女性员工对沃尔玛提起的集体歧视诉讼案件体现了本书所描写的最大的社会公正风险之一。沃尔玛，全球营业收入最高的公司，申辩说其需要压低工资和福利水平以维持其商品的低价格。

好事多是沃尔玛的竞争者，在财富杂志评选的500强公司中排名29位。好事多不但对沃尔玛具有竞争力，而且没有招致类似针对沃尔玛的那种负面评论。好事多的正面形象通过《商业周刊》提供的数据可以得到解释（见表11-1）。

表11-1

	好事多	沃尔玛
平均小时工资	15.97美元	11.52美元
员工人均年医疗成本	5 735美元	3 500美元
医疗计划覆盖率	82%	47%
员工人均年退休金成本	1 330美元	747美元
退休金计划覆盖率	91%	64%
雇员流动率	每年6%	每年21%
人工费用	销售额的9.8%	销售额的17%
每平方英尺销售额	795美元	516美元
人均利润	13 647美元	11 039美元
年营业收入增长	10.1%	9.8%

资料来源：斯坦利·霍尔姆、温迪·泽尔纳，《好事多模式》，载《商业周刊》，2004年4月12日。

第 11 章
希望与机遇

好事多公司的工资和福利水平比沃尔玛提供给其员工的要高出许多,但是很显然该公司还是具有竞争力的。这是怎么实现的呢?好事多的员工的流动率更低且生产效率更高,而且正如表 11-1 所展现的那样,好事多公司的利润可以与沃尔玛公司相差无几。好事多公司的战略不但降低了像沃尔玛公司的集体歧视诉讼案件那样的可持续风险成本,而且还提高了员工满意度和工作效率,实现了有竞争力且有利可图的经营模式。用好事多公司总裁詹姆斯·希奈格尔的话来说:

"合理支付雇员不仅是正确的做法,也具有很大的商业意义。"[11]

11.1.8 联邦快递

联邦快递的柴油卡车给其运输业务带来了经济和环境上的风险。如果石油价格上升或者供给受限的话,公司的财务就会陷入困境。从柴油的燃烧中排放出来的污染物和温室气体会给公司带来责任风险、联合抵制风险或声誉风险。2000 年,美国环保协会建议联邦快递使用混合燃料车替代老式柴油车。双方就此达成了合作。经过仔细的考虑后,联邦快递承诺在 10 年内将其 30 000 辆快递货车全部替换成油电混合车。2004 年 3 月,最早的两辆混合车在加利福尼亚投入使用。

虽然混合能源车的初始造价昂贵,但是其燃料成本可以降低一半,这会节约资金并减少联邦快递对石油市场的依赖程度。由于使用了再生制动系统,刹车的磨损程度有所减少,这对走走停停的运输用车辆而言非常重要。通过节省燃料和降低维修费用,联邦快递可望在 10 年内收回投资在混合能源车上的成本。

更少地燃烧燃料降低了烟雾、污染物和温室气体带来的环境成本。微粒排放量减少了 90%。这对历来高污染的行业而言明显具有良好的公众效应。联邦快递的战略减轻了其潜在责任风险和联合抵制风险,而且,如果强制性温室气体排放限制通过立法,该战略还可以减轻其未来的监管风险。

联邦快递的行为影响了其他很多公司。其主要竞争对手 UPS 甚至在更早的时候就开始使用替代技术。UPS 拥有近 2 000 辆靠天然汽油和其他燃料运行的货车,而且该公司正在测试一种零排放氢能源燃料电池。尽管如此，联邦快递将其整个车队换成混合能源车辆的决定肯定会引起UPS的关注。伊顿公司被联邦快递选中为其混合能源车辆制造电机能源系统，该公司因此收到明显的经济效益。公共事务组织美国邮政管理局、甚至国防部和能源部都在制订使用混合能源车辆的计划。消费者顾问鲍尔公司预测，到2008年将会有500 000辆混合能源车辆行驶在路上，其中40%会是卡车。[12]

11.1.9 绿色建筑

绿色建筑为革新和发展新的设计和建筑方法展现了巨大的商机。欧洲已经在绿色建筑方面活跃了几十年，相比之下，美国在2000年左右才开始参与进来。一个重要的转折点伴随着LEED（能源环境设计引领）证书的发展在2000年到来。LEED证书由美国绿色建筑协会颁发，该组织是创办于1993年的非营利性组织，由众多设计者、开发者、政府机构、建筑者、环境论者和厂商组成。在LEED证书之前，不存在绿色建筑的标准。有些人声称建造了绿色建筑，但是没有人确切地知道这意味着什么。

LEED证书和绿色建筑通常包括将能源和水的使用、可持续产品的使用、无毒和再循环原料的使用降到最低，并且强调使用公共交通或共用汽车、绿色屋顶以及最大化利用新鲜空气、日光、风景和户外接触等自然条件。绿色建筑的初始投资成本会高出1%~16%，而总建筑成本会平均增加6%~7%。LEED认证有四个等级（白金、黄金、白银、普通），等级越高花费越多。

绿色投资可以通过能源的节省、更少的用水量、更少的机械系统、更低的工伤补偿成本、舒适的工作环境、更高效的雇员以及更少的旷工为自身带来效益。加利福尼亚州授权的一项对其33座通过LEED鉴定的建筑的研究发现，这些建筑每平米平均成本要多4美元，但是在20年内，这些建筑每平米可以产生48.87美元（普通和白银级别）到67.31美元（黄金和白金级别）的节约。2004年4月，健赞公司通过LEED鉴定的新型总部在马萨诸塞州坎布里奇市开放。亨利·特米尔这样陈述他的理念：

"这个商业案例说明了我们公司的利润来源于公司人员的生产

第 11 章
希望与机遇

力，而且这个建筑帮助我们雇用并留住那些可以做出正确决策的人。"[13]

此外，良好的公关/广告、改良的公众形象和不断积累的信誉则可以产生更深远的价值。

到 2005 年 6 月为止，已经有 216 座建筑通过了 LEED 鉴定，而且，还有 1 936 座正在进行这个鉴定。更重要的是潜在市场。绿色建筑专家预测，政府和机构建筑中的 20% 都在朝着 LEED 标准进行修建，但是商业建筑的比例只有 5%。另外，针对房客租赁房屋、现有的住宅建筑和社区开发的新的 LEED 鉴定程序正在制定过程中。[14]

威廉·麦克唐纳的工作在这本书中已经进行了强调，他现在正在对中国灌输有机与绿色建筑和其他可持续战略的思想。他与中国房地产协会进行了合作，该协会负责在接下来的 12 年里为 40 万人修建住房。麦克唐纳的公司正在与房地产协会合作设计 7 座新的城市。他使用了新的无毒聚苯乙烯，这种材料坚固、轻巧而且有极佳的绝缘性能。新型厕所最小化了用水量，种有竹子的沼泽地可以净化废弃物，而且还在屋顶上种植作物。他建议可在那些大面积的边缘空地上架设太阳能电池。[15]

可持续领域的专家一直担心中国的经济增长会使其成为美国式的消费国家，这会给中国留下严重的环境问题。一种减轻环境污染的方法是，中国在其他国家的帮助下根据其技术发展水平采用可持续发展的技术。威廉·麦克唐纳的工作就是采取这样一种战略的杰出例子。

11.1.10 其他

因为篇幅有限，我们不能讨论更多的案例，下列是一些并未在本书中提及的资料。发表在《财富小企业》中的一篇文章《新淘金热的到来》，描述了 14 名企业家准备在即将到来的绿色革命中获利的计划。[16] 下面列出了这些企业家名称、企业名称和商业概念：

　　金伯利·乔丹，新比利时啤酒公司首席执行官，科罗拉多州福特柯林斯：环保激情，创造金牌啤酒。

　　西蒙·霍德索耶姆，地壳公司首席执行官，马里兰州路德维尔：使用可降解保障，缓解快餐垃圾的堆积。

企业生存
可持续风险管理

约翰·杨，阿斯气凝胶公司首席执行官，康·李，阿斯气凝胶公司创始人，马萨诸塞州马尔博罗：使用超薄绝缘材料以节省木材和能源。

米奇·洛夫斯基和托德·西尔伯曼，"更美好的世界"俱乐部创始人，俄勒冈州波特兰：没有游说的汽车俱乐部。

布鲁斯·弗格森，伊甸园公司创始人、首席执行官，弗吉尼亚州杜勒斯：利用常见植物来清理受污染的土地。

汤姆·丁伍迪，宝维智能照明首席执行官，加利福尼亚州伯克利：更有竞争力的太阳能。

丹·尤尔，丹玛公司创始人，明尼苏达州伍德斯托克：风能——增加农民收益。

约翰·麦基，统一食品市场公司创始人、首席执行官，得克萨斯州奥斯汀：健康制品专营超市。

威尔·彼特森，弗莱斯卡首席执行官，华盛顿州西雅图：汽车共享公司。

朱迪·威克斯，白狗咖啡所有者，宾夕法尼亚州费城：善待地球即善待财富。

罗格·维滕贝格，特雷斯公司共同创始人，弗吉尼亚州温彻斯特：减少塑料填埋。

里奇·马里奥，积极生活宠物用品公司总裁，斯科特·莱斯菲尔德，积极生活宠物用品公司首席运营官，科罗拉多州博尔德：为家猫制造有机食品。

莱罗伊·奥尔森，尼亚动力系统公司创始人，华盛顿州博瑟尔：在笔记本电脑中使用硅能源电池。

奥利弗·皮帕斯，麦塔博里克斯公司创始人，马萨诸塞州坎布里奇：利用植物内在生命力制造塑料。

帕梅拉·戈登撰写了著作《高效和绿色制造》。[17]在该书中，她描述了下面20家组织的成功案例。

安捷伦科技	京瓷公司
苹果电脑公司	路易斯安那—太平洋联合公司
英国宇航公司	LSI 逻辑公司
天弘公司	NEC 公司
康柏电脑公司	飞利浦电子
地平线有机乳业公司	宝丽莱公司
IBM 公司	英特尔公司
ITT 科能，美国 ITT 工业集团的分支	加利福尼亚圣莫尼卡
ITT 基尔菲兰	索尼公司
	德州仪器公司

第 11 章
希望与机遇

汤姆逊多媒体

在我的可持续性风险管理课上，我让学生选择一个公司并分析该公司的环境和社会公正记录。基于他们的成果，我把这些公司进行了分类。拥有强大的环境和/或社会记录的公司包括：

强生	辛辛那提能源公司	江森自控
UPS	安豪泽—布施	3M
施乐	威立雅	通用磨坊
丰田	天木兰	好事多
佳能	百特	戴尔电脑

一些公司一开始忽视了其环境和社会公正问题，然后遇到了联合抵制，但是他们做出了积极的改变以矫正这些问题。很多公司已经不仅在修正这些问题，而且建立了值得效仿的可持续发展制度。下面列出了这些曾受联合抵制问题困扰的公司。

丹尼斯（种族歧视）　　　　　　　　家得宝（老龄林区）
宜家（产品中的甲醛）　　　　　　　花旗集团（为破坏环境的项目融资）
奇基塔香蕉公司（不良的劳工及环境记录）　波依斯卡斯卡得（老龄林区）
耐克（血汗工厂）　　　　　　　　　阿迪达斯/索罗门（血汗工厂）
壳牌石油(布伦特湾及尼日利亚漏油事件)

艾凡达（雅诗兰黛）、本杰里（联合利华）和巴塔哥尼亚这三个公司一开始就很重视环境和社会责任。而有几个公司的环境和社会公正记录很糟糕。这些公司的名字没有被列出来是因为在本章我的重点是介绍积极的案例和商业机会。

11.2 生存和繁荣

公司生存需要改革和创新，而改变会带来机遇和潜在的繁荣。所有上面举出的商业机会的例子都有一个共同的特点：它们都努力去改善环境质量或社会公正状况，或者二者兼顾。它们象征着创造性的、前瞻性思维的商业，这些商业是关于未来一代的。事实上所有的机会都已经或者将会创造积极的财务成果。通过降低可持续发展风险成本，三条底线的各个方面都会有所改善。对于那些不愿革新的公司，用约瑟夫·熊彼特的话来说，就会出现大量的"创造性毁灭"。做出改变需要巨大的努力和根本态度的转变。正如《枪炮、病菌与钢铁》一书的作者贾德·戴蒙所说的：

"最难丢弃的价值观是在过去帮助过你的那些。"[18]

11.2.1　不可避免的改变

我已经论述过，责任诉讼、联合抵制、股东、竞争者和政策制定者共同的力量会带来必要的改变。公司可以选择引领改变或者被迫改变。我觉得，提升竞争力的杠杆效应、保留生产率高的员工、降低长期的可持续风险成本、减少浪费和能源使用带来的直接节约以及大幅度增强公司声誉这些行动所带来的优势可以支持公司现在就进行改变。所有这些优势会在等待中消逝，等待带来的最坏的情况就是公司无法生存。

显然，公司的改变最好由首席执行官所引领。这方面的诸多例子包括了通用电气的杰夫·伊梅尔特，英特菲斯的雷·安德森和英国石油的约翰·布朗爵士在内的首席执行官们，他们在建设更加可持续的公司方面发挥了领导作用。对刚刚启动可持续工作进程的公司来说，获取 ISO 14001 认证、鼓励（要求）供应商通过 ISO 14001 认证、加入环境责任经济联盟或相关团体、与非政府组织合作、参与联合国项目，以及发布公司可持续报告等行动都有助于推进可持续工作的发展。第 9 章对这些行动的细节及许多其他策略都进行了讨论。

11.2.2　教育

我将此书看做是一个教育工具。正如引言中所述的，可持续风险管理在道德和伦理方面都能够且应该得到强烈的支持。本书的重点在于可持续风险管理教育及为其提供商业案例。正如 3M 公司首席环保官凯瑟琳·里德所说的，"与改变想法相比，重塑商业模式要求进行更多的教育"。[19]

我很高兴在本书的写作过程中阅读了大量其他著作。我为有兴趣的

第 11 章
希望与机遇

读者按字母顺序列出了风险和环境、社会公正、可持续、可持续商业管理方面我个人最推荐的 10 本书。我基于个人观点和专业的态度都与这些书中的观点一致，但即使你不同意他们的理论或论证的某些方面，也可以从这些书中学到很多东西：

约翰·埃尔金顿的《餐叉食人族》
政府间气候变化小组的《气候变化 2001》
威廉·麦克唐纳和迈克尔·布劳恩加特的《从摇篮到摇篮》
保罗·霍肯的《商业生态学》
桑德拉·施泰因格雷伯的《生活在下游》
保罗·霍肯、埃默里·洛文斯和亨特·洛文斯的《自然资本主义》
西奥·科尔伯恩、戴安娜·杜迈洛斯基和约翰·彼特森·迈尔斯的《遗失的未来》
詹姆斯·古斯·斯佩思的《早晨的红色天空》
雷切尔·卡森的《寂静的春天》
朱蒂·拉尔金的《声誉风险战略管理》

11.3 终极风险管理目标

风险管理的基本目标就是保护公司的资产、维护公司的收益（利润），我建议将风险管理的终极目标设为：视生态系统为资本资产加以保护，维持其继续提供生态服务的能力；并且维持公平公正的社会制度。这就是本书所探讨的可持续风险管理的精髓所在。不能达成这一风险管理终极目标的公司将面临不断上升的可持续风险成本。

我在本书中说明了风险管理和保险业应当在制定可持续风险管理体系方面起带头作用。风险经理、保险人、经纪人、咨询顾问和学者都是风险管理的专家。本书的一个主要目的就是帮助他们培养可持续风险管理方面的专长。《商业保险》的资深编辑戴维·兰科库斯提出了一个问题：

"对于许多风险经理来说，是否存在潜在的职业提升机会以帮助指导其所在组织实现理性的处理环境责任的方法呢？"[20]

我的答案总是肯定的。这一肯定的答案不仅适用于风险经理，也适用于所有风险管理过程的参与者。保险人可以提供更多的风险融资，经纪人可以协商签订更多的合约，咨询顾问可以解决更多的问题，教授们也可

企业生存
可持续风险管理

以开展更多的创新研究并向学生传授新的知识。我认为风险专家们有义务更多地参与到可持续风险管理中来。承担风险管理责任的人有义务预期公司当前和未来所面临的风险。也许风险经理并不对环境质量和公司社会责任承担直接的责任，但他们仍然需要系统地处理全公司所面临的可持续风险。

最后的思考

本书的主题是风险、生存、希望、机遇和创新。我试图在书中说明可持续风险管理是如何通过降低环境和社会公正风险来提升公司的财务绩效的。责任诉讼、联合抵制和股东行动得以减少或消除，雇员更加快乐、更有动力、工作更富成效，社会形象得到了改善，声誉有所提升，公司也会获得竞争优势。由此，环境质量和社会公正状况会得到改善，财务、环境和社会三条底线也会呈向上的趋势。

我想引用来自我的母校耶鲁大学的古斯·斯佩思的话来结束本书。古斯·斯佩思是耶鲁大学林业和环境研究学院院长和环境政策及可持续发展问题的教授。在他划时代的著作《早晨的红色天空》中，《最根本的转变》这一章的结语体现了本书的精神：

在未来的几十年里，经济活动将大大增加。从某种意义上说，这种增长能使环境得到保护、再生及恢复。我们还有充足的空间和时间来为世界上的穷人提供可持续的生计，实现所有人生活质量的大幅提高。但如果不立即坚定地采取行动的话，这一切将不会实现。约翰·肯尼迪总统常常会讲述法国总督马歇尔·利奥泰晚年与园丁就是否种植某树种进行辩论的故事。

"它好几十年内都不会开花的。"园丁争论道。

"那么，"马歇尔说，"今天下午就把它种上吧。"[21]

本章附注

① *New York Times*, May 19, 2005.

② Diane Brade, "Reaping The Wind, *Business Week*, October 11, 2004.

第 11 章
希望与机遇

③ This section based on, Kathryn Kranhold and Jeffrey Ball, "GE to Spend More On Projects Tied To Climate Changes," *Wall Street Journal*, May 9, 2005; Alan Murray, "Will 'Social Responsibility' Harm Business?" *Wall Street Journal*, May 18, 2005; Greg Schneider, "GE wants to be seen as green," *Washington Post in The Capital Times*, May 10, 2005; Felicity Barringer and Matthew C. Wald, "G. E. Chief Urges U. S. to Adopt Clearer Energy Policy," *New York Times*, May 10, 2005.

④ Kathryn Kranhold and Jeffrey Ball, "GE to Spend More on Projects Ties to Climate Change," *Wall Street Journal*, May 9, 2005.

⑤ "Investing in Green," *Newsweek*, June 6, 2005.

⑥ 同上

⑦ Gretchen C. Daily, et. al., "The Value of Nature and the Nature of Value," *Science*, Vol. 289, No. 5478, July 21, 2000.

⑧ This section on Toyota was partly based on a paper by Suchitra Karthikeyan, a graduate student in my class who is majoring in environmental engineering.

⑨ Parts of this section from Kenneth J. Stier, "Dirty Secret: Coal Plants Could Be Much Cleaner," *New York Times*, May 22, 2005.

⑩ Parts of this section from Cris Prystay, "Recycling 'E – Waste,'" *Wall Street Journal*, September 23, 2004; Jesse Drucker, "Old Cell Phones Pile Up by the Millions," *Wall Street Journal*, September 23, 2004.

⑪ Stanley Holmes and Wendy Zellner, "The Costco Way," *Business Week*, April 12, 2004.

⑫ Parts of this section based on Charles Haddad and Christine Tierney, "FedEx and Brown Are Going Green," *Business Week*, August 11, 2003; "Corporate Innovation: Delivering Clean Air to NYC and Tampa," www. Environmentaldefense. org/partnership.

⑬ Susan Diesenhouse, "Innovative Boston-Area Buildings at a Green Standard," *New York Times*, April 28, 2004.

⑭ Parts of the above section from Barnaby J. Feder, "Environmentally Conscious Developers Try to Turn Green Into Platinum," *New York Times*, August 25, 2004; Susan Diesenhouse, "Innovative Boston – Area Buildings at a Green Standard," *New York Times*, April 28, 2004; Ted Smalley Bowen, "A Boston Federal Building Is Going Green at age 72," *New York Times*, December 8, 2004; www. usgbc. org.

⑮ This section based on "Designing the Future," *Newsweek*, May 16, 2005.

⑯ "Here comes the new gold rush," in *FSB: Fortune Small Business*, June 2003, Vol. 13, Iss. 5.

⑰ Pamela J. Gordon, *Lean and Green*, San Francisco: Berrett – Koehler, 2001.

⑱ Pat Joseph, "Societies Choose to Fail or Succeed," *Sierra*, May/June 2005.

⑲ Katherine Ellison, "the bottom line redefined," *Nature Conservancy*, Winter 2002.

⑳ Dave Lenckus, "New Environment for Risk Managers," *Business Insurance*, June 16, 2003.

㉑ James Gustave Speth, *Red Sky at Morning*, New Haven, CT: Yale University Press, 2004.

附录 A　环境和社会公正领域的非政府组织及其他机构

领　域	机　构	网　站	介　绍
海洋及水资源	世界水论坛	www.worldwaterforum.net www.world.water-forum3.com	提供世界水论坛相关的信息
海洋及水资源	世界水资源协会	www.worldwatercouncil.org	国际性的有关水资源政策制定智囊团，涵盖了几乎所有与水资源有关的问题
海洋及水资源	世界水评价计划	www.unesco.org/water/wwap	可查阅联合国世界水发展报告
海洋及水资源	供水与卫生协同委员会	www.wsscc.org	提供该组织支持的相关活动的信息
海洋及水资源	2003国际淡水年	www.watertear2003.org	2003国际淡水年的官方网站
海洋及水资源	2003年3月22日—世界水日	www.waterday2003.org	联合国环境计划署拥有的2003年世界水日网站
海洋及水资源	世界水日	www.worldwaterday.org	提供1994年至今的世界水日相关信息
海洋及水资源	西方水资源联盟	www.westernwateralliance.org	美国的关于西方水资源保护的网站
海洋及水资源	海洋生态系统保护组织	www.oceanconservancy.org	保护海洋生态系统和大量多样的海洋生物组织
海洋及水资源	海洋未来协会	www.oceanfutures.org	一个旨在探索海洋、鼓励和教育人们担负起保护海洋的责任、求证人类与自然之间的联系和论述海洋对于其他地球上的生物的生存起到的重要作用的组织
海洋及水资源	上升基准线	shiftingbaseline.org	一项媒体工程——海洋保护组织与好莱坞之间关于提高对海平面降低关注程度的合作

续表

领　域	机　构	网　站	介　绍
海洋及水资源	全球珊瑚礁监测网	www.gcrmn.org	通过提供指导、数据、培训、解决问题和建立基金等方式来改进珊瑚礁的保护和管理工作的网站
森林	雨林行动网络	www.ran.org	提供该组织时刻更新的活动信息并且提供热带雨林情况说明
森林	雨林联盟	www.rainforest-alliance.org	通过国际森林体系认证的美丽森林项目的发起者，提供热带森林及热带雨林的相关信息
森林	森林道德	www.forestethics.org	世界濒危森林保护组织的网站
森林	美国森林	www.americanforests.org	一个旨在鼓励人们种植树木，增进人们对于树木和温室气体之间关系的理解并且保护美国野生动物的组织
森林	森林管理委员会	www.fsc.org	该组织为感兴趣于负责任的林业的公司和组织提供制定标准、商标保证和认证等服务，以促进适宜环境的、有利于社会的、经济上可行的世界森林管理
环境和/或社会公正问题	美国国家环境信托基金会	www.environet.org	提供国家环境信托基金环境事务活动的信息
环境和/或社会公正问题	美国绿色企业合作组织	www.coopamerica.org	为处理当今社会及环境问题提供经济策略、组织能力和实践工具
环境和/或社会公正问题	企业社会责任国际组织	www.stopcorporateabuse.org	通过大型运动挑战世界各地不负责任的、危险的公司行动来保护公众的会员组织

附录 A
环境和社会公正领域的非政府组织及其他机构

续表

领　域	机　构	网　站	介　绍
环境和/或社会公正问题	有机产品消费者协会/基金会	www.organicconsumers.org	关注食品安全、有机农业、公平贸易和可持续问题的联合抵制网站
环境和/或社会公正问题	生态誓约	www.ecopledge.com	该网站介绍大学学生的参与情况，并提供有关生态盟约所发起的游说和联合抵制的信息
环境和/或社会公正问题	科学家关注联盟	www.ucsusa.org	科学家关注联盟将严谨的科学分析与创新的思考和公民的支持相结合，致力于建设更清洁、更健康的环境和更安全的世界
环境和/或社会公正问题	绿色一代	www.generationgreen.org	该网站关注食品、家居中以及全球各地有毒物质的消除，保证下一代的健康
环境和/或社会公正问题	地球政策研究所	www.earth-policy.org	致力于建立环境可持续经济即"生态经济"的网站
环境和/或社会公正问题	自然资源保护委员会	www.nrdc.org	美国最有效的环境活动组织的网站。该组织借助法律、科学以及100万会员和网络活动家的力量来保护地球上的野生动物及自然景观
环境和/或社会公正问题	世界资源研究所	www.wri.org	该网站的主题是保护地球环境及其满足当代及未来人们需求的能力，提供了世界资源研究所进行的约50个项目的信息
环境和/或社会公正问题	塞拉俱乐部	www.sierraclub.org	利用法律手段保护地球自然景观的网站
环境和/或社会公正问题	塞拉俱乐部学生联盟	www.ssc.org	塞拉俱乐部由学生管理的分支，致力于野生保护、可持续及和平问题

续表

领　域	机　构	网　站	介　绍
环境和/或社会公正问题	地球之友	www.foe.org	保护环境，维护世界的健康和公正，提供有关可持续经济福利指数（ISEW）的信息
环境和/或社会公正问题	绿色和平	www.greenpeace.org	绿色和平组织的网站。绿色和平组织的目标在于确保地球有能力维持生物多样性
环境和/或社会公正问题	地球正义	www.earthjustice.org	一家非营利的公共利益律师事务所，致力于保护全球的自然奇观、自然资源和野生动物，维护所有人享受健康环境的权利
环境和/或社会公正问题	世界自然基金会	www.wwf.org	世界自然基金会的网站，以自然保育和全球野生动物与荒地保护为己任
环境和/或社会公正问题	自然保护选民联合会	www.lcv.org	自然保护选民联合会（LCV）是美国全国性环保运动的政治喉舌，是唯一一个全职致力于打造亲环境的国会和白宫的组织
环境和/或社会公正问题	建设未来协会	www.cfactampus.org	建设未来协会的网站，致力于为人类和自然创造更美好的未来，以及处理各类重要的环境和公众利益问题
环境和/或社会公正问题	负责消费者	responsibleshopper.org	提供不负责任的公司名单列表，从社会责任的角度提供购物信息
环境和/或社会公正问题	工作资产	www.workingassets.com	一家长途电话、无线通讯、信用卡及广播公司，以建立一个更公正、更人性化、环境上更可持续的世界为创立目的

附录 A
环境和社会公正领域的非政府组织及其他机构

续表

领 域	机 构	网 站	介 绍
环境和/或社会公正问题	生态标签	eco-labels.org	《消费者联盟生态标签指南》的网站，提供了约114份报告
环境和/或社会公正问题	世界自然保护联盟	www.iucn.org	综合性环保网站，影响、鼓励和帮助全球各社会保护自然的完整性和多样性，确保自然资源的使用是公平的、生态可持续的
环境和/或社会公正问题	公司观察计划	www.corpwatch.org	提供有关该组织针对大公司破坏环境、侵犯人权和公司引致的全球化所发起的游说、联合抵制和行动的信息
环境和/或社会公正问题	美国环保协会	www.environmentaldefense.org	保护人类健康、保卫海洋、稳定气候以及维护生物多样性的组织
环境和/或社会公正问题	美国绿色建筑委员会	www.usgbc.org	美国绿色建筑委员会是美国建筑业各方带头人最重要的联盟组织，致力于推广对环境负责、有利可图、适宜居住和工作的建筑
环境和/或社会公正问题	能源与环境设计引领	www.usgbc.org/LEED	LEED（能源与环境设计）绿色建筑评估体系是自愿的、建立在协商一致基础上的高性能、可持续建筑的国家标准。代表着建筑业各个领域的美国绿色建筑委员会会员制定了LEED体系，并继续为该体系的发展做出贡献
环境和/或社会公正问题	英弗姆	www.informinc.org	英弗姆是一家独立的研究机构，考察商业活动对环境和人类健康的影响，以探寻能保证环境上可持续的经济增长的经营方法为目标，所发表的报告为世界各地的政府、行业和环保领袖所用

续表

领　域	机　构	网　站	介　绍
环境和/或社会公正问题	未来资源	www.rff.org	未来资源通过积极的高水平社会科学研究改善全球环境及自然资源政策的制定。这一著名独立机构专注于环保、能源和自然资源问题的研究，未来资源聚集了一批优秀的学者进行公正的研究，以供政策制定者参考，做出明智的选择
环境和/或社会公正问题	皮尤慈善信托基金会	www.pewtrusts.com	皮尤慈善信托基金通过为公民生活提供信息、政策建议和支持来服务于公众利益
劳工权利或人权	国际劳工权益基金会	www.laborrights.org	国际劳工权益基金会是一个致力于在全球范围内为劳工谋求公正和人性化待遇的组织
劳工权利或人权	宪法权利中心	www.ccr-ny.org	宪法权利中心是非营利的法律和教育机构，致力于保护和促进美国宪法和《世界人权宣言》所保证的权利
劳工权利或人权	促进经济和文化权利中心	www.cesr.org	促进经济和文化权利中心的网站，通过致力于维护所有人广泛的居住、受教育、享有健康及健康环境、获得食物、工作及社会保障的权利来推进社会公正
劳工权利或人权	国际劳工组织	www.ilo.org	提供全球劳工问题综合信息的联合国网站
劳工权利或人权	公平劳工协会	www.fairlabor.org	致力于促进对国际劳工标准的遵守、改善全球工作条件的网站
劳工权利或人权	乐施会	oxfam.org	乐施会是致力于在全球消除贫困及相关不公正现象的非政府组织的国际联合体

附录 A
环境和社会公正领域的非政府组织及其他机构

续表

领 域	机 构	网 站	介 绍
劳工权利或人权	人类发展指标	www.undp.org/hdr2003/indicator	有关人类发展指标的联合国数据库
劳工权利或人权	全球交流组织	www.globalexchange.org	致力于促进全球政治、社会和环境公正的国际人权组织
劳工权利或人权	美国全国劳工委员会	www.nlcnet.org	人权倡导组织，致力于促进及捍卫劳工权利
劳工权利或人权	国际特赦组织	www.amnesty.org	促进《世界人权宣言》所提出人权的组织
劳工权利或人权	草根国际	www.grassrootsonline.org	人权及发展活动组织，向非洲、中东、拉丁美洲和加勒比海地区的合作伙伴提供现金补助及原材料支持
劳工权利或人权	美国学生反对血汗工厂团体	www.studentsagainstsweatshops.org	学校和学生个人反对血汗工厂、维护劳工权益的国际学生活动
劳工权利或人权	血汗工厂监督组织	www.sweatshopwatch.org	以在服装业消除血汗工厂，并提高人们对世界各地血汗工厂及相关公司的认识为目的的组织
劳工权利或人权	劳工权利协会	www.workersrights.org	该协会的目的在于协助制订高等院校所采用的《行为守则》，这些守则的目的在于保证制造服装或其他商品的校办产业尊重基本的劳工权利
劳工权利或人权	全球工人与社区联盟	www.theglobalalliance.org	该组织致力于改善工作条件和发展中国家全球化生产及服务供应链中劳工的前景
社会责任公司治理	全球苏利文原则	globalsullivanprinciples.org	提供有关公司社会责任的《全球苏利文原则》的信息

379

续表

领　域	机　构	网　站	介　绍
社会责任公司治理	社会责任国际	www.cepaa.org	提供有关以在全供应链中保持公正、体面的工作条件为目的的 SA 8000 标准及其认证体系的信息
社会责任公司治理	全球报告倡议	www.globalreporting.org	提供有关全球报告倡议指南的信息，已有 31 个国家的 323 家公司使用该指南来指导规范可持续报告
社会责任公司治理	经济合作与发展组织跨国企业准则	www.oecd.org	提供有关《经济合作与发展组织（OECD）跨国企业准则》的信息，该准则是一系列非法律约束的跨国企业经营标准
社会责任公司治理	环境责任经济联盟	www.ceres.org	提供环境责任经济联盟年报、联盟认可公司的绩效评估及其发布的公司环境/可持续报告，也提供环境责任经纪联盟环境无害经营原则的信息
社会责任公司治理	社会及伦理责任中心	www.accountability.org.uk	致力于促进社会、伦理和整体组织责任这一可持续发展前提条件的网站，提供有关 AA1000 框架及其系列的信息
社会责任公司治理	新经济基金会	www.neweconomics.org	提供有关社会审计和会计的信息
社会责任公司治理	企业责任国际中心	www.mattel.com/about_us/Corp_Responsibility/cr_mattel.asp	有关公司责任的网站，提供有关《良好操作规范（GMP）》和企业责任国际中心审计报告的信息
社会责任公司治理	全球商业网络	www.gbn.org	全球商业网络创建于 1987 年，是对未来的思考及塑造有着强烈的探索欲、合作精神及有力的新工具的独特学习团体

附录 A
环境和社会公正领域的非政府组织及其他机构

续表

领　域	机　构	网　站	介　绍
社会责任公司治理	全球契约	www.unglobalcompact.org	提供有关联合国全球契约的信息，该项目寻求提升公司的责任感以使业界也成为全球化挑战解决方案的一部分
社会责任公司治理	国际标准化机构	www.iso14000.org	负责国际标准化组织（ISO）制定的环境管理系统国际标准 ISO 14001
社会责任公司治理	道德贸易联盟	www.ethicaltrade.org	道德贸易联盟是公司、非政府组织和工会组成的联盟，共同致力于执行高劳工标准的行为守则、识别并采用利于道德贸易的经营措施，包括如道德采购标准等道德守则条款的监督和独立认证
社会责任公司治理	英国保险业协会	www.abi.org.uk	英国保险人协会是英国保险业的行业协会，为社会责任投资提供指南
社会责任公司治理	美国商务社会责任协会	www.bsr.org	帮助成员公司在尊重道德价值观、民族、社区和环境方面获得成功的全球性组织
社会责任公司治理	企业信息搜集	www.corporateregister.com	列出了发布社会责任和环境"可持续"报告的公司
社会责任公司治理	企业社会责任新闻网	www.cswire.com	提供了约 100 家公司发布的可持续报告以及数十份有关社会责任问题的公司新闻稿
社会责任公司治理	全球环境管理协会	www.gemi.org	全球环境管理协会于 1990 年在美国成立，是对负责任消费者需求变化的认识提高的产物。其核心任务是帮助企业在环境、健康和安全方面追求卓越

企业生存
可持续风险管理

续表

领　域	机　构	网　站	介　绍
综合环境保护	社会公民	www.citizen.org	该组织致力于实现政府的公开和民主问责制；消费者在法院判决中获得救济赔偿的权利；清洁、安全、可持续的能源；政治、经济上公平的贸易政策；强有力的健康、安全和环境保护；安全、有效、可负担的处方药和医疗服务
综合环境保护	透明国际	www.transparency.org	唯一的国际反腐败非政府组织，组成了有力的民间力量、企业和政府联盟
动物权利	动物关怀协会	www.animalconcerns.org	该组织相当于互联网上与动物权利及福利相关信息的清算所
动物权利	动物权利	www.animalrights.net	动物权利的倡导者常常在社会对动物的利用方面误导公众和歪曲事实。这个网站对动物权利运动提供了批判性的分析，反驳了很多该运动提出的要求
动物权利	动物怜悯组织	www.mercyforanimals.org	动物怜悯组织采取了很多必要的措施来终止工厂化农业、娱乐中对动物的虐待、血腥的皮毛贸易、动物测试及其他动物所受到的不公正对待
动物权利	动物诉讼基金	www.aldf.org	动物诉讼基金采取直接的法律行动来保护动物免受非法利用和虐待，致力于为动物权利谋求法律支持
动物权利	人道对待动物协会	www.peta-online.org	该组织致力于推进人们对动物受尊重权利的认识，反对娱乐和动物试验中对动物的虐待

附录 B 社会责任投资领域的机构

领　域	机　构	网　站	介　绍
社会责任投资	股东行动网	www.shareholderaction.org	为社会责任投资提供股东请愿方面的信息分析交换服务
社会责任投资	股东行动主义中心	asp.sriworld.com/domini/sa/index.cgj	就广泛的社会和环境问题提供股东解决方案的数据库
社会责任投资	跨宗教企业责任中心	www.iccr.org	一个社会责任投资网站
社会责任投资	（美国）社会投资论坛	www.socialinvest.org	综合性社会责任投资网站，提供社会责任投资趋势报告
社会责任投资	投资者责任研究中心	www.irrc.org	一家独立研究公司，在提供有关影响投资者和公司的公司治理和社会责任等问题的高质量、公正信息方面处于领先地位
社会责任投资	创新投资战略价值顾问公司	www.innovestgroup.com	一家国际知名投资研究顾问公司，专门研究公司在环境、社会责任、策略治理方面的绩效，尤其关注这些方面对公司竞争力、盈利能力和股价的影响
社会责任投资	人行道	www.crosswalk.com	基于基督教原教旨提供"价值报告"，批评公司提供反家庭娱乐等活动。使用时先点击"工具"，再点击"调查"
社会责任投资	组合投资公司	www.foliofn.com	提供投资服务，即基于不同的筛选标准提供六个社会责任股票组合，股票也可以进行个性化组合

续表

领　域	机　构	网　站	介　绍
社会责任投资	莫特利小丑网站	www.themotleyfool.com	提供社会责任投资讨论区
社会责任投资	机构股东服务公司	www.issproxy.com	为机构投资者和发行股票的公司提供代理投票和公司治理方面的解决方案
社会责任投资	富时社会责任指数	www.ftse.com	富时社会责任指数系列，一组基于社会责任、环境和管理等标准评估富时全股指数的成员股（不含烟草行业、核及武器系统）的基准指数和可交易指数
社会责任投资	社会基金	www.socialfund.com	社会责任投资方面最大的个人网站，提供超过1800家公司的有关社会责任和伦理方面的信息
社会责任投资	道·琼斯可持续发展指数	www.sustainability-indexes.com	道·琼斯可持续发展指数是第一个追踪全世界主要可持续主导公司的财务绩效的全球性指数
社会责任投资	社会责任投资组织	www.socialinvest.org	致力于推广社会责任投资理念、推进社会责任投资实践与增长的会员组织

索 引

Account Ability (AA) 1 000 management system　　社会责任会计标准
　　AA 1000 管理系统　　61,327 – 328
ACE　　安达保险集团　　353
Advanta/rape(genetically modified canola)　　埃德瓦塔/油菜(转基因油菜)　　270 – 271
Algae blooms　　赤潮　　26
Alien Tort Claims Act (ATCA)　　《外国人侵权索赔法案》　　144,378
Alliance for Environmental Innovation　　环保创新联盟　　320
Altomare, Mary, *The Natural Step for Business*, (Nalltrass and Altormare)　　玛丽·奥尔托毛雷,《企业发展的自然之步》(纳尔特拉斯、奥尔托毛雷合著)　　303,306,308
　　Dancing with the Tiger, (Nalltrass and Altomare)　　《与虎共舞》(纳尔特拉斯、奥尔托毛雷合著)　　306,308
Amazon rainforest, deforestation of　　亚马孙雨林,森林采伐　　32 – 33
American International Group (AIG) of EIL insurers　　环境损害责任险保险人美国国际集团　　350 – 351,303
Andersen, LLP, collapse of　　安达信的倒闭　　6,101 – 103
Anderson, Ray, 5,305 – 306　　雷·安德森
Aon　　怡安保险　　353
aquifers. *See* water resources　　蓄水层,见水资源
ARCH　　雅克保险　　353
arsenic contamination of groundwater　　地下水砷污染　　44 – 45
asbestos-related litigation　　与石棉相关的诉讼　　63,72,167 – 172
　　financial impact of　　石棉诉讼的财务影响　　189 – 197
　　lessons of　　石棉诉讼的教训　　197 – 199
Asian Brown Cloud　　亚洲褐云　　45

Association of British Insurers　英国保险人协会　130－131
　　Investing in Social Responsibility：*Risks and Opportunities*　《社会责任投资：风险与机遇》　116,124,286
attorney-client privilege　律师——当事人豁免权　78－79
Aventis, StarLink（genetically modified）corn episode　安万特/星联（转基因）玉米案例　268－270

biodiversity　生物多样性　34－36
Blue Angel Label program（Germany）　蓝天使标志计划（德国）　105－106
Boise Cascade, old-growth logging policy change　波依斯卡斯卡得公司,古树砍伐政策的改变　92－94
Bovine spongiform encephalopathy（BSE）　牛绵状脑病　263
boycotts, *See also* reputation risk（s）　公众抵制,也见声誉风险　107－109,141－142,218
Braungart, Michael, *Cradle to Cradle*（McDonough and Braungart）　迈克尔·布劳恩加特,《从摇篮到摇篮》（麦克多诺、布劳恩特合著）　61,295－298,301－302,403
Brockovich, Erin　艾琳·布劳克维奇　2－3
Brodeur, Paul, asbestos reporting of　保罗·布尔对石棉危害的报道　168
Broughton Island, PCB contamination of　布劳顿岛的多氯联苯污染　39
Brown, Lester, *Outgrowing the Earth*　莱斯特·布朗,《超出地球极限》　28－29
Brown Shoe Company　布朗鞋业　75
Bruntland Report（*Our Common Future*）　"布伦特兰报告"（《我们共同的未来》）　3
Bt（genetically modified）cornBt　基因玉米　255,257

California, greenhouse gas regulations　加利福尼亚州的温室气体监管　220

Calvert Social Investment Equity Fund　　卡维特社会责任投资基金　　123–124
Carbon Disclosure Project　　碳排放披露专案　　129,221,233,236–237
carbon dioxide emissions. See also global warming　　二氧化碳排放,也见全球变暖　　129,227–228
　　liability for　　二氧化碳排放责任　　68–69
　　trading of　　温室气体排放交易　　237–238
carcinogens. See chemicals, synthetic　　致癌物质,见人造化学物质
Carson, Rachel　　雷切尔·卡森　　42
　　Silent Spring　　《寂静的春天》　　299,403
Cartagena Protocol on Biosafety　　《卡塔赫纳议定书》　　266
CERES. See Coalition for Environmentally Responsible Economies (CERES)　　环境责任经济体联盟
Certified Forest Products Council　　注册森林产品委员会　　8
chemicals, synthetic　　人造化学物质　　37–42
　　chlorofluorocarbons (CFCs)　　氯氟烃　　298–299
　　correlation with disease　　人造化学物质与疾病的相关性　　38–40, 65–66
　　DDT　　双对氯苯基三氯乙烷　　299–300
　　polychlorinated biphenyls (PCBs)　　多氯联苯　　300–301
　　testing of　　人造化学物质检测　　316–319
Chevron Texaco, litigation against　　针对雪佛龙德士古公司的诉讼　　145–146
Chicago Climate Exchange　　芝加哥气候交易所　　237,391
chlorine bleaching　　氯漂白　　61
chlorofluorocarbons (CFCs)　　氯氟烃　　298–299
Chubb　　丘博保险集团　　353
Citigroup　　花旗集团
　　Camisea rainforest development project　　卡米赛阿雨林开发项目　　99–101
　　partnership with Rainforest Action Network　　花旗集团与雨林行动网络的合作　　325–326

Citiraya Industries　　伟城工业有限公司　　394－395
claims–made policies　　索赔发生制保单　　360
climate change. *See* global warming　　气候变化,见全球变暖
Coalition for Environmentally Responsible Economics（CERES）　　环境责任经济体联盟　　60,127,328－329

　　Corporate Governance and Climate Change　　《公司治理和气候变化》　　233

　　Investor Guide to Climate Risk　　《投资者气候风险指南》　　222

　　Investor Progress Report：Results Achieved Since the 2003 Institutional Summit on Climate Risk　　《投资者进展报告:2003年机构投资者气候风险峰会以来的成果》　　222

　　Value at Risk　　《在险价值》　　222

Cogan,Douglas G.,*Corporate Governance and Climate Change*　　道格拉斯·科根,《公司治理和气候变化》　　233

Colborn,Theo,*Our Stolen Future*（Colborn,Dumanoski,and Myers）　　西·科尔伯恩《遗失的未来》(科尔伯恩,杜迈洛斯基,迈尔斯)　　40－41,42,303－304,403

Comprehensive Environmental Response, Compensation and Liability Act（CERCLA）.*See* Superfund　　《综合环境应对、赔偿和责任法案》,见《超级基金法案》

Conservation International,partnership with Office Depot　　保护国际与家得宝的合作　　321

Co-op America,"Guide to Researching Corporations,"　　美国合作组织,《组织研究指南》　　108

coral reefs　　珊瑚礁　　25
corporate governance　　公司治理　　131－132
The Corporate Register　　企业信息记录公司　　76,290
Costco　　好事多　　395－396

Daily,Gretchen　　格雷琴·戴利　　392

　　The New Economy of Nature：The Quest to Make Conservation Profitable　　《新生态经济:使环境保护有利可图的探索》　　21

deforestation 森林采伐 31-34
    of Amazon rainforest 亚马孙雨林 32-33
DES(diethyl-stilbestrol) 乙烯雌酚 65-66
desertification 沙漠化 34
Design For Environment(DFE) management system 环境化设计管理系统 61,289,302-304
discovery process in litigation 文件查阅程序 74-75
DNA testing, to establish proximate cause 用以确定近因的DNA测试 64-65
Domini Social Index(DSI) 多米尼社会指数 123
Dow Jones Sustainability Indexes(DJSI) 道·琼斯可持续指数 118-120
droughts 干旱 30
Dumanoski, Dianne, *Our Stolen Future*(Colborn, Dumanoski, and Myers) 黛安娜·杜迈洛斯基,《遗失的未来》(科尔伯恩、杜迈洛斯基、迈尔斯合著) 40-41,42,303-304,403
Dybdahl, David 大卫·迪布达尔 286,350,353

Earth Policy Institute, *Outgrowing the Earth* 地球政策研究所,《超出地球极限》 28-29
Easement 地役权 323-324
eco-labeling 环保标识 105-107
Eco-Management Audit Scheme(EMAS) 欧盟生态管理及审计体系 60
ecosystem services 生态系统服务功能 18-19
    biodiversity and 生物多样性 34-36
    desertification stress 沙漠化威胁 34
    excess demand for 超额需求 21-22
    fisheries 渔业 22-25
    forests 森林 31-34
    genetic pollution from GM foods 转基因食物导致的基因污染 260-262

global climate change and (see also global warming)　全球气候变化
　　（也见全球变暖）　216－217
liability for damage to　损害生态系统服务功能的责任　62－63
oceans　海洋　25－27
research and data collection　研究和数据收集　79－80
valuation of　估价　19－22
Elkington,John,　约翰·埃尔金顿　3,5
　　Cannibals with Forks　《餐叉食人族》　48,77,403
Ellison,Katherine,*The New Economy of Nature*：*The Quest to Make Conservation Profitable*　凯瑟琳·埃利森,《新生态经济：使环境保护有利可图的探索》　21
email,discovery of　电子邮件的发现　74－75
employment practice liability（EPL）coverage　雇佣责任险　377
endocrine system,effect of chemical pollutants on　化学污染物对内分泌系统的影响　40
Enron　安然　101－103
Environmental Defense　美国环保协会　319－320
　　and Alliance for Environmental Innovation　环保创新联盟　320
environmental impairment liability（EIL）policies and insurers　环境损害责任险（EIL）保单及保险人　350－353
　　types and features of policies　环境损害责任险保单的类型及特征　353－362
environmentalism　环保主义　6－8
Environmental Liability Act（Germany）　环境责任法（德国）　66,372－373
Equator Principles　赤道原则　329
European environmental insurance markets　欧洲环境保险市场　368－375
European Union　欧盟
　　Eco-Management Audit Scheme（EMAS）　欧盟生态管理及审计体系　60
　　Environmental Liability Directive　《欧盟环境责任法令》　375－376

Registration, Evaluation and Authorization of Chemicals (REACH) Directive 《关于化学品注册、评估、许可和限制制度》 316

take-back Directives 回收法 310-313

extended producer responsibility. See take-back (extended producer responsibility) legislation 生产商延伸责任,见回收(生产商延伸责任)监管

extinction 灭绝 4-36

Exxon Valdez incident 埃克森石油公司瓦尔迪兹号油轮泄漏事件 63-64

Fairness in Asbestos Injury Resolution (FAIR) Act 《费尔法案》 196-197

fair trade issues 公平交易问题 97-99

FedEx 联邦快递 397

Fehr, Ernst, "Altruistic Punishment in Humans" (Fehr and Gacher) 恩斯特·费尔,《人类利他主义的惩罚行为》(费尔、盖舍尔合著) 150

Fiduciary duties and liability 受托人职责和责任 139-140

  directors' and officers' (D&O) insurance 董事高管责任险 363-366

  and private corporations 私营公司与受托人责任 142-143

  and public corporations 上市公司与受托人责任 143-144

financial performance of SRI stocks 社会责任投资股票的财务表现 122-126

fisheries, overfishing of 渔业,过度捕捞 22-25

Forest Ethics 森林道德机构 93

Forest Stewardship Council (FSC) 森林管理委员会 8,93

forseeability test 可预见性测试 61

Forstmoser, Peter 彼得·弗斯特莫撒 239

Forum for the Future, *Sustainability Pays* 未来论坛中心,《可持续投资的回报》 123

Frankl, Paolo, *The Future of Eco-Labelling: Making Environmental Product Information Systems Effective* (Rubik and Frankl) 保罗·富兰克林,《环保标识的未来:令环保产品信息系统更加高效》(鲁比克、富兰克林

合著） 106
Freshwater systems. *See* water resources　淡水系统,见水资源
Friends of the Earth International（FoEI）,"Gathering Storm：The Human Cost of Climate Change"　国际地球之友协会,《积聚的风暴：气候变化给人类带来的成本》　68
FTSE4Good Indexes（UK）　富时社会责任指数（英国）　120-122

Gächer,Simon,"Altruistic Punishment in Humans"（Fehr and Gächer）西蒙·盖舍尔,《人类利他主义的惩罚行为》（费尔、盖舍尔合著）　150
Gallagher　加拉格尔　353
Gates,Bill　比尔·盖茨　46
gender discrimination　性别歧视　43-44,395
General Electric　通用电气公司　390-391
Genetically modified（GM）crops　转基因作物　252-255
　benefits and risks of　转基因作物的收益与风险　255-266
　cultural,ethical,and religious factors surrounding　转基因作物相关的环境、伦理、文化、社会以及宗教问题　258-260
　genetic pollution from　转基因作物导致的基因污染　260-262,271
　regulatory environment　转基因作物的监管环境　264-266
　risk management issues for　转基因作物的风险管理问题　266-274
Glennon,Robert,*Water Follies*　罗伯特·格伦农,《水荒》　30
Global Alliance for Workers and Communities,formation of by Nike　耐克成立全球工人与社区合作联盟　96
Global Coral Reef Monitoring Network,*Status of Coral Reefs of the World*　全球珊瑚礁监测网,《世界珊瑚礁现况:2004》　25
Global Earth Observation System of Systems（GEOSS）　全球对地观测系统　80
Global Ecolabeling Network　全球环保标识网　8
Global Forest and Trade Network　全球森林与贸易网络　8
Globalization,and social justice issues　全球化及社会公正问题　44,94-97

Global Reporting Initiative（GRI） 全球报告倡议组织 76,331
global warming 全球变暖 209-218,227-232
 American insurance industry's response to 美国保险业对全球变暖问题的回应 223-224
 Kyoto Protocol 《京都议定书》 218-220
 potential liability arising from 全球变暖带来的潜在责任 67-69,79,213-216,221-223
 regulatory environment pertaining to 全球变暖相关的监管环境 218-221
 shareholder advocacy for 全球变暖问题的股东请愿 126-129
 Swiss Re advocacy for 瑞士再保险对全球变暖问题的支持 224-227
Gordon, Pamela, *Lean and Green* 帕梅拉·戈登,《精益和绿色制造》 400
Governance Metrics International 国际管理评级机构 124-125
green building design 绿色建筑设计 397-399
greenhouse gases. *See* global warming 温室气体,见全球变暖
Greenpeace, Brent Spar incident（Shell Oil） 绿色和平组织,布兰特斯巴石油平台事件(壳牌石油) 90-92
groundwater. *See* water resources 地下水,见水资源
gun litigation 枪支诉讼 70

Harr, Jonathan, *A Civil Action* 乔纳森·哈尔,《漫长的诉讼》 38-39
Hart, Stuart, "Beyond Greening: Strategies for a Sustainable World" 斯图尔特·哈特,"超越绿化:可持续发展" 11,303
Hawken, Paul 保罗·霍肯 117
Hawken, Paul, *The Ecology of Commerce* 保罗·霍肯,《商务生态学》 5,12,305,403
 Natural Capitalism,（Hawken, Lovins and Lovins） 《自然资本主义》,(霍肯、洛文斯、洛文斯合著) 292,403
Hayward Lumber, partnership with NRDC 海沃德伐木与自然资源保护协会的合作 322
hazardous waste management 危险废弃物管理 295-298,358

Heal, Geoffrey, *Nature and the Marketplace: Capturing the Value of Ecosystem Services*　杰弗里·希尔,《自然与市场:捕获生态服务链的价值》　21

Home Depot　家得宝　294-295

　　formation of Forest Stewardship Council　森林管理委员会的成立　8

human rights abuses, liability for　人权侵犯责任　144-147

Human Rights Watch (HRW), "Blood, Sweat and Fear: Workers' Right in U.S. Meat and Poultry Plants"　人权观察,《血汗和恐惧:美国肉禽工厂的劳工权益》　44

Immelt, Jeff　杰夫·伊梅尔特　390-391

income inequity　收入不平等　46-47

injuries, workplace. See worker's compensation　工伤,见工伤赔偿

Innovest Strategic Value Advisors　创新投资公司　124, 221

insurance coverage, trigger of See sustainability risk insurance and financing　保险保障的触发,见可持续风险保险和融资　171-172, 184.

integrated gasification　整体煤气化　393-394

Interfaith Center on Corporate Responsibility (ICCR)　泛宗教企业责任中心　127

Intergovernmental Panel on Climate Change (IPCC), *Climate Change 2001: The Science Basis*　政府间气候变化专门委员会,《2001气候变化:科学依据》　210, 215, 227, 403

International Chamber of Commerce (ICC), Business Charter for Sustainable Development　国际商会,《可持续发展商业章程》　329

International Organization for Standardizatoin, ISO 14000/14001 (management standards)　国际标准化机构, ISO 14000/14001(管理标准)　59-60, 289, 294, 326-327

International Union for Conservationof Nature (IUCN)　国际自然保护联盟　36

Investor Network for Climate Risk (INCR), *Investor Guide to Climate Risk*　气候风险投资者网络,《气候风险投资指南》　128-129

Investor Responsibility Research Center (IRRC)　美国投资者责任研究

中心　　127

KB Home,partnership with NRDC　　KB 住宅建筑公司与自然资源保护协会的合作　　322
Klein,Lawrence　　劳伦斯·克莱因　　46
KPMG,*The KPMG International Survey of Corporate Sustainability Reporting*　　毕马威,《2002 年毕马威企业可持续报告国际调查》　　76,290
Kraft Foods,partnership with Rainforest Alliance　　卡夫食品与雨林联盟的合作　　320－321
Kyoto Protocol,see global warming　　京都议定书,见全球变暖

Labatt,Sonia,*Environmental Finance*(Labatt and White)　　索尼娅·拉巴特,《环境金融学》(拉巴特、怀特合著)　　123
land trusts　　土地信托基金　　323－324
Larkin,Judy,*Strategic Reputation Risk Mangement*　　朱蒂·拉尔金,《声誉风险战略管理》　　335,403
Leadership in Energy and Environment Design（LEED）　　能源环境设计引领　　398
Leipziger,Deborah,*The Corporate Responsibility Code Book*　　德博拉·莱布茨格,《企业责任准则手册》　　334
liabilities（legal）　　（法律）责任
　　asbestos－related damages　　石棉相关的损害赔偿　　63
　　accumulation of　　责任积聚　　70－71
　　attorney－client privilege and　　律师和当事人之间的信息披露豁免权与责任　　78－79
　　basis for　　（法律）责任的基础　　58－70
　　criminal　　刑事责任　　153－159
　　discovery of evidence　　证据发现　　74－75
　　fiduciary obligations of directors/officers (*see* fiduciary duties and liabilities)　　董事高管的受托职责(见受托职责)
　　global litigation　　全球诉讼　　80－82,144－147
　　from global warming/ climate change(*see* global warming)　　全球变暖/

气候变迁带来的(法律)责任(见全球变暖)
for human rights abuses 侵犯人权的法律责任 144 – 147
injuries and damages, expanding scope of 不断扩大的损伤 62 – 64
mold claims 霉变索赔 359
novel theories of 最新的责任理论 67 – 70
proximate cause link (法律)责任的近因联系 64 – 66
punitive damages 惩罚性损害赔偿 63 – 64
reporting requirements and 公司报告要求与(法律)责任 76 – 77
strict 严格责任 66 – 67
Superfund 超级基金责任 178 – 189

Liberty Mutual 自由相互保险集团 353
Life Cycle Assessment (LCA) management system 生命周期评估管理系统 61, 289, 302 – 304
Lovelock, James 詹姆斯·拉弗洛克 298 – 299
Lovins, Amory, *Natural Capitalism*, (Hawken, Lovins and Lovins) 埃默里·洛文斯,《自然资本主义》(霍肯、洛文斯、洛文斯合著) 292, 403
Lovins, L. Hunter, *Natural Capitalism*, (Hawken, Lovins and Lovins) 亨特·洛文斯,《自然资本主义》(霍肯、洛文斯、洛文斯合著) 292, 403
Lula da Silva, Luiz Inacio, Brazilian infrastructure development plan of 路易斯·伊纳西奥·卢拉·达席尔瓦,巴西基础设施发展计划 33

Marine Stewardship Council (MSC) 海洋管理委员会 2
Marsh 达信保险经纪公司 353
McCullough, Michael 迈克尔·麦克库劳夫 150
McDonald's, partnership with Environmental Defense 麦当劳与美国环保协会的合作 319 – 320
McDonough, William *Cradle to Cradle* (McDonough and Braungart) 威廉姆·麦克多诺,《从摇篮到摇篮》(麦克多诺、布劳恩加特合著) 61, 295 – 298, 301 – 302, 399, 403
McNeely, Jeff 杰夫·麦克尼利 36

Merill Lynch, conflicts of interest in　　美林内部利益冲突　　103－105
methyl tertiary-butyl ether (MTBE)　　甲基叔丁基醚　　41
Millenium Assessment (United Nations)　　联合国千年(生态系统)评估报告　　48－49
mold growth, liability for　　霉变责任　　359
Molina, Mario　　马里奥·莫利纳罗　　299
Monsanto, genetically modified crops pioneered by　　孟山都公司率先引进转基因作物　　254
Monstrous hybrids　　有害混合物　　301－302
Moore, Colleen, *Silent Scourge: Children, Pollution and Why Scientists Disagree*　　科琳·穆尔,《无声的灾难:儿童与污染,为何科学家们各执一词》　　39
Muller, Paul　　保罗·穆勒　　299
Myers, John Peterson, *Our Stolen Future* (Colborn, Dumanoski, and Myers)　　约翰·彼得森·迈尔斯,《遗失的未来》(科尔伯恩、杜迈洛斯基、迈尔斯合著)　　40－41,42,303－304,403

Nalltrass, Brian, *The Natural Step for Business*, (Nalltrass and Altomare)　　布赖恩·纳尔特拉斯,《企业发展的自然之步》(纳尔特拉斯、奥尔托毛雷合著)　　303,306,308
　　Dancing with the Tiger, (Nalltrass and Altomare)　　《与虎共舞》,(纳尔特拉斯、奥尔托毛雷合著)　　306,308
National Assessment Synthesis Team (NAST), *Climate Change Impacts on the United States: The Potential of Climate Variability and Change*,　　国家评估分析小组,《气候变化对美国的影响:潜在的气候波动和变化》　　210,211－212,217
Natural Resources Defense Council (NRDC), corporate partnerships of　　自然资源保护协会与企业的合作　　322－323
The Natural Step management (TNS) process　　自然之步管理流程　　306－309
Nature Conservancy, corporate partnerships of　　美国大自然保护协会与企业的合作　　32－322

NatureServe, partnership with Office Depot　自然服务与欧迪的合作　321
negligence　过失　58-62,107
Nike, use of sweetshop labor　耐克,使用血汗劳工　94-97

Obesity, potential liability for　对肥胖症的潜在责任　69
Ocean Conservancy, "Health of the Oceans"　海洋保护协会,《海洋健康》　25-26
ocean resources　海洋资源　25-27
Office Depot, partnerships with NGOs　欧迪办公用品公司与非政府组织的合作　321
Oil Pollution Act (OPA), natural resources, definition of　石油污染法,自然资源的定义　62
Organic Consumers Association, boycott of Starbucks by　有机产品消费者协会对星巴克发起的联合抵制　97-99
overfishing　过度捕捞　22-25
ozone depletion by CFCs　氯氟烃对臭氧层的破坏　298-299

Pacific Gas & Electric (PG&E), Erin Brockovich case　太平洋电气公司,艾琳·布劳克维奇案例　2-3
Park, Lisa Sun-Hee, The Silicon Valley of Dreams (Pellow and Park)　丽莎·帕克,《硅谷梦》(佩洛、帕克合著)　377-378
Partnerships, corporate/NGO　企业与非政府组织的合作　319-326
PCBs (polychlorinated biphenyls)　多氯联苯　37,41,300-301
　　in Broughton Island　布劳顿岛　39
Pellow, David Naguib, The Silicon Valley of Dreams (Pellow and Park)　大卫·纳吉布·佩洛,《硅谷梦》(佩洛、帕克合著)　377-378
perchlorate　过氯酸铵　41
perfluo-rooctanoic acid (PFOA)　全氟辛酸　41
Pew Center on Global Climate Change　皮尤全球气候变化中心　233
Pew Oceans Commission, "America's Living Oceans: Charting a Course for Sea Change"　皮尤海洋委员会,《生存中的美国海洋:规划海洋变

化过程》 23-24
pollution. See chemicals, synthetic; genetically modified (GM) crops 污染,见化合物、转基因作物
Pollution Liability Insurance Association(PLIA) 污染责任保险协会 350-351
polybrominated diphenyl ether(PBDE) 多溴二苯醚 61
precautionary principle 预警原则 336-337
Procter and Gamble, use of LCA by 宝洁公司对生命周期评估的应用 302-303
proximate cause, establishing 确认近因 64-66
punishment, need for. See also liabilities (legal), criminal 对惩罚的需求,也见刑事(法律)责任 150-153
punitive damages 惩罚性损害赔偿 63-64

Quanta 昆塔公司 353

Rainforest Action Network (RAN) 雨林行动网络
    and Boise Cascade old-growth logging policy change 雨林行动网络与波依斯卡斯卡得公司古树砍伐政策的改变 92-94
    and Camisea rainforest development project 雨林行动网络与卡米赛阿雨林开发项目 99-101
    partnerships with Citigroup and financial institutions 雨林行动网络与花旗集团和金融机构的合作 325-326
Rainforest Alliance, partnership with Kraft Foods 雨林联盟与卡夫食品的合作 320-321
Reasonable and prudent standard 合理谨慎标准 59
Rechargeable Battery Recycling Corporation (RBRC) 充电电池回收公司 313
regulatory environment 监管环境 79-80,218-221,264-266
reinsurance markets 再保险市场 193-194
reporting requirements, corporate, See also Sarbanes-Oxley Act 公司报告要求,也见《萨班斯-奥克斯利法案》 76-77,129-130,331

reputation risk(s)　　声誉风险　　88-90,107-109,334-335
　　Brent Spar incident(Shell Oil)　　布伦特斯巴石油平台事件(壳牌石油)　90-92
　　Camisea rainforest development(Citigroup)　　卡米赛阿雨林开发项目(花旗集团)　99-101
　　collapse of Andersen,LLP　　安达信倒闭　101-103
　　from conflicts of interest(Merrill Lynch)　　(美林)利益冲突带来的声誉风险　103-105
　　and criminal liability　　刑事责任与声誉风险　158
　　eco-labeling to minimize　　进行环保标识以最小化声誉风险　105-107
　　exclusion from SRI funds　　被社会责任投资基金剔除在外的声誉风险　117-118
　　fair trade issues(Starbucks)　　公平贸易问题(星巴克)　97-99
　　from genetically modified foods　　转基因食物带来的声誉风险　263-264
　　from global warming issues　　全球变暖问题带来的声誉风险　218
　　from human rights abuses　　侵犯人权带来的声誉风险　145
　　old-growth logging policy change(Boise Cascade)　　古树砍伐政策变化(波依斯卡斯卡得公司)
　　sweatshop labor,use of(Nike)　　使用血汗劳工(耐克)　94-97
Resource Conservation and Recovery Act(RCRA)　　《资源保护和恢复法》　173-174,357
risk assessment. *See also* sustainability risk management　　风险评估,也见可持续风险管理　16-18,286-290
Robert,Karl-Henrik　　卡尔亨里克·罗伯特　306-309
Robert,Karl-Henrik,*The Natural Step Story*　　卡尔亨里克·罗伯特,《自然之步的故事》　308
Rowland,Sherwood　　舍伍德·罗兰　299
Rubik,Frieder,*The Future of Eco-Labelling: Making Environmental Product Information Systems Effective*(Rubik and Frankl)　　弗里德尔·鲁比克,《环保标章的未来:让环境产品信息系统有效运转》(鲁比克、富兰克林合著)　106

Sainsbury's, sustainability management of　森斯伯瑞公司的可持续管理　294
Sarbanes-Oxley Act　萨班斯—奥克斯利法案　78,147-150
Selikoff, Irving　欧文·施里科夫　167-168
sex discrimination　性别歧视　43-44,395
shareholder advocacy. See also socially responsible investment(SRI)
　126-132　股东倡议，也见社会责任投资
shareholder value　股东价值
　enhanced by socially responsible investment　由社会责任投资提升
　　115-126
　loss of　损失　115,117-118
Sierra Club　塞拉俱乐部　325
silicosis lawsuits　硅肺病诉讼　71-72
Sinegal, James　詹姆斯·希奈格尔　396
Social Accountability(SA)8000 management system　社会责任管理体系
　60-61,327
social justice　社会公正　6-8,42-47
　fair trade issues　公平交易问题　97-99
　financing/insurance for risks pertaining to　社会公正风险融资/保险
　　376-378
　and globalization　（社会公正）与全球化　44,94-97
　human rights abuses　侵犯人权　144-147
　income inequity　收入不平等　46-47
　standards for　社会公正的标准　60-61
socially responsible investment (SRI)　社会责任投资　115-126
　financial performance of SRI stocks　社会责任投资股票的财务表现
　　78,147-150
　soybean production　大豆生产
　and deforestation　（大豆生产）与森林滥伐　33
　Roundup Ready (genetically modified) crops　抗农达（转基因）作物
　　255
Speth, James Gustave　詹姆斯·古斯·斯佩思　324
　Red Sky at Morning　《早晨的红色天空》　403,404

St. Paul Travelers 圣保罗旅行者保险公司 353
Standard & Poor's, "Insurers and Reinsurers: The Context for Conflict"
  标准普尔,《保险人和再保险人:冲突的来龙去脉》 194
standards 标准
  Association of British Insurers investment guidelines 英国保险人协会
    投资指南 130-131
  eco-labeling 生态标签的标准 105-107
  management 管理 59-62,107,326-328
  for proximate cause establishment 确定近因的标准 105-107
  reporting requirements, corporate 公司报告要求标准 76-77,
    129-130
  for socially responsible investing(sustainability indexes) 社会责任投
    资(可持续指数) 118-122
Starbucks, boycott of by OCA 对星巴克的公众抵制 97-99
Staples, partnership with NRDC 史泰博,与自然资源保护协会合作 322
Starlink (genetically modified) corn 星联(转基因)玉米 268-270
Steingraber, Sandra, *Living Downstream* 桑德拉·施泰因格雷伯,《生活
  在下游》 39,403
Stockholm International Water Institute, *Risks of Water Scarcity: A Business
  Case for Financial Institutions* 斯德哥尔摩国际水资源研究所,《水资
  源匮乏的风险:金融机构的一个商业案例》 31
Strauss, Andrew, "Suing the United States for Global Warming Omissions"
  安德鲁·斯特劳斯,《起诉美国排放温室气体》 68
strict liability 严格责任 66-67
Superfund 超级基金 4,17-18,41,73,173-178
  insurance industry, impact on 对保险业的影响 178-189,189-197
  lessons of 教训 197-199
  natural resources, definition of 对自然资源的定义 62
Superfund Amendments and Reauthorization Act (SARA) 《超级基金修
  改和重新授权法》 176
Supply chain 供应链 294-295
sustainability indexes 可持续指数 118-122

sustainability risk insurance and financing　可持续风险保险及融资　347－353,366－368,378－381
　　directors' and officers' insurance　董事高管险　363－366
　　environmental impairment liability(EIL) policies and insurers　环境损害责任保单和保险人　350－353
　　European insurance markets　欧洲保险市场　368－375
　　pollution conditions, definition of　污染状况的定义　354
　　for social justice risks　针对社会公正风险的可持续风险保险　376－378
　　transfer/capping of risk　风险转移/限制　362－363
　　types and features of policies　可持续风险保单的类型及特征　353－362
sustainability risk management　可持续风险管理　4－8,284－286
　　assessment　可持续风险评估　286－290
　　associations promoting　推进可持续风险管理的组织　328－329
　　corporate support for　企业对可持续风险管理的支持　4－8,292－294
　　hazardous waste management　有毒废弃物管理　295－298,358
　　partnerships　合作　319－326
　　precautionary principle　预警原则　336－337
　　risk control(see also reputation risk(s))　风险控制(也见声誉风险)　290－292
　　service orientation and　服务导向与可持续风险管理　304－306
　　standards (see standards, management)　可持续风险管理标准(见管理标准)

sustainable development　可持续发展　3
sweatshop labor, use of　使用血汗劳工　94－97
Swiss Re, global warming/climate change advocacy of　瑞士再保险对全球变暖/气候变化问题的支持　224－227

Take-back(extended producer responsibility) legislation　回收(扩展的生产商责任)监管　309－316
　　lack of U.S. adoption　美国回收监管的缺失　313

tobacco industry liability 烟草行业责任 73,74
Toepfer, Klaus 克劳斯·特普费尔 28
Toxic Release Inventory (TRI) 美国排放毒性化学品目录 67
Toxic Substance Control Act 《有毒物质控制法案》 316
Toyota 丰田 393
transparency in corporate reporting. See also Sarbanes-Oxley Act 公司报告的透明度,也见《萨班斯—奥克斯利法案》 76-77,129-130,331
trichloroethylene 三氯乙烯 38-39
triple bottom line 三条底线 3,5,11,132-133

Unilever, formation of Marine Stewardship Council 联合利华,海洋管理委员会的成立 2
United Nations 联合国
 "Agricultural Biotechnology Meeting the Needs of the Poor" 《满足穷人需要的农业生物科技》 256
 Environmental Programme 环保署 330-331
 Global Challenge, Global Opportunity 《全球性挑战,全球性机遇》 27
 Global Compact 全球契约 332-333
 "Global Environmental Outlook-3" (Geo-3) 《全球环境展望-3》 35
 Global Reporting Initiative (GRI) 全球报告倡议组织 76-221
 Groundwater and its Susceptibility to Degradation 《地下水及其对环境恶化的敏感性》 28
 Millennium Ecosystem Assessment Synthesis 新千年生态系统评估综合报告 48-49
 Responsible Investment Initiative 责任投资倡议 333-334
 Risks of Water Scarcity: A business Case for Financial Institutions 《水资源匮乏的风险:金融机构的一个商业案例》 31
 Universal Declaration of Human Rights (UDHR) 《世界人权宣言》 331-332
 World Heritage Program 世界遗产计划 330
United States government 美国政府

Bureau of Reclamation (Department of Interior)　垦务局(内政部)
　　"Water 2005: Preventing Crises and Conflict in the West"　《2025年的水资源:防范西方世界的危机与冲突》　30
Commission on Ocean Policy　海洋政策委员会　26-27
Department of Health and Human Services　美国卫生与人类服务部
　　Report on Carcinogens　致癌物报告　39-40,67
Environmental Protection Agency　环境保护局
　　America's Children and the Environment　《美国儿童与环境》　38
　　U. S. Climate Action Report - 2002　《美国气候行动报告——2002》　210,222
National Academy of Sciences　美国国家科学院
　　Abrupt Climate Change: Inevitable Surprises (National Research Council)　《急剧的气候变化:不可避免的突袭》,(美国国家研究委员会)　229
　　"Biological Confinement of Genetically Engineered Organisms" (National Research Council)　《转基因作物的生物学控制方法》,(美国国家研究委员会)　261
　　Genetically Modified Pest-Protected Plants: Science and Regulation　《转基因抗虫害作物:科学与监管》　272
　　Climate Change Science: An Analysis of Some Key Questions　《气候变化科学:关键问题分析》　210,212
　　Safety of Genetically Engineered Foods: Approaches to Assessing Unintended Health Effects　《转基因食品的安全问题:评估意外健康影响的方法》　257
United Students Against Sweatshops, Nike campaign　学生反对血汗工厂团体　94-97
Universal Declaration of Human Rights (UDHR)　《世界人权宣言》　331-332
Unocal, Litigation against　针对优尼科公司的诉讼　144-145
U. S. Green Building Council　美国绿色建筑协会　398

Valdez Principles. See Coalition for Environmentally Responsible Economies

（CERES） 为瓦尔迪兹原则,见环境责任经济联盟
Volvo, sustainability management of 沃尔沃的可持续管理 294

Wal-Mart, gender discrimination at 沃尔玛,性别歧视 43,395
Waste Electrical and Electronic Equipment
　（WEEE）Directive（European Union） 《欧盟废旧电器法令》
　311-313
water resources 水资源 27-31
　arsenic contamination 砷污染 44-45
Watkins, James 詹姆斯·沃特金斯 26-27
White, Rodney R., Environmental Finance（Labatt and White） 罗德尼·怀特,《环境金融学》(拉巴特、怀特合著) 122
Willis 威利斯环境风险管理服务公司 353
Wilson, E. O. 爱德华·奥斯本·威尔逊 36
worker's compensation 工伤赔偿 44
World Business Council for Sustainable Development（WBCSD） 世界可持续发展工商理事会 329
WorldCom/MCI 世通公司 151-152
World Commission on Environment and Development, *Our Common Future*（Brundtland） 世界环境与发展委员会,《我们共同的未来》("布伦特兰报告") 3
World Conservation Union 世界自然保护联盟 35-36
World Resources Institute（WRI） 世界资源研究所 324-325
Worldwatch Institute, *State of the World*（2002） 世界观察研究所,《2002年世界状况》 27-28
World Wide Fund for Nature（WWF）, formation of Marine Stewardship Council 世界自然基金会,海洋管理委员会的成立 2

XL　　XL再保险公司　353

Zurich　　苏黎世集团　353

译 后 记

《企业生存：可持续风险管理》一书的翻译，从2006年9月启动，至2007年9月结束，历时一年完成。本书翻译是在翻译小组全体成员的共同努力和密切合作下完成的，该翻译项目由北京大学经济学院孙祁祥教授和郑伟副教授共同主持，郑伟、姚奕、乔元华、蔡钡承担了具体的翻译工作（郑伟：前言与致谢、导论；姚奕：第1~4章；乔元华：第5~8章；蔡钡：第9~11章、附录、索引），孙祁祥教授和郑伟副教授承担了本书的审校工作。在本译著即将出版之际，我们要向相关人士表示衷心的感谢。

首先，特别感谢原书作者、我们的老朋友、美国威斯康星大学的丹·安德森教授。2005年8月，在美国盐湖城召开世界风险与保险经济学大会的时候，安德森教授告诉我们，他有一本有关企业可持续风险管理的新著即将出版，并简要介绍了新著的内容，我们听后感觉很有兴趣，于是提议将其译为中文，向中国读者介绍，安德森教授听后当即表示同意和感谢。新著出版后，安德森教授给我们寄来了几本，不久之后，我们就开始了翻译工作。在翻译过程中，我们一遇到疑难问题，就通过电子邮件向安德森教授求助，他总是非常耐心详细地向我们进行解释和说明。在本书中文版即将出版之际，安德森教授还专门撰写了中文版前言。安德森教授的大力帮助，无疑为保证和提升本译著的质量起到了很好的促进作用。

其次，我们要特别感谢翻译小组的全体成员。没有大家一年来的辛苦付出，没有数十次的讨论切磋，没有不厌其烦的修订再修订，就没有今天的这份成果。我们付出了，我们也收获着。

此外，我们还要感谢北京大学中国保险与社会保障研究中心（CCISSR）李海燕女士为本书出版所做的繁琐工作，感谢北京大学经济学院硕士研究生赵昉同学为本书所作的部分校对工作，感谢经济科学出版社齐伟娜编辑为本书翻译出版所付出的辛勤工作。

最后，我们要感谢读者朋友。只有得到你们的认可，我们的付出才有意义。

郑　伟

2007 年 10 月

图字：01-2007-3881

Copyright © 2005 by Dan R. Anderson
All Rights Reserved

© 2007. 中文简体字版专有出版权属经济科学出版社

版权所有　翻版必究

图书在版编目（CIP）数据

企业生存：可持续风险管理／（美）丹·安德森著；郑伟等译．—北京：经济科学出版社，2007.11
书名原文：Corporate Survival：The Critical Importance of Sustainability Risk Management
ISBN 978－7－5058－6694－2

Ⅰ．企… Ⅱ．①丹…②郑… Ⅲ．企业管理：风险管理 Ⅳ．F272.3

中国版本图书馆 CIP 数据核字（2007）第 169610 号

责任编辑：齐伟娜
责任校对：杨晓莹
版式设计：代小卫
技术编辑：董永亭

**Corporate Survival：
The Critical Importance of Sustainability Risk Management
企业生存：可持续风险管理**
Dan R. Anderson 著
［美］丹·安德森
郑 伟 姚 奕 乔元华 蔡 钡 译
孙祁祥 郑 伟 审校
经济科学出版社出版、发行 新华书店经销
社址：北京市海淀区阜成路甲 28 号 邮编：100036
总编室电话：88191217 发行部电话：88191540
网址：www.esp.com.cn
电子邮件：esp@esp.com.cn
北京中科印刷有限公司印刷
永胜装订厂装订
787×1092 16 开 27 印张 400000 字
2007 年 11 月第一版 2007 年 11 月第一次印刷
印数：0001—3000 册
ISBN 978－7－5058－6694－2／F·5955 定价：48.00 元
（图书出现印装问题，本社负责调换）
（版权所有 翻印必究）